浙江省普通本科高校"十四五"重点立

普通高等教育医药类创新型系列教材

**Practical Guides
to Good Manufacturing Practice**

药品生产质量管理实操教程

鲍康德 主编

化学工业出版社

·北京·

内容简介

　　《药品生产质量管理实操教程》全书共分为两部分内容，第一部分"药品生产质量管理规范"包括总则（第一章）、质量管理（第二章）、机构与人员（第三章）、厂房与设施（第四章）、设备（第五章）、物料与产品（第六章）、确认与确证（第七章）、文件管理（第八章）、生产管理（第九章）、质量控制与质量保证（第十章）、委托生产与委托检验（第十一章）、产品发运与召回（第十二章）、自检（第十三章）、附则（第十四章）；第二部分"药品生产质量管理检查规范"包括检查相关法规理解（第十五章）、检查常见问题（第十六章）、GMP检查要点（第十七章）。本书通过"理工"融合，结合生产实际案例进行释义，深入浅出，易于理解和操作，保障本专业学生毕业后能胜任生物医药行业及相关岗位技能要求。

　　《药品生产质量管理实操教程》可作为高等院校药学、制药工程、生物制药、中药学等专业的药品生产质量管理必修课程教材，可供药品生产从业人员参考。

图书在版编目（CIP）数据

药品生产质量管理实操教程 / 鲍康德主编. -- 北京：
化学工业出版社, 2025.6. -- (浙江省普通本科高校"
十四五"重点立项建设教材) (普通高等教育医药类创新
型系列教材). -- ISBN 978-7-122-48523-6

Ⅰ. F407.763

中国国家版本馆 CIP 数据核字第 2025TQ8531 号

责任编辑：褚红喜　　　　　　文字编辑：丁　宁　朱　允
责任校对：王　静　　　　　　装帧设计：刘丽华

出版发行：化学工业出版社
　　　　　（北京市东城区青年湖南街 13 号　邮政编码 100011）
印　　装：河北延风印务有限公司
850mm×1168mm　1/16　印张 16¾　彩插 1　字数 495 千字
2025 年 6 月北京第 1 版第 1 次印刷

购书咨询：010-64518888
售后服务：010-64518899
网　　址：http://www.cip.com.cn

凡购买本书，如有缺损质量问题，本社销售中心负责调换。

定　　价：49.80 元

《药品生产质量管理实操教程》
编写组

主 编： 鲍康德

副 主 编： 董作军 石森林 卫 涛 施 菁 张永秉 胡 淼

参编人员（以姓氏笔画为序）：

丁艳菲 中国计量大学
卫 涛 温州医科大学
马勇斌 浙江贝达药业股份有限公司
石森林 浙江中医药大学
吕海峰 杭州医学院
任盼盼 浙江国邦药业有限公司
向 铮 浙大城市学院
孙国君 浙江工业大学
苏香萍 杭州市中策职业学校钱塘学校
吴建兵 杭州九源基因工程股份有限公司
张 昀 杭州中美华东制药有限公司
张 婷 浙江中医药大学
张永秉 浙江药科职业大学
张文平 浙江理工大学
张佳佳 浙江药科职业大学
陈礼波 浙江康莱特药业有限公司
陈新莲 浙江康莱特药业有限公司
周建良 杭州师范大学
施 菁 杭州医学院
胡 淼 浙江广厦建设职业技术大学
饶君凤 杭州职业技术学院
姜义娜 温州医科大学
聂复礼 浙江惠松制药有限公司
黄 雄 嘉兴大学
董作军 浙江工业大学
赖依峰 浙江科技大学
鲍康德 浙江理工大学

主编助理： 丁 雨 浙江理工大学
张 蕾 浙江理工大学

序

药品作为与人民生命健康紧密相连的特殊商品，其质量安全直接关乎大众的福祉。药品生产质量的科学管理不仅是保障药品质量、确保患者用药安全有效的关键，更是推动制药行业健康、可持续发展的基石。

当今社会，随着人们健康意识的不断提高以及医疗需求的日益增长，药品的质量稳定性和安全性愈发受到关注。从原材料的采购、药品生产过程的每一个环节，到成品的检验和放行，任何一个细微的疏忽都可能导致严重的后果。因此，严格遵循药品生产质量管理规范（GMP），确保每一个生产环节的规范性和可控性，是制药企业义不容辞的责任。《药品生产质量管理实操教程》正是在这样的背景下应运而生。为全面学习贯彻习近平新时代中国特色社会主义思想，秉持立德树人根本任务，根据《普通高等学校教材管理办法》和《浙江省普通高等学校教材管理实施细则》相关规定，依据教材建设规划以及学科专业或课程教学标准，在编写过程中这本书不仅遵循高等教育教学规律和人才成长规律，而且注重体现人类文化知识积累和创新成果，旨在服务我国高等教育教学改革和人才培养，培育具有国际视野和德智体美劳全面发展的新时代制药专业人才。

这本教材凝聚了众多业内专家的智慧和经验，将技术变革、教学手段方法创新等与现代信息技术有机融合，系统阐述了药品生产质量管理的基本理论和方法，完整体现了我国药品生产质量管理规范的科学性、权威性和管理技术水平的前瞻性，较好地体现了知识性和实用性的统一。在内容编排上，这本书紧密围绕药品生产的全过程，从人员管理、设备维护、物料采购与储存，到生产过程控制、质量检验与放行、文件管理等各个方面，都进行了详细的讲解。每一个章节还结合一定的图表或案例，深入浅出地分析了在实际生产中可能遇到的问题及其解决方案，使读者能够更好地理解和掌握相关知识与技能。同时，这本书紧跟行业发展的最新动态，及时融入国内外药品生产质量管理的最新法规和标准，确保内容的时效性和权威性。无论是对于刚刚踏入制药行业的新手，还是已经在行业内工作多年的资深人士，都能从这本教程中获得有益的启示和帮助。

中国正从"制药大国"向"制药强国"迈进，这场征程需要每一位从业者既是脚踏实地的工匠，又是仰望星空的思考者。作为深耕制药领域数十载的科研工作者，我亲历了中国制药行业从"仿制跟跑"到"创新引领"的跨越式发展，感悟到在全球化竞争与医药科技革命交织的新时代，药品质量已不仅是技术问题，更是关乎国家战略安全与民生福祉的核心命题。

《药品生产质量管理实操教程》以科学家的严谨思维与工程师的实践智慧，精准解读法律法规、科学传授具体方法，启发质量创新思维，引导人们如何用数学语言描述质量规律，用工程思维破解控制难题，用哲学智慧平衡多元诉求，将帮助制药企业进一步提升生产质量管理水平，提高药品质量，为保障人民群众的用药安全做出更大的贡献，为制药企业的一线工作人员提供极具价值的指导。希望广大读者既能从翔实的文件解读中掌握规范要领，更能从深度的案例分析里领悟科学本质，将所学知识运用到实际工作中，不断探索和创新，共同推动我国制药行业迈向新的高度。愿这本书能积极推动我国制药行业的发展，助力行业在"健康中国2030"的宏伟蓝图下谱写新时代的华章。

中国工程院院士
浙江中医药大学教授
浙江康莱特药业创始人
2025 年　孟春

前　言

生产质量管理规范（GMP）是一套适用于制药和食品等相关行业，由国家监管部门强制要求执行的行业规范。相关企业应从原料、人员、设施设备、生产过程、包装运输、质量控制等方面遵照国家法定标准要求，制定一套切实可行的操作规程（SOP），保障企业生产环境卫生符合规定、人员胜任岗位操作要求、产品符合质量标准规定等。

药品 GMP 系根据《中华人民共和国药品管理法》和《中华人民共和国药品管理法实施条例》，为规范药品生产质量管理过程而制定。国家药品监督管理局（NMPA）自 1998 年成立以来，曾多次召开座谈会听取各方面，特别是来自 GMP 实施主体——药品生产企业的意见，组织有关专家开展修订工作，《药品生产质量管理规范》（1998 年修订版）自 1999 年 8 月 1 日起施行。随着中国医药产业的快速发展和公众健康需求的日益增长，药品质量安全已成为关乎国计民生的重要议题。在历经 5 年修订、2 次公开征求意见后，《药品生产质量管理规范》（2010 年修订版，部令第 79 号公布）自 2011 年 3 月 1 日起施行。该规范全文包括总则、质量管理、机构与人员、厂房与设施、设备、物料与产品、确认与验证等共十四章、三百一十三条。近年来，国家药品监督管理局持续深化药品审评审批制度改革，动态更新《中华人民共和国药品管理法》《中华人民共和国疫苗管理法》和《药品生产监督管理办法》等法律法规，发布《药品生产质量管理规范》（2010 年修订版）附录，要求药品生产企业以政策法规为基准，以科学管理为手段，实现药品全生命周期管理，全面提升质量管理体系的规范性和实效性，体现了国家对药品安全性、有效性和质量可控性的高度重视，也为药品生产企业指明了方向。

《药品生产质量管理实操教程》较好地回应了行业对高质量、规范化、可操作性强的指导工具需求，致力为行业从业者提供一套科学、严谨且贴合实际的解决方案。基于浙江省普通本科高校"十四五"新工科、新医科、新农科、新文科重点教材建设的内涵与要求，为适应当代世界科技革命和产业变革新趋势，满足"健康中国 2030"国家战略和浙江省大力发展生物医药产业需求，立足于最新监管政策和技术指南，紧密围绕药品生产全流程中的关键环节，本教程系统梳理质量管理的核心要素、风险控制策略及实践方法，结合药学、中药学及生物制药等专业特点和典型案例，引导学生树立远大理想，将基础知识学习和实践技能提高紧密结合，激发学生爱岗敬业精神，体现"理工"结合、"工医"交叉的新工科建设成果，并与《药事管理与法规》一并列为药学及相关专业必修课程，旨在提高本专业学生的综合素养，增强学生的工作适应能力。

本书由浙江工业大学药学院、温州医科大学药学院、浙江中医药大学药学院和浙江理工大学生命科学与医药学院等相关专业教师和国家高新技术企业生产质量高级管理人员共同编写完成。全体参编人员政治思想表现好，具有正确的人生观和价值观，分别长期从事药品生产与质量管理、GMP 认证或负责药学相关专业教育教学工作，具有较为丰富的课堂教学、教材编写和药品监管行业等理论知识和实践经验，对药品质量管控技术要求有较为深刻的把握，通过参考大量国内外相关文献资料，精心撰写每一个章节，确保本书内容的科学性和权威性，力求将最前沿的理念、最实用的方法呈现给读者。本教材的申报立项、后续编写以及顺利出版得到了浙江理工大学教务处及浙江省高等教育学会教材建设分会的技术指导和资金支持。在本书编写过程中还得到多位国家级 GMP 检查员、行业专家的指导，汲取了跨国药企的先进经验，力求在立足本土实际的同时，与国际先进标准接轨。

全书分为两部分，第一部分"药品生产质量管理规范"，共计十四章，主要内容为法条原文、条文释义与案例解析等。各章编写人员分别为：董作军、孙国君（第一章、第二章）；石森林、张婷（第三章）；聂复礼、吴建兵（第四章）；吕海峰、施菁（第五章）；黄雄、丁艳菲（第六章）；陈礼波、饶君凤（第七章）；姜义娜、卫涛（第八章）；马勇斌、陈新莲（第九章）；张昀、任盼盼（第十章）；赖依峰、周建良（第十一章）；苏香萍（第十二章）；张永秉、张佳佳（第十三章）；向铮（第十四章）。第二部分为"药品生产质量管理检查规范",由胡淼、鲍康德、张文平编写。各章节初稿完成后,主编助理浙江理工大学硕士研究生丁雨和张蕾在主编带领下负责统稿,按正式出版要求先后完成一校、二校和三校,并对全书中图表进行补充完善。副主编除参与指导章节编写工作外,还参与三次文稿校对,并提出大量建设性意见。

根据GMP现场检查流程,本书采用问答式对相关GMP条款内容进行逐条解读,详细讲解药品生产的合规性要求和关键点。部分条款还结合生产实际案例进行释义,深入浅出,易于理解和操作。本教程(讲义版)已使用三年,受益学生500余人,学生就业胜任感大幅提升,受到广大师生的普遍赞誉。该教程的正式出版发行,可更好地服务于药品生产企业管理人员、质量保证(QA)与质量控制(QC)人员、生产技术骨干,以及药品监管机构从业者;此外,本书可作为高等院校药学、制药工程等相关专业的实训教材,对生物医药产业发展大省浙江乃至全国药学及相关专业教学实践者,都是非常难得的参考书。

需要特别说明的是,药品质量管理是一项需要全员参与、持续精进的系统工程。本书虽力求严谨,但行业政策与技术迭代日新月异,读者在实践中仍需以最新法规和技术指南为准,并结合企业自身特点灵活应用。由于编者水平有限,书中难免存在不足之处。衷心希望广大读者提出宝贵意见和建议,以便再版时修订完善。期待本书能成为制药企业的管理人员、技术人员和药学专业学生等相关从业者案头常备的"行动指南",为药品生产质量管理工作提供有益的帮助,为推动我国医药行业的健康发展贡献一份力量。

感谢李大鹏院士不吝赐教,为本书作序。感谢原浙江康莱特药业有限公司质量部经理冯桂芳高级工程师协助审阅书稿。感谢全体参编人员的辛勤付出!

编者
2025 年孟春

目 录

第二部分　药品生产质量管理检查规范 / 236

第一部分
药品生产质量管理规范

思维导图

第一章 总则

第一条 规范制定的依据

【第一条】 为规范药品生产质量管理，根据《中华人民共和国药品管理法》《中华人民共和国药品管理法实施条例》，制定本规范。

【条文释义】

1. 什么是药品?

答：根据《中华人民共和国药品管理法》（以下简称《药品管理法》）中的定义，药品是指用于预防、治疗、诊断人的疾病，有目的地调节人的生理功能并规定有适应证或功能主治、用法用量的物质，包括中药、化学药品和生物制品等。

2. 药品有哪些分类?

答：（1）**化学药品** 由化学合成方法或提取方法得到的纯化合物，具有明确的分子结构和作用机制。根据《药品注册管理办法》，化学药品可细分为化学药创新药（如帕博利珠单抗）、化学药改良型新药（如缓释剂型的美托洛尔）、仿制药（如阿莫西林）。化学药品作用较为迅速，通常用于急性病和慢性病的治疗。

（2）**中药** 以天然植物、动物或矿物为原料，通过传统加工或现代工艺制成的药物，通常基于中医理论来使用。根据《药品注册管理办法》，中药可细分为中药创新药（如双黄连口服液）、中药改良型新药（如麝香保心丸）、古代经典名方中药复方制剂（如乌鸡白凤丸）、同名同方药（如六味地黄丸）等。中药通常用于调理身体的整体平衡，作用较为温和、持久，适合慢性病的长期治疗和预防。

（3）**生物制品** 通过生物体或其产物制备的用于预防、治疗或诊断疾病的药物。根据《药品注册管理办法》，生物制品可细分为生物制品创新药（如诺西那生钠）、生物制品改良型新药（如长效胰岛素类似物）、已上市生物制品（如阿达木单抗）。生物制品在疾病预防和治疗中发挥了重要作用，尤其在癌症、传染病和免疫相关疾病领域。

3. 我国在制定《药品生产质量管理规范》时，涉及《中华人民共和国药品管理法》和《中华人民共和国药品管理法实施条例》的哪些相关内容?

答：《药品生产质量管理规范》涵盖了从生产许可到质量控制的各个环节，其中涉及《中华人民共和国药品管理法》（以下简称《药品管理法》）和《中华人民共和国药品管理法实施条例》（以下简称《药品管理法实施条例》）相关内容如下。

（1）**药品生产许可与管理** 《药品管理法》第四十一、四十三条规定，药品生产企业必须依法取得药品生产许可证，并遵守药品质量管理的规定。生产药品的全过程必须符合质量管理规范，确保药品安全、有效、质量可控。

《药品管理法实施条例》第二章对药品生产许可证的申请、审批、变更等流程作出详细规定，并要求药品生产企业建立健全药品质量管理体系，确保生产全过程合规。

（2）**质量控制与安全性** 《药品管理法》第四十四条要求，药品生产企业必须按照药品质量标准组织生产，确保药品的安全性、有效性和质量的稳定性。生产企业对所生产药品的质量负有全责，必须有健全的质量控制体系。第四十五条规定，生产药品所需的原料和辅料应当符合药用要求以及药品生产质量管理规范（GMP）的相关要求。

《药品管理法实施条例》第二章进一步强调药品生产的全流程质量控制，包括原材料采购、生产过程、成品检验等环节的控制，明确企业应设立质量管理机构和质量负责人。

（3）**生产过程的监督检查**　《药品管理法》第九十九条规定，赋予药品监督管理部门监督检查药品生产企业的权力，定期对企业执行 GMP 的情况进行检查评估。药品监督管理机构有权责令整改不合规的生产行为，甚至暂停生产。

《药品管理法实施条例》第八章细化了监督检查的要求，包括现场检查、抽样检测、突击检查等，确保药品生产过程的每个环节均符合规范。

（4）**人员培训和管理**　《药品管理法》第四十二条要求药品生产企业必须有合格的专业人员。GMP 强调了对员工的培训和管理，确保每一位员工都具备相应的专业知识和技能，以维护生产过程的质量。

（5）**文件管理**　《药品管理法实施条例》规定了药品生产过程中应保持的记录和文件，确保可追溯性。GMP 在这一方面也作了详细要求，确保所有生产活动都有记录可查，以便于质量审核和问题追溯。

（6）**法律责任**　《药品管理法》第十一章中规定若干，药品生产企业违反 GMP 要求，生产不合格药品，将承担相应的法律责任，包括行政处罚、民事赔偿，严重情况下还可能追究刑事责任。

《药品管理法实施条例》第九章进一步规定了违法生产行为的具体处罚措施和程序，如罚款、吊销生产许可证，甚至追究个人刑事责任。

4.《药品生产质量管理规范》的立法沿革是什么？

答：（1）**国际发展史**　GMP 的起源可以追溯到 20 世纪初，特别是在第二次世界大战后，药品和食品的质量控制问题逐渐引起重视。1941 年，美国食品药物管理局（FDA）开始制定药品生产的相关标准。20 世纪 60 年代，随着药品生产技术的进步和药物市场的扩大，1963 年，世界卫生组织（WHO）首次发布了《药品生产质量管理规范》，为全球药品生产设定了基本标准。20 世纪 70 年代，许多国家开始采纳和实施 WHO 的 GMP 标准，并根据自身的实际情况进行调整和补充。此期间，GMP 标准逐渐被广泛认可为药品生产的重要规范。20 世纪 80 年代至今，随着科技的发展和新药的不断推出，各国对 GMP 标准进行了修订和完善。国际上相继出现了如人用药品注册技术要求国际协调会（ICH）等组织，推动了全球范围内 GMP 标准的统一。

（2）**中国发展史**　20 世纪 80 年代，中国在 1984 年发布了首部《药品生产质量管理规范》，标志着中国药品生产进入规范化管理阶段。20 世纪 90 年代，随着市场经济的改革，中国开始借鉴国际经验，逐步修订和完善 GMP 标准，以适应国内外药品市场的需要。2010 年，国家食品药品监督管理局（SFDA）修订了 GMP 标准，并于 2011 年实施了新版 GMP[以下称为 GMP（2010 修订版）]。这一版本吸收了国际先进经验，结合我国国情，贯彻质量风险管理和药品生产全过程管理的理念，更加注重科学性、指导性和可操作性。

（3）**GMP 的立法目的**　保障公众的用药安全和健康，防止不合格药品对患者造成伤害；提高药品质量，通过立法建立严格的质量管理体系，促进药品生产企业提高产品质量，增强市场竞争力；促进产业规范发展，立法有助于规范药品生产行为，建立公平竞争的市场环境，促进整个行业的健康发展；增强国际竞争力，遵循国际 GMP 标准，有助于提高我国药品在国际市场的认可度和竞争力，推动药品出口；降低生产风险，通过实施 GMP，企业能够更好地识别和控制生产过程中的潜在风险，减少质量事故的发生。

第二条　质量管理体系范围

【第二条】　企业应当建立药品质量管理体系。该体系应当涵盖影响药品质量的所有因素，包括确保药品质量符合预定用途的有组织、有计划的全部活动。

【条文释义】

1. 药品质量管理体系是什么?

答: 药品质量管理体系 (pharmaceutical quality management system, PQMS) 是药品生产企业为确保药品质量、安全性和有效性而建立的一套系统性管理架构。该体系通过对药品生产、控制、检验、包装、储存和运输等环节的全方位管理, 确保每批次的药品都符合既定的质量标准和法规要求。

2. 在药品生产过程中, 影响药品质量的因素是什么?

答: 质量活动包含 (但不限于) 以下方面: 质量方针及质量政策的制定、质量策划、质量保证、质量控制、质量改进, 审计、偏差管理、变更管理、生产管理 (批记录、年度回顾)、现场管理、投诉、召回、印字包材的审核批准、产品释放、GMP 自检、培训, 供应商管理, 不良反应报告和监测, 质量标准、方法管理, 环控、水系统监测, 样品管理 (取样、留样), 稳定性管理, 质量控制, 验证管理, 文件管理, 对第三方的管理 (委托生产、加工、第三方实验室等), 法律法规的获取等。以上活动都会对质量体系产生影响, 都可能成为影响药品质量的因素。

3. "预定用途"指的是什么?

答: 药品之所以成为药品, 是因为能够实现某个预期目的。如《药品管理法》所述, "药品, 是指用于预防、治疗、诊断人的疾病, 有目的地调节人的生理机能并规定有适应证或者功能主治、用法和用量的物质, 包括中药、化学药和生物制品等。""预防、治疗、诊断人的疾病, 有目的地调节人的生理机能"就是预期用途。有些是可直接使用的, 如制剂; 有些是作为原料使用的, 如原料药。因此, 这个药品的定义并不科学, 例如原料药本身不可直接用于人体, 必须做成制剂才可。

第三条 本规范的目的

【第三条】 本规范作为质量管理体系的一部分, 是药品生产管理和质量控制的基本要求, 旨在最大限度地降低药品生产过程中污染、交叉污染以及混淆、差错等风险, 确保持续稳定地生产出符合预定用途和注册要求的药品。

【条文释义】

1. GMP 和药品质量管理体系的关系是什么?

答: 药品质量管理体系是一个全生命周期的质量管理框架, 涵盖了从药品的研制、生产、经营、储存、运输和使用的所有环节。而 GMP 主要关注药品的生产和质量控制环节, 是药品质量管理体系的核心组成部分。两者的关系可以理解为包含与被包含的关系, 即 GMP 是药品质量管理体系中的一个关键环节。

药品质量管理体系的目标是确保药品的质量可控, 而 GMP 是药品质量管理体系的质量保证基础。GMP 提供了具体的操作规范和技术标准, 指导如何在生产过程中保持质量一致性。GMP 的实施细节, 如环境控制、设备管理、人员培训、物料管理、生产过程验证等, 都是药品质量管理体系的核心执行部分, 帮助实现质量体系的总体目标。

药品质量管理体系必须符合国家和国际的法规要求, 而 GMP 作为国际通行的药品生产质量标准, 是确保药品生产符合监管要求的基础。通过符合 GMP 的要求, 企业可以保证其生产的药品在全球市场上的合规性, 这也是确保药品质量一致性和安全性的前提。

2. 什么是"持续稳定"?

答: "持续稳定"是指在药品生产管理和质量控制下, 企业在药品生产的整个过程能够确保所有生产环节和条件始终符合规定的标准, 从而持续生产出质量一致、符合预定用途和注册要求的药品。

3. 在中国, 药品注册要求是什么?

答: 根据 2020 年实施的《药品注册管理办法》第八条规定: 从事药物研制和药品注册活动, 应当遵守有关法律、法规、规章、标准和规范；参照相关技术指导原则，采用其他评价方法和技术的，应当证明其科学性、适用性；应当保证全过程信息真实、准确、完整和可追溯。

《药品管理法》第二十四条规定：在中国境内上市的药品，应当经国务院药品监督管理部门批准，取得药品注册证书；但是，未实施审批管理的中药材和中药饮片除外。实施审批管理的中药材、中药饮片品种目录由国务院药品监督管理部门会同国务院中医药主管部门制定。申请药品注册，应当提供真实、充分、可靠的数据、资料和样品，证明药品的安全性、有效性和质量可控性。

《药品管理法》第二十五条规定：对申请注册的药品，国务院药品监督管理部门应当组织药学、医学和其他技术人员进行审评，对药品的安全性、有效性和质量可控性以及申请人的质量管理、风险防控和责任赔偿等能力进行审查；符合条件的，颁发药品注册证书。国务院药品监督管理部门在审批药品时，对化学原料药一并审评审批，对相关辅料、直接接触药品的包装材料和容器一并审评，对药品的质量标准、生产工艺、标签和说明书一并核准。

4. 什么是污染、交叉污染以及混淆、差错？

答：① 污染是指在生产、取样、包装或重新包装、贮存或运输等操作过程中，原辅料、中间产品、待包装产品、成品受到具有化学或微生物特性的杂质或异物的不利影响。

② 交叉污染是指不同原料、辅料及产品之间发生的相互污染。

③ 混淆是药品在包装或标签上被误认，导致用药错误的情况。

④ 差错是人为或操作上失误的情况，涵盖生产、储存、分发等环节。

这四者尽管有时会交叉重叠，但涉及药品质量问题的不同方面，企业需通过严格的质量管理体系防止这些问题的发生。

第四条　企业贯彻本规范

【第四条】 企业应当严格执行本规范，坚持诚实守信，禁止任何虚假、欺骗行为。

【条文释义】

1. 为什么企业必须坚持诚实守信？

答：企业坚持诚实守信不仅是法律的要求，也是商业道德的基本原则。诚实守信可以增强企业的声誉，赢得客户和合作伙伴的信任，促进长期稳定的业务发展。相反，失信行为可能导致法律处罚、市场信任危机，甚至企业破产。

2. 药品管理法中对虚假、欺骗行为如何处罚？

答：（1）**提供虚假或误导性的产品信息或服务描述** 如《药品管理法》第四十四条规定，药品应当按照国家药品标准和经药品监督管理部门核准的生产工艺进行生产。生产、检验记录应当完整准确，不得编造。

（2）**伪造证件或资质文件** 如《药品管理法》第一百二十二条规定，伪造、变造、出租、出借、非法买卖许可证或者药品批准证明文件的，没收违法所得，并处违法所得一倍以上五倍以下的罚款；情节严重的，并处违法所得五倍以上十五倍以下的罚款，吊销药品生产许可证、药品经营许可证、医疗机构制剂许可证或者药品批准证明文件，对法定代表人、主要负责人、直接负责的主管人员和其他责任人员，处二万元以上二十万元以下的罚款，十年内禁止从事药品生产经营活动，并可以由公安机关处五日以上十五日以下的拘留；违法所得不足十万元的，按十万元计算。

（3）**隐瞒产品的缺陷或风险** 如《药品管理法》第一百三十四条规定，药品上市许可持有人未按照规定开展药品不良反应监测或者报告疑似药品不良反应的，责令限期改正，给予警告；逾期不改正的，责令停产停业整顿，并处以十万元以上一百万元以下的罚款。

思维导图

第二章　质量管理

第一节　原则

第五条　企业的质量目标

【第五条】　企业应当建立符合药品质量管理要求的质量目标，将药品注册的有关安全、有效和质量可控的所有要求，系统地贯彻到药品生产、控制及产品放行、贮存、发运的全过程中，确保所生产的药品符合预定用途和注册要求。

【条文释义】

1. 什么样的质量目标符合企业药品质量管理要求?

答：符合企业药品质量管理要求的质量目标通常具备以下特点：

（1）**确保产品安全性**　药品必须符合安全标准，确保不会对患者健康造成危害。质量目标应包括对原材料、生产过程及成品的严格检测，减少污染或不合规的风险。

（2）**保证有效性**　药品必须具有预期的治疗效果。质量目标应确保每批产品的有效成分在规定的范围内，且能够稳定释放，确保药物疗效。

（3）**合规性**　企业的药品质量管理目标必须符合国家药品监督管理部门［如中国的国家药品监督管理局（简称药监局）或美国的 FDA］和其他相关法规的要求。质量目标包括遵守 GMP（药品生产质量管理规范）标准，确保所有生产、存储和分发过程都符合法规。

（4）**持续改进**　药品质量管理的目标应包含持续的质量改进计划，通过收集和分析数据，优化生产流程，减少偏差，并提高产品的一致性和效率。

（5）**顾客满意度**　确保药品满足患者和医疗专业人员的期望，包括药品的可用性、包装、说明书的清晰度等方面。还可以包括减少投诉、召回事件以及提高顾客对产品的信心。

（6）**环境和健康安全**　除了药品本身的质量，企业还应在生产过程中考虑对环境的影响，减少有害排放物，确保工人和社区的健康安全。

2. 为什么药品企业必须建立符合质量管理要求的质量目标?

答：药品的安全性、有效性和质量直接关系到患者的健康和生命安全。建立符合药品质量管理要求的质量目标，能确保企业在生产过程中遵循严格的质量控制体系，防止出现质量问题，减少药品安全风险。符合质量管理要求也是药品行业法律法规的硬性规定，不仅保护消费者，还能维护企业的市场声誉。

第六条　企业高管的作用

【第六条】　企业高层管理人员应当确保实现既定的质量目标，不同层次的人员以及供应商、经销商应当共同参与并承担各自的责任。

【条文释义】

1. 企业高层管理人员在实现质量目标中应承担哪些责任?

答: 企业高层管理人员承担的责任如表 2-1 所示。

表 2-1　企业高层管理人员应承担的责任

责任	描述
制定和推动质量战略	确保企业有明确的质量目标,并在全公司范围内推动执行
分配资源	为实现质量目标提供足够的人力、资金和技术资源,确保各部门有条件执行相应的任务
监督和评估	建立定期的质量评估机制,监督各层次人员的工作进展,确保质量目标按计划实现
决策和改进	当出现质量问题时,高层应及时作出决策,采取纠正措施,并不断改进质量管理体系

2. 不同层次的人员在质量管理中各自承担哪些责任?

答: 企业不同层次的人员在质量管理中有不同的责任(表 2-2)。

表 2-2　企业不同层次的人员在质量管理中应承担的责任

管理人员层次	责任
中层管理人员	负责将高层制定的质量目标转化为部门或生产线的具体工作任务,并监督执行。确保部门内部的每个环节都符合质量要求
生产人员	在具体操作和生产过程中严格按照标准操作规程(SOP)执行,及时报告生产过程中发现的质量问题,确保产品符合规定要求
质量控制人员	负责监控整个生产过程,进行抽样检查和质量检验,确保每批次产品达到标准
研发人员	确保新产品的设计符合质量、安全、有效性要求,并在开发过程中充分考虑质量管理需求

3. 供应商和经销商在企业质量管理体系中承担哪些责任?

答: 供应商和经销商是企业质量管理链条中的重要环节,他们在确保产品质量的过程中应承担以下责任:

(1)**供应商**　提供符合企业质量要求的原材料或半成品,确保所提供的物料符合合同规定的技术标准和法规要求,同时应接受企业的定期审核与质量检测。

(2)**经销商**　确保产品在贮存、运输和销售过程中的质量不受影响,遵守合同和法规要求,避免出现因储运不当导致的产品质量问题。经销商还应反馈市场中的质量问题,帮助企业及时发现并解决问题。

药品生产企业应当同时做好向上与向下管理,加强全程管控。

第七条　实现质量目标必要条件

【第七条】　企业应当配备足够的、符合要求的人员、厂房、设施和设备,为实现质量目标提供必要的条件。

【条文释义】

企业在制药设备上的高投资、高成本体现在哪?

答：① 制药设备应符合药品生产质量管理规范（GMP）的要求。GMP 规定了药品生产的硬件设施、人员素质、生产环境、工艺卫生等方面必须达到的标准，以确保药品质量的安全、稳定和可靠。

② 制药设备应具备可靠性、稳定性和易维修性的特点。这些设备应采用优质材料和先进的加工技术，以确保在连续生产过程中不易出现故障，从而保证药品的质量和产量。此外，设备的易维修性也很重要，以便在设备出现故障时能够及时进行维修和更换。

③ 制药设备应符合药品生产质量管理的需要。这些设备应具备自动化、智能化和信息化的特点，以便能够实时监测和控制药品的生产过程，确保药品质量的稳定和一致。

④ 制药设备应具备高效的能源利用和环保性能。这些设备应采用节能技术和环保材料，以减少对环境的影响和能源的消耗，同时降低药品的生产成本。

⑤ 制药设备应符合相关法规和标准的要求。这些要求包括国际药品规范、国家药品管理法规、行业标准等，以确保药品的质量和安全性得到保障。

例如：位于金华开发区金西健康生物产业园的赛默制药百诚医药产业化平台项目，全部建成后将形成年产 156.57 吨原料药、30 亿片（粒）口服固体制剂、1.5 亿瓶口服液及 5000 万片贴片、5000 万支软膏和 2.5 亿支注射液的产能，该项目总投资约 20.5 亿元。

第二节　质量保证

第八条　质量保证的界定

【第八条】 质量保证是质量管理体系的一部分。企业必须建立质量保证系统，同时建立完整的文件体系，以保证系统有效运行。

【条文释义】

1. 质量保证是什么？具体由哪个部门负责？

答：质量保证是为了提供足够的信任表明实体能够满足质量要求，而在质量管理体系中实施并根据需要进行证实的全部有计划和有系统的活动。具体由企业的质量保证（QA）部门负责，QA 部门主要负责国际标准化组织（ISO）标准所要求的有关质量保证的职能。担任这类工作的人员就叫作 QA 人员，QA 就是包括制造企业各个部门的一个保持生产高质量产品的系统，QA 是 GMP 的一部分，GMP 只关心与生产和检验有关的所有事务，与 GMP 无关而与产品质量有关的事务就属于 QA。

2. 为什么要建立完整的文件体系？

答：建立完整的文件体系是企业开展质量管理和质量保证的重要基础，是质量体系审核和质量体系认证的主要依据。建立并完善质量体系文件是为了进一步理顺关系，明确职责与权限，协调各部门之间的关系，使各项质量活动能够顺利、有效地实施，使质量体系实现经济、高效地运行，以满足顾客和消费者的需要，并使企业取得明显的效益。一个企业的质量管理就是通过对企业内各种过程进行管理来实现的，因而就需要明确对过程管理的要求、管理的人员、管理人员的职责、实施管理的方法以及实施管理所需要的资源，把这些用文件形式整理出来形成系统，就形成了该企业的质量文件体系。

第九条　QAS 的要求

【第九条】 质量保证系统应当确保：

（一）药品的设计与研发体现本规范的要求；

（二）生产管理和质量控制活动符合本规范的要求；

（三）管理职责明确；

（四）采购和使用的原辅料和包装材料正确无误；

（五）中间产品得到有效控制；

（六）确认、验证的实施；

（七）严格按照规程进行生产、检查、检验和复核；

（八）每批产品经质量受权人批准后方可放行；

（九）在贮存、发运和随后的各种操作过程中有保证药品质量的适当措施；

（十）按照自检操作规程，定期检查评估质量保证系统的有效性和适用性。

【条文释义】

"质量保证系统"是一个什么系统？

答：质量保证是一个宽泛的概念，它涵盖影响产品质量的所有因素，是为确保药品符合其预定用途并达到规定的质量要求所采取的所有措施的总和。从第九条所列的内容看，涉及药品研发生产的各个环节，如研发、生产管理、职责分配、原料采购、中间产品控制、确认和验证、检验、贮存、发货、自检等。

第十条　基本要求

【第十条】 药品生产质量管理的基本要求：

（一）制定生产工艺，系统地回顾并证明其可持续稳定地生产出符合要求的产品；

（二）生产工艺及其重大变更均经过验证；

（三）配备所需的资源，至少包括：

1. 具有适当的资质并经培训合格的人员；

2. 足够的厂房和空间；

3. 适用的设备和维修保障；

4. 正确的原辅料、包装材料和标签；

5. 经批准的工艺规程和操作规程；

6. 适当的贮运条件。

（四）应当使用准确、易懂的语言制定操作规程；

（五）操作人员经过培训，能够按照操作规程正确操作；

（六）生产全过程应当有记录，偏差均经过调查并记录；

（七）批记录和发运记录应当能够追溯批产品的完整历史，并妥善保存、便于查阅；

（八）降低药品发运过程中的质量风险；

（九）建立药品召回系统，确保能够召回任何一批已发运销售的产品；

（十）调查导致药品投诉和质量缺陷的原因，并采取措施，防止类似质量缺陷再次发生。

【条文释义】

1. 如何理解质量管理的基本要求？

答：① 稳定的生产工艺是药品质量的根本保证，工艺验证是工艺持续稳定的有效证明。

② 经过培训合格的人员是质量的根本保证。

③ 文件、记录、操作规程是质量管理的主要方法。

④ 对偏差、投诉、缺陷的调查并有效处理是质量维护的重要手段。

2. 在药品生产中，如何确保每个环节的质量控制？

答：见图 2-1。

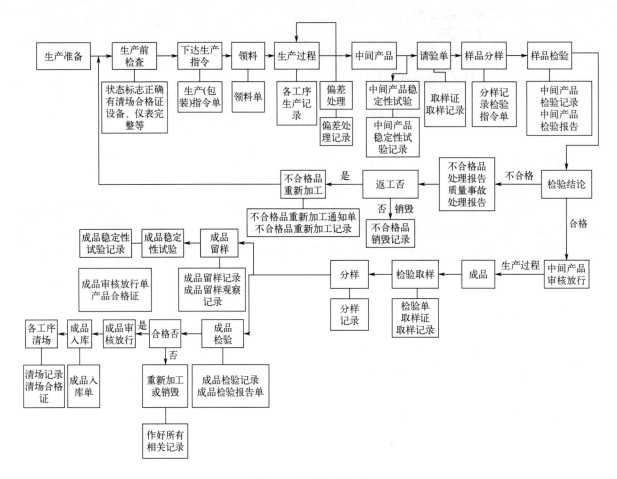

图 2-1　质量控制流程

第三节　质量控制

第十一条　质量控制的组成

【第十一条】　质量控制包括相应的组织机构、文件系统以及取样、检验等，确保物料或产品在放行前完成必要的检验，确认其质量符合要求。

【条文释义】

如何理解质量控制？

答：在制药企业中，药品质量由质量管理部的质量控制部门负责。药品质量控制主要负责药品质量检验，是确保药品安全性、有效性、均一性、稳定性的重要环节。它涉及药品生产过程中的质量问题，并采取一系列控制措施以保证药品的质量符合相关标准和要求。例如，对所有采购的原辅料、包装材料进行质量检验，确保其符合预定的质量标准和要求；在生产过程中对中间产品进行取样和检验，确保生产过程的质量；在最终包装前对产品进行检查，确保其符合质量标准；对完成包装的成品进行检验，包括含量、有关物质、溶出度、熔点、水分、pH 等关键项目，以确保产品符合质量标准规定。

第十二条 质量控制的基本要求

【第十二条】 质量控制的基本要求：

（一）应当配备适当的设施、设备、仪器和经过培训的人员，有效、可靠地完成所有质量控制的相关活动；

（二）应当有批准的操作规程，用于原辅料、包装材料、中间产品、待包装产品和成品的取样、检查、检验以及产品的稳定性考察，必要时进行环境监测，以确保符合本规范的要求；

（三）由经授权的人员按照规定的方法对原辅料、包装材料、中间产品、待包装产品和成品取样；

（四）检验方法应当经过验证或确认；

（五）取样、检查、检验应当有记录，偏差应当经过调查并记录；

（六）物料、中间产品、待包装产品和成品必须按照质量标准进行检查和检验，并有记录；

（七）物料和最终包装的成品应当有足够的留样，以备必要的检查或检验；除最终包装容器过大的成品外，成品的留样包装应当与最终包装相同。

【条文释义】

1. 如何理解质量控制？它与质量保证有何关系？

答：质量控制是质量管理的一部分，强调的是质量要求，具体是指按照规定的方法和规程，对原辅料、包装材料、中间品和成品进行取样、检验和复核，以保证这些物料和产品的成分、含量、纯度和其他性状符合已经确定的质量标准。质量控制不局限于实验室内的检验，还包括可能影响产品质量的所有决定。

质量控制是质量保证的基础，质量保证是质量控制的精髓。

2. 根据 GMP 规范，经授权的人员需按标准抽样方法对原辅料、包装材料、中间产品、待包装产品和成品取样。这里经授权的人员可以是哪个部门的人？对于这些人有什么要求？

答：取样是质量控制的活动之一，应是质量管理部门的职责。GMP 规定，质量管理部门的人员有权进入生产区和仓储区取样。经授权的取样人员应当是质量部门人员，可以是 QA 人员，也可以是质量控制（QC）人员。

取样的关键是最大限度地降低取样过程中产生的污染或交叉污染，以及使样品具有代表性，这需要对取样操作人员进行较为完整的培训及考核。无论是 QA 还是 QC 人员负责取样，都要经过岗前培训和考核，并获得企业允许其从事取样操作的授权。

第四节 质量风险管理

第十三条 质量风险管理概念

【第十三条】 质量风险管理是在整个产品生命周期中采用前瞻或回顾的方式，对质量风险进行评估、控制、沟通、审核的系统过程。

【条文释义】

1. 什么是质量风险管理?

答: 人用药品注册技术要求国际协调会（International Conference on Harmonization of Technical Requirements for Pharmaceuticals for Human Use, ICH）对质量风险管理（quality risk management, QRM）的定义是: 质量风险管理是质量管理方针、程序及规范在评估、控制、沟通和回顾风险时的系统应用。具体指, 在产品的整个生命周期内（对于药品而言）, 对产品质量风险进行评估、控制、沟通和审核的系统过程。

2. 前瞻性风险管理和回顾性风险管理的区别是什么?

答: 前瞻性风险管理是指在产品生命周期的早期阶段（例如产品开发阶段）预测和识别潜在的风险, 然后采取预防性措施。回顾性风险管理则是在产品生产或使用后的阶段, 通过分析历史数据和质量问题, 评估已经发生的风险并采取纠正措施。

3. 质量风险管理在产品生命周期中是一个系统化的流程, 大致包含哪些步骤?

答: 质量风险管理过程主要是: 启动质量风险管理过程、风险评估、风险控制、质量风险管理程序的输出/结果、风险回顾以及贯穿管理过程始终的风险沟通环节。其中, 风险评估环节包括风险识别、风险分析和风险评价; 风险控制环节包括风险降低和风险接受。ICH 在 Q9 指导原则中介绍了典型质量风险管理, 如图 2-2 所示。

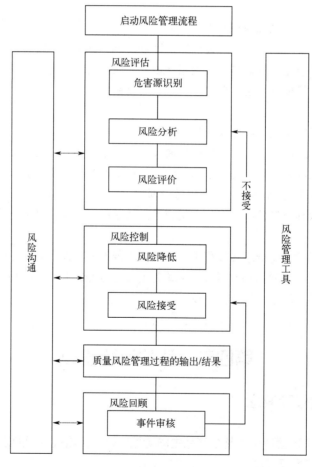

图 2-2 质量风险管理示意图

第十四条 质量风险评估依据

【第十四条】 应当根据科学知识及经验对质量风险进行评估，以保证产品质量。

【条文释义】

1. 质量风险如何正确评估？

答：质量风险管理评估的核心在于识别、分析和评价质量风险，确保产品或服务的整个生命周期中风险得到有效控制。质量风险管理的评估过程包括以下几个主要步骤。

（1）**风险识别** 是发现、确认和描述风险的过程，包括对风险源、事件及其原因和潜在后果的识别；信息可包括历史数据、理论分析、已知的见解以及相关利益者的关注点。

（2）**风险分析** 根据风险类型、获得的信息和风险评估结果的使用目的，对识别出的风险进行定性和定量的分析，为风险评估和风险应对提供支持。针对不同的风险，可以基于风险分析的目标或评估对象事件的复杂性和关键性，选择相应匹配的风险工具。

（3）**风险评价** 对风险监控报告制度是否恰当进行评价，检查风险管理结果的充分性和及时性，评价管理层对风险的分析是否全面，为防止风险而采取的措施是否完善，建议是否有效。风险评价结果可以是风险的定量估计，也可以是风险的定性描述，相应指标应尽可能详细地定义。

2. 风险评估有哪些工具和方法？

答：图形分析、鱼骨图和检查列表等，用于收集或组织数据、构建项目管理等；风险排序和筛选（risk ranking and filtering，RRF），用于比较风险并将风险分级；失效模型与影响分析（failure mode and effects analysis，FMEA），用于对工艺的失效模式及其结果的可能产生的潜在影响的评估；危害分析和关键控制点（hazard analysis and critical control point，HACCP），用于全面充分理解产品和工艺特性以识别关键控制点；故障树分析（fault tree analysis，FAT），用于鉴别假设可能会发生过失的原因分析。

第十五条 正确的质量风险管理

【第十五条】 质量风险管理过程所采用的方法、措施、形式及形成的文件应当与存在风险的级别相适应。

【条文释义】

1. 为什么质量风险管理的方法和措施需与风险级别相适应？

答：质量风险管理的方法和措施与风险级别相适应，是为了确保资源的有效利用以及风险控制的合理性。对于较高风险的情况，必须采用更严格的控制措施和更加详细的风险评估工具，而对于较低风险的情况，可能只需要基本的评估和文件记录。通过根据风险级别调整管理手段，能确保在不浪费资源的同时，最大限度地控制风险。

2. 常见的风险级别有哪几类？

答：风险的级别判定通常基于两个主要因素：风险发生的可能性和风险对产品质量的影响程度。通过评估这些因素，通常可以将质量风险管理的级别分为三级：严重、主要、一般。具体包括以下内容。

（1）**严重缺陷** 在质量风险检查时，发现严重缺陷的，该次检查结论为不通过。严重缺陷通常指的是直接关系到药品的安全性和有效性，如果存在严重缺陷，必须立即采取措施进行整改。

（2）**主要缺陷** 发现主要缺陷时，需要基于整改情况确定该次检查结论。主要缺陷虽然不如严重缺陷直接威胁药品安全，但也需要引起重视并采取措施进行改进。

（3）**一般缺陷** 发现一般缺陷时，该次检查结论为通过。一般缺陷对药品的安全性和有效性影响较小，但仍然需要关注并采取措施进行改进。

科学评估和分析有助于确定风险级别，以便采取适当的风险管理措施。

3. 什么是故障模式、影响与危害分析？

答：故障模式、影响与危害分析（failure modes，effects and criticality analysis，FMECA）是分析产品整个生命周期潜在的故障模式以及可能会造成的不良影响，并依据故障模式的危害程度和发生概率予以排序，从而识别产品过程中的缺陷和薄弱环节的一种风险分析方法。FMECA 不仅是产品可靠性分析的重要分析方法，也能开展安全性分析、维护性分析和保障性分析。

FMECA 在质量风险评估中，需计算出每个故障模式的风险优先数（RPN）。RPN 是故障模式的严重性等级（S）、故障模式的发生概率等级（O）和故障模式的被检测难度等级（D）数值的乘积，即 RPN=S×O×D。RPN 是对故障模式风险等级的评价，反映故障模式发生的可能性及其后果严重性的综合度量。RPN 值越大，故障模式的危害性越大。

思维导图

第三章　机构与人员

第一节　原则

第十六条　企业的组织构架

【第十六条】 企业应当建立与药品生产相适应的管理机构，并有组织机构图。

企业应当设立独立的质量管理部门，履行质量保证和质量控制的职责。质量管理部门可以分别设立质量保证部门和质量控制部门。

【条文释义】

药品生产企业一般的组织机构是如何设置的？

答：药企组织机构基本设置如图 3-1 所示。

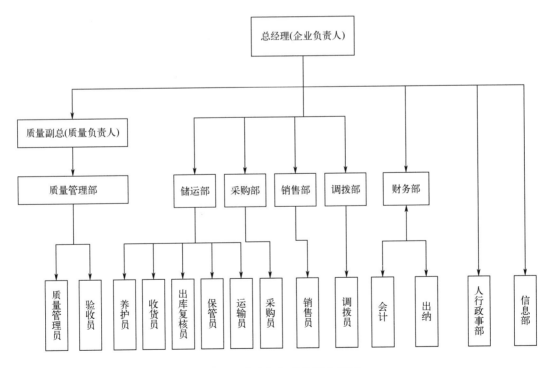

图 3-1　药企组织机构基本设置

第十七条　质管部门职责

【第十七条】 质量管理部门应当参与所有与质量有关的活动，负责审核所有与本规范有关的文件。质量管理部门人员不得将职责委托给其他部门的人员。

【条文释义】

规范中规定质量管理部门人员不得将职责委托给其他部门人员。是否允许质量部门授权生产部门进行中间控制的取样操作？

答：由生产人员所进行的中间控制取样，是生产控制环节的一部分，应该由生产人员承担，但必须按操作规程执行。取样是质量管理部门的职责，不得委托其他部门，但其他部门可以协助质量管理部门。如果上述问题所指的中控是生产控制环节的一部分，如取样测定中间体的片重、装量等本身就是生产的一部分，不存在委托的问题。

QA 在履行取样、日常环境监测等职责时，需要生产操作人员协助完成，这并非将职责委托。GMP 规定质量管理部门的职责，但又规定 QA 最好不进入无菌操作区域进行监控。如某公司为生产非最终灭菌的疫苗企业，现在实行 QA 委托车间人员进行无菌取样，QA 通过视频或透视窗监督取样。

第十八条　明确各部门职责

【第十八条】 企业应当配备足够数量并具有适当资质（含学历、培训和实践经验）的管理和操作人员，应当明确规定每个部门和每个岗位的职责。岗位职责不得遗漏，交叉的职责应当有明确规定。每个人所承担的职责不应当过多。

所有人员应当明确并理解自己的职责，熟悉与其职责相关的要求，并接受必要的培训，包括上岗前培训和继续培训。

【条文释义】

GMP 中"指定人员""专人"这些人员应有资质，并有书面的规定，如何理解？

答：GMP 中所指的管理和操作人员，对其第一学历、从业经历和参加的岗前培训并考核合格等，均有书面的规定；对其所在岗位职责及具体要求，都有明确理解并精准执行。

第十九条　职责委托要求

【第十九条】 职责通常不得委托给他人。确需委托的，其职责可委托给具有相当资质的指定人员。

【条文释义】

GMP 中所述因特殊情况，确需将职权委托给"指定人员"的，则该人员应具有与委托人相同或相近的资质。同时，委托人仍需承担其岗位职责及相关后果，即"授权不授责"。

第二节　关键人员

第二十条　关键人员的界定

【第二十条】 关键人员应当为企业的全职人员，至少应当包括企业负责人、生产管理负责人、质量管理负责人和质量受权人。

质量管理负责人和生产管理负责人不得互相兼任。质量管理负责人和质量受权人可以兼任。应当制定操作规程确保质量受权人独立履行职责，不受企业负责人和其他人员的干扰。

【条文释义】

本条例中"关键人员"是指企业的哪些岗位人员？

答：关键人员是指企业负责人、生产管理负责人、质量管理负责人和质量受权人；而非企业总经理、财务或人事等其他高管。且质量管理负责人和生产管理负责人不得相互兼任，即同一个人不能既是运动员又是裁判员。

第二十一条　企业负责人职责

【第二十一条】　企业负责人

企业负责人是药品质量的主要责任人，全面负责企业日常管理。为确保企业实现质量目标并按照本规范要求生产药品，企业负责人应当负责提供必要的资源，合理计划、组织和协调，保证质量管理部门独立履行其职责。

第二十二条　生产管理负责人

【第二十二条】　生产管理负责人

（一）资质：

生产管理负责人应当至少具有药学或相关专业本科学历（或中级专业技术职称或执业药师资格），具有至少三年从事药品生产和质量管理的实践经验，其中至少有一年的药品生产管理经验，接受过与所生产产品相关的专业知识培训。

（二）主要职责：

1. 确保药品按照批准的工艺规程生产、贮存，以保证药品质量；
2. 确保严格执行与生产操作相关的各种操作规程；
3. 确保批生产记录和批包装记录经过指定人员审核并送交质量管理部门；
4. 确保厂房和设备的维护保养，以保持其良好的运行状态；
5. 确保完成各种必要的验证工作；
6. 确保生产相关人员经过必要的上岗前培训和继续培训，并根据实际需要调整培训内容。

【条文释义】

生产管理负责人的主要职责可归纳为哪些要点？

答：管好人员（培训）；管好设备；管好工艺（按照工艺和规程操作）；管好记录（批生产记录和批包装记录）；管好验证。

第二十三条　质量管理负责人资质及主要职责

【第二十三条】　质量管理负责人

（一）资质：

质量管理负责人应当至少具有药学或相关专业本科学历（或中级专业技术职称或执业药师资格）具有至少五年从事药品生产和质量管理的实践经验，其中至少一年的药品质量管理经验，接受过与所生产产品相关的专业知识培训。

（二）主要职责：

1. 确保原辅料、包装材料、中间产品、待包装产品和成品符合经注册批准的要求和质量标准；

2. 确保在产品放行前完成对批记录的审核；

3. 确保完成所有必要的检验；

4. 批准质量标准、取样方法、检验方法和其他质量管理的操作规程；

5. 审核和批准所有与质量有关的变更；

6. 确保所有重大偏差和检验结果超标已经过调查并得到及时处理；

7. 批准并监督委托检验；

8. 监督厂房和设备的维护，以保持其良好的运行状态；

9. 确保完成各种必要的确认或验证工作，审核和批准确认或验证方案和报告；

10. 确保完成自检；

11. 评估和批准物料供应商；

12. 确保所有与产品质量有关的投诉已经过调查，并得到及时、正确的处理；

13. 确保完成产品的持续稳定性考察计划，提供稳定性考察的数据；

14. 确保完成产品质量回顾分析；

15. 确保质量控制和质量保证人员都已经过必要的上岗前培训和继续培训，并根据实际需要调整培训内容。

【条文释义】

质量管理负责人的职责可归纳为哪些要点？

答：凡是"人""机""料""法""环""测"等所有药品生产质量相关因素，质量管理负责人都要"确保、监督或者批准"。

第二十四条　生产和质量负责人的共同职责

【第二十四条】 生产管理负责人和质量管理负责人通常有下列共同的职责：

（一）审核和批准产品的工艺规程、操作规程等文件；

（二）监督厂区卫生状况；

（三）确保关键设备经过确认；

（四）确保完成生产工艺验证；

（五）确保企业所有相关人员都已经过必要的上岗前培训和继续培训，并根据实际需要调整培训内容；

（六）批准并监督委托生产；

（七）确定和监控物料和产品的贮存条件；

（八）保存记录；

（九）监督本规范执行状况；

（十）监控影响产品质量的因素。

【条文释义】

1. 生产管理负责人和质量管理负责人通常共同承担审核和批准产品的工艺规程、操作规程等文件的职责。那么，审核和批准均需要两个人吗？

答：一般情况下产品的工艺规程、操作规程等文件的审核由生产管理负责人承担；批准由质量管理负责人承担。按 GMP 明确定义交叉职责，如生产与质量负责人共同审核批准产品的工艺规程、操作规范等文件，确保技术合规。但是在审批文件中应明确生产管理负责人对文件中工艺、生产相关的内容负责，质量管理负责人对文件的法规符合性和审批流程负责。

2. "生产管理负责人和质量管理负责人通常需协同承担下列职责"，应如何理解这句话？

答：共同承担的职责，必须由两个人共同参与。

3. 工艺规程是唯一的，其最终批准人应该也只能是一个人，到底是生产管理负责人还是质量管理负责人批准？

答：都可以，共同批准也可以，无论最终批准人是谁，对于文件批准都应界定职责，生产负责人对文件的技术内容负责，质量负责人对文件的法规符合性和审批流程负责。

第二十五条 质量受权人界定

【第二十五条】 质量受权人

（一）资质：

质量受权人应当至少具有药学或相关专业本科学历（或中级专业技术职称或执业药师资格），具有至少五年从事药品生产和质量管理的实践经验，从事过药品生产过程控制和质量检验工作。

质量受权人应当具有必要的专业理论知识，并经过与产品放行有关的培训，方能独立履行其职责。

（二）主要职责：

1. 参与企业质量体系建立、内部自检、外部质量审计、验证以及药品不良反应报告、产品召回等质量管理活动；

2. 承担产品放行的职责，确保每批已放行产品的生产、检验均符合相关法规、药品注册要求和质量标准；

3. 在产品放行前，质量受权人必须按照上述第二项的要求出具产品放行审核记录，并纳入批记录。

【条文释义】

质量受权人有没有部门限制？能从生产管理部门中找人委任吗？

答：不可以，不符合立法本意。质量受权人必须是独立于生产管理部门之外的。如果担任质量受权人，则此人不能再是生产管理部门的人员了。

第三节 培训

第二十六条 培训工作要求

【第二十六条】 企业应当指定部门或专人负责培训管理工作，应当有经生产管理负责人或质量管理负责人审核或批准的培训方案或计划，培训记录应当予以保存。

第二十七条 培训具体要求

【第二十七条】 与药品生产、质量有关的所有人员都应当经过培训，培训的内容应当与岗位的要求相适应。除进行本规范理论和实践的培训外，还应当有相关法规、相应岗位的职责、技能的培训，并定期评估培训的实际效果。

第二十八条　特定人员培训

【第二十八条】　高风险操作区（如：高活性、高毒性、传染性、高致敏性物料的生产区）的工作人员应当接受专门的培训。

第四节　人员卫生

第二十九条　降低污染风险方法

【第二十九条】　所有人员都应当接受卫生要求的培训，企业应当建立人员卫生操作规程，最大限度地降低人员对药品生产造成污染的风险。

第三十条　人员卫生操作规程

【第三十条】　人员卫生操作规程应当包括与健康、卫生习惯及人员着装相关的内容。生产区和质量控制区的人员应当正确理解相关的人员卫生操作规程。企业应当采取措施确保人员卫生操作规程的执行。

第三十一条　人员健康管理

【第三十一条】　企业应当对人员健康进行管理，并建立健康档案。直接接触药品的生产人员上岗前应当接受健康检查，以后每年至少进行一次健康检查。

第三十二条　避免药品污染措施

【第三十二条】　企业应当采取适当措施，避免体表有伤口、患有传染病或其他可能污染药品疾病的人员从事直接接触药品的生产。

第三十三条　进入生产和质控区要求

【第三十三条】　参观人员和未经培训的人员不得进入生产区和质量控制区，特殊情况确需进入的，应当事先对个人卫生、更衣等事项进行指导。

第三十四条 生产区工作服要求

【第三十四条】 任何进入生产区的人员均应当按照规定更衣。工作服的选材、式样及穿戴方式应当与所从事的工作和空气洁净度级别要求相适应。

第三十五条 洁净生产区禁止事项

【第三十五条】 进入洁净生产区的人员不得化妆和佩戴饰物。

第三十六条 生产区、仓储区禁止事项

【第三十六条】 生产区、仓储区应当禁止吸烟和饮食，禁止存放食品、饮料、香烟和个人用药品等非生产用物品。

【条文释义】

1. 针对洁净区人员喝水问题，可否在进入一更的缓冲室设喝水区？

答：不可以，功能不同。一般会在生产区设置休息室，在休息室内可以喝水。

2. 是否需要建立操作规程，明确患何种疾病状态不能进入生产区？

答：需要。

第三十七条 操作注意事项

【第三十七条】 操作人员应当避免裸手直接接触药品、与药品直接接触的包装材料和设备表面。

【条文释义】

法规中明确操作人员应避免裸手接触药品，但在口服固体制剂的生产制作过程中需要凭借手感，应如何操作？

答：在口服固体制剂生产过程中，因原辅料物料批间会略有差异，配料或制粒过程中，需要根据手感作适当调整，此时需要通过加强平时手感训练，选择更薄的乳胶手套等增强手感，切不可擅自脱除手套。

思维导图

第四章　厂房与设施

第一节　原则

第三十八条　厂房的相关要求

【第三十八条】 厂房的选址、设计、布局、建造、改造和维护必须符合药品生产要求，应当能够最大限度地避免污染、交叉污染、混淆和差错，便于清洁、操作和维护。

【条文释义】

1. 在 GMP 现场检查中，检查员会注意观察厂房厂区设计，了解厂房的周边环境；可参考《医药工业洁净厂房设计标准》（GB 50457—2019），结合企业的性质（如危化品生产企业、中药生产企业或化学药品生产企业等）总体评估厂区总体布局是否符合规定，厂区周围是否有污染企业等。

2. 查看厂房的设计、建造是否便于清洁、操作和维护。无菌药品还应同时考虑是否满足"无菌药品"附录第二十七条、第二十八条的相关要求。例如：

① 洁净厂房的设计，应当尽可能避免管理或监控人员不必要的进入。B 级洁净区的设计应当能够让管理或监控人员从外部观察到内部的操作。

② 为减少尘埃积聚且便于清洁，门的设计应当便于清洁。洁净区内货架、柜子、设备等均不得有难于清洁的部位。

第三十九条　厂房选址和环境的考虑

【第三十九条】 应当根据厂房及生产防护措施综合考虑选址，厂房所处的环境应当能够最大限度地降低物料或产品遭受污染的风险。

【条文释义】

选址需要考虑哪些主要因素?

答：（1）**地理位置的选择**　选址时必须要考虑长远的规划发展，应避免选择河流发源地或其他对公司未来生存、发展具有风险的区域；同时要充分考虑与供应商和客户的地理位置的相关性，主要包括原料供应地、客户分布、产品运输方式等要素。企业需结合原料来源区域、运输物流条件、销售区域的辐射面积以及产品物流形式，确定厂址位置，并统筹考虑将来的运营成本。

（2）**自然环境的选择**　考虑选择厂址周边自然环境的大气、土地、水源等环境状况优良，考虑远离有其他外部环境污染因素的地址，比如尽量远离附近有霉菌源，花粉源，水、气、土地污染很严重的场所。中药企业特别要注意考虑选址地域周边的虫鼠害因素。

（3）**非自然环境的选择**　指除自然因素以外的其他因素，主要包括周边交通情况，水、电、气和汽的供应能力等。特别应关注环境保护、安全生产和健康法规的要求。选址时还应考虑该地域是否为工业园区，是否有园区统一的污水处理设施等，现有排污限额分配情况以及余额空间等；考察当地是否有特殊的环保健康、安全生产法规要求，并评估其对企业长远发展的影响。此外，还要考虑与周边居民区、相邻企业和其他设施保持一定的安全间距，符合国家相关规定。

第四十条 生产环境、厂房布局

【第四十条】 企业应当有整洁的生产环境；厂区的地面、路面及运输等不应当对药品的生产造成污染；生产、行政、生活和辅助区的总体布局应当合理，不得互相妨碍；厂区和厂房内的人、物流走向应当合理。

【条文释义】

1. 厂房总体布局遵循什么原则?

答：① 厂区规划需同时遵守《工业企业总平面设计规范》（GB 50187—2012）以及新版 GMP 对相关厂房设施的要求。

② 动物实验设施的设置须严格参照《实验动物 环境及设施》（GB 14925—2023）标准执行。

③ 青霉素类等高致敏性药品生产厂房需定向布局于厂区下风位，具体方位依据全年主导风向频率确定，以最大限度降低交叉污染风险。

④ 兼有原料药和制剂生产的药厂，原料药生产区应位于制剂生产区全年最大频率风向的下风侧。三废化处理、锅炉房等有严重污染的区域应置于厂区的最大频率下风侧。

⑤ 医药工业洁净厂房应布置在厂区内环境清洁、人流货流不穿越或少穿越的地方，并应考虑产品工艺特点，合理布局，间距恰当。

⑥ 厂区主要道路应贯彻人流与货流分流的原则。洁净厂房周围道路面层应选用整体性好，发尘少的材料。

⑦ 医药工业洁净厂房周围应绿化。宜减少露土面积。不应种植散发花粉或对药品生产产生不良影响的植物。

⑧ 厂区按行政、生产、辅助和生活等划区布局。

2. 厂房规划和总体布局要从哪几个方面考虑?

答：在新厂建设过程中，首先可根据地块特点进行整体规划；其次可根据生产规模，结合产品生产工艺，合理布置厂区建筑物。一般来说，厂区规划需考虑的要素包括但不限于以下几点：

（1）**满足生产工艺** 企业根据品种的不同和产品生产工艺的需要，制定物料流向与产品工艺过程的相互关系，并在此基础上制定公用主要管线分布模式与专用线路，以生产工艺为主线条，保证产品质量。

（2）**合理分区** 即通过制定物料流程基本模式与产品工艺过程的主要相互关系，把类似的作业或功能组合在一起，并拟定场地主要基础设施，制定厂区内运输及人流、物流的模式，防止人流、物流的交叉污染。

（3）**制定厂区规划布局图** 制定各项规划及厂区发展的实施规划。要针对地理风向的特点、工艺路线的合理性、高效管理的需要及防止污染区域的影响等，科学布置厂区功能区。同时，企业应使规划的设施便于扩建，使规划的设施具有灵活性。

（4）**安全与生态** 为避免厂区过分拥挤，企业应保留部分不安排用途的面积。

3. 企业还可以通过选择方位、排列整齐、缩短距离以及尽量减少门窗等措施来节约能源，同时为美化外观、公司形象及自然环境，应保证厂区的绿化率。此外，企业还应考虑职工的安全与便利，厂区环境、健康、安全（EHS）规划。厂区规划的构成及技术要点有哪些?

答：企业对厂区进行规划前，应根据产品特点和生产工艺，确定厂区的功能区。药品生产厂区一般分为生产区、仓储区、质量控制区、辅助区、厂房设施、预留规划区等。各功能区及设计技术要点如下所述。

（1）**生产区**　应考虑产能的匹配及预留扩产的可能性，设置合理的人流和物流，应采用先进的工艺技术保证前瞻性，尽可能采取自动化、智能化管理，功能区面积足够，能防止污染与交叉污染的发生。对于高致敏性药品（如青霉素类）及生物制品（如卡介苗等含活性微生物的制剂）等特殊性质的药品，其生产必须配置专属独立厂房、设施及设备，实行物理隔离生产。

（2）**质量控制区**　功能间应满足需要，与生产车间、仓储区较近，充分考虑通风，保证检测环境和有效节能，依据稳定性样品数量可考虑采用专用房间代替稳定性考察箱，也可用密集柜方式留样以节省空间。

（3）**仓储区**　通常设有原料库、中间体库、成品库、五金库、标签区、取样区等专区，原料库、中间体库、成品库包括阴凉库、常温库、冷库方式。应设有消防及通风、防鼠防虫等设施，并充分考虑与生产区的物流方式。

（4）**办公及生活区**　生活区应与生产区分开，办公区有行政办公室、会议区、培训室、接待区、资料室等；生活区包括厨房、配餐、宿舍、活动设施等，设计应考虑其活动不得对生产带来不利的影响与污染。

（5）**公用设施**　包括机修间、制水间、空调间等。公用设施的设计应满足生产工艺的需要，并不得对生产带来不利的影响与污染。

（6）**危险品库**　应考虑乙醇、油类、化学试剂等易燃易爆危险物料的安全存放，应按危险品库设计规范要求进行选址和设计，且设置在整个厂区空调新风口的下风处。控制人员进出，保持避光、通风、监控状态，并与周边设施保持一定的安全距离。

（7）**锅炉房及污水站**　应设置在厂区常年风向的下风向，与生产厂房保持一定距离，其烟尘或气味不能对生产车间产生不良影响。污水站布置时，还须考虑地势高度的影响，宜设置在相对低洼处。

（8）**人流、物流**　厂区须设置独立的人流和物流出入口，物流口宜与厂区仓储区相靠近；人流与物流不得交叉，若在生产区设置参观通道，应考虑员工通道与参观通道不相互干扰，合理布局。

（9）**室外管网**　室外管网包括雨水管、污水管、电线（缆）、通信线（弱电）、蒸汽管、水管等，其布置方式好坏直接影响厂区的美观。室外工艺管网布置可采用地埋管道沟方式和高架管道桥方式。在实际设计与施工时，尤其要注意雨水管和污水管应分设，不交叉混流。

4. 厂房总体布局要求主要有哪些？

答：厂区布局同时需遵循现行国家标准 GB 50187—2012《工业企业总平面设计规范》及 GMP 对厂房设施的特定要求。企业确定厂区总体设计规划、布局后，结合产品生产规模及工艺需要设计生产厂房。在规划生产厂房时，应合理布置生产车间、公用设施及辅助设备；应做到以生产工艺流程为核心，人流与物流流向无交叉、易于分开，辅助公用工程靠近生产线的负荷中心，以利于管线的合理布置和废能的综合利用；根据主流风向合理布局各功能区，体现以人为本的设计思想。同时，需考虑厂房设施发展趋势以及新政策要求，如在设计中考虑 EHS 的要求。可从以下几方面综合考量。

① 结合地块特性，合理布置各功能单元，如厂区可按行政区、生产区、辅助区和生活区等规划布局。

② 按生产功能分区，各区功能集中，特性明确，位置合理，既相对独立又有机联系，充分规划物流方式。

③ 按工艺及生产组织要求，理顺各功能单元相互关系，合理安排各功能单元相对位置，防止混淆、污染与交叉污染。

④ 全面考虑远期和近期工厂发展用地预留。远期与近期结合，充分考虑分期实施的条件、时机及各期工程间的联系，同时兼顾各功能区扩展扩建要求，保证项目的可持续发展。

⑤ 满足规范及生产要求，兼顾 EHS 要求。通道间距能满足运输和管线合理布置的条件，并符合防火、抗震、安全、环保、噪声等规范和 GMP 的要求。

⑥ 各类管线布置应顺而短，减少损失，节省能源。

⑦ 厂区主要道路应贯彻人流与物流分流的原则。道路设计要适应人流、物流合理组织，内外运输相协调，线路短捷、顺畅；避免或减少折返迂回运输。

⑧ 医药工业洁净厂房应布置在厂区内环境清洁、人/物流不穿越或少穿越的位置，并考虑产品工艺特点和防止生产时交叉污染的措施。

⑨ 生产厂房布局应根据主流风向及生产流程、供料、供电、供热、供气、给排水情况综合考虑，洁净区和生活区应置于厂区的最大频率风向上风侧，原料药生产区、三废化处理区、锅炉房等有严重污染的区域应置于厂区的最大频率风向下风侧。

⑩ 青霉素类高致敏性药品的生产厂房必须坐落于厂区内其他生产厂房全年最小频率风向的上风侧。对于高致敏性药品（如青霉素类）或生物制品（如卡介苗或其他用活性微生物制备而成的药品），必须配备专用且独立的厂房、生产设施和设备。

⑪ 医药工业洁净厂房周围宜设置环形消防车道（可利用交通道路），面积较大的厂房需在厂房内设置消防车道。消防车道的设置应符合现行国家标准 GB 50016—2014《建筑设计防火规范》及 GB 51283—2020《精细化工企业工程设计防火标准》的有关规定。

⑫ 洁净厂房周围道路面层应选用整体性好、发尘少的材料。

⑬ 医药工业洁净厂房周围应绿化，宜减少露土面积。不应种植散发花粉或对药品生产产生不良影响的植物。

⑭ 产生或使用相同易燃易爆物质的厂房，应尽量集中在一个区域；对性质不同的危险物质的生产或使用，尤其是两者相遇会产生爆炸物质的情况，其生产区域应分开设置。防爆区域内有良好的通、排风系统及电气报警系统，并与其他区域用防爆墙隔离，防爆要求应符合 GB 50016—2014《建筑设计防火规范》及 GB 50058—2014《爆炸危险环境电力装置设计规范》的规定。

⑮ 动物房的构建与安排应符合现行国家标准，即 GB 14925—2023《实验动物 环境及设施》的有关规定。动物房宜位于其他医药工业洁净厂房全年最小频率风向的上风侧。

第四十一条　厂房的维护

【第四十一条】 应当对厂房进行适当维护，并确保维修活动不影响药品的质量。应当按照详细的书面操作规程对厂房进行清洁或必要的消毒。

【条文释义】

厂房维护频率一般是多少？厂房设施的运维要注意哪些内容？

答：每年维护至少一次。要注意以下方面。

① 厂房设施主管部门应建立厂房设施的日常检查规定，制定检查流程，明确厂房设施完好标准，定期对厂房设施进行维护保养，保持厂房设施的良好 GMP 状态，将厂房设施的潜在不良影响降到最低。检查内容包括且不限于以下内容：生产车间地面、墙面和顶面，建筑缝隙，建筑物外墙，屋面防水，技术夹层和空调机房等。

② 在特定环境下进行的作业应有相应的环境安全保护措施。施工时可能产生交叉污染的，或者对生产过程中造成影响的，如粉尘、异味和噪声等，都必须得到相关部门综合评估批准并进行相关培训后方可施工。

③ 对可能引起质量风险的厂房设施的变更，要遵守变更管理流程，经过相关部门综合评估后，并报质量部门批准，方可以实施。

④ 基于风险控制要求，建立 GMP 相关的厂房设施竣工图纸清单，根据要求进行实时更新并备注更新理由。

⑤ 厂房设施因技改项目发生改变时，涉及的相关 GMP 文件和 GMP 图纸必须做相应的更新，受控资料变更须质量部门批准后才能通过验收。

第四十二条　合适厂房的目的

【第四十二条】　厂房应当有适当的照明、温度、湿度和通风，确保生产和贮存的产品质量以及相关设备性能不会直接或间接地受到影响。

【条文释义】

企业洁净厂房空气洁净度环境参数的监测标准与依据是什么？如 1998 年版 GMP 规定温度是 18～26℃，2010 年版中未作详细规定，那么第三方在对洁净室进行洁净度级别检测时应采用何种标准？依据是什么？

答：企业应根据自身产品和工艺的特性制定适合的温、湿度控制范围。没有特殊要求的，则以 18～26℃为准。

第四十三条　避免污染的措施

【第四十三条】　厂房、设施的设计和安装应当能够有效防止昆虫或其它动物进入。应当采取必要的措施，避免所使用的灭鼠药、杀虫剂、烟熏剂等对设备、物料、产品造成污染。

【条文释义】

该条款是对昆虫和其他小动物可能对药品生产带来污染的潜在风险及其预防措施的明确要求。那么经过质控部的走廊进入技术夹层，算不算将质量控制区作为其他人员的直接通道？

答：除原有厂房条件限制，进入频次较少，且有有效控制措施外，一般不可以通过质控部的走廊频繁进入技术夹层，因为存在人员交叉污染的风险。同理，分装间也不能成为进入轧盖间的通道。

第四十四条　特定区域出入要求

【第四十四条】　应当采取适当措施，防止未经批准人员的进入。生产、贮存和质量控制区不应当作为非本区工作人员的直接通道。

【条文释义】

进入生产区域、洁净厂房人员管理要注意哪些内容？

答：① 企业应设立门禁系统或者中央控制系统等硬件设施，支持控制生产人员进出入权限制度。建立进入生产区域人员进入管理制度，明确人员进入权限，控制非生产人员（包括外部技术服务人员和参观人员）进入生产区域和不同岗位生产人员的流动。

当外部人员进入生产区域时，应有相关工作人员陪同，培训相关内容并监督执行生产区域的更衣流程和人员卫生要求。如：不得化妆和佩戴饰物；生产区、仓储区应当禁止吸烟和饮食，禁止带入食物、饮料、香烟和其他个人用药品等非生产用物品；洁净区应避免裸手直接接触药品、与药品接触的包材和设备表面等。

② 企业应依据《药品生产质量管理规范》（GMP）及行业标准，制定涵盖以下要素的人员卫生管理制度及培训体系，内容至少包括与健康、卫生习惯和人员着装等相关内容，并对人员进行培训。确保

正确理解规程内容。当体表有伤口、患有传染病或者其他可能污染药品的疾病时，要求生产人员及时报告。建议建立每日对生产人员健康申报制度和外来人员健康登记制度。

此外，不可以经过质控部的走廊频繁进入技术夹层。分装间也不能成为进入轧盖间的通道。

第四十五条　竣工图纸的保存

【第四十五条】 应当保存厂房、公用设施、固定管道建造或改造后的竣工图纸。

【条文释义】

竣工图管理要注意哪些内容？

答：应制定相关文件制度，明确规定竣工图的入档、保管、使用等方面的管理要求。

第二节　生产区

第四十六条　降低污染和交叉污染的风险

【第四十六条】 为降低污染和交叉污染的风险，厂房、生产设施和设备应当根据所生产药品的特性、工艺流程及相应洁净度级别要求合理设计、布局和使用，并符合下列要求：

（一）应当综合考虑药品的特性、工艺和预定用途等因素，确定厂房、生产设施和设备多产品共用的可行性，并有相应评估报告；

（二）生产特殊性质的药品，如高致敏性药品（如青霉素类）或生物制品（如卡介苗或其他用活性微生物制备而成的药品），必须采用专用和独立的厂房、生产设施和设备。青霉素类药品产尘量大的操作区域应当保持相对负压，排至室外的废气应当经过净化处理并符合要求，排风口应当远离其他空气净化系统的进风口；

（三）生产 β-内酰胺结构类药品、性激素类避孕药品必须使用专用设施（如独立的空气净化系统）和设备，并与其他药品生产区严格分开；

（四）生产某些激素类、细胞毒性类、高活性化学药品应当使用专用设施（如独立的空气净化系统）和设备；特殊情况下，如采取特别防护措施并经过必要的验证，上述药品制剂则可通过阶段性生产方式共用同一生产设施和设备；

（五）用于上述第（二）、（三）、（四）项的空气净化系统，其排风应当经过净化处理；

（六）药品生产厂房不得用于生产对药品质量有不利影响的非药用产品。

【条文释义】

1. 本法条中"生产"是否包括外包装过程（即二级包装，与药品没有直接接触，如加包装盒和说明书）？如果只是性激素类药品的外包装是否需要独立的空气净化系统？其外包装生产车间是否必须与其他生产区严格分开？

答：外包装也是生产的一个过程，通常情况下应分开。如果能够在包装过程中确保任何破损都不会导致产品泄漏至空调系统或污染其他产品及人员，那么就不需要独立的空气净化系统。同样地，若能有效防止交叉污染或混淆的发生，外包装生产车间不必严格与其他生产区域隔离开来，但必须设置适当的物理隔断以保证区分度。

2. 药品生产用房不得用于生产对药品质量产生不利影响的非药用产品，中药固体车间能否生产中

药保健食品？

答：可以接受委托。但要经过中药保健食品管理部门批准同意后方可使用。

3. 如果厂房、设施、设备计划用于多品种共用时需要进行评估，那么口服固体制剂的生产设备在多品种共用的情况下，是否同样需要进行评估？

答：口服固体制剂也需要进行多品种共线的可行性评估。应当通过清洁验证来证实，在完成上一个品种清场清洁后，物料或产品残留、清洗剂残留、微生物水平等能满足下一品种及后续品种生产的标准。在进行验证时，可以根据不同品种药物活性成分（API）的活性和清洗难度进行评估验证，并根据设备的结构特点确定验证的关键点。

4. 对厂房、设施、设备数个产品共用的评估，具体应怎样操作？

答：利用风险管理工具，针对毒性、溶解度差异显著的品种进行风险评估，并制定和实施相应的风险控制措施，随后进行回顾分析以形成相应的风险管理报告。通常通过清洁验证的方式对共用厂房、设施、设备的产品进行评估，依据产品的危害性和清洗程度的难易选定验证产品，并设定合理的允许残留限度，从而确保不会对其他产品带来交叉污染和危害。

5. "生产某些激素药品、细胞毒性类药品、高活性化学药品应当使用专用设施和设备，特殊情况下，如采取特别防护措施并经过必要的验证，上述药品制剂则可通过阶段性生产方式共用同一生产设备和设施"，其中"特殊情况下"是指哪种情况？氢化可的松可以和其他制剂共线生产吗？

答："特殊情况"是指没有条件单独设置且采取特别防护措施并经过必要的验证证明可以共用的情况。是否可以共用不仅要针对品种而且要针对验证结果来确定。氢化可的松应当使用专用设施和设备。

6. 非细胞毒性类抗肿瘤疫苗能否和普通药品共用同一条生产线？

答：可以。

7. 公司现有两条小容量注射剂生产线，分别用于化学药和抗肿瘤药，这两条生产线可否并成一条生产线？如合并，空调系统如何布置？配液罐、过滤管道、灌液设备是否可共用？

答：① 若抗肿瘤药属于细胞毒性类或高活性化学药品（如紫杉醇、顺铂等），根据 GMP（2010 年修订版）第四十六条，必须使用专用设施和设备，或通过阶段性生产+严格验证的方式共用生产线。若抗肿瘤药属于非细胞毒性类，则需进行共线风险评估，重点分析药理毒理数据[如允许暴露量（PDE）]、清洁验证可行性及交叉污染控制措施。

② 细胞毒性抗肿瘤药需使用独立空调系统，排风需经高效过滤且保持相对负压，进风口远离其他区域。若为低风险共线，空调需满足梯度压差（洁净区压差≥10Pa），产尘操作间保持负压，并增加终端 HEPA 过滤。建议采用单向气流设计，避免交叉污染。

③ 细胞毒性抗肿瘤药的直接接触设备（如配液罐）不可共用，需专用或使用一次性系统。非细胞毒性药可共用设备，但需强化清洁验证（如采用毒理学 PDE 计算残留限度），并定期监测。灌装设备需模块化设计，便于拆卸清洁，避免死角。

8. 配液区（含配液的浓配和稀配）和器具清洗区设计在同一 C 级区域内，如何防止交叉污染？

答：防止污染和交叉污染比提高级别更重要。通常情况下，器具清洗区设在 D 级区，配液区依据不同的产品特性或配制工艺，设在 D 级或 C 级区。如果企业提高级别，造成相互污染的风险可能加大。各个功能不同的区域在设计时应充分考虑避免交叉污染，应贯彻"质量源于设计"（quality by design，QBD）的理念，管理过程中应通过验证数据确定合理的工艺流程和工艺参数，制定合理的操作程序。浓配和稀配设计在同一 C 级区域内，如果物料生产环境的级别较低，可能对 C 级区域造成污染；配液区和器具清洗区设计在同一 C 级区域内，未清洗的器具可能污染配液区域，物料也可能污染已清洗的器具，所以配液区和器具清洗区应分室操作。清洗区未清洗、已清洗的区域应有控制和物理间隔，还可以通过气流方向、压差控制等防止污染、交叉污染。

9. 非洁净控制区是否需要设置？

答：非洁净控制区这个提法不对。GMP（2010 年修订版）把厂房分为生产区、仓储区、质量控制区、辅助区等。其中生产区分为洁净区、参照洁净区管理的一般生产区（如中药饮片经粉碎、过筛、混合后直接入药的上述操作的厂房）。洁净区分为 A 级、B 级、C 级、D 级。我国一些企业引入受控不分级（controlled not classified，CNC）区的理念，进出受控制并且空气经过过滤，但不分级别。受控但不分级别（CNC）区易于清洁。如人员进入一般生产区需要更衣，这个区域需要处于受控状态；再如废弃物出口、气锁间、洗瓶前瓶子准备间、工艺支持区等。

10. 为什么最终灭菌产品与非最终灭菌产品的包装材料清洗、器具清洗和灭菌操作在 D 级洁净度条件下进行？

答：D 级为规范的最低要求。D 级条件可以满足最终灭菌产品与非最终灭菌产品的包装材料及器具清洗和灭菌工序要求。防止污染和交叉污染不能仅靠净化级别来控制，更需要通过区域的划分来控制。

11. 固体制剂车间多品种生产时，除洁净走廊保持正压防止交叉污染以外，是否还需要采取别的措施，比如加穿洁净服、设置气锁进行隔离等？

答：根据 GMP 的条款，多品种共线首先需要进行风险评估。生产实践中应根据产品工艺的特性设置合理的控制手段，如果工作区域有产品、物料直接暴露，或进行产尘作业等，应穿戴相应的洁净服、口罩、手套等，同时还应考虑穿戴相应的个人防护设备。主要措施有：①增加前室，防止粉尘扩散，并多从设备选型考虑选择密闭生产或自带除尘装置的设备；增设捕尘设施，最好放在外面（若放在房间里面，噪声很大）；②用过的器具通过正压的洁净走廊转移至器具清洗间时，应放在密闭的容器内或塑料袋内，防止用过的器具上的物料撒落在走廊上，引起交叉污染；③生产结束，按经过验证的清洁标准操作规程，进行彻底清洁，并定期监测清洁效果，防止交叉污染。

12. 关于洁净区（尤其是 B 级走廊）安全门的设置：消防部门对安全门的强制要求会对洁净区产生影响（很多地方消防部门对将密封玻璃门作为安全门不认可）吗？

答：使用可以被消防部门认可的钢化玻璃门。

点评：针对问题的描述，消防部门担心的是在紧急情况下安全门是否能方便地打开。除选择合适的安全门外，还可以选择合适的密封材料，确保发生危险时，安全门可以被迅速打开。

13. 普通类生产线是否可以分阶段生产激素类？有些激素类产品经过验证后可以和其他类别产品分阶段生产，具体是指哪些产品？

答：可以。生产某些激素类产品是指除性激素类避孕药品以外的激素，其生产时，应当使用专用设施（如独立的空气净化系统）和设备；在采取有效防护措施并通过充分验证的前提下，上述药品制剂可通过分阶段生产模式共用同一生产设施及设备。

14. 某公司有口服"性激素类避孕药品"专用生产厂房。现另有一种腔道用雌激素类产品拟在该厂房中生产，请问是否可以将这两种药品在该厂房内通过阶段性生产方式生产？

答：原则上不允许共线。

15. 激素类原料药（既有雄性激素，也有雌性激素）是否可共用同一条原料药生产线？

答：因上述原料药适应证相反，一般情况下是不允许共线生产的。厂房受限时，应经验证，确认符合 GMP（2010 年修订版）第四十六条（三）、（四）款的规定，产品间无相互影响。在验证过程中，需全面评估物料、原料的交叉污染风险，微生物污染控制措施的有效性，以及生产环境的污染风险，并确保清洁残留限度符合标准要求，方可实施相关操作。

16. 激素类药品的空气净化系统，其排风应当经过净化处理，中效过滤器能达到要求吗？

答：根据世界卫生组织（World Health Organization，WHO）《药品 GMP 指南》，当生产有害物质如青霉素、激素、有毒药粉和酶时，终端过滤器应相当于 EN1822 过滤器标准中的 H12 级别的高效过滤器。

17. 疫苗生产有毒区排风在排出室外前该怎样处理？如果在末端装有高效过滤器进行过滤，对于高效过滤器应如何检测？如何确定更换周期？

答：有毒区排风前可进行高效过滤器过滤，并依据生物安全性以及相关技术规范处理。如采用高效过滤器处理的应定期进行灭活处理，并进行完整性测试。按完整性测试标准及测试结果来确定高效过滤器的更换周期。

18. 提取车间和制剂车间在同一个建筑物的左右两个区域内，该企业想与物料共用一个电梯可以吗？

答：可以。共用设备、设施时应注意避免物料的抛撒、泄漏，避免由于使用共用设备造成的交叉污染即可。

第四十七条　生产区和贮存区需足够的空间

【第四十七条】　生产区和贮存区应当有足够的空间，确保有序地存放设备、物料、中间产品、待包装产品和成品，避免不同产品或物料的混淆、交叉污染，避免生产或质量控制操作发生遗漏或差错。

【条文释义】

中药材的配料与暂存物在同一个房间，没有物理隔离，是否可以？

答：不可以。空间应足够，各区域应有物理隔离。若采用标识管理应有相关程序规定、有效的培训和管理措施，确保能起到防止混淆的作用。

第四十八条　空调净化系统要求

【第四十八条】　应当根据药品品种、生产操作要求及外部环境状况等配置空调净化系统，使生产区有效通风，并有温度、湿度控制和空气净化过滤，保证药品的生产环境符合要求。

洁净区与非洁净区之间、不同级别洁净区之间的压差应当不低于 10 帕斯卡。必要时，相同洁净度级别的不同功能区域（操作间）之间也应当保持适当的压差梯度。

口服液体和固体制剂、腔道用药（含直肠用药）、表皮外用药品等非无菌制剂生产的暴露工序区域及其直接接触药品的包装材料最终处理的暴露工序区域，应当参照"无菌药品"附录中 D 级洁净区的要求设置，企业可根据产品的标准和特性对该区域采取适当的微生物监控措施。

【条文释义】

1. 洁净室换气次数的选定，是否依赖于经验数值？如何确定最佳换气次数，降低运行成本？

答：换气次数的确定来源于以下几个因素：抵消热能、保持洁净度的要求、进出风的平衡，这三个方面计算下来，取最大值来决定换气次数。应注意以下事项。

① 在洁净度方面，换气次数与设定的自净时间有关，并可以通过计算得出。建议 15～20 分钟的自净时间。

② 不同的房间产尘量不同，换气次数肯定不同。

③ 采用风机滤器单元（fan filler units，FFU）：是以集中送风的形式，换气次数不同。例如，FFU热量大，所以换气次数要高一些。

FFU 是将风机和过滤器（高效过滤器 HEPA 或超高效过滤器 ULPA）组合在一起构成自身提供动力的末端净化设备。确切地说是一种自带动力、具有过滤功效的模块化的末端送风装置。

④ 在无菌关键区域，企业更应当将关注重点放在保证正确的气流模型方面。在 C、D 级有涡流的情况下，影响不大，但在 A、B 级就影响很大。例如，要考虑 A 级送风对 B 级的影响，A 级回风有两种形式，一种是回风墙，一种是回到 B 级。对于后一种，如果因设备局限，B 级回风面积不够大，回风很容易对 B 级造成干扰。

⑤ 一些组织与协会给出的建议值。

WHO 建议值：B 级 40 次，C 级 30 次，D 级 20 次。

国际制药工程协会（International Society for Pharmaceutical Engineering，ISPE）建议值：B 级 40 ~ 60 次，C 级 20 ~ 40 次，D 级 20 次。

2. 口服固体制剂的空气净化系统，在不生产期间停运。在生产开始前预先开启一定时间的空气净化系统，并通过验证确认此时间段足以达到环境自净的要求，这样的做法是否符合 GMP 标准？

答：符合，但要考虑中间产品放置的问题，如温度、湿度。尤其是中间站应能保持正压及相应的温、湿度。

3. 洁净区的压差是不是理解为从里到外至少要 40Pa？但是企业目前很难达到，那此条如何理解？

答：依靠设计和施工单位解决，不一定要 40Pa。

4. 相同洁净区不同功能区域之间的压差应当为多少合适？若无压差，可以吗？

答：通常同一洁净区内走廊相对关键功能房间的压差为 5Pa，但是非强制要求，对于关键功能房间建议安装压差计进行监控，对非关键房间可以采用飘绳流向方式测定。不可无压差。

5. 轧盖完成或灌装封口完成传出通道是通过缓冲还是加装层流送风传出？

答：如果是相邻级别不用加装层流；如果是 D 级和 B 级之间，应该加缓冲或者层流，因为压差过大有可能造成气流倒灌。

6. B 级送风口和回风口的位置如何设定？

答：原则上是保证房间的换气次数和符合气流组织形式的要求，合理设置送风、回风的位置和面积。B 级避免关键点出现涡流，应该在确定工艺设备后，再确定送风口和回风口的位置及面积等。一般遵循"顶送，侧下回"的原则。

7. 洁净区和非洁净区之间，不同洁净级别之间的压差是指静态压差还是动态压差？

答：动态、静态都要符合（特别要关注在抽风装置开启时的压差）。

8. 洁净厂房的压差梯度始终维持在 10Pa 以上，则空气净化系统需要不间断地运行。但厂房基本上不可能不间断生产（尤其如冻干粉针剂车间），请问可否在不生产过程中设置值班风机或降低风机频率，以保持相对正压（但达不到 10Pa）？

答：对于无菌产品：①首先要有值班风机；②压力能够确保对周围低级别区域保持相对正压；③除了保证设备运行以外还要保证它的值班状态；④温、湿度要保持；⑤经过验证证实符合生产要求；⑥确认自净时间。无菌药品生产的洁净区空气净化系统应当保持连续运行，维持相应的洁净度级别。因故停机再次开启空气净化系统，应当进行必要的测试以确保仍能达到规定的洁净度级别要求。

9. GMP（2010 年修订版）对温度、湿度有要求吗？相同洁净级别，产尘房间相对负压，压差应以多少为宜（GMP 上写为"压差梯度"）？

答：企业应根据自身产品和工艺的特性制定适宜的温、湿度控制范围。对于产尘房间的压差，重要的是如何防止粉尘的扩散，企业应该关注的是硬件设备的技术革新，如备料采用层流除尘罩，尽量采用密闭的设备来转移粉尘物料等，对于具体的压差数值在防止粉尘扩散的前提下至少 5Pa。

GMP（2010 年修订版）对温、湿度没有明确的具体数值要求，但不是没有要求。洁净室的温度与相对湿度应与药品生产工艺要求相适应，应保证药品的生产环境和操作人员的舒适度。综合考虑物料、产品要求，设备仪器、仪表防腐蚀、静电、潮湿，操作人员的舒适度，操作环境的微生物滋生等，来设置合适的温、湿度范围。

10. 压差本身是一个不稳定的参数。10Pa 确实能够维持洁净度的问题，但由于压差的不稳定因素，此条是否应变为不低于 1Pa。

答：压差监测，本身也有一定的误差，压差 1Pa 不能保证维持高级别洁净区对低级别洁净区的正压。不低于 10Pa 是国际通行的规定，也是 GMP 的规定，必须执行。

11. 以冻干粉针洁净区为例，房间与走廊应采用何种气流压差梯度为宜？

答：冻干粉针操作间对走廊为正压。

点评：一般情况下高洁净等级的区域对低洁净等级的区域应保持正压。产尘及对人体危害性高的区域应对相邻的区域保持负压。

12. 口服液体和固体制剂的洁净区级分别应写成"D级"还是"十万级"？参照D级设置，具体和十万级有哪些区别？固体制剂洁净区需要进行动态微生物监测吗？若需要，标准需要和D级一样吗？适当的微生物监控措施怎么定？

答：应写为"D级"。按照"D级"设置，不完全等同于"D级"。微生物动态需要监测，标准不一定要和D级一样，企业可根据产品的标准和特性，确定适当的微生物动态监测标准和监控频次。

13. 生产洁净区域的走廊、清洗站、中间站等非生产功能间属于该条款中所说的暴露工序吗？

答：属于，应按D级设置。除非这些工序是全密闭转运的。但是物料在中转站存放肯定需要密闭包装。

点评：生产洁净区域的走廊、清洗站、中间站等辅助区域如无洁净等级控制，对于非密闭的转运器具有潜在的污染风险，相对走廊为负压的生产区域风险更大，清洗站特别是对刚清洗完和清洗后的设备器具有污染的风险。一般清洗后有烘干设备单向出口区域或者叫暂存区，需要和操作间一个洁净级别。

14. 口服固体制剂生产的暴露工序参照"无菌药品"附录中D级洁净区的要求设置，请问需要在洁净区设置工衣清洗吗？

答：工衣清洗应当设置在D级洁净区，并进行有效控制。不能设置在非洁净区。

15. 有关口服固体制剂洁净要求的问题，是否需要达到D级洁净区的要求？如果只是一个参照，那洁净环境测试是依照什么标准？口服固体、液体制剂提取、清膏接收和直接接触药材粉碎的环境要求是什么？

答：①口服固体制剂生产的暴露工序区域应符合D级洁净区要求。②环境监测对于悬浮粒子只做静态测试，微生物动态测试的标准企业可依据产品的标准和特性自己制定。③提取、清膏接收应和口服制剂洁净级别一致；中药饮片经粉碎、过筛、混合后直接入药的，操作的厂房应当能够密闭，有良好的通风、除尘等设施，人员、物料进出及生产操作应当参照洁净区管理。

16. 规范规定，口服液体等非无菌制剂生产的暴露工序区域应当参照"无菌药品"附录中D级洁净区的要求设置，按此规定，口服液体制剂的化糖间也应按D级洁净区要求设置。化糖过程产热、产湿量大，直接排尽比较困难，不利于洁净区的环境控制管理。是否可以通过风险评估的方式来确认其合理性？（将口服液体制剂化糖工序置于非洁净区，化糖后直接通过管道输入洁净区配料罐。注：输送时过滤，配制后再过滤。已如此布局生产好几年，中间品、成品未出现过不合格案例。）

答：不可以。化糖过程产热、产湿的问题可以通过使用相应的设备解决（比如，通过封闭罐体，避免湿气扩散等方式解决）。中间品、成品未出现过不合格案例不代表没有问题，合格的产品是生产出来的不是检验出来的，只有过程控制合格才能保证产品合格。

17. 喷雾干燥设备位于非洁净区，收粉时可否采用侧送风层流保护？

答：不可以采用侧送风层流保护。收粉时必须在洁净区内完成。

18. 企业洁净厂房中环境参数的参照标准是什么？委托第三方进行洁净度级别检测时，是否应检测环境参数？如：温度、湿度、换气次数、送风量等，如需要监测，依据是什么？按企业内控标准还是按洁净室检测的国家标准？或ISO 14644？

答：应当检测环境参数，依据标准为ISO 14644。

19. 能否用一台空调系统给不同级别区域（C级、D级）送风（假设车间为注射液车间、老车间）？

答：可以，但应综合考虑，考虑不同区域的风量平衡，回风利用效率，以及温、湿度控制的实现等。原则上只要洁净等级能保证就可以，但是具体操作中压差很难控制。

20. 对于普通固体制药车间（非无菌）的环境监测中微生物监测项目到底该如何进行？是否需要动态监测？

答：企业应根据投入生产使用后一段时间的检测，积累数据，结合产品工艺和质量要求的特点进行风险评估，由企业确定浮游菌、沉降菌动态监测频次和指标。

第四十九条　洁净区内表面要求

【第四十九条】 洁净区的内表面（墙壁、地面、天棚）应当平整光滑、无裂缝、接口严密、无颗粒物脱落，避免积尘，便于有效清洁，必要时应当进行消毒。

【条文释义】

洁净厂房的清洁与消毒要注意哪些内容？

答：制药企业洁净厂房内表面必要时可以采用化学、物理或者其他的方式进行定期的清洁和消毒，杀灭病原微生物，使微生物总量控制在日常监控的范围内，以防止微生物对生产车间环境可能产生的影响及污染。清洁消毒要考虑的内容和要求主要包括以下几点。

① 使用的清洁剂：应具有高效、环保、无残留、水溶性强、浓度明确、配制简单等特性。

② 使用的消毒剂：使用符合国家行业规定标准要求的消毒剂，以防止微生物产生耐药性，制药企业要建立消毒剂轮换交替使用制度，定期轮换使用消毒剂。

企业应建立书面的清洁消毒程序，针对不同区域制定适宜的清洁消毒方法、频次、消毒剂配制方法和储存期限等，并及时做好相关日志和记录。清洁消毒对象包括且不限于墙面、地面、门窗、把手、设备、操作台面、管道外表面、地漏、洗手池、空调风口和传递窗等。

应对洁净区的清洁消毒人员制定相关的培训计划，培训应有通用和岗位特定培训课程，并进行考核。定期对洁净区进行环境监测。出具检测报告并进行趋势分析，评估清洁消毒方法的有效性。

第五十条　公用设施设计、安装

【第五十条】 各种管道、照明设施、风口和其他公用设施的设计和安装应当避免出现不易清洁的部位，应当尽可能在生产区外部对其进行维护。

第五十一条　排水设施设计要求

【第五十一条】 排水设施应当大小适宜，并安装防止倒灌的装置。应当尽可能避免明沟排水；不可避免时，明沟宜浅，以方便清洁和消毒。

【条文释义】

1. 地漏如果是用消毒液密封，如何确认其有效性（有效期）？

答：与消毒剂的有效期一样。可以通过周期性地对地漏密封的消毒液灭菌效能验证来证实其有效期。

2. 环境清洁时打开地漏，清洁地漏内部，然后液封地漏。打开地漏的操作是否污染洁净区环境？

答：可以打开，但应充分考虑环境污染。最好打开时不使用地漏避免其与非洁净区连接通道，置换式更换消毒液。无菌药品操作区应当采用置换式更换消毒液。一般在无生产相关作业的时候清洁地漏，清洁完成应当按照程序对相关区域进行清洁消毒，避免造成生产环境的污染。

第五十二条　制剂原辅料称量

【第五十二条】 制剂的原辅料称量通常应当在专门设计的称量室内进行。

【条文释义】

1."专门设计"的称量室在规范上有什么具体要求? 专门的措施是指什么?

答: 如何防止污染和交叉污染是考虑的主要因素, 一般采用单向流。称量室一般采用层流罩设计, 材质应易于清洁, 如不锈钢。

2.称量室必须是负压吗?

答: 必须是负压。内部相对外部是负压, 防止粉尘扩散和交叉污染。

3.称量过程中是否所有物料都要在不同操作间进行? 对于所用物料种类较多的产品该如何操作才能更有效提高效率?

答: 没有具体要求, 原则上是防止污染和交叉污染。同一产品、同一批号使用的物料可以在一个操作间内进行称量, 否则需进行彻底清洁后再进行下一批号不同产品的所需物料的称量。

4.称量室设置在仓库还是在生产洁净车间内? 未脱外包的物料是否能进入生产洁净区?

答: 称量室设置在库房和洁净区均可。未脱外包但已清洁的可以进入非无菌药品生产洁净区, 通常情况下应脱外包。称量室的空气洁净度级别应当与物料投料生产时的要求一致, 对于进入洁净区的包装应保持清洁, 并注意包装材料不得有掉屑、产尘、有异味和破损等, 不得影响生产环境、生产工艺、产品质量。

5.设置专门的称量间, 如果不在生产洁净区内, 称量分装的物料能从仓储区再送入生产洁净区吗?

答: 可以, 称量间的洁净级别应与物料投料生产时的环境的洁净级别一致, 称量后装盛在密闭容器内, 规定转运方式, 并有进入洁净区时的清洁消毒程序。

6.活性炭称量与普通物料称量可以都在层流下操作吗? 用不用单独设置活性炭称量台(室)?

答: 可以。活性炭称量与普通物料称量可以都在层流下操作, 但是考虑到活性炭难以清洁和可能的交叉污染, 建议单独设置活性炭称量台。

注: 活性炭质量非常轻, 容易产尘。

第五十三条 产尘操作间压力要求

【第五十三条】 产尘操作间(如干燥物料或产品的取样、称量、混合、包装等操作间)应当保持相对负压或采取专门的措施, 防止粉尘扩散、避免交叉污染并便于清洁。

【条文释义】

1.称量物料时用排风扇将粉尘直接排出室外可以吗? 还是必须用 A 级层流方式?

答: 一般不直排; 用排风扇将粉尘直接排出室外的设计无法保证生产环境的洁净, 不符合安全和环境的要求; 直排要依据产品特性而定; 但也不是一定要有 A 级层流。称量或配料间应有单向流, 以保护产品和操作人员, 一般通过烟雾试验确认是否为单向流。至于级别, 至少应当与生产环境的要求相一致。

2.称量间(D 级)一定要有捕尘装置吗?

答: 应采用有除尘功能、单向流的称量设施, 而不是捕尘设备。

3.可最终灭菌的注射剂车间、称量间安装有捕尘罩, 是否符合 GMP(2010 年修订版)要求?

答: 风险较大。称量间宜使用单向流, 如装有捕尘罩, 除尘管道的设计应考虑有足够的传送速度, 以确保将粉尘带走而不至于让其沉淀在管道内; 应根据粉尘的密度确定所需的传送速度, 不同物料的密度可能不同, 传送速度就有所不同, 要考虑传送速度的调节。

4.在层流下称量, 天平读数不稳, 这个问题如何解决? 单独设置称量室并保证负压, 可否?

答: ①从技术上讲, 层流不会影响天平的读数, 层流下天平读数不稳, 是设备选型不当或调节不当造成的；②从 GMP 要求讲，产尘操作区应设置成负压控制，层流技术是形成负压控制的方法之一，鼓励采用更好的方法来避免交叉污染。如果层流符合要求，可以制作合适的外罩在读数时罩住天平，也可以购买带罩、门的天平。

第五十四条　药品包装的厂房或区域的设计和布局

【第五十四条】 用于药品包装的厂房或区域应当合理设计和布局，以避免混淆或交叉污染。如同一区域内有数条包装线，应当有隔离措施。

【条文释义】

1. 包装区的 GMP 风险有哪些？

答：大多数生产企业同时具备制造和包装的生产能力。少数制剂生产企业只完成半成品制造，包装工序被转运到国内外其他工厂来完成。

以下 GMP 厂房设施风险在包装车间需要关注。

（1）混淆　大量半成品、包装材料、成品会同时存放在现场，周转频繁。

（2）污染　半成品运输过程产生的污染。包装后工序的外包材对前工序暴露的药品和内包材的污染。

（3）交叉污染　包装机头部位存在暴露工序同一房间不同包装线之间不同产品潜在的交叉污染。

针对以上风险，可以通过优化工艺路线和人流与物流设计、厂房设施平面布局设计，减少或消除 GMP 风险。

2. 穿越不同级别生产线连接处的隔离采用何种措施较好？

答：开口尽量小，如果是直接联动到一般区的，可以在生产联动线正常运行时开口够大即可，在生产线停止运行时，建议加一个更小开口的挡板，节约能源和减少可能的外来污染，并采用压差监控。压差较大的一般采用缓冲间的方式进行过渡控制，以防止涡流，总之要考虑开口两侧的洁净级别不同，采取的措施也不同。

第五十五条　生产区照明要求

【第五十五条】 生产区应当有适度的照明，目视操作区域的照明应当满足操作要求。

【条文释义】

如何理解"目视操作区域"？目视操作区域指的是什么？

答：用眼睛观察的操作区域。GMP（2010 年修订版）取消了原 1998 年版对照度的具体规定，目的是使企业可以根据产品及工艺特性确定适合的照度标准，一般主要工作区域不低于 300lx，例如：对于需观察性状、颜色、粒度的区域的照度，以正常视力的操作人员可以正确识别的照度为宜，对于灯检工序可以依照特殊的灯检设备的要求确定照度，也可采用各种标准样品的方式，以该岗位员工都能准确地识别最难识别的异物时的照度为标准。具体照度要求可以参考《医药洁净厂房设计规范》国家标准执行。

第五十六条　中间控制区域

【第五十六条】 生产区内可设中间控制区域，但中间控制操作不得给药品带来质量风险。

【条文释义】

1. 什么是"中间控制"?

答:中间控制,亦称过程控制,指的是在生产过程中对工艺流程进行监控,以确保产品符合相关标准,并在必要时进行调整所进行的各项检测。可将对环境或设备的控制视作中间控制的一部分。

2. 中控室肯定是在生产区内,与生产操作区共用空调系统,是否可以理解为在中控室做物理检查是可以的?做内毒素、血凝效果是否也是可以(以上两项为活性检定)?

答:中间控制是指用于生产过程调控的检验,一般指在现场取样时,短时间内能直接在车间内中控室检测出结果,并且能指导生产能否继续下一道工序的检测,如 pH 值、粒度、脆碎度等,而内毒素、血凝效果不属于生产过程的调控。

3. 洁净区环境监测的准备和培养能否在生产区内中间控制区进行?

答:都不允许。洁净区环境监测用培养基终端灭菌或预培养应在微生物实验室完成,不能在生产区内中间控制区进行。洁净区环境监测的准备和培养应在实验室完成,培养过程可能会有微生物生长,易对生产环境造成不良影响。《中华人民共和国药典》(以下简称《中国药典》)(2025 年版)要求,用于环境监控的培养基须特别防护,最好应为双层包装和终端灭菌,如果不能采用终端灭菌的培养基,那么在使用前应同时进行 100%的预培养以防止将外来的污染物带到环境中以及避免出现假阳性结果。

4. 制剂生产过程的控制操作,一般在专用操作间单独进行,像胶囊分装、片剂压片等控制装量的操作,能否在生产线(某一房间)的旁边进行?

答:可以。在生产现场进行过程控制时应注意控制检验样品,对于在生产线上取出后用于检测的样品,不能再返回正常中间产品中,过程中需要做好明显标识和规定区域存放,避免混入正常产品。

第三节 仓储区

第五十七条 仓储区用途

【第五十七条】 仓储区应当有足够的空间,确保有序存放待验、合格、不合格、退货或召回的原辅料、包装材料、中间产品、待包装产品和成品等各类物料和产品。

【条文释义】

1. 仓储区 GMP 风险有哪些?

答:① 产品种类、规格繁多,相应的原辅料、包装材料、中间产品和待包装产品、成品数量大,没有足够的物理空间,容易混淆,品种和规格发放错误等;

② 已放行物料与未放行物料的混淆;

③ 在入库检验和生产过程中产生或发现的不合格品没有设置适用和明显的不合格区或者标识和隔离,合格物料与不合格物料混淆;

④ 物料安全性、物理化学特性对储存环境的要求中,没有温湿度控制或温湿度分布不均、空调设计不当;

⑤ 物料外包装有污染物,对进厂物料外包装清洁没有设置缓冲清洁区;

⑥ 昆虫或其他动物的进入及外界天气(如雨、雪)的影响,没有必要的防虫、防鼠和防雨雪等设施;

⑦ 物料储存、转运、发放过程中因破损造成的污染;

⑧ 采用计算机管理系统时,计算机系统死机或者停电等应急管理措施不到位,以及计算机管理系

统验证相关执行不到位；

⑨ 仓储区设计时对整体空间温湿度控制系统均匀分布保障考虑不到位，导致验证或者日常运行时监测均匀性不达标。

2. 库房物料是否可以不按原辅料、包材分区存放？可否只满足原辅料、包材严格分开即可？

答：不需要分区存放。应按品种、按批号分开存放，便于搬运存放并能有效地防止污染或交叉污染；易挥发的液体和固体需要分开存放，以免串味或者互相影响。

第五十八条　仓储区设计和建造要求

【第五十八条】 仓储区的设计和建造应当确保良好的仓储条件，并有通风和照明设施。仓储区应当能够满足物料或产品的贮存条件（如温度、湿度、避光）和安全贮存的要求，并进行检查和监控。

【条文释义】

1. 仓储区、常温库，需要连续监测温湿度吗？

答：库房的管理主要考虑的是物料的养护，原辅料常温库可以定期监控，提倡连续监控并记录。温湿度记录根据库房种类控制要求，设置警戒线、行动线作为控制要求。

2. 物料及产品的贮存条件中的温度是执行药典标准吗？如常温，药典指 10～30℃，《药品经营质量管理规范》(GSP) 规定为 0～30℃，是否都可以采用？

答：应该执行《中国药典》的标准。除特殊物料或特殊制剂外，通常情况下低温对物料或产品质量不会产生不良影响，对于液体物料、制剂，应考虑冰冻、解冻对其质量和包装的影响，如有必要应进行冷冻试验，考察证实。

3. 物料产品的储存条件方面：物料的常温控制条件与产品、成品的温度控制条件一样吗？若物料的常温控制需≤30℃，则要求过高，生产厂家不具备此条件，作为使用单位控制大宗类原料≤30℃储存也非常困难。应如何解决？

答：应按物料质量标准规定的贮存条件贮存。根据每个公司特殊温度要求的吞吐量合理设计仓库容量，减少开门次数或者设置缓存等节约能耗。

第五十九条　高活性物、印刷包装材料贮存

【第五十九条】 高活性的物料或产品以及印刷包装材料应当贮存于安全的区域。

【条文释义】

印刷包装材料需要专人、专库管理吗？

答：库房的管理本身就应该是专人、专库。印刷包装材料应该是限制进入，即未经许可不得进入。

印刷包材应严格控制做平衡管理，避免混淆，对于印刷包材的废弃品、残次品等也应严格控制，销毁时一般在 QA 监控下采用合适的方式进行销毁，避免流失。

第六十条　接收、发放和发运区域要求

【第六十条】 接收、发放和发运区域应当能够保护物料、产品免受外界天气（如雨、雪）的影响。接收区的布局和设施应当能够确保到货物料在进入仓储区前可对外包装进行必要的清洁。

第六十一条　待验物料隔离区域贮存

【第六十一条】　如采用单独的隔离区域贮存待验物料，待验区应当有醒目的标识，且只限于经批准的人员出入。

不合格、退货或召回的物料或产品应当隔离存放。

如果采用其他方法替代物理隔离，则该方法应当具有同等的安全性。

第六十二条　物料取样区洁净度

【第六十二条】　通常应当有单独的物料取样区。取样区的空气洁净度级别应当与生产要求一致。如在其他区域或采用其他方式取样，应当能够防止污染或交叉污染。

【条文释义】

生产普通口服固体制剂的企业，物料取样区是否可以采用取样车取样的方式？中药企业应该考虑它的特殊性，作为中药生产企业，辅料用量很少，还需要设置单独的取样间吗？可以用取样车吗？

答：非无菌药品的物料可以。若采用取样车取样，应有单独的房间，以利于防止污染和交叉污染。取样车可以是一种选择方式，但取样车应满足第六十二条规定的要求。取样环境的空气洁净度级别应当与生产要求一致，应当能够防止污染或交叉污染。

取样车如图4-1所示。

图4-1　取样车

第四节　质量控制区

第六十三条　质控实验室要求

【第六十三条】　质量控制实验室通常应当与生产区分开。生物检定、微生物和放射性同位素的实验室还应当彼此分开。

【条文释义】

质量控制设置的阳性检测和菌种传代可以设在同一房间吗？

答：可以。阳性检测室和菌种传代可以在同一房间，只要设置符合要求的生物安全柜或隔离柜，实验室的空气流向符合要求，有程序保证能彻底清洁、消毒即可。

第六十四条　质控实验室设计

【第六十四条】　实验室的设计应当确保其适用于预定用途，并能够避免混淆和交叉污染，应当有足够的区域用于样品处置、留样和稳定性考察样品的存放以及记录的保存。

【条文释义】

1. 在平面布局时，质量控制区与生产区应如何设置？

答：质量控制区可与生产区位于同一建筑物内，分区设置；质量控制区可位于独立的建筑物内，但临近生产区。

2. 质量控制区域一般有哪些功能区域或者实验室？

答：建议遵循布置原则：干湿分开便于防潮、冷热分开便于节能、恒温集中便于管理、天平集中便于称量取样。一般有如下主要功能房间或区域。

① 送检样品的接收/贮存区（如有特殊温度要求的样品，需要有冰箱等温度保障设备或设施）；

② 试剂、标准品的接收/贮存区；

③ 清洁洗涤区；

④ 特殊作业区（如高温实验室），气瓶间，特殊管制药品存放间等；

⑤ 留样观察室；

⑥ 理化分析实验区（包括化学分析、仪器分析）；

⑦ 生物实验室；

⑧ 实验动物房；

⑨ 办公室（文件记录及存放）；

⑩ 人员用室（更衣室、休息室）。

3. 质量控制实验室总体布局举例。

如图 4-2 所示。

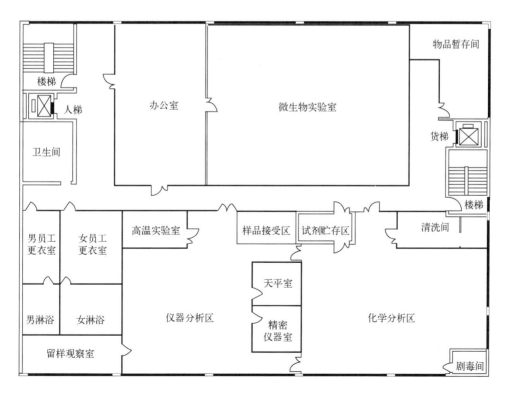

图 4-2 质量控制实验室总体布局

4. 无菌检验的级别必须是 B+A 级吗？药典要求的是 C+A 级，但是 GMP 要求与生产环境一致，如何做？

答：C+A 级即可。检验相关的要求可依据药典执行。也可以与生产环境一致，即 B+A 级。

5. QC 微生物、无菌检验的超净工作台的背景级别，以及超净工作台下的洁净级别如何描述？

答：背景为 C 级，工作台为 A 级。

第六十五条　专用仪器室与设置

【第六十五条】　必要时，应当设置专门的仪器室，使灵敏度高的仪器免受静电、震动、潮湿或其他外界因素的干扰。

【条文释义】

企业质量管理过程中设置专门仪器的依据是什么？常见哪些仪器需要重点关注？

答：根据《药品生产质量管理规范》（GMP），企业需确保检测仪器的准确性和稳定性，避免外界因素干扰；GMP 附录《实验室控制》明确要求仪器放置环境应符合校准和操作需求；ISO/IEC 17025: 2017《检测和校准实验室能力的通用要求》强调环境条件对结果的影响。

需重点关注的仪器如下。

① 分析类：高效液相色谱（HPLC）仪、气相色谱（GC）仪、质谱（MS）仪等。

② 称量类：微量/分析天平（精度≤0.1mg），需防震动、气流干扰。

③ 微生物类：无菌检测仪、培养箱，需控制洁净度和温湿度。

④ 物理检测类：激光粒度仪、振动测试仪，需防静电和电磁干扰。

⑤ 环境监测类：恒温恒湿箱、稳定性试验箱，需避免外部温湿度波动。

第六十六条　特殊样品的实验室管理

【第六十六条】　处理生物样品或放射性样品等特殊物品的实验室应当符合国家的有关要求。

【条文释义】

处理生物或放射性样品等特殊物品实验室的相关规定是什么？

答：实验室在处理生物样品（如病原微生物、细胞培养物、血液样本等）或放射性样品（如放射性同位素、核医学检测样本等）时，必须符合国家相关法规和标准，以确保实验人员安全、环境防护及检测数据的可靠性。主要规定如下。

（1）生物样品实验室管理要求

① 《病原微生物实验室生物安全管理条例》（国务院令第 424 号）：根据病原微生物危害程度，将病原微生物分为四类（其中第一类最危险，第四类最轻微），实验室需对应相应生物安全等级（BSL-1 至 BSL-4）。BSL-2 及以上实验室需备案，高致病性病原微生物（如埃博拉病毒、SARS-CoV-2）实验需在 BSL-3/4 实验室进行。

② 《实验室　生物安全通用要求》（GB 19489—2008）对实验室建筑布局、设备配置（如生物安全柜）、废物处理（高压灭菌）、人员防护（防护服、口罩等）提出了相关要求。

③ 《医疗废物管理条例》规定生物废弃物（如培养皿、血液样本）必须经高压灭菌或化学消毒后，按医疗废物分类处置。

（2）放射性样品实验室管理要求

① 《放射性同位素与射线装置安全和防护条例》（国务院令第 449 号）规定实验室需取得辐射安

全许可证，并按照放射性活度分级管理。

② 《电离辐射防护与辐射源安全基本标准》（GB 18871—2002）规定了剂量限值、辐射防护措施（屏蔽、距离、时间控制）。

③ 《放射性废物管理办法》规定放射性废物需分类存放，半衰期短的废物可暂存衰变，长半衰期的需交由专业机构处置。

（3）其他特殊样品（如剧毒、易制毒化学品） 若实验室涉及剧毒化学品（如氰化物）或易制毒化学品（如麻黄碱），还需符合《危险化学品安全管理条例》（储存于防爆柜，双人双锁管理）、《易制毒化学品管理条例》（需向公安机关备案）。

第六十七条 实验动物房设置

【第六十七条】 实验动物房应当与其他区域严格分开，其设计、建造应当符合国家有关规定，并设有独立的空气处理设施以及动物的专用通道。

【条文释义】

实验动物房，对于药品生产企业质量用途，与其他科研用途有何异同点？应符合的国家相关规定是什么？

答：国家相关规定如下。

（1）通用法规 《实验动物管理条例》（国务院批准，1988 年实施，2017 年修订）规定了实验动物的生产、使用、运输及福利要求。

《实验动物 环境及设施》（GB 14925—2023）明确了动物房温湿度、换气次数、压差、噪声等环境参数（如 SPF 级小鼠饲养间温度需控制在 20~26℃）。

（2）药品生产相关要求 《药品生产质量管理规范》（GMP）附录《生物制品》要求：动物房与生产区、质检区分开，防止交叉污染；高风险操作（如活病毒接种）需在负压隔离器中进行。

《中国药典》（2025 年版）规定无菌检查、热原试验等需使用符合标准的实验动物。

（3）生物安全要求 《实验室 生物安全通用要求》（GB 19489—2008），涉及感染性动物实验时（如疫苗攻毒试验），需达到相应生物安全等级（ABSL-2/3）。

第五节 辅助区

第六十八条 休息室设置

【第六十八条】 休息室的设置不应当对生产区、仓储区和质量控制区造成不良影响。

【条文释义】

生产区内如何设置休息区？与原料药合成区是否一定要进行完全隔离？

答：应有单独的房间，还要考虑不得对洁净区造成不良影响。对于在生产区内设置休息区，除需考虑不对洁净区造成不良影响外，还应考虑安全、职业健康的问题，不得对员工造成危害；如噪声、远离有毒有害气体影响等。

第六十九条 更衣室和盥洗室

【第六十九条】 更衣室和盥洗室应当方便人员进出，并与使用人数相适应。盥洗室不得与生产区和仓储区直接相通。

【条文释义】

1. 更衣室

进入制药工厂内一般区、洁净区和无菌区的人员需更衣，应根据生产性质、产品特性、产品对环境的要求等设置相应的更衣设施。更衣室应提供更衣区域和设施供人员存外衣、换鞋、洗手（消毒）、更换洁净工作服等。

更衣设施须结合合理的更衣顺序、洗手（消毒）程序、洁净空气等级和气流组织及合理的压差和监控装置等来满足净化更衣的目的。

更衣室的通用要求如下：

① 更衣间的大小与同时需更衣的人员最大数量相适应。

② 更衣间不能用于运送产品、物料或设备。

③ 无菌更衣间应按照气锁方式设计，使更衣的不同阶段分开，尽可能避免工作服被微生物和微粒污染，更衣室应有足够的换气次数，更衣室后段的静态级别应与其相应洁净区的级别相同。气锁间两侧的门不应同时打开，可采用互锁系统，防止两侧的门同时打开。气锁两侧门建议采用相互可视或配备指示装置的方式提示操作人员是否可开启气锁门。

（1）总更衣间（区域） 通常人员进入制药工厂区或车间内，首先会有第一次更衣，即从室外区进入一般区或保护区的更衣。也称为总更衣。

总更衣的目的是为员工从室外区进入一般区进行缓冲，将自身的日常生活用品和外衣裤鞋留置于总更间，使员工在一般区的操作活动符合质量安全的要求。

人员从厂区室外环境进入厂区内一般区环境，应在总更衣间脱掉外衣和鞋子，更换统一的工衣和工鞋（必要时加戴工帽），通常在总更衣间设置个人衣柜，一般每位员工均有专用的衣柜，脱换外衣裤和鞋子可在一个区域内依次进行（一般更鞋区在第一道门入口最短距离处，然后再根据男女分别进入各自的一般区总更间）。总更衣间没有空气洁净度的要求，但保持总更衣间的通风干燥和干净是必要的。总更衣后，一般会清洁双手，清洗完手后，人员可进入一般区，如外包装区、储存区等。

（2）进入洁净区的更衣 通常若人员最后需进入洁净区，有两种途径：其一为常规路径，即人员首先在总更衣室完成初次更衣，随后经由生产车间走廊进入洁净区缓冲间，通过二次更衣程序后方可进入操作区域；其二为特殊通道，人员无须经过总更衣室，直接从室外区域通过洁净区设置的多级更衣室，经逐次更衣流程后直达操作区域。

进入洁净区更衣的目的：

① 保护产品不受操作人员的污染，如操作人员的皮肤、头发、汗水等分泌物；

② 保护产品不受洁净区外部环境的污染，主要污染源来自工作鞋、衣服、洁净室室外空气等；

③ 保护操作人员不受产品影响；

④ 减少不同物料和（或）产品之间的交叉污染，防止在离开洁净区时带出吸附在衣服上的产品和物料。

更衣室通常分为非洁净更衣区和洁净更衣区两个区域。人员在非洁净更衣区脱下外衣和鞋子，洗手或消毒后，进入洁净更衣区，更换洁净衣，手消毒后再进入洁净生产区。

经过总更衣后从一般区经生产车间第二次更衣后进入洁净区。更衣室的这两个区域，可以设置在一个房间内，分两个区域设计。更衣室两侧门互锁（相当于气锁间）。房间内气流方向按照梯度设计，从洁净生产区流向洁净更衣区，再到非洁净区更衣区，最后到室外。应特别注意的是，气锁间的两侧压差（即更衣间两个门之间的压差）应大于 10Pa。

从室外区不经过总更衣区而经生产车间更衣后直接进入洁净区。更衣间应设置为两个房间，第一个房间为非洁净更衣区，更换外衣（鞋）和洗手；另一个房间为洁净更衣区，更换洁净衣等，第二个房间两侧门互锁，房间（气锁间）的两侧压差大于10Pa，气流方向按梯度设计从洁净生产区到洁净更衣区，再到非洁净更衣区，再到室外。更衣室的两个区域应分别设置更衣柜（架），更衣柜和存放更衣柜的房间的空间应足够大，更衣柜顶部应与房间吊顶相连接或设计为斜面，更衣柜内宜通风。

更衣室的两个区域应设置必要的镜子，标志和图示穿衣流程和要求，以确保进入洁净区的任何人员能按照图示正确着装。

更衣室的两侧门应设计为互锁，但这种互锁在火灾报警时应自动禁用。

在多品种同时生产时，依据产品种类和活性需要，可在每个操作间设置气锁间；人员进出应有必要的防止交叉污染的措施，如更换鞋套等。若在洁净区内，需要设计一个专门区域，专用于生产某个或某类特殊产品（如高活性物料、特殊的有机溶剂、有特别的湿度要求的产品等，其生产方式可为单一产品生产或阶段式生产），可为进入该区域设置额外的更衣间。

对于生产青霉素等高致敏性药品、某些甾体药品、高活性药品及有毒害作用药品人员的更衣室，应采取防止有毒有害物质被人体带出的净化措施，如分别设置进退两个更衣室，人员进入时，洁净更衣间采用正压气室，防止生产区内的活性物料或产品流进更衣室；人员退出时，在另一更衣室可以先雾淋，然后再脱衣，并采用负压气室，防止附着在衣物上的活性物料或产品流出更衣室。

（3）进入无菌区的更衣　无菌区是无菌产品的生产场所，进入无菌区的更衣要求与进入一般区和洁净区的更衣要求有一定的不同，其目的是保障产品的无菌性。无菌更衣无论在更衣设施的设计，还是无菌服装材质和款式的设计、更衣程序、空调洁净度及气流组织等各个方面都有最高的要求。

无菌更衣流程和设施的设计是更衣程序的硬件保证，起着极其重要的作用。在无菌更衣流程和设施的设计上国内外已有以下共识和实践：进入和离开无菌区宜采用不同路线通过更衣室，避免对无菌环境和无菌衣的污染；无菌更衣室后段的静态级别应与其相应工艺操作洁净区的级别相同。

进入无菌区的更衣通常有以下两种途径：人员从一般区先进入C级区，再从C级区进入无菌区（B+A级区）；人员从一般区一次性进入无菌区。

第一种途径：人员从一般区先进入C级区的更衣程序（仅供参考）。

① 在一般总更衣间内去除所有外衣（如裤子、衬衫等），将其放入个人更衣柜；

② 从一般区走廊进入更衣间，进入无菌区的人员已经在总更衣时穿上了统一的已经清洁的内衣工服；

③ 洗手（可用生活饮用水洗手）；

④ 跨过隔离凳，同时穿鞋套或更换C级区内使用的专用鞋；

⑤ 穿上连体洁净服装（清洁但不是无菌）；

⑥ 戴上头套和口罩；

⑦ 洗手或消毒（非水性的洗涤剂或消毒剂）。

从一般区到C级区，可在一个房间的两个区域中完成上述操作（欧洲工厂多见），亦可在一个房间完成上述①~④步操作，在另一个洁净房间完成上述⑤~⑦步的操作。

从C级区到一般区，与上述操作程序相反，逆向离开这个区域。

C级区的服装通常可在一个班次或一天内重复使用，在洁净更衣侧，通常设置挂衣架。

无菌区操作人员再从C级区进入无菌区。

从C级区进入B级区，典型的更衣顺序如下（仅供参考）。

① 脱去C级区穿的外衣、头套、口罩和鞋（除了必需的基本清洁工作内衣）；

② 戴上新的洁净灭菌头套；

③ 手消毒（无水消毒剂）；

④ 穿上专用内衣（无菌）；

⑤ 穿上洁净鞋子；

⑥ 跨过隔离凳或通过房门进入无菌更衣区；

⑦ 戴上第一层无菌手套；

⑧ 戴上无菌头套和口罩；

⑨ 穿上连体无菌服装；

⑩ 穿上无菌靴（鞋）套；

⑪ 戴上眼镜或护目镜；

⑫ 在镜子前检查穿戴；

⑬ 手消毒（无水消毒剂）；

⑭ 戴上第二层无菌手套；

⑮ 手消毒（无水消毒剂），进入无菌区域。

上述更衣操作可在一个房间的两个洁净区域内完成（欧洲工厂多见），也可在两个房间内分别完成。

更衣间非洁净区和洁净区两侧均不设置水池洗手。无菌外衣仅一次性使用，洁净内衣可多次使用但仅限于一天内使用。

第二种途径：无菌区操作人员从一般区一次性进入无菌区。

更衣通常从一般区到洁净区，再到无菌区。

典型的更衣顺序如下：

① 脱外衣、头套、口罩和鞋等（除了必需的基本内衣），将其放置到个人更衣柜；戴上新的洁净头套；

② 洗手（可用水洗，也可用无水清洗）；

③ 进入第二个房间，洁净区更衣；

④ 穿上洁净鞋子；

⑤ 穿上洁净内衣；

⑥ 手消毒（无水）；

⑦ 跨过隔离凳或通过房门进入无菌更衣区；

⑧ 无菌更衣（同以上从 C 级区进入无菌区的程序）。

上述更衣操作可在两个房间的两个洁净区域内完成（第一个房间为一般区到 C 级区，第二个房间为 C 级区到 B 级区，欧洲工厂多见），也可在三个房间内分别完成（第一个房间为一般区，脱衣脱鞋等，洁净送风；第二个房间为 C 级区，洁净更衣；三个房间为 B 级区，无菌更衣）。

2. 盥洗室

盥洗室（厕所、淋浴室）可根据需要设置，应当方便人员安全使用，而且不得对生产带来不利影响：

● 盥洗室不得与生产区及仓储区直接相连，要保持干净、通风、无积水。盥洗室应根据实际使用情况提供足够的洗手消毒和干燥设施。

● 盥洗室应方便人员出入，面积与使用人员数量相适应。

● 盥洗室必须设置在洁净更衣室外，设计时需考虑员工使用方便。

● 若采用人员从室外区直接进入洁净区的方式，通常应单独设置一个脱外衣和脱鞋的房间，盥洗室也可设置在人员脱外衣间的区域内，与之相连，应采取必要的防污染措施，如设置缓冲间、除湿、排风等。

● 淋浴室一般可设置在总更衣间区域内，与之相连，做到干湿分离。厕所一般设置在总更衣间后的一般区内，方便外包装区域和仓储区人员进出，设计厕所时应采取必要防污染措施，如设置缓冲间、除湿、排风等。（厕所一般在进入一般区更鞋之前的区域，不会到总更后。）

各种物料在送入洁净区前必须经过净化处理，有的物料只需一次净化，有的需二次净化。若一次净化不需要室内环境的净化，可设于非洁净区内。二次净化要求室内具备一定的洁净度，可设于洁净区内或与洁净区相邻。物料路线与人员路线应尽可能分开，如果物料与人员只能在同一处进入洁净厂房，也必须分门而入。

应防止原辅料、内包装材料、器具等可能对洁净区产生污染。在物料进入洁净区的物料入口处，可设置一个清扫物料外包装的场所的联锁缓冲间，即外包装清洁室（其目的和人流路线中的换鞋、更衣相同)，原辅料和包装材料的外包装清洁室，应设在一般生产区。进入洁净区的物料、容器及工具，可结合企业实际采取有效的消毒处理方式，由缓冲间（或传递窗）送入，消毒效果需经确认。缓冲间两侧门应互锁（相当于气锁间），气流可以从缓冲间向外包装清洁室流动并直接排放室外，不回风，气流方向按梯度设计从洁净生产区到缓冲间，再到外包装清洁室，再到室外。缓冲间（气锁间）与外包装清洁室的压差应大于10Pa。

多层厂房的货梯不能设置在洁净区内，只能设在一般区或控制区内。若设在洁净区内，则需在电梯出入口处增加一缓冲，该室应对控制区保持负压状态。进入货梯的物料容器均应先进行清洁。

洁净室之间物料或物品长时间连续传送时可采用传送带方式。由传送带造成的污染或交叉污染，主要来自传送带自身的"沾尘带菌"和带动空气造成的空气污染。除传送带本身能连续灭菌（如隧道式灭菌设备）外，传送带不得在A/B级洁净区与低级别洁净区之间穿越。采用传送带向高级别洁净区传送物料时，只能用分段传送带方式传送。

3. 洁净工服洗衣室

洁净工服洗衣室可设置在D级区域内，满足工艺要求。建议靠近脏衣存放间和更衣间，便于洁净工服的清洗和使用。人流设计可采用单向流方式，防范交叉污染的发生。

第七十条 维修间的位置

【第七十条】 维修间应当尽可能远离生产区。存放在洁净区内的维修用备件和工具，应当放置在专门的房间或工具柜中。

思维导图

第五章　设备

第一节　原则

第七十一条　设备的目的

【第七十一条】 设备的设计、选型、安装、改造和维护必须符合预定用途，应当尽可能降低产生污染、交叉污染、混淆和差错的风险，便于操作、清洁、维护，以及必要时进行的消毒或灭菌。

【条文释义】

1. 第七十一条的要求可归纳为几个方面？

答：① 符合生产用途需要；

② 降低 GMP 风险；

③ 便于清洁和维护。

2. 在分装粉针生产线设计中，目前国内的做法是"一拖二、一拖三，一拖五"，即 1 条洗瓶、烘瓶线后接 2 台、3 台、5 台粉针分装机，就把一个批次分成了几个亚批；输送空瓶和压塞瓶的轨道有交叉；造成 A/B 级区较大，气流组织的均一性难以保证。但如果按欧美国家一对一的做法，我国大部分分装粉针都是抗生素，出厂价较低，成本较高，这个矛盾很突出，设计院和生产厂都非常为难。"一拖几"的做法是否合适？

答：不赞成"一拖几"的做法，如果要这么做，要有充分的验证数据来证明。

点评：

① 很多是串联设计，轨道会出现交叉，从而出现上下交叉、碎瓶渣、玻璃屑、摩擦的颗粒等会向下进入下面的瓶子；

② "一拖几"的设计往往需要使用较大的隧道烘箱，例如 1200 瓶/分，加大了对烘箱的加热系统、洁净系统的压力，需要进行更详细的热分布试验；

③ 若验证不充分，导致烘箱内的温度不均匀，可能使局部温度过高，从而导致破瓶，所产生的碎玻璃对连续生产及产品可见异物产生不良影响；

④ 温度过高还会造成密封垫老化，甚至完全熔化，进入产品当中；

⑤ 只要是隧道式烘箱，过滤材料就会产尘，从而在隧道中无法实现 A 级，尤其是 5μm 的粒子容易不合格；

⑥ "一拖几"的设计，会造成瓶子在轨道上停留的时间很长，风险增加；

⑦ 由于这种"一拖几"的生产线通常用于抗生素粉针的生产，抗生素又抑菌，微生物监测无法发现问题，只能通过加强中间控制及环境的微生物监测来监控；

⑧ 如果一台设备发生故障，维修会给整个系统带来风险。

第七十二条　设备相关操作规程

【第七十二条】 应当建立设备使用、清洁、维护和维修的操作规程，并保存相应的操作记录。

【条文释义】

企业应当制定设备使用（包含必要的安全）、清洁、维护（如有必要包含计量）和维修的标准操作规程（SOP），这些规程应当详细描述设备的正确使用方法、清洁流程、维护周期和维修步骤。操作人员、设备维修人员应当接受相应的书面和实操培训，以确保他们能够按照SOP正确操作、清洁、日常点检保养、定期维护和维修设备。所有的操作记录都应当被妥善保存，包括使用记录、清洁记录、维护记录和维修记录。这些记录有助于追踪设备的使用历史，建立设备的全生命周期的档案，对于质量控制和问题调查至关重要。

第七十三条　设备的相关文件和记录

【第七十三条】　应当建立并保存设备采购、安装、确认的文件和记录。

【条文释义】

文件和操作规程是工作行动的参照文件，没有规程就没有行动；记录是行动结果的确认形式，没有记录，就无法保证是否进行行动和行动的结果。

第二节　设计和安装

第七十四条　生产设备的要求

【第七十四条】　生产设备不得对药品质量产生任何不利影响。与药品直接接触的生产设备表面应当平整、光洁、易清洗或消毒、耐腐蚀，不得与药品发生化学反应、吸附药品或向药品中释放物质。

【条文释义】

1. 药品生产设备一般选用什么材料？

答：奥氏体不锈钢（如316L型）是制药设备中常用的材料，因为它具有良好的耐腐蚀性和平整、光洁的表面，易于清洗或消毒，且不会与药品发生化学反应或吸附药品。例如，用于注射用水储存和分配系统的管道和储罐，通常采用316L不锈钢材料，以确保水质不受污染。

2. 设备表面会做什么处理达到平整光洁的要求？

答：制药设备的生产表面通常需要进行抛光处理，以减少表面粗糙度（如 Ra 0.2），这有助于提高清洗效果，降低微生物污染的风险。例如，用于药品混合和配制的搅拌罐内壁会进行抛光处理，以确保药品不会被设备表面吸附或污染；对注射用水和其他工艺管道表面需要有表面粗糙度的检测数据，还要对焊点的内窥镜检测数据和影像进行确认。

第七十五条　适当量程和精度的设备

【第七十五条】　应当配备有适当量程和精度的衡器、量具、仪器和仪表。

【条文释义】

一般有哪些计量仪器设备？

答：（1）电子天平　在称量原料和成品时，需要使用具有适当量程和精度的电子天平。例如，称量微量样品时可能需要精度达到 0.01g 的天平，而称量大量原料时可能需要量程更大、精度稍低的天平。

（2）pH 计　用于测量溶液酸碱度的 pH 计，必须具有适合所测量溶液范围的量程和精度。例如，某些药品在生产过程中需要精确控制 pH 值，因此 pH 计的精度可能需要达到 0.01 pH 单位。

（3）温度计和温度传感器　在需要控制温度的生产环节，如灭菌或发酵过程，必须使用精确的温度计或温度传感器。这些设备需要有适当的量程，能够覆盖实际生产过程中的温度变化范围，并具有足够的精度以确保温度控制的准确性。

（4）压力表　在需要监控压力的设备上，如高压灭菌器，必须安装有适当量程和精度的压力表。这些压力表需要能够准确反映设备内部的压力变化，以确保灭菌过程的有效性。还有轧盖机等压力指示仪表也很重要。

（5）流量计　在液体或气体的输送过程中，需要使用流量计来监控流速。流量计的量程和精度必须与管道的直径和流速范围相匹配，以确保流量的准确控制。

（6）分析仪器　在质量控制实验室中，用于检测药品成分和纯度的分析仪器，如高效液相色谱仪（HPLC）、紫外分光光度计等，都必须具有适当的量程和精度，以确保检测结果的准确性和可靠性。

点评：衡器、量具、仪器和仪表的量程和精度必须与药品生产工艺和质量控制的精度的实际需求相匹配，以确保生产过程的控制和最终产品的质量问题。

第七十六条　清洗和清洁设备选择

【第七十六条】 应当选择适当的清洗、清洁设备，并防止这类设备成为污染源。

【条文释义】

如何确保清洗、清洁设备既能有效清洁药品接触面，又不会成为新的污染源？举例说明。

答：（1）胶塞清洗机的自清洗功能　胶塞清洗机是用于清洗药品包装用胶塞的设备。为防止成为污染源，该设备需要具备定期自清洗的功能，以确保在清洗胶塞的过程中不会积累污垢和微生物。例如，胶塞清洗机在每次使用后，应自动进行内部的清洁和灭菌的程序，以防止残留物和微生物的滋生。

（2）清洗球的选型和使用　在罐装设备的清洗过程中，清洗球的选择和使用非常关键。需要根据罐的尺寸、直径、高度、搅拌的形式来选择清洗球的大小、数量以及位置。如果清洗球的选型不当，可能会导致清洗不彻底，从而成为污染源。例如，一些厂家可能购买通用的清洗球而没有根据具体罐体进行定制，导致清洗不彻底，死角洗不干净，增加了污染的风险。需要进行喷淋球效果的确认，如核黄素的检测等。

第七十七条　润滑剂和冷却剂等使用要求

【第七十七条】 设备所用的润滑剂、冷却剂等不得对药品或容器造成污染，应当尽可能使用食用级或级别相当的润滑剂。

【条文释义】

什么是食品级润滑剂？

答：食品级润滑剂是指在食品、化妆品、药品等制造加工和包装过程中，可用于偶然、技术上不可能完全避免会与产品和/或包装发生接触的润滑点使用的润滑剂，即使偶然接触产品也不会使产品产生安全性污染的风险。食品级润滑剂通常分为三个级别：H1、H2 和 H3。

H1 类：用于可能与食品接触的部位，所有原材料或成分必须满足 FDA 21CFR 法规第 178.3570 条款的要求。

H2 类：用于不接触食品的设备，不得含有特定重金属和有害物质。

H3 类：用于清洁和防止挂钩、手推车或类似设备生锈，需满足特定 FDA 条款要求。

药品生产企业应优先考虑使用食品级润滑剂，尤其是那些可能与药品发生偶然性接触的设备。这些润滑剂应符合 FDA NSF 食品级认证的 H1、H2 或者更高级别的 3H 食品级润滑油。

第七十八条 生产用模具

【第七十八条】 生产用模具的采购、验收、保管、维护、发放及报废应当制定相应操作规程，设专人专柜保管，并有相应记录。

【条文释义】

1. 对生产用模具的要求如何理解？

答：（1）**制式设备** 制药设备厂商基本都能够按照上述要求（材质、计量、润滑、清洗等）生产。

（2）**特殊需求设备** 需要制药企业与设备厂商共同开发，首要的是，药品生产企业要提出明确的《用户需求》（URS）。

2.《用户需求》如何提出？

答：由熟悉设备工艺过程的使用部门起草一份综合各方（生产部门、质量部门、维修部门、新产品研发部门等）意见的用户需求文件（URS）。《用户需求》（URS）需符合相关设备技术规范语言，其中对关键技术指标、参数、功能作详细而明确的描述，它将用作采购合同与设备设计、制造、安装、调试、验收的技术文件。同时需考虑设备可靠性、当前技术能力、投资成本方面因素，还需评估实现URS 的可行性和风险。

3.《用户需求》需要考虑哪些因素？

答：（1）**产品物理特性、化学特性** 例如：产品剂型、外形尺寸、密度、黏度、熔点、热性能、对温湿度的敏感程度、适应的储存条件、pH、氧化反应、毒性、腐蚀性、稳定性、其他特殊性质。

（2）**生产规模** 根据市场预测、生产条件、人力资源情况，预计设备涉及产品的年产量，每日班次。

（3）**生产工艺要求**

① 根据市场预测和生产条件提出能力需求，例如：生产批量、包装单位数量、装箱单位数量、生产设备的单位产出量、提升设备的最大提升重量和高度等。

② 根据生产工艺流程提出设备工作流程需求。

③ 根据生产工艺提出对设备功能的需求，例如：温度范围及精度需求，速度范围及精度需求，混合均匀度需求，供料装置需求，传输装置需求，在线检测装置需求，成型需求，剪切需求，灌装精度、灌装形式需求，标记功能需求，装盒形式需求，中包形式需求，装箱形式需求，封箱捆扎形式需求，托盘摆放形式需求等。

（4）**关键材料材质要求** 根据接触物料特性、环境特性、清洗特性、保证不与药品发生化学变化或吸附药品，而提出关键材料材质要求。

（5）**清洁要求** 例如：物料接触处无死角；表面粗糙度，就地清洗射流强度、覆盖面积，清洗剂等符合要求；器具表面无肉眼可见残留物；清洗水样用紫外分光光度计等仪器检测无残留物。

（6）**在给定条件下设备的稳定性需求** 新设备在设计时要特别考虑设备的可靠性、可维修性，同时还应对新设备所配备的在线离线诊断帮助或设备状态监控工具等进行明确和说明。例如：单机连续运行300 分钟无故障，说明书自动进盒成功率，指定电器控制元件的生产厂家、品牌、认证标记等。

（7）**设备安装** 根据生产工艺要求和生产条件确定设备安装区域、位置、固定方式（通常给出设备布置图)。

（8）**根据生产工艺和产品特性提出对环境的需求**　例如：环境空气的洁净级别要求，环境湿度允许范围，光照度允许范围，物料摆放空间要求，物料转运通道要求。

（9）**包装材料要求**　根据产品特性（剂型、稳定性等）提出对包装材料的要求，例如：PP 塑料瓶装、纯铝管、PVDC-纯铝箔铝塑泡罩包装、成型铝箔泡罩包装、PVC 袋装、BOPP 膜中包、双瓦楞纸箱等。

（10）**外观要求**　例如：表面平整度、直线度、表面镀铬、不锈钢亚光、表面氧化处理、表面喷塑、表面涂层色彩等应符合要求。

（11）**满足安全要求**　应符合国家相关机器设备安全设计规范。

（12）**满足环境要求**　符合国家相关机器设备环境控制规范。

（13）**技术资料要求**　通常一式两份，内容建议包括但不限于：操作手册，维修手册（包括维修卡、润滑卡），竣工图纸，技术图纸，备件手册或备件清单，外购件技术资料，记录和控制卡（装箱单、产品合格证、软件备份、计量仪表鉴定证明、指定材料的材质证明、试验记录、试车记录、售后服务联系地址、控制系统软件清单、版本号和备份软件）。

（14）**操作要求**　例如：操作盘安装位置、操作盘显示语言处理、汉语标识、某工位配置桌椅等符合要求。

（15）**维修要求**　例如：易损部件便于更换、各部位有维修空间、故障自动检测、报警系统、控制系统恢复启动备份盘。

（16）**计量要求**　例如：测量仪表具有溯源性，测量范围、测量仪表的分辨率、测量仪表的精度等级符合要求，测量仪表采用标准计量单位。

（17）**售后服务要求**　例如：保修期一年、终身维修服务、维修反应时间。

第三节　维护和维修

第七十九条　注意事项

【第七十九条】　设备的维护和维修不得影响产品质量。

【条文释义】

维护和维修活动需要与生产计划协调，避免与生产活动冲突。这通常意味着需要制定年度或月度的维护检修计划，并与 QA、生产等部门协调。在维护和检修期间，需要注意车间等设备设施的保护，一般制药厂为了节约能耗，会安排在夏季高温季节期间进行大修。例如，在洁净区施工时，其他不相干的房间门需要紧闭，并有标识提示。对于在施工的洁净室，其风口等需要用 PVC 塑料袋等保护，不被检修的设备或者仪器需要包装保护；如果维护和维修对环境造成了破坏，事后则需要进行清洁消毒及环境监测和再确认。如果设备更换了主要零部件，则需要进行相关功能的确认或者进行再确认。

第八十条　制定和记录

【第八十条】　应当制定设备的预防性维护计划和操作规程，设备的维护和维修应当有相应的记录。

【条文释义】

　　企业需要制定预防性维护计划，这是一项旨在保持设备始终处于最佳状态的反复性工作。它包括清洁、调整、润滑、状态监测、性能检测及更换部分接近失效的零件，以避免影响生产的大故障发生。

第八十一条　改造和维修设备再确认

　　【第八十一条】　经改造或重大维修的设备应当进行再确认，符合要求后方可用于生产。

【条文释义】

　　1.“重大维修”是指哪些设备？

　　答：通常指那些可能影响设备性能、生产操作和产品质量的维修活动。这可能包括设备结构的变化、关键部件的更换等。

　　2.再确认的范围是怎样的？

　　答：再确认的范围和深度取决于设备改造和维修对原有设备性能确认结果的影响程度。如果改造涉及设备结构变化，可能需要进行设计确认（DQ）、安装确认（IQ）、运行确认（OQ）和性能确认（PQ）。

第四节　使用和清洁

第八十二条　操作规程明确

　　【第八十二条】　主要生产和检验设备都应当有明确的操作规程。

【条文释义】

　　操作人员需熟悉设备的使用方法和操作流程，确保安全生产。操作前需穿戴符合规范的工作服和个人防护用品，保障人身安全。启动设备前，操作人员需检查设备是否正常，如发现异常情况应及时报告处理。操作人员需按照设备操作规程的规定，按步骤启动设备，并在运行过程中进行动态监控。

第八十三条　参数范围的确认

　　【第八十三条】　生产设备应当在确认的参数范围内使用。

【条文释义】

　　1.生产设备的设计与制造涉及哪些参数？

　　答：这些参数包括温度、压力、流速、时间等，它们是保证生产安全操作和稳定运行的关键因素。在设备的性能确认（performance qualification，PQ）阶段，需要验证设备在预定参数范围内能否持续稳定地生产出符合质量标准的产品。

　　2.需要进行参数范围确认的情况有哪些？

　　答：如果设备的维护和维修改变了验证状态，特别是关键部件、控制系统和设备结构等发生了影响药品质量的改变，则一定要进行再确认。

第八十四条　生产设备的清洁

【第八十四条】 应当按照详细规定的操作规程清洁生产设备。

生产设备清洁的操作规程应当规定具体而完整的清洁方法、清洁用设备或工具、清洁剂的名称和配制方法、去除前一批次标识的方法、保护已清洁设备在使用前免受污染的方法、已清洁设备最长的保存时限、使用前检查设备清洁状况的方法，使操作者能以可重现的、有效的方式对各类设备进行清洁。

如需拆装设备，还应当规定设备拆装的顺序和方法；如需对设备消毒或灭菌，还应当规定消毒或灭菌的具体方法、消毒剂的名称和配制方法。必要时，还应当规定设备生产结束至清洁前所允许的最长间隔时限。

【条文释义】

1. 总有机碳（TOC）是否可以作为评估清洁效果的污染物残留检测方法？

答：清洁验证的专属性方法旨在检测相关的单一化合物，例如原料药（API）。这使得对设备清洁度的理解非常有限。可能存在降解产物、清洁剂、赋形剂或其他污染源，无法通过专属方法检测到。通过总有机碳（TOC）检测，可以对清洁度进行综合评估，从而自信地放行设备。

2. 有效化合物（例如，具有细胞毒性、诱变性或高药理活性的化合物）的清洁验证要求是什么？是否需要专用设备？

答：对于高活性或高毒性物质，应采用专用的生产区域进行生产。这意味着在生产这类化合物时，清洁验证的要求更为严格，需要专用设备以确保不会有交叉污染的风险。

3. 实验室玻璃器皿是否应包括在公司的设备清洁验证计划中？

答：实验室玻璃器皿是药品生产企业实验过程中使用的重要的辅助器皿，其清洁程度直接影响实验结果的准确性和精确性。如果管理不善造成污染，可能会导致实验结果出现较大误差，甚至导致实验失败。

4. 钩端螺旋体能穿透消毒级过滤器吗？如果是这样的话，制造商应该在其持续的生命周期风险管理工作中牢记什么以确保微生物控制？

答：钩端螺旋体是一种螺旋形的细菌，其尺寸和形态使得它能够穿透一些标准的消毒级过滤器。制造商应选择能够截留钩端螺旋体的高效过滤器，如 Viresolve® Barrier 过滤器，以确保在过滤过程中能够有效去除这些微生物。

进行全面的风险评估：应根据具体情况进行全面的风险评估，以确定产品质量风险和当前工艺的控制措施，并根据需要降低这些风险。

微生物截留验证：进行微生物截留验证研究，包括多个批次的滤膜，以确保滤膜在实际工作条件下的有效性，需要对过滤器的材质和结构进行固化，并在后续使用时各个环节进行确认。

第八十五条　已清洁生产设备存放

【第八十五条】 已清洁的生产设备应当在清洁、干燥的条件下存放。

【条文释义】

是否意味着一定要清洗完毕就马上烘干？采用空调加大通风干燥方式是否符合此条？

答：物品应该在清洗后干燥，干燥后再存放。干燥可采用压缩空气吹干、烘干、通风等方式，不推荐采取空调加大通风干燥方式。空调加大通风干燥方式耗时长，干燥效果不理想且耗能。

点评：清洗完毕的设备应及时干燥，以防微生物滋生以及水或溶剂、清洗剂对设备的腐蚀、氧化，干燥一般采用烘干、压缩空气吹干的方式。通过通风的方式干燥，应考察干燥的时间较长造成的不良影响。

第八十六条　设备仪器使用日志

【第八十六条】　用于药品生产或检验的设备和仪器，应当有使用日志，记录内容包括使用、清洁、维护和维修情况以及日期、时间、所生产及检验的药品名称、规格和批号等。

【条文释义】

为什么要记录这些内容？

答：① 帮助识别和解决潜在的设备问题，提高生产效率和产品质量；

② 便于追踪和审计，万一有异常可以作为调查的依据；

③ 保证药品生产的合规性。

第八十七条　生产设备状态标识

【第八十七条】　生产设备应当有明显的状态标识，标明设备编号和内容物（如名称、规格、批号）；没有内容物的应当标明清洁状态。

【条文释义】

如何确保生产设备的状态标识在实际操作中始终保持清晰、准确，并且容易被操作人员识别？

答：设计统一的标识模板，确保所有设备的状态标识在字体、颜色和大小上保持一致；使用鲜明的颜色对比，以提高标识的可见性；使用耐用材料：状态标识应使用耐用、不易褪色的材料，如金属或塑料，以确保在清洁和消毒过程中标识的持久性；明确标识位置，在设备显著且易于观察的位置设置状态标识，确保操作人员在操作设备时能够轻松看到；定期检查和维护，及时更换损坏或褪色的标识。

点评：状态标识的目的是确保设备使用的正确性和追溯性，防止混淆和差错，规范生产管理。每台设备都应有唯一的编号，便于管理。如果设备内有内容物，应标明名称、规格、批号等详细信息。如果设备内没有内容物，应标明其清洁状态，如"已清洁"或"待清洁"。

第八十八条　不合格设备处理

【第八十八条】　不合格的设备如有可能应当搬出生产和质量控制区，未搬出前，应当有醒目的状态标识。

【条文释义】

醒目标识设计可以使用鲜明的颜色和清晰的字体设计标识，以确保标识在生产和质量控制区内容易被识别。例如，可以使用红色字体表示不合格状态，以警示操作人员。标识应置于设备醒目处（如设备正面、操作面板），确保操作人员接近设备时可即时识别。防止操作人员误用，从而保障产品质量和生产安全。

第八十九条　主要固定管道标注

【第八十九条】 主要固定管道应当标明内容物名称和流向。

【条文释义】

1. 标识内容和位置要求是怎样的?

答：根据 GB 50457—2019《医药工业洁净厂房设计标准》，主要固定管道应标明内容物名称和流向。这些标识应设置在管道的起点、终点、交叉点、弯头处以及阀门和穿墙的两侧。

2. 颜色编码规则是怎样的?

答：根据 GB 7231—2003《工业管道的基本识别色、识别符号和安全标识》，管道的基本识别色包括水为艳绿色、水蒸气为大红色、空气为淡灰色、气体为中黄色、酸或碱为紫色、可燃液体为棕色等。这些识别色可以在管道的全长标示，也可以在管道的关键部位用 150mm 的色环标示。编色规程需要在文件中明确。

第五节　校准

第九十条　校准和检查的依据

【第九十条】 应当按照操作规程和校准计划定期对生产和检验用衡器、量具、仪表、记录和控制设备以及仪器进行校准和检查，并保存相关记录。校准的量程范围应当涵盖实际生产和检验的使用范围。

【条文释义】

1. 许多领先的分析天平制造商在天平中提供内置的"自动校准"功能。这种自动校准程序是否可以完全代替外部性能检查?

答：自动校准程序虽然提供了便利性和准确性，但它不能完全替代外部性能检查。自动校准主要通过内置砝码进行，可以减少采用外部标准砝码进行日常灵敏度核查的频次，但仍应定期采用外部标准砝码进行灵敏度测试，以持续监控内置砝码的状态。这是因为内置砝码可能受到环境（如温度、湿度等）变化的影响，而外部性能检查可以提供更全面的校准，确保天平的精确度和准确性。

2. 校准周期如何确定?

答：校准周期由组织根据使用计量器具的需要自行确定，可以进行定期校准，也可以不定期校准，或在使用前校准。

点评：在药品生产中，生产工艺需要对产品生产过程中的温度、压力、成分含量等参数进行控制，例如洁净室的温湿度，反应釜中的压力和温度。而药品质量的检验，也需要通过各种检验设备对被检品进行测试。所有这一切过程的控制、检品的测试都必须建立在计量器具准确、可靠的基础上才有意义。没有有效的计量管理来对计量器具的准确性、可靠性进行确认，产品质量则是不可靠、不可信的。

第九十一条　校准的确保

【第九十一条】 应当确保生产和检验使用的关键衡器、量具、仪表、记录和控制设备以及仪器经过校准，所得出的数据准确、可靠。

【条文释义】

如果一台用于精确称量原料的关键衡器未按计划进行定期校准，可能会导致哪些具体的后果？

答：未校准的衡器可能导致称量不准确，从而影响制药工艺配方使原辅料的配比不准，未能执行法定的注册标准，最终可能导致产品质量不符合标准。由于需要重新称量或处理不合格产品，可能会中断生产流程，增加额外的工作时间和成本。对于某些药品，错误的称量可能导致药品虽然出厂检测合格，但是在上市后出现有效含量不准确的情况，影响疗效或带来其他安全隐患。产品质量问题可能会影响患者健康和生命，最终损害企业的声誉，影响客户信任和市场竞争力。

第九十二条 校准所用器具和记录要求

【第九十二条】 应当使用计量标准器具进行校准，且所用计量标准器具应当符合国家有关规定。校准记录应当标明所用计量标准器具的名称、编号、校准有效期和计量合格证明编号，确保记录的可追溯性。

【条文释义】

标准器具必须是经过检定的，能够提供准确的测量结果，并且其自身也必须定期进行校准和检定。校准记录应当详尽记载所使用的计量标准器具的具体名称、对应编号、校准的有效期限以及计量合格证明的编号信息。这些信息对于追溯校准过程和结果至关重要，确保了校准活动的透明度和责任性。

通过记录上述详细信息，可以确保校准记录的可追溯性。这意味着在将来的任何时间点如发生偏差时，都能够追踪到特定的校准活动、使用的器具和校准结果，对于质量控制和监管审计非常重要。

第九十三条 设备仪器的标识

【第九十三条】 衡器、量具、仪表、用于记录和控制的设备以及仪器应当有明显的标识，标明其校准有效期。

【条文释义】

校准有效期是衡量设备是否能够提供准确数据的关键指标。超过校准有效期的设备可能会因为磨损、环境变化或其他因素导致测量结果不准确，因此必须重新校准合格后才能继续使用。

第九十四条 禁止使用的设备和仪器

【第九十四条】 不得使用未经校准、超过校准有效期、失准的衡器、量具、仪表以及用于记录和控制的设备、仪器。

【条文释义】

这些规定旨在确保药品生产过程中使用的测量设备能够提供准确和可靠的数据，从而保障药品的质量和安全。违反这些规定可能会导致药品质量无法得到保证，甚至可能对患者健康造成影响，如压力过大可能导致操作人员的人身安全受到威胁等。因此，制药企业必须严格遵守这些规定，确保所有使用的测量设备都在校准有效期内，并且保持准确的校准状态。

第九十五条　校准和检查

【第九十五条】　在生产、包装、仓储过程中使用自动或电子设备的，应当按照操作规程定期进行校准和检查，确保其操作功能正常。校准和检查应当有相应的记录。

【条文释义】

1. 检定、校准、计量确认的概念分别是什么？

答：计量技术规范 JJF 1001—2011《通用计量术语及定义》分别给出了定义。

（1）**检定（verification）**　是查明和确认计量器具是否符合法定要求的程序，它包括检查、加标记和（或）出具检定证书。

（2）**校准（calibration）**　是指在规定条件下，为确定测量仪器或测量系统所指示的量值，或实物量具或参考物质所代表的量值，与对应的由标准所复现的量值之间关系的一组操作。校准结果既可给出被测量的示值，又可确定示值的修正值。

校准也可确定其他计量特性，如影响量的作用。校准结果可以记录在校准证书或校准报告中。

（3）**计量确认（metrological confirmation）**　为确保测量设备符合预期使用要求所需的一组操作。通常包括：校准和验证、各种必要的调整或维修及随后的再校准、与设备预期使用的计量要求相比较以及所要求的封印和标签；只有测量设备已被证实适合预期使用并形成文件，计量确认才算完成；预期使用要求包括测量范围、分辨率、最大允许误差等。

2. 检定、校准、计量确认的意义是什么？

答：校准是计量确认的核心，计量确认所包含的校准、调整、修理等是一组密切相关的技术操作。检定要依据计量检定规程给出合格与否的结论，校准不需判定计量器具的合格与否。检定发给检定证书或检定结果通知书，而校准发校准证书或校准报告。校准是自下而上的量值溯源，检定是自上而下的量值传递。检定和校准是保证计量溯源性的两种形式。必要时经过校准和检定的计量器具，在公司使用前需要进行验证确认，特别是校准后的测量性能是否还能继续满足原先的工艺要求。

第六节　制药用水

第九十六条　制药用水的标准

【第九十六条】　制药用水应当适合其用途，并符合《中华人民共和国药典》的质量标准及相关要求。制药用水至少应当采用饮用水。

【条文释义】

1. 制药用水的用途是什么？

答：制药用水用于药物生产过程和药物制剂的制备。一般应根据各生产工序或使用目的与要求选用适宜的制药用水。药品生产企业应确保制药用水的质量符合预期用途的要求。

2. 制药用水的四个概念

《中国药典》明确规定，制药用水包括：生活饮用水、纯化水、注射用水和灭菌注射用水。

（1）**饮用水（drinking water）**　为天然水经净化处理所得，其质量必须符合现行中华人民共和国国家标准《生活饮用水卫生标准》。饮用水可作为药材净制时的漂洗、制药用具的粗洗用水。除另有规定外，也可作为饮片的提取溶剂。

（2）**纯化水（purified water）** 为饮用水经蒸馏法、离子交换法、反渗透法或其他适宜的方法所制得。不含任何附加剂。纯化水可作为配制普通药物制剂用的溶剂或试验用水；可作为中药注射剂、滴眼剂等灭菌制剂所用饮片的提取溶剂；口服、外用制剂配制用溶剂或稀释剂；非灭菌制剂用器具的精洗用水。也可作非无菌制剂所用饮片的提取溶剂。纯化水不得用于注射剂的配制与稀释。

（3）**注射用水（water for injection）** 为纯化水经蒸馏所得的水，应符合细菌内毒素试验要求。注射用水必须在防止细菌内毒素产生的设计条件下生产、贮藏及分装。其质量应符合注射用水项下的规定。注射用水可作为配制注射剂、滴眼剂等的溶剂或稀释剂，以及容器的精洗。

（4）**灭菌注射用水（sterile water for injection）** 为注射用水按照注射剂生产工艺制备所得。不含任何添加剂。主要用于注射用灭菌粉末的溶剂或注射剂的稀释剂。

3. 纯化水、注射用水和灭菌注射用水的原水是什么？

答：通常为饮用水。

4. 口服中药制剂的用水可否使用饮用水？

答：中药材的前处理和提取可以用饮用水。口服中药的制剂生产用水应为纯化水。

第九十七条　如何确保达到设定的质量标准

【第九十七条】 水处理设备及其输送系统的设计、安装、运行和维护应当确保制药用水达到设定的质量标准。水处理设备的运行不得超出其设计能力。

【条文释义】

集团内部共用的水系统分别供应两个公司，是否两个公司都需要验证？

答：是。因为至少管路是不同的。集团内部共用的水系统验证必须包括两个公司的所有储罐、管路及用水点。

第九十八条　纯化水和注射用水

【第九十八条】 纯化水、注射用水储罐和输送管道所用材料应当无毒、耐腐蚀；储罐的通气口应当安装不脱落纤维的疏水性除菌滤器；管道的设计和安装应当避免死角、盲管。

【条文释义】

定期清洗与消毒是制药用水系统预防性维保的关键技术手段。包括定期地除生物膜、除红锈、热水消毒、化学消毒等日常清洗与消毒工作。

第九十九条　避免纯化水和注射用水微生物滋生

【第九十九条】 纯化水、注射用水的制备、贮存和分配应当能够防止微生物的滋生。纯化水可采用循环，注射用水可采用70℃以上保温循环。

【条文释义】

1. 制药用水（注射用水）采用了70℃循环保温，是否可以有效抑制微生物的生长繁殖？日常监测中微生物控制频次是否可以适当减少？

答：是。监测的频次可以根据验证和日常监测结果来确定。

2.80℃以上易产生锈红，那条款中 70℃以上，不包括 80℃吗？是否可以理解为 70～80℃？

答：控制在超过 70℃的水平即可，不宜采用接近 80℃的温度。

第一百条　定期监测及记录

【第一百条】 应当对制药用水及原水的水质进行定期监测，并有相应的记录。

【条文释义】

1.记录的意义和目的是什么？

答：原水通常指制备饮用水的水源，其监测对于保证最终制药用水的质量至关重要。由于原水质量可能受到季节等外界因素的影响，因此对原水质量的监控显得尤为重要。监测结果、趋势分析以及任何采取的纠偏措施都应有记录保存。这不仅有助于追踪水质变化，还能在出现问题时提供必要的数据支持，以便及时采取纠正措施。

2. 监测方法有哪些？

答：应联合使用在线和离线仪表，连接至经过适当确认的报警系统，监测参数如流量、压力、温度、电导率和 TOC，并定期进行离线检测以确认结果。

第一百零一条　管道清洗消毒

【第一百零一条】 应当按照操作规程对纯化水、注射用水管道进行清洗消毒，并有相关记录。发现制药用水微生物污染达到警戒限度、纠偏限度时应当按照操作规程处理。

【条文释义】

1. 当制药用水出现微生物污染且达到所设定的警戒限度范围时，需依照既定的操作规程采取相应处理措施。请问警戒限度、纠偏限度的具体数值如何确定？

答：警戒限度根据验证和日常监测数据设置。纠偏限度可以依据法规标准制定。警戒限度和纠偏限度不同于工艺参数和产品规格标准，只用于系统的监控；警戒限度和纠偏限度应建立在工艺参数和产品规格标准的范围之内；超出警戒限度并不一定意味着已危及产品质量。达到警戒限度时，应密切关注水系统的工艺参数，进一步严格执行操作规程，增加监控频率，不必采取纠偏措施。

2. 制水系统的纯净水和注射用水，用紫外线消毒等方法是否可行？若不行，应该用什么方法消毒？

答：紫外线消毒方法对抑制水系统中的微生物负荷有一定作用。但仅用紫外线消毒不可行，可采用巴氏消毒、过氧化氢消毒、臭氧消毒等方法。对注射用水、制水及分配系统推荐采用纯蒸汽灭菌或过热水消毒方式。

思维导图

第六章 物料与产品

第一节 原则

第一百零二条 质量标准和食用标准

【第一百零二条】 药品生产所用的原辅料、与药品直接接触的包装材料应当符合相应的质量标准。药品上直接印字所用油墨应当符合食用标准要求。

进口原辅料应当符合国家相关的进口管理规定。

【条文释义】

1. "应当符合相应的质量标准"具体是指哪些标准？

答：即注册标准，包括国家标准、省级标准、企业标准、药品标准、药包材标准、食品标准、原卫生部标准。

2. 进口原辅料"应当符合国家相关的进口管理规定"具体是指哪些？

答：即符合《药品进口管理办法》《进口药材管理办法》。

第一百零三条 操作规程的建立

【第一百零三条】 应当建立物料和产品的操作规程，确保物料和产品的正确接收、贮存、发放、使用和发运，防止污染、交叉污染、混淆和差错。

物料和产品的处理应当按照操作规程或工艺规程执行，并有记录。

【条文释义】

物料和产品具体有什么区别？

答：物料包括原料、辅料、包装材料、耗材等一系列药品生产时需要使用到的外供（不一定外供）物料。

产品包括中间产品、待包装产品、成品，是使用物料经过生产加工得到的产物。实质上物料与产品管理的核心在于防止污染、交叉污染和混淆。在物料、产品接收或使用时需进行有效的检查核对，以确保物料信息一致。

第一百零四条 物料供应商

【第一百零四条】 物料供应商的确定及变更应当进行质量评估，并经质量管理部门批准后方可采购。

【条文释义】

如果某一原料药变更起始物料的供应商需要怎么进行质量评估?

答:合成路线不一致、催化剂用量不一致、使用新的溶剂等原因,可能对产品质量产生较大影响,企业根据国家药监局药品审评中心发布的《已上市化学药品药学变更研究技术指导原则(试行)》等,开展相应药品变更研究验证工作,包括新供应商的物质结构、杂质谱、工艺验证、样品检验、关键理化性质、产品稳定性等。变更物料起始供应商质量评估流程见图 6-1。

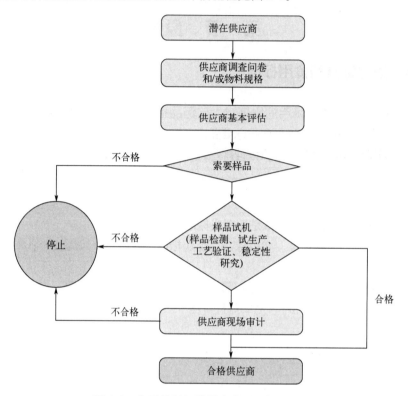

图 6-1 变更物料起始供应商质量评估流程

第一百零五条 物料和产品的运输

【第一百零五条】 物料和产品的运输应当能够满足其保证质量的要求,对运输有特殊要求的,其运输条件应当予以确认。

【条文释义】

物料流程管理具体如图 6-2 所示。

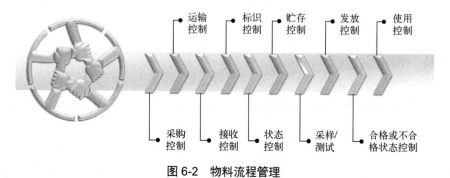

图 6-2 物料流程管理

对运输条件有特殊要求的物料和产品具体是指哪些？应该采取怎样的措施？

答：① 运输低温冷藏药品必须使用冷藏运输车或相应的冷藏设施设备；

② 运输中药提取物等对温度比较敏感的物料时，根据实际情况采取相应的措施，用温度计进行监测。

注意：物料的运输如果由供应商负责，应该在质量包装协议中明确相应的贮存条件、质量要求。

第一百零六条　原辅料和包装材料的接收

【第一百零六条】 原辅料、与药品直接接触的包装材料和印刷包装材料的接收应当有操作规程，所有到货物料均应当检查，以确保与订单一致，并确认供应商已经质量管理部门批准。

物料的外包装应当有标签，并注明规定的信息。必要时，还应当进行清洁，发现外包装损坏或其他可能影响物料质量的问题，应当向质量管理部门报告并进行调查和记录。

每次接收均应当有记录，内容包括：

（一）交货单和包装容器上所注物料的名称；

（二）企业内部所用物料名称和（或）代码；

（三）接收日期；

（四）供应商和生产商（如不同）的名称；

（五）供应商和生产商（如不同）标识的批号；

（六）接收总量和包装容器数量；

（七）接收后企业指定的批号或流水号；

（八）有关说明（如包装状况）。

【条文释义】

1. 物料检查的主要内容具体有哪些？

答：（1）**外观检查**　主要包括检查包装容器的完整性、密封性。对到货的每个或每组包装容器进行包装容器的外观检查，仔细检查是否有污染、破损、渗漏、受潮、水渍、霉变、虫蛀、虫咬等，必要时清洁外表面后进行检查。

（2）**标识核对**　核对内容主要包括批号、物料名称和数量与合同或者送货单（有厂家的检验报告单的需要和出厂报告单比对）。检查物料包装标识，内容清晰完整，至少包括物料名称、规格、批号、数量、生产厂家。原辅料的外包装容器应检查封签是否完整，是否有人为的破坏、损坏等；清点到货数量是否与采购订单相符。

（3）**文件核对**　主要包括相关文件检查和核对。原辅料进厂到库后，库房管理人员首先核实装箱单和/或送货单是否与采购订单一致，核实的基本信息通常包括物料名称、规格、数量、供应商，是否来自批准的合格供应商，还有检验报告、发票等其他文件。

（4）**特殊事项核对**　对特殊物料及特殊条件的来料检查。批批称重、核对重量、双人复核，必要时需个人防护；温度控制的物料，还要检查送货的运输条件；对于零头包装的物料，在接收时，如必要的话，还要核实重量和数量。

2. 物料供应商是母公司，母公司采购了原辅料给子公司，那子公司的供应商审计应该怎么做？还要去审计原始供应商吗？

答：应建立供应商审核制度，对供应商进行审核和评价，确保所采购物品满足其产品生产的质量要求。生产企业对内应按照公司质量管理体系的要求对原料质量进行控制，确保原料质量符合要求。对外应按法规要求对生产商进行审核和评价。母公司对采购原料生产商的审计报告可作为子公司对供应商进行审核和评价依据，建议派符合资质的人员参与母公司对供应商的审核过程，确保原辅料来源合法，质量可控。

案例分析：企业与某某胶囊有限公司的供应商质量保证协议已过期（有效期均至 2020 年 12 月 31 日），但企业于 2021 年 3 月还从上述两家供应商采购物料。

第一百零七条　物料接收和成品生产后的管理

【第一百零七条】 物料接收和成品生产后应当及时按照待验管理，直至放行。

【条文释义】

"待验管理"具体有哪些内涵或者具体项目？

答："待验管理"具体指状态标识、色标管理、定置管理、贮存条件，直至放行人放行才是合格。

第一百零八条　物料和产品的贮存周转

【第一百零八条】 物料和产品应当根据其性质有序分批贮存和周转，发放及发运应当符合先进先出和近效期先出的原则。

【条文释义】

怎么理解"先进先出"和"近效期先出"的原则？

答：这是指物料和产品在出库时，应优先发出最早入库及近效期的物料和产品。这一原则的主要目的是确保物料和产品的有效性和质量。较早入库的物料和产品需要在有效期限内尽快发出，避免因长期存储而导致的过期问题。同时，这也是避免物料和产品在仓库中长时间积压的有效方法。对于某些快速过期的物料和产品，实行近效期先出的原则可以确保库存物料和产品始终保持最新状态。

第一百零九条　计算机化仓储管理

【第一百零九条】 使用计算机化仓储管理的，应当有相应的操作规程，防止因系统故障、停机等特殊情况而造成物料和产品的混淆和差错。

使用完全计算机化仓储管理系统进行识别的，物料、产品等相关信息可不必以书面可读的方式标出。

【条文释义】

1. 物料管理法规要求可归纳为哪些原则？

答：流向清晰、具有可追溯性；物料标识、质量状态明确，防止差错和混淆；物料贮存适当，确保质量。具体可归纳为：

① 购用的物料有标准（第一百零二条）；

② 购买过程有审计（第一百零四条）；

③ 收、存、运、用有规程（第一百零三条，第一百零五条，第一百零六条，第一百零七条，第一百零八条）；

④ 所有操作有记录（第一百零六条，第一百零八条）。

2. 注射剂用的药用辅料没有国家批准文号怎么解决？能否采用食品级辅料然后按药品标准检验合格就可行？

答：应执行注册申报时核准的标准和规格。

点评：可以采用食品级的物料，应按批准的标准和规格进行控制。

3. 目前包糖衣所使用的部分色素虽符合食用标准，但在检测（进厂检测）时是否可以采取选择性检测的方式呢？

答：不可以。色素是辅料，应全项检验。

4. 制剂用辅料，如无国家文号和省级文号，是否可用食用级？如可用需申报吗？是否一定要由药检所检验？

答：可以使用食用级的物料。制定标准时可以参考《中国药典》、行业标准、工艺需求以及其他国家的药典。如已经注册批准应按批准的标准和规格进行控制，国产物料可自行检验。

5. 若集团内已有企业对物料提供商开展了审计工作，那么集团内的其他企业是否能够直接采用该企业的审计结果与报告呢？

答：不一定，根据企业使用物料的属性、产品的属性不同视情况而定。相同物料使用在不同制剂中的作用和要求不一定相同。

6. 在物料接收时企业可否不再自行制订该物料的批号？即使用供应商提供的批号？

答：不可以。企业制订的编号/批号具有唯一性。也可以带上原始出厂编号的信息，方便跟踪。

7. 待验物料贮存是否需要单独的隔离区？

答：普通物料不需要，但要有措施保证待验物料不会和其他物料混淆。有特殊要求的物料需要采取有效的隔离措施。

第二节　原辅料

第一百一十条　原辅料的检验和核对

【第一百一十条】　应当制定相应的操作规程，采取核对或检验等适当措施，确认每一包装内的原辅料正确无误。

【条文释义】

1. 此条中"核对"可以理解成对标签上物料名称、批号、生产厂家等的核对吗？如核对后信息全都符合要求，则可确认为每一包装内的原辅料正确，无须再进行检测吗？

答：要做到每个最小包装核对无误，首先依据对供应商的审计和日常管理，对不同供应商的不同物料确定合理的控制原则和控制手段，其次是采用以下两种方法进行确认，分别是：可以核对标签上的物料名称、批号、生产厂家等的内容，确保、确认每一包装内的原辅料正确无误；也可以对每一包装内的原辅料进行鉴别检验，确认每一包装内的原辅料正确无误。

点评：此条款的核心含义是避免因混淆造成的物料误用。避免混淆的源头控制是对供应商的审计和日常管理。如果供应商管理得不好，可能发错货，也可能在生产或运输过程中就已经发生了混淆或差错。如贴错标签等情况，企业通过核对标签无法甄别。企业通常通过对每一包装内的原辅料进行鉴别检验的措施，以确保无误。

2. 药用辅料选用是如何影响制剂的安全性、有效性、稳定性、经济性和顺应性的？

答：药用辅料是指生产药品时处方中使用到的赋形剂和添加剂，是除了活性药物成分（原料药）或前体药物以外，在安全性方面已进行了合理评估的物质。辅料除了赋形、充当载体、提高稳定性外，还具有增溶、助溶、调节药物释放等重要功能，是可能会影响到制剂的质量、安全性和有效性的重要成分。

3. 对于原料药和辅料检验和核对的具体质量标准范围有哪些？

答：对于原料药而言，可能包括质量标准范围内的，如有关物质、含量、异构体、水分、干燥失重、残留溶剂、溶解性等，还有可能包括与制剂的溶出度、生物利用度、稳定性、工艺等相关的晶型、粒度、晶癖。

而对于辅料而言，一般包括杂质、粒度、黏度、pH、分子量分布等特性。与原料不同，辅料的关键质量属性有时很难发现，由于受到 API（性质、剂量大小）、处方（组成、比例）、生产工艺等的影响，某种属性（如黏度）对于某药物可能是关键的，而对另一种药物，或另一个不同剂量的药物而言，可能不是关键的。

第一百一十一条　数个批次物料的接收

【第一百一十一条】 一次接收数个批次的物料，应当按批取样、检验、放行。

【条文释义】

企业核对包装的内容物与标识一致是可以做到的，但确认包装内的原辅料正确无误，如何才能做到？
答：采用近红外、拉曼光谱等鉴别或理化鉴别。
点评：企业可以依据物料质量标准中的鉴别项，依据企业全部物料的特性选择一种专属性强的鉴别方法，企业也可以应用红外、近红外等方法进行鉴别，对每种物料进行风险评估。

第一百一十二条　原辅料的标识

【第一百一十二条】 仓储区内的原辅料应当有适当的标识，并至少标明下述内容：
（一）指定的物料名称和企业内部的物料代码；
（二）企业接收时设定的批号；
（三）物料质量状态（如待验、合格、不合格、已取样）；
（四）有效期或复验期。

【条文释义】

1. 关于仓储区内的原辅料名称和企业内部的物料代码，物料代码具体有几个特征：
答：①物料必须有企业内部的代码；②物料代码（编号）具有唯一性；③物料代码能够追溯物料的基本信息（包括其质量标准），即存在一一对应关系。
2. 物料质量状态（如待验、合格、不合格、已取样）标识是什么样子？
答：黄色代表待验，绿色代表合格，红色代表不合格，白色代表已取样，需要有文件进行规定。

第一百一十三条　原辅料的使用

【第一百一十三条】 只有经质量管理部门批准放行并在有效期或复验期内的原辅料方可使用。

【条文释义】

依据二甘醇和丙二醇混淆的毒性事件，请说明强化岗培资质匹配，严控原辅料放行规范，筑牢质量合规管控基石的重要性。
答：二甘醇和丙二醇是两种不同的醇类化合物，具有不同的化学结构、物理特性和用途。二甘醇是一种有毒的二醇，常用于制造树脂和防冻液，但对人体有毒，摄入后可能导致严重的健康问题。丙二醇是一种相对安全的三醇，无色无味，吸湿性强，常用作溶剂、食品添加剂和药物辅料。在国外曾有109

名儿童死于急性肾病，原因是用（非允许的）有毒二甘醇取代辅料丙二醇（用作对乙酰氨基酚的增溶剂）。使用二甘醇作为丙二醇的廉价掺假替代品的做法，也导致了其他一些国家患者的死亡，包括美国、孟加拉国和印度。

第一百一十四条　原辅料的贮存

【第一百一十四条】 原辅料应当按照有效期或复验期贮存。贮存期内，如发现对质量有不良影响的特殊情况，应当进行复验。

【条文释义】

1. 什么是"复验期"？

答：详见第三百一十二条（十一）。

2. "贮存期"如何理解？物料或产品有一个有效期或复验期，是否还需要规定一个"贮存期"？

答：没有规定有效期的物料应确定贮存期。应根据稳定性试验结果确定物料或产品的贮存期，即使用期限。

点评：有效期的物料其贮存期一般等于或小于有效期，小于有效期的目的是提醒企业提前对物料做好处置准备，此状况下不一定需要设立贮存期。没有有效期的，应先确立相应的贮存期。然后，企业应根据物料的特性制定合理的复检期和复检次数，到贮存期的物料不能再使用。

3. 物料超过有效期，经复验，仍符合质量标准，该物料是否可以继续使用？

答：过有效期的物料不可再使用。如果物料超过了复检期而在有效期内的，复检合格后立即使用，企业应根据物料的特性制定合理的复检期和复检次数，物料不可无限制地复检。

4. 如何确定物料的复验期？

答：对有有效期的物料，在有效期内确定复验期。对没有有效期的物料，企业根据物料的特性、以往的使用经验、产品的工艺要求来综合确定物料的贮存期。然后在贮存期内，确定物料的复验期。

第一百一十五条　配料及标识

【第一百一十五条】 应当由指定人员按照操作规程进行配料，核对物料后，精确称量或计量，并作好标识。

【条文释义】

1. 称量间是否可放置多个物料？

答：原则是只可以放置一种物料。就像生产现场一批生产完需要清场一样，一种物料称量完小清场后才能称量下一个物料。

2. 处方中某一物料所占比重较大。比如总共配了 2 吨物料，其中 1 吨是同一种物料，是否可以通过评价，不需要每包都称量？

答：不可以。

第一百一十六条　配制物料的复核

【第一百一十六条】 配制的每一物料及其重量或体积应当由他人独立进行复核，并有复核记录。

【条文释义】

若按要求再进行一次称量，这对于一些原料和大输液的生产确实比较困难，能不能用控制领料和退货数量之差来达到"由他独立进行复核"的目的？（整体包装只是在配料时称量，在复核时不称量，都通过原包装上的重量来计算。）

答：不建议用控制领料和退货数量之差来达到"由他人独立进行复核"的目的。因为称量过程中可能有损耗，可能有抛洒、称量器具上的残留等，此类因素不易控制。对液体物料等不宜重复计量的，可以采用一人校准另一人监督，一人进行计量操作另一人监督，分别读数，分别记录和签名。称量复核可以采取多种方式，在确保量器的准确性的前提下也可以采取一人称量的同时另一人同步复核的方式，复核人对量器的使用、读数、称量过程实时复核。

第一百一十七条　同批药品的所有配料的存放和标识

【第一百一十七条】 用于同一批药品生产的所有配料应当集中存放，并作好标识。

【条文释义】

对于原料药的生产（粗品），各种原料有严格的加入顺序。有的外观很接近，均为白色粉末状结晶，当集中存放后，虽有标识，但会不会也增大了出差错的风险？

答：按要求管理，不会增大出差错的风险。

点评：所谓的集中存放并不意味着无序存放，此种情况下也可以依据投料顺序排放，再加上标识的确认可以进行区分，加强投料前的逐一确认和复核很关键。

第三节　中间产品和待包装产品

第一百一十八条　贮存

【第一百一十八条】 中间产品和待包装产品应当在适当的条件下贮存。

【条文释义】

怎么理解存放时限？怎么看待具体产品的具体储存条件？

答：存放时限是指物料（预处理后原材料、中间产品和待包装产品）在规定条件下存放并确保能持续符合既定质量标准的时间。对中间产品和待包装产品贮存条件作出规定，主要强调其贮存条件不具有对产品产生不良影响，与产品的工艺要求保持一致，以确保企业对其保护和控制。例如，硝苯地平遇光易降解，中间产品/待包装产品如果包装或者存放条件不当有可能发生降解反应，影响产品的有效性和安全性；阿莫西林克拉维酸钾易吸湿，如储存不当，中间产品（颗粒）可能会吸湿，从而导致压片时黏冲，同时也易降解产生杂质。

第一百一十九条　标识及标识内容

【第一百一十九条】 中间产品和待包装产品应当有明确的标识，并至少标明下述内容：

（一）产品名称和企业内部的产品代码；

（二）产品批号；

（三）数量或重量（如毛重、净重等）；

（四）生产工序（必要时）；

（五）产品质量状态（必要时，如待验、合格、不合格、已取样）。

【条文释义】

待包装产品可否包括在中间产品中?

答：待包装产品不同于中间产品。根据不同的生产阶段，产品一般分为中间产品、待包装产品、成品。中间产品是指那些已经经过部分加工处理，但仍需经过后续加工工序才能转化为待包装产品的物品。待包装产品指尚未进行包装但已完成所有其他加工工序的产品。

第四节　包装材料

第一百二十条　管理和控制要求

【第一百二十条】　与药品直接接触的包装材料和印刷包装材料的管理和控制要求与原辅料相同。

【条文释义】

包装材料与药品直接接触的包装材料有什么区别?

答：包装材料是指用于药品包装所用的材料，以及药品直接接触的包装材料和容器、印刷类包装材料，但不包括发运用的外包装材料。

药品直接接触的包装材料主要包括药用玻璃、塑料、橡胶、金属和预灌封注射器五大类六十多个品种。这些材料的选择和使用需要符合保障人体健康安全的标准，符合药用要求，并且需要经过国家药品监督管理部门注册。

第一百二十一条　包装材料的发放

【第一百二十一条】　包装材料应当由专人按照操作规程发放，并采取措施避免混淆和差错，确保用于药品生产的包装材料正确无误。

【条文释义】

1. 包装材料指哪些?

答：详见第三百一十二条（二）。

2. "专人"是指哪些人?

答:包装材料保管员、质量管理员、生产领料员剩余包装材料处理员和仓库复核员。

3. 操作规程的内容有哪些?

答：① 申请：生产部门提出需求。

② 审核：仓库核对并确认。

③ 发放：签字记录，核对无误后发放。

④ 追踪：更新库存，确保可追溯。

4. 避免包装材料混淆和差错可以采取什么措施?

答：① 建立标识：明确物料、设备等标识，减少混淆。

② 严格管理：规范材料采购、储存、发放和使用。
③ 生产前检查：确保环境整洁，无遗留物。
④ 双人复核：关键操作双人复核，确保准确性。
⑤ 记录追溯：建立记录体系，保障可追溯性。
⑥ 员工培训：增强质量意识和操作技能。

第一百二十二条　印刷包装材料的核准内容

【第一百二十二条】 应当建立印刷包装材料设计、审核、批准的操作规程，确保印刷包装材料印制的内容与药品监督管理部门核准的一致，并建立专门的文档，保存经签名批准的印刷包装材料原版实样。

【条文释义】

1. 药品监督管理部门核准的印刷包装材料印制的内容有哪些?

答：药品监督管理部门核准的印刷包装材料印制的内容主要包括：药品的名称（包括通用名、英文名、汉语拼音等）、适应证或者功能主治、用法用量、规格、贮藏条件、生产日期、生产批号、有效期、生产企业及其地址、生产企业联系电话、批准文号。

（注：对于特殊管理的药品，如麻醉药品、精神药品等，还需要印有符合规定的标志。此外，中包装标签若不能全部注明不良反应、禁忌证、注意事项的，应注明"详见说明书"字样。这些内容的印制必须清晰易辨，不得有印字脱落或者粘贴不牢等现象，确保用药安全。）

2. 印刷包装材料原版实样需要谁的签名批准?

答：药品监督管理部门的相关负责人、质量管理部门审核人员和其他相关部门（如法务、销售、生产部门）的审核人员。

第一百二十三条　印刷包装材料的版本正确无误

【第一百二十三条】 印刷包装材料的版本变更时，应当采取措施，确保产品所用印刷包装材料的版本正确无误。宜收回作废的旧版印刷模版并予以销毁。

【条文释义】

印刷包装材料的版本变更在实际生产使用中具体有哪些变更的内容?

答：对已上市产品的说明书和包装标签进行变更，如：说明书和包装标签上的持有人和生产企业联系电话变更，并增加企业网址；包装标签上的监管码、商品条码印刷位置互换；包装盒上的"有效期"字样，按照《药品说明书和标签管理规定》（局令第 24 号）要求，修改为"有效期至"。

根据我国现行药品上市后变更管理相关要求，微小变更应当在年度报告中报告。包装材料不符合使用要求的，替代包装材料能更好地保证产品质量和稳定性，或方便患者使用。

第一百二十四条　印刷包装材料存放

【第一百二十四条】 印刷包装材料应当设置专门区域妥善存放，未经批准人员不得进入。切割式标签或其他散装印刷包装材料应当分别置于密闭容器内储运，以防混淆。

【条文释义】

存放印刷包装材料的区域需要有什么条件？

答:安全防火、防潮防霉、通风良好、光照适宜（注意某些材料需避光）、分区明确、专人管理、定期检查、遵守法规等。仓储区域内严禁吸烟、饮食等，同时不得存放任何非生产用途的物品，包括但不限于食品、饮料、香烟及个人用药品等。避免物料仓库灯光较暗，照度不够。

第一百二十五条　印刷包装材料专人保管

【第一百二十五条】 印刷包装材料应当由专人保管，并按照操作规程和需求量发放。

【条文释义】

印刷包装材料为什么需要专人保管？

答：（1）**确保安全** 印刷包装材料可能涉及重要的产品信息、商标等，专人保管可以防止材料被盗窃、丢失或误用，降低信息泄露和知识产权被侵犯的风险。

（2）**质量控制** 保管人员可以对材料进行定期检查，确保其质量符合要求。例如，检查印刷是否清晰、有无破损等，及时发现问题并采取措施。

（3）**规范管理** 专人负责可以建立明确的保管流程和责任制度，使材料的出入库、存储等环节更加规范有序。

第一百二十六条　包装或印刷包装材料识别标识

【第一百二十六条】 每批或每次发放的与药品直接接触的包装材料或印刷包装材料，均应当有识别标志，标明所用产品的名称和批号。

【条文释义】

1. 识别标志包含什么？

答：包含产品名称标识和批号标识，此外，识别标志还可以包括生产厂家标识、质量状态标识、特殊标识（对于一些特殊药品的包装材料，如高风险药品、冷藏药品等，可以添加特殊的标识符号或颜色，以提醒操作人员注意特殊要求）。

2. 对于批号标识有什么要求？

答：（1）**唯一性** 每一批次的包装材料都应有唯一的批号，用于区分不同时间生产或发放的材料。批号可以采用数字、字母或其组合的形式，但必须具有明确的含义和可追溯性。

（2）**清晰可识** 批号应印刷清晰，避免模糊、重叠或难以辨认的情况。可以选择与背景颜色对比度高的颜色进行标注，如白色背景上用黑色字体。

（3）**包含关键信息** 批号中可以包含生产日期、生产批次号等信息，以便更好地进行质量追溯和管理。例如，采用"生产日期＋批次号"的格式，如"20241010-01"表示 2024 年 10 月 10 日生产的第一批。

第一百二十七条　过期或废弃的印刷包装材料处理

【第一百二十七条】 过期或废弃的印刷包装材料应当予以销毁并记录。

【条文释义】

"散装印刷包装材料"指的是什么？例如，说明书是整箱包装，但每箱内有 6 个小包装，拆箱后，退库的小包装（牛皮纸袋包装）算是散装吗？

答：从最小包装拆开的为散装。

点评：为了预防散装印刷包装材料在储存、转运、发放过程中因散落等原因造成混淆，对于打开过的最小包装，应当分别置于密闭容器内储运，以防混淆。

第五节　成品

第一百二十八条　放行前的存放

【第一百二十八条】 成品放行前应当待验贮存。

第一百二十九条　成品的贮存条件

【第一百二十九条】 成品的贮存条件应当符合药品注册批准的要求。

【条文释义】

放行前的产品和成品分别放在哪？

答：通常分为仓库的待检区、成品放行区，但是特殊情况下也会换状态牌子或者进行物理隔离。

第六节　特殊管理的物料和产品

第一百三十条　特殊管理的物料和产品验收、贮存和管理

【第一百三十条】 麻醉药品、精神药品、医疗用毒性药品（包括药材）、放射性药品、药品类易制毒化学品及易燃、易爆和其他危险品的验收、贮存、管理应当执行国家有关的规定。

【条文释义】

特殊管理的物料应如何专库或专柜贮存？

① 毒、麻类及精神药品要单独专库或专柜存放，质保部保管一把锁的钥匙，仓库保管员保管另一把锁的钥匙，双人双锁管理。

② 有低温贮存要求的中间体在冷库内存放。

③ 易燃易爆危险品设专库存放，应无泄漏，贮存容器外壁应贴有危险品标志。包装应采用保温、阻燃容器盛装。

第七节 其他

第一百三十一条 隔离区存放

【第一百三十一条】 不合格的物料、中间产品、待包装产品和成品的每个包装容器上均应当有清晰醒目的标志，并在隔离区内妥善保存。

【条文释义】

如原蜜、炼蜜均应放入专门区域，炼蜜属中间产品，应有醒目标识。

第一百三十二条 不合格物料和产品处理

【第一百三十二条】 不合格的物料、中间产品、待包装产品和成品的处理应当经质量管理负责人批准，并有记录。

【条文释义】

有重大缺陷或对生产和质量可能造成重大影响的原辅料应该怎么处理？

答：物料、中间产品、待包装产品和成品都有可能产生不合格品。要求不合格品的每个包装容器上均应当有清晰醒目的标志，并在隔离区内妥善保存。处理不合格品需经质量管理负责人批准，并有记录。针对存在严重缺陷或可能给生产及质量带来严重风险的原辅料，应当执行销毁处置措施。若供应商或生产商要求将不合格原辅料退回，公司应要求供应商或生产商出具退回物料的处置方式或现场监督的形式，保证此批不合格物料得到适当的处置，防止给企业带来质量风险。

第一百三十三条 产品回收

【第一百三十三条】 产品回收需经预先批准，并对相关的质量风险进行充分评估，根据评估结论决定是否回收。回收应当按照预定的操作规程进行，并有相应记录。回收处理后的产品应当按照回收处理中最早批次产品的生产日期确定有效期。

【条文释义】

1. 什么是回收？

答：详见第三百一十二条（十八）。

2. 生产过程中的尾料（如压片工序最后留在料斗内的）应当怎么处理？如果按回收处理，需按第一百三十三条的要求做吗？

答:合格的尾料可以回收处理。尾料的处理应经验证或确认，证实尾料为合格物料，通过计算得出消耗完毕的时间或可生产的数量。并且尾料的处理能满足下一工序的需要。压片工序最后留在料斗内的尾料，如果是连续生产方式的中间批次，可在加入下一批物料后，通过计算的时间或生产的数量结束该批的生产进入下一批次。对于连续生产的最后一批可按第一百三十三条执行，按回收处理或销毁。

第一百三十四条　重新加工和返工

【第一百三十四条】　制剂产品不得进行重新加工。不合格的制剂中间产品、待包装产品和成品一般不得进行返工。只有不影响产品质量、符合相应质量标准，且根据预定、经批准的操作规程以及对相关风险充分评估后，才允许返工处理。返工应当有相应记录。

【条文释义】

1. 什么是重新加工？

答：详见第三百一十二条（七）。

2. 什么是返工？

答：详见第三百一十二条（十三）。

第一百三十五条　成品检验和稳定性考察

【第一百三十五条】　对返工或重新加工或回收合并后生产的成品，质量管理部门应当考虑需要进行额外相关项目的检验和稳定性考察。

【条文释义】

1. 灯检不合格的产品回收重新从浓配开始是属于回收还是返工？

答：不属于回收，属于返工，但这种情形是不可以返工的。

2. 返工定义中，"之前"的工序是特指前一个工序还是可指前任意一个工序？

答：可以根据返工具体情况而定，可以是上一工序，也可以是之前任一工序。总之，是返到可以返的前工序。

点评：一般来说，制剂的返工是比较困难的，当物理形态发生变化以后，很难用相同的生产工艺进行再加工。作为原料药的返工是可以返到之前某个工序的，例如，结晶不合格，可以返到精制工序，但如果改变了溶剂等，就属于重新加工了。

第一百三十六条　退货的操作规程及记录

【第一百三十六条】　企业应当建立药品退货的操作规程，并有相应的记录，内容至少应当包括：产品名称、批号、规格、数量、退货单位及地址、退货原因及日期、最终处理意见。

同一产品同一批号不同渠道的退货应当分别记录、存放和处理。

【条文释义】

退货处理的过程和结果应当有相应记录，如何按照 GMP 进行产品的回收和退货呢？

答：同一产品同一批号不同渠道的退货应当分别记录、存放和处理。

① 某些情形下，厂家可能需要从市场回收一个产品或一批产品。回收的理由可能是诸中质量缺陷等多种原因。对所回收产品应做好明确标记，并单独储藏于限制进入的区域内，以确保不会由于意外而造成该类产品被再次发放或销售。直到相应负责人对其作出最终处理决定，该类产品必须存放于控制区内。有关处理决定应及早作出。对回收产品的处理过程及存放条件应按照公司的 SOP 进行。

② 已出厂的产品可能会由于各种原因而遭退回。退货的处理必须按相应规程进行。对退货最好的处理办法是销毁。

③ 质量控制部门应严格审查，应确定该类产品的质量是否符合有关规定，并作出重新贴签或再加工的相应建议。在此评估过程中，需充分考虑产品的性质（如：剂型、贮存、冷藏）、产品的条件和经历以及从出厂到返厂的时间。

第一百三十七条 退货产品的处理

【第一百三十七条】 只有经检查、检验和调查，有证据证明退货质量未受影响，且经质量管理部门根据操作规程评价后，方可考虑将退货重新包装、重新发运销售。评价考虑的因素至少应当包括药品的性质、所需的贮存条件、药品的现状、历史，以及发运与退货之间的间隔时间等因素。不符合贮存和运输要求的退货，应当在质量管理部门监督下予以销毁。对退货质量存有怀疑时，不得重新发运。

对退货进行回收处理的，回收后的产品应当符合预定的质量标准和第一百三十三条的要求。

退货处理的过程和结果应当有相应记录。

【条文释义】

对退货产品的验证，是否必须进行全项检验？如果出厂日期较短，经调查储存条件等符合要求，如3个月内，是否可以减少检验项目？

答：应进行全检，全检可以降低产品安全性的风险，同时应该要求进行全方位的风险评估。如果要减少检验项目，仅对产品关键指标进行检验，应说明理由。

点评：退货产品应明确退货原因。如果因非质量问题造成的退货，如能证明储运条件满足产品要求，至少还须对产品关键指标进行检验，如含量、有关物质等。

思维导图

第七章 确认与验证

第一百三十八条 确认与验证的范围和程度

【第一百三十八条】 企业应当确定需要进行的确认或验证工作，以证明有关操作的关键要素能够得到有效控制。确认或验证的范围和程度应当经过风险评估来确定。

【条文释义】

1. 为什么要做确认或验证工作？

答：药品生产涉及多个关键环节，如原料处理、生产、包装和检验等，每个环节都可能影响最终产品的质量和安全性。通过确认和验证工作，可以确保这些环节的关键要素（如设备性能、操作参数、环境条件等）得到有效控制，从而保证药品质量符合预定标准和法规要求。

2. 如何确定哪些操作需要进行确认或验证？

答：国内外法规一致建议基于风险管理方法（如 ICH Q9）来确定确认与验证的范围与深度。企业应根据风险评估结果，识别出各项活动对产品质量的影响程度，对于涉及产品安全性和稳定性的关键步骤或高风险操作，如灭菌、溶解工艺等，需要进行详细验证，而对于影响较小的辅助步骤，如纸盒裹包，验证的程度可以适当降低。再举一个例子：

假设一家制药企业正在生产一种常见的口服片剂。在风险识别阶段，企业注意到一个潜在的风险点——包装线的密封性。如果包装线的密封性不足，可能会导致药品在运输和储存过程中受潮或受到其他外部污染，从而影响药品的质量和疗效。

接下来，企业对这个风险点进行分析。他们意识到，包装线的密封性不仅取决于包装机器的性能，还与操作人员的培训水平、包装材料的选用以及生产环境的洁净度等因素有关。因此，这些因素都可能成为影响包装线密封性的潜在风险。

基于上述风险分析，企业最终确定了确认/验证的范围：

① 包装机器性能验证：验证包装机器是否能够稳定、准确地完成密封操作，包括密封的紧密度、一致性等。

② 操作人员培训验证：确保操作人员接受了足够的培训，能够正确、熟练地操作包装机器，并遵循相关的操作规程。

③ 包装材料验证：验证所选用的包装材料是否符合要求，包括材料的密封性、防潮性等。

④ 生产环境洁净度验证：验证包装区域的生产环境是否达到规定的洁净度标准，以减少外部污染的风险。

3. 风险评估一般会综合考虑哪些维度的信息？

答：产品的特性、生产过程的复杂性、设备的性能、环境、历史数据、行业知识、法规要求以及潜在的风险点等。

第一百三十九条 验证的对象

【第一百三十九条】 企业的厂房、设施、设备和检验仪器应当经过确认，应当采用经过验证的生产工艺、操作规程和检验方法进行生产、操作和检验，并保持持续的验证状态。

【条文释义】

1. 什么是确认？

答：确认即 qualification，详见第三百一十二条（三十二）。它更多地关注于"是否正确安装、配置或运行"。

2. 什么是验证？

答：验证即 validation，详见第三百一十二条（三十八）。它更多地关注于"是否能够有效、稳定地生产出符合质量标准的产品或输出正确的结果"。

3. 如何确认、验证的对象和范围？

答：确认主要针对厂房、设施、设备和检验仪器。其中厂房和设施主要指药品生产所需的建筑物以及与工艺配套的空调系统、水处理系统等公用工程；生产、包装、清洁、灭菌所用的设备以及用于质量控制（包括用于中间过程控制）的检测设备、分析仪器等也都是确认的考察对象。

验证主要考察生产工艺、操作规程、检验方法和清洁方法等。中国 GMP（2010 年修订版附录 10）已经对计算机化系统进行了定义，也明确规定对人员和计算机化验证的具体要求。

第一百四十条　确认与验证的文件和记录

【第一百四十条】 应当建立确认与验证的文件和记录，并能以文件和记录证明达到以下预定的目标：

（一）设计确认应当证明厂房、设施、设备的设计符合预定用途和本规范要求；

（二）安装确认应当证明厂房、设施、设备的建造和安装符合设计标准；

（三）运行确认应当证明厂房、设施、设备的运行符合设计标准；

（四）性能确认应当证明厂房、设施、设备在正常操作方法和工艺条件下能够持续符合标准；

（五）工艺验证应当证明一个生产工艺按照规定的工艺参数能够持续生产出符合预定用途和注册要求的产品。

【条文释义】

1. 为什么需要建立确认与验证的文件和记录？

答：文件和记录是确认与验证活动的直接证据，它们证明了每一步骤的执行情况和结果。通过文件和记录，企业可以追溯验证过程，确保所有活动都按计划进行，并达到预定目标。

2. 什么是设计确认（design qualification，DQ）？

答：新的厂房、设施、设备确认的第一步为设计确认。

设计确认是有文件记录的对厂房、设施、设备等的设计所进行的审核活动，目的是确保设计符合用户所提出的各方面需求，经过批准的设计确认是后续确认活动（如安装确认、运行确认、性能确认）的基础。

通常，设计确认中包括以下的项目：

① 用户需求说明文件（user requirement specification，URS）；

② 技术标准文件（technical specification，TS）；

③ 对比用户需求说明和技术标准；

④ 风险分析。

3. 什么是安装确认（installation qualification，IQ）？

答：应对新的或改造之后的厂房、设施、设备等进行安装确认；设备、设施、管路的安装以及所涉及的仪表应对照工程技术图纸及设计确认文件进行检查；供应商提供的操作指导、维护和清洁的要求等文件应在安装确认过程中收集并归档；新设备的校准需求和预防性维护的需求应在这一阶段定义。

安装确认应包括（但不局限于）以下的检查项目：

① 到货的完整性；

② 材质和表面以及证明资料；

③ 安装和连接情况；

④ 初始清洁；

⑤ 校准和证明资料；

⑥ 文件（操作指南、维护保养手册等）。

4. 什么是运行确认（operation qualification，OQ）？

答：运行确认应在安装确认完成之后进行。其中的测试项目应根据对于工艺、系统和设备的相关知识而制定；测试应包括所谓的最差条件即操作参数的上下限度（例如最高和最低温度），而且测试应重复足够的次数以确保结果可靠并且有意义。

运行确认应包括但不局限于以下内容。

① 功能测试。

② 设备的基本功能。

③ 系统控制方面的功能（如报警、自动控制等）。

④ 安全方面的功能（如设备的急停开关功能，安全联锁功能等）。

⑤ 培训：在运行确认结束之前，应确认相关人员的培训已经完成，其中应至少包括设备操作、清洁、校准、预防性维护、保养、紧急报警处理等安全指导等全面的内容。

⑥ 检查中所使用到的测量用仪器：必须确保运行确认中所使用的测量用仪器仪表等都经过校准。

⑦ 检查相关文件的准备情况（相关文件都应在运行确认结束前完成）。

⑧ 操作规程：与设备设施操作、清洁相关的操作规程应在运行确认过程中进行完善和修改并在运行确认结束之前完成。

⑨ 预防性维护计划：新设备已加入企业预防性维护计划中。

⑩ 校准计划。

⑪ 监测计划。

5. 什么是性能确认（performance qualification，PQ）？

答：性能确认应在安装确认和运行确认成功完成之后执行，尽管将性能确认作为一个单独的活动进行描述，但在有些情况下也可以将性能确认与运行确认结合在一起进行。性能确认是通过文件证明当设备、设施等与其他系统完成连接后能够有效地可重复地发挥作用，即通过测试设施、设备等的产出物（例如纯化水系统所生产出的纯化水、设备生产出的产品等）证明它们正确的性能。

性能确认中，可以使用与实际生产相同的物料，也可以使用有代表性的替代物料（如空白剂）；测试应包含最差条件，例如在设备最高速度运行时测试；评估取样点和频率的合理性与科学性，确保能有效证明性能的稳定性。

第一百四十一条 常规生产的适用性验证

【第一百四十一条】 采用新的生产处方或生产工艺前，应当验证其常规生产的适用性。生产工艺在使用规定的原辅料和设备条件下，应当能够始终生产出符合预定用途和注册要求的产品。

【条文释义】

1. 为什么采用新的生产处方或生产工艺前需要进行验证？

答：新的生产处方或生产工艺可能带来新的风险和挑战，通过验证可以评估其在实际生产中的工艺的重复性和产品的一致性，确保能够持续生产出符合质量标准的药品。新工艺的验证通常通过工艺开发、试生产和工艺验证等阶段逐步进行。验证的主要步骤包括实验设计、数据收集、分析结果并确定工艺适用性。工艺验证结果需提供充足数据支持。

2. 验证新生产处方或生产工艺时需要考虑哪些因素?

答：验证时应考虑原料的适用性、生产设备的兼容性、工艺参数（控制范围）的合理性与稳定性、关键步骤的重复性、成品质量的一致性、持续性以及生产过程的可控性等因素。

3. 工艺验证的主要考查内容是什么?

答：工艺验证应对可能影响产品质量的关键因素进行考查，这些因素通常包括但不限于如下内容。

（1）**起始物料** 一般起始物料如果具备下列特点，则被认为是关键起始物料：

① 起始物料的波动可能对产品质量产生不良影响；

② 起始原料决定了产品的关键特性（例如，缓释制剂中影响药物释放的材料）；

③ 应对产品配方中的所有起始物料进行评估，以决定其关键性。应尽可能在工艺验证的不同批次中使用不同批的关键起始物料。

（2）**工艺变量** 如果工艺变量的波动可能对产品质量产生显著影响，则被认为是关键的工艺变量。在验证方案中，应对每一个关键变量设置特定的接受标准。关键工艺变量应通过风险评估进行确定，整个生产过程从起始物料开始，到成品结束都需要包含在风险评估中。常见的关键工艺变量包括但不限于：

① 工艺时间、温度、压力、搅拌速度；

② 电导率；

③ pH 值；

④ 不同工艺阶段的产率；

⑤ 微生物负荷；

⑥ 已称量的起始原料、中间物料和半成品的储存时间和周期；

⑦ 批内的均匀性，通过适当的取样和检测进行评估。

备注：针对固体产品中间体（混合粉或颗粒）的均匀性测试，目前通常的做法是通过特殊的取样装置在终混容器中的不同位置（至少 10 个取样点）对中间体进行取样，通过含量均匀度的方法进行测试。

此外，还有一些关键变量是与剂型和具体操作过程相关的，如最终灭菌药品的灭菌温度或时间等。

（3）**中间过程控制** 在工艺验证中应对重要的工艺变量进行监控，并对结果进行评估，如配制结束时药液的均一性、pH 值等。

（4）**成品质量测试** 产品质量标准中所有的检测项目都需要在验证过程中进行检测。测试结果必须符合相关的质量标准或产品的放行标准。

（5）**稳定性研究** 所有验证的批次都应通过风险分析评估是否需执行稳定性考察，以及确定稳定性考察的类型和范围。

（6）**取样计划** 工艺验证过程中所涉及的取样应按照书面的取样计划执行，其中应包括取样时间、方法、人员、工具、取样位置、取样数量和单个样品取样量等。通常，工艺验证应采用比常规生产更严格的取样计划。

（7）**设备** 在验证开始之前应确定工艺过程中所有涉及的设备，以及关键设备参数的设定范围。验证范围应包含最差条件，即最有可能产生产品质量问题的参数设定条件。

此外，对验证结果进行评估时可以采取对比的方式识别质量方面的波动。例如，首次验证所生产的产品应与用于药品申请时所生产的产品（关键批或生物等效批）质量进行对比；由于工艺变更引起的再验证，验证产品应与变更前的产品质量进行比较。

第一百四十二条　何种情况需确认或验证

【第一百四十二条】 当影响产品质量的主要因素，如原辅料、与药品直接接触的包装材料、生产设备、生产环境（或厂房）、生产工艺、检验方法等发生变更时，应当进行确认或验证。必要时，还应当经药品监督管理部门批准。

【条文释义】

1. 请举例需要进行确认或验证的变更。

答：如更换原材料供应商、变更工艺流程、设备更新或搬迁生产线等。

2. 变更确认或验证的流程是什么？

答：首先，应对变更进行风险评估，确定其对产品质量的影响程度。然后，根据评估结果制定验证计划，明确验证的目标、范围和方法。接着，按照计划实施验证，收集数据并进行分析。最后，根据验证结果作出结论，必要时进行调整并重新验证。需要提醒的是，不同的变更需根据其对最终药品的质量影响采用不同的报告方式，重大或中等变更还需要经过药品监督管理部门的批准或备案。

第一百四十三条　清洁验证的要求

【第一百四十三条】 清洁方法应当经过验证，证实其清洁的效果，以有效防止污染和交叉污染。清洁验证应当综合考虑设备使用情况、所使用的清洁剂和消毒剂、取样方法和位置以及相应的取样回收率、残留物的性质和限度、残留物检验方法的灵敏度等因素。

1. 清洁验证的一般要求是什么？

答：清洁验证是通过文件证明清洁程序有效性的活动，目的是确保产品不会受到来自同一设备上生产的其他产品的残留物、清洁剂以及微生物污染。

为了证明清洁程序的有效性，在清洁验证中应至少执行连续三个成功的清洁循环。

对于专用设备，清洁验证可以不必对活性成分进行考察，但必须考虑清洁剂残留以及潜在的微生物污染等因素，对于一些特殊的产品，还应考查降解产物。

对于没有与药物成分接触的设备（如加工辅料用的流化床或包衣片所使用的包装设备），清洁验证可以不必对活性成分进行考察，但必须考虑清洁剂残留及微生物污染等因素。

清洁验证中需对下列放置时间进行考察，进而确定常规生产中设备的放置时间：

① 设备最后一次使用与清洁之间的最长时间间隔（待清洁放置时间）；

② 设备清洁后至下一次使用的最长时间间隔（清洁后放置时间）。

2. 清洁有效期是否必须验证？

答：清洁有效期需要验证，清洁的有效期通常应连续验证三次以上。一般清洁完成后，每间隔一定时间对最难清洁的部位采用棉签法取样或冲洗水取样进行微生物限度检查，直至微生物限度检查接近（但未超过）清洁验证的微生物限度可接受标准，对应的清洁后存放时长即可作为清洁的有效期。在实际运用中，执行的清洁有效期可短于验证所得的最长有效期，以增加清洁状态保障。

例如，清洁擦拭取样中，双棉签擦拭法的操作步骤为：①将第一拭子的第一面水平滑动十次；②将拭子头翻转过来，第二面在同一表面上垂直滑动十次；③拭子头沉积在小瓶中；④第二拭子的第一侧对角向上滑动十次；⑤将拭子翻转过来，第二面对角线向下滑动十次；⑥第二个拭子头沉积在小瓶中（图 7-1）。

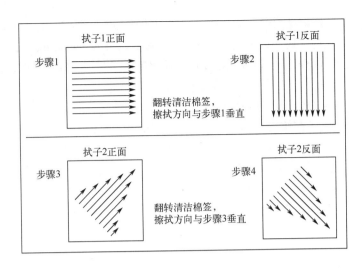

图 7-1 双棉签擦拭法操作步骤

3. 清洁验证涉及哪些具体步骤?

答:典型步骤包括确定清洁程序(根据生产设备的内部结构的特性和使用情况,选择适当的清洁剂和消毒剂;确定接触方法,如擦拭、冲洗;确定接触时长,如荡洗几分钟;确认清洗温度等),评估并选择取样位置(应覆盖最难清洁部位),采集样本并检测残留物,评估清洁方法的有效性(如在制药设备清洗后,检测药物残留物是否低于规定的限度)并记录结果。

第一百四十四条 确认和验证的行为

【第一百四十四条】 确认和验证不是一次性的行为。首次确认或验证后,应当根据产品质量回顾分析情况进行再确认或再验证。关键的生产工艺和操作规程应当定期进行再验证,确保其能够达到预期结果。

【条文释义】

工艺验证的确认和验证不是一次性的行为,那是几次行为?

答:工艺验证贯穿于工艺生命周期的全过程。

工艺的生命周期包含了产品和工艺的开发过程、对于商业生产工艺的确认过程以及在常规的商业生产过程中对工艺进行维护使之处于受控状态。

根据 FDA 的最新理解,工艺验证被定义为,对从工艺设计阶段开始直至商业生产全程中的数据进行收集和评估的活动,从而获得科学的证据来证明工艺能够持续生产出高质量的产品。工艺验证不仅仅是三个商业批次的生产和检测活动,而是涵盖了工艺生命周期的全过程,包括下列三个主要阶段。

(1)**第一阶段——工艺设计(process design)** 根据从工艺开发和工艺放大活动中获得的知识确定商业生产工艺。其中主要包括以下两方面工作:

① 通过设计阶段进行的试验、测试等活动,建立并获得工艺知识和理解。

② 根据所获得的工艺知识和理解,建立相关的工艺控制方法。FDA 所期望的工艺控制包括对物料的检查和对设备的监控,并推荐使用工艺分析技术(process analytical technology,PAT)这一更先进的工艺控制方法。

(2)**第二阶段——工艺确认(process qualification)** 对工艺设计进行评估,以确认工艺是否具备重复商业生产的能力。其中主要包括以下两方面工作:

① 厂房的设计以及公用设施和设备的确认。这些活动必须在商业产品生产之前完成。

② 在产品进行商业流通之前完成工艺性能确认（process performance qualification，PPQ），其结合了厂房、公用设施、设备（均已完成确认）以及在商业化制造工艺、控制程序以及商业批次组分方面接受过培训的员工，确认所设计的工艺并证明商业生产的工艺性能符合预期。同时，FDA 在指南文件中列出了工艺性能确认方案和报告所应具备的内容。

（3）第三阶段——持续工艺核实（continued process verification） 在常规生产中持续的保证工艺处于受控状态。为了实现这一目的，应建立用于识别非预期工艺波动的系统，来收集并评估工艺性能的数据和信息，识别问题并采取相应措施改正、预测并预防问题。FDA 建议在工艺确认完成之后的一定量的批次中，采用与工艺确认相同的水平对工艺参数和质量指标进行取样和监测，直到有足够的数据对显著的工艺波动进行评估；之后可以采用统计学上适当并具有代表性水平的监测，定期评价工艺中的波动。

第一百四十五条　验证总计划

【第一百四十五条】 企业应当制定验证总计划，以文件形式说明确认与验证工作的关键信息。

【条文释义】

1. 为什么需要制定验证总计划？

答：验证总计划是确认与验证工作的总体规划和指导文件，有助于确保所有相关活动都按计划有序进行，避免遗漏。验证总计划需要定期审查更新，确保与当前生产状况相匹配（图 7-2）。

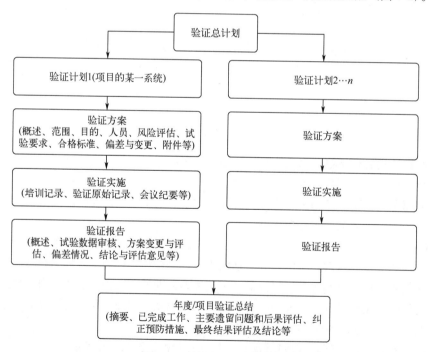

图 7-2　验证总计划的制定

2. 验证总计划应包含哪些关键信息？

答：验证总计划应包含验证的目标、范围、时间表、责任分配、资源需求、风险评估结果、验证方法和标准、验证报告的要求以及验证后的跟进措施等内容。通过全面的规划，确保验证工作的有效性和可追溯性。

第一百四十六条 确保持续稳定

【第一百四十六条】 验证总计划或其他相关文件中应当作出规定，确保厂房、设施、设备、检验仪器、生产工艺、操作规程和检验方法等能够保持持续稳定。

【条文释义】

1. 怎样才能保障厂房、设施、设备、检验仪器，以及生产工艺、操作规程和检验方法等方面维持持续稳定的运行状态？

答：企业应建立完善管理制度和维护计划，对厂房、设施、设备、检验仪器等进行定期检查和维护。同时，对生产工艺、操作规程和检验方法进行定期审查和更新，确保其与实际生产相符。通过持续的管理和维护，确保各项资源和方法保持稳定和有效。

2. 在验证总计划或其他相关文件中应如何规定？

答：在验证总计划或其他相关文件中，应明确规定各项资源和方法的管理要求、维护计划、审查周期以及更新流程等内容。通过明确的制度规定，确保各项活动的规范性和可追溯性。

第一百四十七条 确认或验证方案

【第一百四十七条】 应当根据确认或验证的对象制定确认或验证方案，并经审核、批准。确认或验证方案应当明确职责。

【条文释义】

确认或验证方案应包含哪些内容？

答：确认或验证方案应包含验证的对象、目标、范围、方法、步骤、时间表、责任分配、资源需求、风险评估结果、数据收集和分析方法以及验证报告的要求等内容。同时，方案还应包括偏差处理、应急措施和变更控制等。通过全面的方案制定，确保验证活动的顺利进行和结果的准确性。

第一百四十八条 确认或验证的实施

【第一百四十八条】 确认或验证应当按照预先确定和批准的方案实施，并有记录。确认或验证工作完成后，应当写出报告，并经审核、批准。确认或验证的结果和结论（包括评价和建议）应当有记录并存档。

【条文释义】

1. 如何确保确认或验证按照预先确定和批准的方案实施？

答：企业应建立严格的实施流程和监督机制，如验证实施前对参与验证人员开展培训与考核、关键验证步骤中设置第二人复核、实施过程由 QA 进行监督、实施后对结果进行审核等。

2. 确认或验证完成后应如何处理和记录结果？

答：确认或验证完成后，应编写详细的验证报告，包括验证过程、数据收集、分析结果和结论以及评价和建议等内容。报告应经审核、批准后存档，作为后续生产和质量管理的依据。同时，应将验证结果和结论记录在相应的文件和记录中，确保信息的准确性和可追溯性；同时需要将验证结果的信息传递给被验证所在部门，作为以后验证有效性维持核对的参考依据之一。

第一百四十九条　工艺和操作规程的确认

【第一百四十九条】 应当根据验证的结果确认工艺规程和操作规程。

【条文释义】

验证结果与工艺规程、操作规程中对应内容的关系?

答：工艺规程及操作规程中的工艺步骤、关键工艺参数（及范围）、各步骤时限，以及具体操作方法、顺序、条件等均应是经过验证被证明有效的。工艺规程及操作规程中规定的最终参数等可比经验证有效的范围窄（以预留操作冗余空间）或相同，但不能宽于验证结果。比如在验证药液配制过程中，温度控制在 80~90℃范围内，以 1000 转/分的搅拌速度搅拌 5 分钟即可获得均一的药液，操作规程中可规定药液配制温度控制 83~88℃，以尽可能避免因设备自身存在的温度波动导致实际生产过程中出现突破验证温度范围的不良情况。

验证活动的最终目的是优化和确认生产工艺和操作规程。通过收集和分析验证数据，企业可以识别出工艺中的瓶颈、偏差或不足，并据此对工艺规程和操作规程进行调整。例如，如果发现某个工艺步骤的收率低于预期，可能需要调整反应条件、原料配比或设备参数。调整后的规程应再次进行验证，以确保其有效性和稳定性。

确认与验证总体架构如图 7-3 所示。

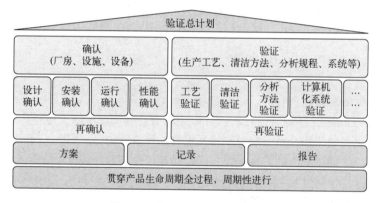

图 7-3　确认与验证总体架构图

第八章　文件管理

思维导图

第一节　基本原则

一、文件的概念与分类

第一百五十条　企业文件

【第一百五十条】 文件是质量保证系统的基本要素。企业必须有内容正确的书面质量标准、生产处方和工艺规程、操作规程以及记录等文件。

第一百五十一条　企业的文件管理

【第一百五十一条】 企业应当建立文件管理的操作规程，系统地设计、制定、审核、批准和发放文件。与本规范有关的文件应当经质量管理部门的审核。

【条文释义】

1. GMP 中对于生产企业的"文件"是如何定义的？如何理解"文件是质量保证系统的基本要素"？

答：文件（documentation）是指一切涉及药品生产管理、质量管理等的书面管理标准、程序和制度以及它们在实施过程中所形成的有规定标准格式的标识和记录。

文件是药品生产与质量管理活动稳定、有序的保证，能使企业在遵循国家有关法规的原则下，一切活动有章可循、责任明确、照章办事、有案备查。所以文件是质量保证系统的基本要素，应精心设计、制定、审核和发放，应按照操作规程管理文件，其内容应清晰、易懂，并有助于追溯每批产品的全生命周期内的历史情况。

2. GMP 的文件包括哪些类别？

答：（1）**从层次来看** 可以将文件分为下列四个层次进行管理，包括政策、指导文件、操作规程和记录，详见表 8-1。

表 8-1　文件层次架构

文件层次	描述
层次一：政策	公司政策综述：政策定义了框架、基本原则和目标，不涉及具体的系统、工艺或要求
层次二：指导文件	系统、通用性工艺、总体要求：指导文件定义了通用性工艺、总体要求/职责
层次三：操作规程	详细的操作要求和规程——基于相应的指导文件，详细的操作要求和规程包括：通用性工艺的详细说明；工厂或/和某职能的（内部）标准操作
层次四：记录	所有与 GMP 相关活动的记录文件，提供这些活动的历史和相关情况（空白的记录也是文件）

政策类文件是整个文件系统的上层建筑，反映企业的质量管理理念，为质量文件确定基调，同时指导管理规程和操作规程的制定。文件系统的第四个层次，是在执行前三个层次指导文件的过程中产生的各类方案、报告和原始记录，是执行结果的呈现。这些报告、原始记录是公司质量管理体系运行的直接产物，也是评价体系运行质量的直接证据。

（2）从内容和用途属性来看　文件可分为：标准类文件和记录类文件两大类。GMP 要求"做所说的，有标可依；说所做的，有据可查"，标准是在药品的生产质量管理过程中预先制定的书面要求，是一切行为的准则；记录是一切行为的记载，是反映药品生产质量管理过程中执行标准情况的结果，为药品生产提供了客观证据和追溯依据，也为企业的质量管理和持续改进提供了重要支持。记录必须与标准一致，记录的依据是标准。

以上两类文件进一步分类如下。

① 标准分类：可分为技术标准（standard technical procedure，STP）、管理标准（standard management procedure，SMP）、操作标准[即操作规程（standard operating procedure，SOP）]三大类。

a. 技术标准：指药品生产技术活动中，由国家、地方、行业及企业颁布和制定的技术性规范、准则、规定、标准、办法等书面要求。GMP 标准包括了产品工艺规程、质量标准（原料、辅料、工艺用水、半成品、中间体、包装材料、成品）。

b. 管理标准：指企业为了行使生产计划、组织、指挥、控制、协调等职能而使管理过程标准化、规范化而制定的制度、规定、标准、办法等书面要求。

c. 操作标准：指以人或人群的工作为对象，对工作范围、职责、权限、工作方法及工作内容考核等所制定的规定、标准、程序等书面要求。

② 记录分类：记录涵盖药品生产、质量监控、物料管理、设备管理、销售管理、人员管理等多个方面，可分为过程记录、台账记录和凭证三大类。

A. 过程记录是指为药品生产与质量保证过程中一切已完成的活动和达到的结果提供客观证据的文件，包括：

a. 生产记录（如批生产记录、批包装记录等，详细记录了药品生产的各个环节和步骤）；

b. 质量监控记录及检验记录（如取样记录、分析证书、稳定性试验记录、批中间控制记录等，确保产品质量符合标准）；

c. 药品放行审核记录；

d. 厂房及设备维护记录（如设备仪器的维护记录、运行和事故记录、校验记录、卫生记录等，保障生产环境的洁净和设备的正常运行）；

e. 其他有关记录（如销售记录、自检记录、不合格品处理记录、投诉及退货处理记录等，涉及药品销售的各个环节和售后服务的处理）。

B. 台账记录是指按时间顺序，为物料与产品的流转及管理活动的结果提供客观证据的文件形式，涵盖各类台账、编码表、定额表等文件类型。各类主要台账如下。

a. 培训台账：记录员工的培训情况。

b. 设备台账：记录设备的基本信息、采购、安装、确认、使用、维护、维修、报废等全过程。

c. 不合格品台账：记录不合格品的处理情况。

d. 用户投诉台账：记录用户的投诉及处理情况。

e. 计量仪表鉴定、校准台账。

f. 其他台账：如流水码登记表、发放登记表等，用于追踪和管理物料、产品的流转情况；还有偏差台账、变更台账、纠正和预防措施（CAPA）台账、退货台账、样品接收发台账等。

C. 凭证是指为生产活动和质量监控活动提供证据的文件，包括请验单、入库单、取样证、待验证、合格证、不合格证，以及其他状态标识的单、证、卡、牌等。

a. 标识：如状态标识（合格、不合格、待验等）、流向标识等，用于区分不同状态和流向的物料和产品。

b. 凭证：如取样证、清场合格证、请验单、入库单、出库单等，用于证明某项活动已完成并符合要求。

c. 卡：如货位卡、物料卡等，用于标识物料的位置和数量。

d. 单：如检验报告单等，用于记录检验结果并提供质量证明。

3. 什么是文件管理？文件管理的目的是什么？文件管理的基本要求是什么？

答：GMP 文件管理是指对药品生产和质量管理过程中涉及的所有文件和记录进行系统化、规范化的管理活动。它是药品生产企业质量保证体系的重要组成部分，涉及文件的定义、分类、要求以及管理原则等多个方面，旨在确保药品生产过程中各项数据和信息的完整性、真实性和可追溯性，是确保药品质量和安全的重要保障。

企业必须首先建立文件管理操作规程对各类文件进行系统界定，以减少语言传递可能发生的错误，保证所有执行人员均能获得有关活动的详细正确的指令并遵照执行，能够对有缺陷或疑有缺陷产品的历史进行追踪。

文件管理的基本要求见图 8-1。

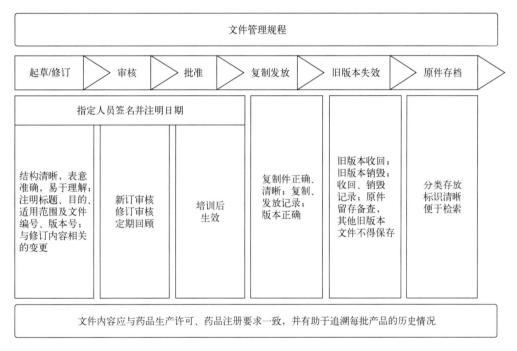

图 8-1 文件管理的基本要求

二、文件的内容和格式要求

第一百五十二条 企业文件内容要求

【第一百五十二条】 文件的内容应当与药品生产许可、药品注册等相关要求一致，并有助于追溯每批产品的历史情况。

本部分内容可与后续第一百五十九条、第一百六十条、第一百六十一条相关联。

三、文件管理的生命周期

第一百五十三条　文件的起草和修订等要求

【第一百五十三条】 文件的起草、修订、审核、批准、替换或撤销、复制、保管和销毁等应当按照操作规程管理，并有相应的文件分发、撤销、复制、销毁记录。

第一百五十四条　文件起草、修订、审核和批准

【第一百五十四条】 文件的起草、修订、审核、批准均应当由适当的人员签名并注明日期。

第一百五十五条　文件的标识

【第一百五十五条】 文件应当标明题目、种类、目的以及文件编号和版本号。文字应当确切、清晰、易懂，不能模棱两可。

第一百五十六条　文件的存放

【第一百五十六条】 文件应当分类存放、条理分明，便于查阅。

第一百五十七条　原版文件的复制

【第一百五十七条】 原版文件复制时，不得产生任何差错；复制的文件应当清晰可辨。

第一百五十八条　原版文件的修订

【第一百五十八条】 文件应当定期审核、修订；文件修订后，应当按照规定管理，防止旧版文件的误用。分发、使用的文件应当为批准的现行文本，已撤销的或旧版文件除留档备查外，不得在工作现场出现。

第一百五十九条　每项活动的记录

【第一百五十九条】 与本规范有关的每项活动均应当有记录，以保证产品生产、质量控制和质量保证等活动可以追溯。记录应当留有填写数据的足够空格。记录应当及时填写，内容真实，字迹清晰、易读，不易擦除。

第一百六十条 记录和图谱等要求

【第一百六十条】 应当尽可能采用生产和检验设备自动打印的记录、图谱和曲线图等，并标明产品或样品的名称、批号和记录设备的信息，操作人应当签注姓名和日期。

第一百六十一条 记录填写注意事项

【第一百六十一条】 记录应当保持清洁，不得撕毁和任意涂改。记录填写的任何更改都应当签注姓名和日期，并使原有信息仍清晰可辨，必要时，应当说明更改的理由。记录如需重新誊写，则原有记录不得销毁，应当作为重新誊写记录的附件保存。

【条文释义】

1. 文件的格式与内容有哪些基本要求？

答：各类文件应有统一的格式（封面、眉头与正文），格式应在文件管理规程中明确规定；有便于识别和查找的系统编码；文件的制订（修订）、审核、批准责任人均应在文件上签字和填写日期，以保证文件的严肃性与准确性；文件按要求统一使用打印本，以防出错；文件表头、术语、符号、代号、尺寸、打印字体等应统一；文字用语规范、避免使用已废弃的术语、代号；各种工艺技术参数的计量单位，按国家规定采用国际计量单位。

比较通用、相对规范的文件格式示例如下：

① 文件眉头。文件眉头应包含文件标题、文件编号、起草人及部门、审核人、批准人、日期、分发部门等内容，格式如表 8-2 所示。

表 8-2 文件眉头格式

题目			编号：	
起草：	年 月 日	起草部门		
审核：	年 月 日	审核：	年 月 日	
批准：	年 月 日	生效日期	年 月 日	
颁发部门：		分发部门：		
共 页 第 页	变更历史：			

如果文件超过一页，后续页眉头只需体现文件标题及编号，其他项可省略。

② 正文内容。正文内容在文件眉头下方编写，是文件构成的主体，一般正文内容包括：目的、适用范围、责任者、内容或程序。

文件的内容应准确，具有可操作性，应与药品生产许可、药品注册、药典等相关要求一致；应标题明确、内容确切易懂，编写顺序合理，便于与其他文件区分；文件与文件之间相关内容要衔接一致；要注意避免侵权，防止泄密；对需填写有关数据的文件和记录，在文件格式设计时注意留足填写空间，便于填写内容；记录类文件应当及时填写，内容真实，字迹清晰、易读，不易擦除。

2. 什么是文件编码？GMP 文件是如何编码的？

答：GMP 文件编码是药品生产企业每个标准文件和记录的身份证，通过合理的编码格式和严格的管理规定，可以提高文件管理效率，便于文件检索和管理。科学、规范的编码格式是一种用于规范和统一文件编码管理工作的有效方式，其格式和注意事项如下。

（1）**编码结构** GMP 文件编码一般由多个部分组成，这些部分通过特定的分隔符（如"-"或"."）连接起来，形成一个完整的文件编码。典型的 GMP 文件编码格式如下。

"文件属性类别代码+文件管理类别代码+文件编号+文件版本号"或者"（SMP\SOP\STP\REC）-（管理类别代码）-XXXX（流水号）-（修订版号）"，其含义如下。

① 文件属性类别代码：这部分代码用于区分文件的类型或属性，可参照表 8-3 赋码。

表 8-3　文件代码示例

标准管理（SMP）	总则（ZZ）		标准操作（SOP）	岗位职责（GW）	
	质量管理（ZL）			生产标准操作规程（SC）	
	人员管理（RY）			设备规程（SB）	
	厂房管理（CF）			物料规程（WL）	
	设备管理（SB）			检验规程（JY）	通则（TZ）
	物料管理（WL）				原料（YL）
	验证管理（YZ）				辅料（FL）
	文件管理（WJ）				包装材料（BZ）
	生产管理（SC）				半成品（BC）
	清洁管理（QJ）				成品（CP）
	质量控制（QC）/质量保证（QA）			质量控制规程（QC）	
	委托生产与委托检验管理（WT）			质量保证规程（QA）	
	产品发运与召回管理（FY）			清洁规程（QJ）	
	自检管理（ZJ）			发运与召回规程（FY）	
技术标准（STP 或 TS）	工艺规程（GY）		记录（REC 或 SOR）	人员记录（RY）-1	
	质量标准（ZL）	原料（YL）		设备记录（SB）-2	
		辅料（FL）		物料记录（WL）-3	
		包装材料（BZ）		清洁记录（QJ）-4	
		半成品（BC）		验证记录（YZ）-5	
		成品（CP）		生产记录（SC）-6	
	验证方案（YZ）	设备验证（SB）		质量记录（ZL）-7	
		清洁验证（QJ）		自检记录（ZJ）-8	
		工艺验（GY）		发运与召回记录（FY-ZH）-9	
	风险评估（FX）				

② 文件管理类别代码：这部分代码用于进一步细分文件的管理类别，可参照表 8-3 赋码。

③ 文件编号：这部分是一个流水号，用于唯一标识该文件。流水号通常由四位数字组成，如 0001、0002 等。

④ 文件版本号：这部分代码用于标识文件的修订版本。例如，新订版本可以用"新订"或"00"表示，第一次修订可以用"01"表示，第二次修订可以用"02"表示，以此类推。

文件编码示例：

① SMP-JG-0001-00：这表示一个机构与人员管理的标准管理规程文件，是第一个创建的文件，且为首次制定版本。

② SOP-SB-0002-01：这表示一个设备操作的标准操作规程文件，是第二个创建的文件，且已经过第一次修订。

③ REC-WL-0003-00：这表示一个物料管理的记录文件，是第三个创建的文件，且为首次制订版本。

（2）注意事项

① 所有文件发布前均由质量部按编码规定编码，编码一经确定，就必须登记在案。每一个 GMP 文件只允许一个编码，同时每一个编码号也只能代表一个文件。

② 文件编码应打印在文件或表格的指定位置，如文件表头的编码栏内或表格的右上方/左上方位置。

③ 当文件有修订时，整个编码系统不变，只对版次进行修改，归档时同步更新管理。

第一百六十二条　批记录

【第一百六十二条】 每批药品应当有批记录，包括批生产记录、批包装记录、批检验记录和药品放行审核记录等与本批产品有关的记录。批记录应当由质量管理部门负责管理，至少保存至药品有效期后一年。

质量标准、工艺规程、操作规程、稳定性考察、确认、验证、变更等其他重要文件应当长期保存。

【条文释义】

1. 文件管理的生命周期包括哪些环节？各环节有哪些基本要求？

答：文件的生命周期包括以下环节（图 8-2）。

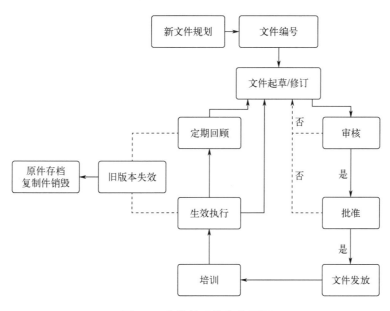

图 8-2　文件管理的生命周期

（1）**文件起草**　建立新文件或对已有的文件进行更新或定期回顾。根据文件的使用对象，由使用部门负责起草。文件编写应采取"自下而上"的原则，先由使用人员起草，然后交主管部门审核、修改。

（2）**审核**　包括格式审核和内容审核。

格式审核是指依据既定文件标准格式对相应内容进行核对，此环节由文件管理人员执行；而内容审核则是从法规、技术及管理维度对文件内容进行确认，该过程由相关部门技术专家或管理人员主导。

备注：GMP明确规定所有GMP相关文件均应当经质量管理部门的审核，故文件的审核均应有质量部门的参与。另外对于交叉审核职责，例如审核工艺规程、操作规程等文件是生产部门和质量管理部门共同的职责，文件管理中应明确规定生产技术专家或管理人员对文件中的工艺、生产相关的内容负责，质量管理人员对文件的法规符合性和审批流程负责。

（3）**批准**　文件在使用前必须经过批准，政策类文件由公司最高管理层负责批准，指导类文件由质量负责人或生产负责人批准，操作规程和记录可以由各部门负责人进行批准（批生产记录除外，原版空白的批生产记录应当经生产负责人和质量负责人审核和批准）。

（4）**文件发放、培训、使用**　文件发放应有相应记录，如需向公司外部使用者提供文件，应有明确规定。批准后的文件方可以用于培训，不能同时有两个版本的文件在工作现场出现。涉及保密性文件，不出现在工作现场，不得外传。文件复制时，不得产生任何差错；发放需要受控，需敲章或者手工编号等，确保每份复制记录能追溯；复制的文件应当清晰可辨，方便记录人员正确使用。

培训：为保证文件内容的执行，必须明确文件的培训要求。在文件生效日期前组织相关人员进行培训，并有相应记录。

（5）**生效**　生效日期当天文件生效，正式按文件规定内容执行。通常情况下文件批准后至生效前应有一定的时间间隔。如遇相关人员出差或请假等情况，应确保在恢复上岗前进行培训，培训合格方可上岗。

（6）**失效**　文件失效后要及时撤销、收回并统一销毁，防止错误使用失效版本的文件。

（7）**文件存档**　按规定对文件进行保存和归档，应有专人妥善管理，借阅时需登记。针对具有有效期的产品，其检验记录、批记录、销售记录等需保存至产品有效期结束后一年方可进行销毁处理；而对于GMP要求长期保存的文件，则需留存至产品退市或相关设备退役之后，特别是涉及产品有效期的情况，需额外保留至有效期结束后一年文件可以纸质、电子或其他能准确再现其内容的方式保存，如纸质原件及其准确的副本（如影印件、扫描件），电子文件的准确备份，包括对应的检查追踪信息，以及必要的确保备份文件可读的系统备份。

（8）**定期回顾**　根据规定时限，对每份文件进行定期回顾审核，检查文件内容的适用性。

（9）**文件变更**　文件变更是文件系统持续优化、向上循环的重要方式，主要包含修订文件和撤销文件。引发文件变更的原因主要有以下几类：①标准指导文件的定期回顾；②法规/指南、权威技术标准（如药典）更新；③偏差、投诉、检验结果偏差（OOS）等事件引发的改进；④内外部检查缺陷、各类年度回顾引发的改进；⑤设施设备、生产工艺、分析方法等各类变更引发文件变更。许多的文件变更均源于药品生产质量活动的实质性变更，因此需确保相关源发性变更已纳入变更控制。为保证指导文件整体的系统性、一致性以及变更可控性，文件修订环节需要开展文件变更评估。在做好文件变更评估的基础上，遵循文件编制、审核、签批、替换、生效、存档的全流程管理，即可实现文件变更管理的整体有序，确保药品按照经核准的注册标准和生产工艺进行生产。

表8-4概括了文件生命周期管理的各环节及其内容要点。

表8-4　文件生命周期管理的各环节及其内容要点

生命周期环节	要求
（1）文件起草	① 建立新文件，谁用谁起草； ② 对已有文件进行更新或定期回顾
（2）审核	① 格式审核：文件管理人员负责对照已规定的文件标准格式检查相应的内容（如文件编号、版本号、字体、字号等）； ② 内容审核：相应部门技术专家或管理负责人从法规、技术和管理的角度，确认文件内容

续表

生命周期环节	要求
（3）批准	文件在使用前必须经过批准，批准人应当是相应部门或领域的负责人
（4）文件发放、培训、使用	① 确保工作现场文件的获取，可根据需要发放文件的纸质版本或授权进入计算机化的文件管理系统查阅文件；文件不得带出工作使用现场； ② 向公司外部提供文件，应遵循相应限制性规定及审批流程； ③ 文件发放应当有相应的记录，并通过控制编号确保可追溯性； ④ 为保证文件内容的执行，必须明确文件的培训要求； ⑤ 在文件生效日期前组织相关人员进行培训并有相应的记录； ⑥ 没有 QA 负责人的同意不得复印，严格按文件规定的份数进行复制；复制时，应当清晰可辨，不得产生任何差错文件和记录；复制时，有条件尽量采用一对一编号
（5）生效	① 生效日期当天文件生效，正式按文件规定内容执行； ② 文件批准后至生效前应留有一定的时间间隔（由文件审核人或批准人确定），以确保文件的内容得到有效培训
（6）失效	① 文件失效后，应第一时间从所有使用岗位收回，防止错误使用失效版本的文件； ② 除旧版本原件留存备查外，其他复制件销毁，销毁过程应有记录
（7）文件存档	① 应专人妥善保管，避免污损、丢失，借阅时需登记； ② 可以采用纸质、电子或其他能准确再现其内容的方式； ③ 旧版本文件的原件按规定进行保存和归档；有效期产品的检验记录、批记录、销售记录等保存至有效期后一年才可销毁；对于要求长期保存的文件应保存至产品退市或设备退役后，涉及产品的有效期后一年；药物警戒相关资料需要产品注销后十年； ④ 污损严重或丢失应向部门负责人报告，补救措施由 QA 负责人决定
（8）定期回顾	根据规定时限，对文件进行定期回顾，检查文件内容的适用性
（9）文件更新	政策类文件一般不需要频繁修订，指导文件一般根据政策变更、注册要求、法规更新或新的客户需求随时进行修订；规程和记录根据实际情况随时进行修订

注：对于引入文件管理信息化系统的企业，在系统规划、设计环节，需要将上述文件管理流程及要点整合进用户需求标准中，以确保线上指导文件管理达到同等或更优的管控效果。

2. GMP 文件的起草、修订、审核、批准分别是谁？

答：文件制定宜"先起草，后会签"，由于有些 GMP 文件的制定不是一个部门就能完成的（如制定验证文件就需要生产管理部门、质量管理部门、设备工程管理部门共同参加），一个部门的成员也不可能对其他岗位都能了如指掌，因此对起草后的文件进行会签是不可缺少的一项工作。文件会签的过程，相关部门需互相合作才能将文件制定好。

文件系统中，处于顶层的方针类文件，通常由质量管理部门（QA 部门）主导制定，经质量负责人审核、总经理批准后执行。处于第二、三层级的管理规程和操作规程，各负责部门（即参与执行的部门）应该参与对应指导文件的起草/修订，以确保文件批准生效后能有效执行。表 8-5 提供了一个不同类型指导文件负责部门的示例。

表 8-5　不同类型文件的负责部门

序号	文件类型		负责部门				
			QA	生产	工程	QC	物流
1	政策	质量手册	√	—	—	—	—
2		质量目标	√	—	—	—	—
3		场地管理文件	√	—	—	—	—
4	管理规程	组织机构及职责	√	√	√	√	√
5		人员培训管理	√	√	√	√	√
6		文件和记录管理	√	√	√	√	√
7		厂房、设施、设备管理	√	√	√	—	—
8		物料管理	√	√	—	—	√
9		生产管理	√	√	—	—	—
10		包装和贴签管理	√	√	—	—	—
11		QC 实验室管理	√	—	—	√	—
12		偏差、变更、回顾、CAPA、自检等	√	√	√	√	√
13	操作规程	生产操作规程	√	√	—	—	—
14		检验规程	√	—	—	√	—
15		设备操作、维护规程	√	√	√	√	√
16		清洁、消毒、灭菌规程	√	√	√	√	√
17		虫鼠防控规程	√	√	√	√	√
18		仪器仪表校准规程	√	—	√	√	—
19		厂房、设施、设备确认规程	√	√	√	√	√
20		分析方法验证规程	√	—	—	√	—
21		工艺验证、清洁验证规程	√	√	—	√	—
22		运输确认规程	√	—	—	—	√
23		产品放行规程	√	√	√	√	—

注：√表示参与；—表示不需参与。

3. 非批记录类的各类文件的存档管理有何规定？

答：质量标准、工艺规程、操作规程、稳定性考察、确认、验证、变更等重要文件需进行长期保存，以确保文件的有效性和可追溯性。其中，质量标准、工艺规程、操作规程属于标准指导文件，企业需要对每类文件各版本的签批件的保存期限作出规定；稳定性考察、确认、验证、变更文件包含对应的计划方案、实施记录、报告，属于执行文件，其保存期限可结合具体考察、确认/验证对象的生命周期来定。

从确保药品质量历史信息可追溯性的角度出发，基于各类文件在质量信息追溯中的作用，结合文件保存的实际可行性，企业可根据监管要求，结合药品/设施设备的生命周期确定文件的保存时限。表 8-6 提供了一种基于生命周期的确定文件保存期限的思路。当药品所在地的监管部门有具体规定时，按其规定确定文件保存期限。如依照《反兴奋剂条例》（2018 年修订），生产蛋白同化制剂、肽类激素的企业，其相关生产、销售、库存记录应保存至超过产品有效期 2 年。

保存期限长（如大于 5 年）的以纸质形式存在的文件，可以采用扫描等方式对其做电子化处理后予以保存，这种情况下，可酌情缩短纸质版文件的保存期限（推荐不低于 5 年，且批记录的纸质版本仍需满足基于产品有效期/复验期的保存期限要求）。需要注意的是：在整个纸质文件保存期内，纸质文件应视为主数据，其转化所得的电子文件应经确认为原始纸质文件的真实副本。企业应建立相关规程，明确这种转化操作的适用范围和前提，明确转化流程及复核要求、主数据的认定原则，并记录转化操作及检查确认结果。

表 8-6　非批记录类文件的保存期限

文件类型	保存期限
质量标准（含检验规程）签批件	对应的产品退市，最后一批产品失效时
工艺规程及相关操作规程签批件	对应的产品退市，最后一批产品失效时
设施设备相关操作规程签批件	对应的设施设备退役时
稳定性考察方案、报告、记录	对应的产品退市，最后一批产品失效时；或原考察产品对应的生产工艺或质量标准发生重大变更，变更前最后一批产品失效时
设施设备确认文件、计算机化系统验证文件	对应的设施设备、系统退役时
工艺验证文件	对应的产品退市，最后一批产品失效时；或生产工艺发生重大变更，变更前最后一批产品失效时
分析方法验证文件	对应的产品退市，最后一批产品失效时；或分析方法发生重大变更，原分析方法检验的最后一批产品失效时
清洁/消毒/灭菌验证文件	对应的产品退市，最后一批产品失效时；或对应的清洁/消毒/灭菌程序发生重大变更后 3 年
运输确认文件	对应的产品退市，最后一批产品失效时；或运输条件发生重大变更，适用原运输条件的最后一批产品失效
变更控制文件	对应的产品退市，最后一批产品失效时； 对应的设施设备、系统退役时
偏差处理文件	对应的产品退市，最后一批产品失效时； 对应的设施设备、系统退役时
产品投诉类文件	涉及所有产品失效时

四、记录类文件的基本要求

第一百六十三条　数据资料记录

【第一百六十三条】 如使用电子数据处理系统、照相技术或其他可靠方式记录数据资料，应当有所用系统的操作规程；记录的准确性应当经过核对。

使用电子数据处理系统的，只有经授权的人员方可输入或更改数据，更改和删除情况应当有记录；应当使用密码或其他方式来控制系统的登录；关键数据输入后，应当由他人独立进行复核。

用电子方法保存的批记录，应当采用磁带、缩微胶卷、纸质副本或其他方法进行备份，以确保记录的安全，且数据资料在保存期内便于查阅。

本部分内容可与前文第一百六十二条相关联。

【条文释义】

1. 批记录类文件的存档期限有何规定？

答：批记录由质量管理部门进行统一管理，常规情况下需保存至药品有效期结束后一年。对不同目标市场的产品/物料的批记录存档期限或有所差异，企业可基于中国、美国、欧盟的生产质量管理规范或指南的相关规定，推荐参照表 8-7 的保存期限作出规定。

表 8-7　批记录的保存期限

对应产品/物料	保存期限	依据
常规商业化生产的药物制剂	有效期后 1 年或放行后 5 年，选择较长者	GMP 第一百六十二条； 欧盟委员会指令 2001/83/EC、（EU）2017/1572； 美国 cGMP：21CFR 211.180（a）
用于销售的原料药	有效期后 1 年； 有复验期的产品全部分销完毕后 3 年	GMP 第一百六十二条； ICH：Q76.13
临床试验（用于申请药品注册的）用药品	至少保存至试验药物被批准上市后 5 年	《药物临床试验质量管理规范》（GCP）第八十条
临床试验（未用于申请药品注册的）用药品	至少保存至临床试验后 5 年	
活性成分、关键物料的质量控制及放行记录	对应成品有效期后 1 年	美国 cGMP：21 CFR 211.180（b）

2. GMP 记录的填写有哪些要求？

答：① 记录文件应记录及时，内容真实、完整，语言规范，由各活动的直接操作者或执行者负责现场填写。

② 确保字迹清晰，应使用钢笔或圆珠笔填写，不得用铅笔、红笔填写，字迹应有持久性。

③ 不得撕毁或任意涂改，需要更改时不得使用涂改液，应划去后在旁边重写，签字并标明日期。

④ 按表格内容填写齐全，不得留有空格，如无内容填写时要用"－"表示，内容与上项相同时应重复抄写，不得用"—""..."或"同上"表示。对不明确的栏目，应向有关部门咨询，弄清填写内容或表示方法后再填写。

⑤ 品名应写全名，不得简写。

⑥ 与其他岗位、班组或车间有关的操作记录应做到一致性、连贯性。

⑦ 操作者、复核者均应填全姓名，同时尽可能地清晰易辨，不代替他人签字。

⑧ 日期与时间一律横写，不得简写日期填写标准统一为"年（4 位）.月（2 位）.日（2 位）"，如 2024 年 03 月 05 日；时间填写应按 24 小时制，统一为"时（2 位）:分（2 位）"，下午 4 点需填写为 16:30，而不是 04:30。

⑨ 记录应有专人复核，复核人为本工序负责人或部门负责人，对不符合填写方法的记录，复核人应监督填写人更正。

3. 对于有电子签名及日期的自动打印记录、图谱，是否还需要手工签注姓名和日期？例如 HPLC 图谱系统已经过确认（系统进入图谱打印均有权限控制）。

答：对于电子采集的数据如需打印，产品或样品的名称、批号和记录设备等的信息可以自动打印，打印的记录应由操作人员手工签注姓名和日期。

备注：手工签名目的是要求操作人员对电子记录进行复核，签字是表明其复核和确认的结果证据。

4. 自动打印的记录纸为光感性材料，随着时间的推移，数据会逐渐变淡甚至消失。那么在保存原始记录时，是否需要将其复印到普通复印纸上，经签字确认后，再附在批记录中？

答：根据记录时效管理的原则，应对各种形式的记录内容采用妥善的保管方式。对于光感材料的记录纸，为了记录内容长久保存，可以采用复印并签字的方式一并保存。

备注：记录应确保其原始性和可追溯性，在选取记录方式时首先选择适合长期储存的存储方式，电子数据也是可以接受的存储方式，复印原始记录后再签字不是首选的方式，应杜绝或者逐步减少光感材料的记录纸的使用。

5. 记录编号必须在印刷时按顺序印上去，还是可以在发放记录时由 QA 人员填上去？

答：记录应采用受控的方式对记录追溯和受控性管理，可以采用事先印刷、盖编号章或在发放记录时由 QA 人员填上去等方式进行一对一编号受控管理。

备注：为确保记录可控，采用的记录管理方式应当确保除专人外其他人不可复制，负责管理记录的专人在替换记录时应当记录日期和原因，被替换的记录对应正式记录同时保存。

6. 什么是药品的电子记录？管理上有什么要求？

答：电子记录指一种数字格式的记录，由文本、图表、数据、声音、图示或其他数字信息构成，其创建、修改、维护、归档、读取、发放和使用均由计算机（化）系统实现。采用计算机系统生成记录或数据的，应当采取相应的管理措施与技术手段，确保生成的信息真实、准确、完整和可追溯。药品的电子记录至少应当实现与原有纸质记录同等的功能，满足活动管理要求。对于电子记录和纸质记录并存的情况，应当在相应的操作规程和管理制度中明确规定作为基准的形式。

电子记录的操作权限与用户登录管理要点：

① 建立操作与系统管理的不同权限，业务流程负责人的用户权限应当与承担的职责相匹配，不得赋予其系统（包括操作系统、应用程序、数据库等）管理员的权限。

② 具备用户权限设置与分配功能，能够对权限修改进行跟踪与查询。

③ 确保登录用户的唯一性与可追溯性，当采用电子签名时，应当符合《中华人民共和国电子签名法》的相关规定。

④ 应当记录对系统操作的相关信息，至少包括操作者、操作时间、操作过程、操作原因，数据的产生、修改、删除、再处理、重新命名、转移，对计算机（化）系统的设置、配置、参数及时间戳的变更或修改。电子记录的操作权限应该在该系统进行验证时对其权限矩阵进行确认，并在日常保持一致。

第二节　质量标准

第一百六十四条　质量标准的对象

【第一百六十四条】　物料和成品应当有经批准的现行质量标准；必要时，中间产品或待包装产品也应当有质量标准。

第一百六十五条　质量标准的项目

【第一百六十五条】 物料的质量标准一般应当包括：
（一）物料的基本信息：
1. 企业统一指定的物料名称和内部使用的物料代码；
2. 质量标准的依据；
3. 经批准的供应商；
4. 印刷包装材料的实样或样稿。
（二）取样、检验方法或相关操作规程编号；
（三）定性和定量的限度要求；
（四）贮存条件和注意事项；
（五）有效期或复验期。

第一百六十六条　外购或外销的质量标准

【第一百六十六条】 外购或外销的中间产品和待包装产品应当有质量标准；如果中间产品的检验结果用于成品的质量评价，则应当制定与成品质量标准相对应的中间产品质量标准。

第一百六十七条　成品的质量标准

【第一百六十七条】 成品的质量标准应当包括：
（一）产品名称以及产品代码；
（二）对应的产品处方编号（如有）；
（三）产品规格和包装形式；
（四）取样、检验方法或相关操作规程编号；
（五）定性和定量的限度要求；
（六）贮存条件和注意事项；
（七）有效期。

【条文释义】

1. GMP 中的质量标准是什么？哪些客体需要建立质量标准？
答：质量标准是详细阐述生产过程中所用物料或所得产品必须符合的技术要求；是质量评价的基础，是保证产品质量安全性、有效性和一致性的重要因素。质量标准应在产品开发过程的研究和数据积累的基础上形成，并随着生产工艺、控制策略的优化而得到持续更新。
药品生产过程涉及的原料、辅料、包装材料、半成品、中间体、成品均应制定质量标准。一般来说，国家标准是最基本的标准。
2. 原料、中间体、待包装品的企业标准可以称为"内控标准吗"？同一产品可以同时有多个不同的企业标准吗（如客户标准）？
答：企业标准可以等同内控标准，企业可以按照客户需求制订不同标准（客户标准），但均不得低于国家标准。

3. 企业制定各项质量标准的参考依据是什么?

答:企业在实践中应参照权威标准,根据 ICH Q6A 和 Q6B 指导原则去确立物料和产品的控制项目、方法和标准,并在商业化生产中严格按与注册标准一致或更严格的质量标准开展质量控制。质量标准发生变更时,按产品所在市场的变更技术指导原则开展变更研究和验证工作,并按监管部门的要求及时递交变更申请或备案,或者年报。

质量标准建立或修订时,可供参考的权威标准参见表 8-8。

表 8-8 建立或修订质量标准可参考的权威标准

质量标准类别	GMP 条款	供参考的标准
物料质量标准	第一百六十五条	① 原料药、辅料:《中国药典》,目标市场的国家/区域药典,进口原辅料需同时符合其进口注册标准; ② 原料药生产用原料:国家标准(GB),行业标准; ③ 包装材料:药包材行业标准(YBB),进口药包材需符合其进口标准
中间产品和待包装产品质量标准	第一百六十六条	产品注册文件中所载的质量标准
成品质量标准	第一百六十七条	①《中国药典》,目标市场的国家/区域药典,如美国药典、欧洲药典、日本药局方、英国药典、国际药典; ② 产品覆盖多个市场时,可整合多方药典标准,最终以经药监部门批准的注册质量标准为准

4. 不同供应商的物料是否需要制订不同的内控质量标准? 质量标准的制订可否不用完全按照供应商提供的标准,而是根据生产工艺和厂家标准来选取需要检验的项目?

答:企业可以制订高于供应商提供的质量标准的内控标准,且该标准不得低于国家标准。

备注:原辅料、内包装材料的供应商不同,生产、合成工艺或者使用的溶剂及产生的杂质等都不尽相同,对药品质量的影响也不尽相同。所以应针对不同供应商的特点制定相应的质量标准。同时企业应根据自身工艺、产品特性制订符合企业要求的内控质量标准,企业内控标准应不低于药典和国家标准。原辅料检验不能少于药典和国家标准的检验的项目。内包装材料根据生产工艺和厂家标准,以及风险评估和行规,对检验项目进行分类,在一年内、供应商不发生影响生产工艺和质量相关的变更时,可以每年选一批委托药检机构检验,每批次入厂时,选取需要检验的关键项目。

5. 物料和成品的质量标准应包含哪些内容?

答:分别应包括的内容如表 8-9 所示。

表 8-9 物料和成品的质量标准包含的基本内容

	物料的质量标准包含的基本内容	成品的质量标准包含的基本内容
基本信息	企业统一指定的物料名称和内部使用的物料代码	产品名称以及产品代码
	质量标准的依据	对应的产品处方编号(如有)
	经批准的供应商	产品规格和包装形式
	印刷包装材料的实样或样稿	取样、检验方法或相关操作规程编号
	取样、检验方法或相关操作规程编号	定性和定量的限度要求
	定性和定量的限度要求	贮存条件和注意事项
	贮存条件和注意事项	有效期
	有效期或复验期	

第三节　工艺规程

第一百六十八条　工艺规程依据

【第一百六十八条】 每种药品的每个生产批量均应当有经企业批准的工艺规程，不同药品规格的每种包装形式均应当有各自的包装操作要求。工艺规程的制定应当以注册批准的工艺为依据。

第一百六十九条　工艺规程更改

【第一百六十九条】 工艺规程不得任意更改。如需更改，应当按照相关的操作规程修订、审核、批准。

第一百七十条　制剂工艺规程内容

【第一百七十条】 制剂的工艺规程的内容至少应当包括：
（一）生产处方：
1. 产品名称和产品代码；
2. 产品剂型、规格和批量；
3. 所用原辅料清单（包括生产过程中使用，但不在成品中出现的物料），阐明每一物料的指定名称、代码和用量；如原辅料的用量需要折算时，还应当说明计算方法。
（二）生产操作要求：
1. 对生产场所和所用设备的说明（如操作间的位置和编号、洁净度级别、必要的温湿度要求、设备型号和编号等）；
2. 关键设备的准备（如清洗、组装、校准、灭菌等）所采用的方法或相应操作规程编号；
3. 详细的生产步骤和工艺参数说明（如物料的核对、预处理、加入物料的顺序、混合时间、温度等）；
4. 所有中间控制方法及标准；
5. 预期的最终产量限度，必要时，还应当说明中间产品的产量限度，以及物料平衡的计算方法和限度；
6. 待包装产品的贮存要求，包括容器、标签及特殊贮存条件；
7. 需要说明的注意事项。
（三）包装操作要求：
1. 以最终包装容器中产品的数量、重量或体积表示的包装形式；
2. 所需全部包装材料的完整清单，包括包装材料的名称、数量、规格、类型以及与质量标准有关的每一包装材料的代码；
3. 印刷包装材料的实样或复制品，并标明产品批号、有效期打印位置；
4. 需要说明的注意事项，包括对生产区和设备进行的检查，在包装操作开始前，确认包装生产线的清场已经完成等；

5. 包装操作步骤的说明，包括重要的辅助性操作和所用设备的注意事项、包装材料使用前的核对；

6. 中间控制的详细操作，包括取样方法及标准；

7. 待包装产品、印刷包装材料的物料平衡计算方法和限度。

【条文释义】

1. 第一百六十八条款中"每种药品的每个生产批量"中的"每个批量"如何理解？

答：药品批量是指在一定条件下，如同一配液罐、同一批原料药、同一生产周期内等，生产的均质产品的数量。也就是，药品的批量在实际生产中通常是根据最终产品的量来确定的。这是因为药品的生产过程中会有一定的损耗和收率变化，所以以成品量来定义更能反映实际生产的规模和质量控制的标准。工艺规程应根据产品的生产批量来编制和规定各自批量条件下工艺规程的具体内容。

2. 每种药品的生产批量经过验证后，是否可以允许有几个生产批量？

答：每种药品的生产批量在经过验证后，原则上应当保持一致，以确保药品的稳定性和可追溯性。如果特殊情况下需要进行批量调整，必须进行充分的评估和验证，以确保调整后的批量仍然符合 GMP 的要求。

备注：生产批量的变化可能会引起工艺参数、生产设备等发生关联变更，若批量变更引发关联变更，需按照相关规定进行关联变更研究。在申报的范围内可以更改，但超出范围的必须做再注册。

3. 什么是药品的工艺规程？其文件属性是什么？其制定依据是什么？

答：药品的工艺规程是为生产特定数量的成品而制定的一个或一套文件，它规定了原辅料和包装材料的数量、工艺参数和条件、加工说明（包括中间控制）、注意事项等内容。它是药品生产的主要依据和第一标准，是批生产记录、批包装记录的依据，是生产过程控制和产品审核放行的基础，是药品在整个有效期内安全、有效、质量可控的有效保证。

药品工艺规程属于企业技术标准类文件（STP）。工艺规程的制定应以注册批准的工艺为依据。

4. 制剂工艺规程至少应包含哪些内容？

答：即 GMP 第一百七十条。

5. 工艺规程一旦确定就不可修改，这种说法对吗？

答：这种说法是不对的。工艺规程常因药品生产工艺的实质性变更而触发修订需求，但不能随意、任意地变更，应当按产品所在市场的变更技术指导原则开展变更研究和验证工作，并根据变更性质不同按相关监管部门的要求及时递交变更申请或备案，完成后在企业内部按照既定的程序办理修订、审批手续。

第四节 批记录

第一百七十一条 批生产记录作用

【第一百七十一条】 每批产品均应当有相应的批生产记录，可追溯该批产品的生产历史以及与质量有关的情况。

第一百七十二条 批生产记录制定依据

【第一百七十二条】 批生产记录应当依据现行批准的工艺规程的相关内容制定。记录的设计应当避免填写差错。批生产记录的每一页应当标注产品的名称、规格和批号。

第一百七十三条　批生产记录

【第一百七十三条】 原版空白的批生产记录应当经生产管理负责人和质量管理负责人审核和批准。批生产记录的复制和发放均应当按照操作规程进行控制并有记录，每批产品的生产只能发放一份原版空白批生产记录的复制件。

第一百七十四条　生产过程的操作记录

【第一百七十四条】 在生产过程中，进行每项操作时应当及时记录，操作结束后，应当由生产操作人员确认并签注姓名和日期。

第一百七十五条　批生产记录的内容

【第一百七十五条】 批生产记录的内容应当包括：
（一）产品名称、规格、批号；
（二）生产以及中间工序开始、结束的日期和时间；
（三）每一生产工序的负责人签名；
（四）生产步骤操作人员的签名；必要时，还应当有操作（如称量）复核人员的签名；
（五）每一原辅料的批号以及实际称量的数量（包括投入的回收或返工处理产品的批号及数量）；
（六）相关生产操作或活动、工艺参数及控制范围，以及所用主要生产设备的编号；
（七）中间控制结果的记录以及操作人员的签名；
（八）不同生产工序所得产量及必要时的物料平衡计算；
（九）对特殊问题或异常事件的记录，包括对偏离工艺规程的偏差情况的详细说明或调查报告，并经签字批准。

第一百七十六条　批包装记录的作用

【第一百七十六条】 每批产品或每批中部分产品的包装，都应当有批包装记录，以便追溯该批产品包装操作以及与质量有关的情况。

第一百七十七条　批包装记录制定依据

【第一百七十七条】 批包装记录应当依据工艺规程中与包装相关的内容制定。记录的设计应当注意避免填写差错。批包装记录的每一页均应当标注所包装产品的名称、规格、包装形式和批号。

第一百七十八条 批包装记录的内容要求

【第一百七十八条】 批包装记录应当有待包装产品的批号、数量以及成品的批号和计划数量。原版空白的批包装记录的审核、批准、复制和发放的要求与原版空白的批生产记录相同。

第一百七十九条 批包装记录的操作要求

【第一百七十九条】 在包装过程中，进行每项操作时应当及时记录，操作结束后，应当由包装操作人员确认并签注姓名和日期。

第一百八十条 批包装记录的内容

【第一百八十条】 批包装记录的内容包括：
（一）产品名称、规格、包装形式、批号、生产日期和有效期；
（二）包装操作日期和时间；
（三）包装操作负责人签名；
（四）包装工序的操作人员签名；
（五）每一包装材料的名称、批号和实际使用的数量；
（六）根据工艺规程所进行的检查记录，包括中间控制结果；
（七）包装操作的详细情况，包括所用设备及包装生产线的编号；
（八）所用印刷包装材料的实样，并印有批号、有效期及其他打印内容；不易随批包装记录归档的印刷包装材料可采用印有上述内容的复制品；
（九）对特殊问题或异常事件的记录，包括对偏离工艺规程的偏差情况的详细说明或调查报告，并经签字批准；
（十）所有印刷包装材料和待包装产品的名称、代码，以及发放、使用、销毁或退库的数量、实际产量以及物料平衡检查。

本部分内容可与第一百六十二条和第一百六十三条相关联。

【条文释义】
1. 什么是药品的批记录？批记录包含哪些基本内容？
答：药品批记录是用于记载每批次药品生产、质量检验及放行审核全过程的文件与记录，其能够追溯所有与成品质量相关的历史信息，特别是在生产、包装或检验环节出现异常时。每批次药品均需建立相应的批记录，至少涵盖批生产记录、批包装记录、批检验记录以及药品放行审核记录等关键文件。
2. 什么是批生产记录？应包含哪些内容？
答：批生产记录是一个批次的待包装品或成品的生产各工序全过程（包括中间控制）的完整记录，它应能提供该批产品的生产历史以及与质量有关的情况。其内容要求详见第一百七十五条。
3. 什么是包装？什么是批包装？什么是批包装记录？
答：包装一般指已经成型的待包装产品变成可以单独市售使用的成品所需的所有操作步骤，包括如口服固体制剂的分装、封口、加盖、贴签、装盒、装箱等。在无菌生产工艺中，产品的无菌灌装以及最终灭菌产品的灌装等流程，不被归类为包装过程，而是归属于灌装及轧盖等特定环节。

药品的批包装是指对一定批量的药品进行包装的过程，具体来说，药品的批包装涉及将药物及相关产品封装成可以对病患和使用者安全可靠的状态，这通常包括材料包装、内包装、外包装等多个环节。

批包装记录则是在这一批包装过程中，对各项操作、检查、测试等细节和数据进行的详细记录。这些记录通常包括包装材料的来源、质量、使用情况，包装操作的步骤、时间、人员，以及包装后的药品质量检查等信息。批包装记录是药品质量控制的重要组成部分，它可以帮助企业追溯药品的生产和包装过程，确保药品的质量和安全性。

4. 批记录是 GMP 合规性的证据，对产品质量的追踪和问题解决至关重要。基于此，批记录（主要指批生产/包装/检验记录）应设置必要的控制点和风险点，这些要点是什么？

答：需要考虑的管理要点（控制点和风险点）参见表 8-10。

表 8-10　批生产/包装/检验记录的管理要点

过程	控制点/风险点		
起草	★ 空白批记录的内容应与下列文件保持一致： ● 注册文件 ● 现有批量的工艺验证报告、分析方法验证报告 ● 工艺规程和质量标准 ● 有统一格式的标准化模板 ● 检验记录应当包括中间产品、待包装产品和成品的质量检验记录		
使用	★ 以批为单位做好空白批记录的分发、使用记录，确保可追踪性： ● 指定人员负责空白批记录的复制 ● 复制的基准是经批准的原版空白批记录 ● 每批产品只发放一份原版空白批生产/包装/检验记录的复制件，若记录发生污损时，凭污损件申请补发并做好登记		
签名	★ 批生产记录： ● 每一生产工序的操作人员 ● 操作（如称量）独立复核人员 ● 每一生产工序的负责人 ● 班组长 ● 车间主任 ● 生产技术部经理	★ 批包装记录： ● 包装工序的操作人 ● 包装工序负责人 ● 班组长 ● 车间主任 ● 生产技术部经理	★ 批检验记录： ● 检验人员 ● 检验复核人员 ● QC 主管 ● QC 部经理
审核	★ 质量受权人须在产品放行前按"确保每批已放行产品的生产、检验均符合相关法规、药品注册要求和质量标准"的要求出具产品放行审核记录，此记录可纳入批生产/包装记录		
保存	★ 按照企业内部规定的方式和期限保存批记录，须同时符合产品所在地药品监管部门的规定； ★ 用电子方法保存的批记录，应采用磁带、微缩胶卷、纸质副本或其他方法进行备份，并确保备份在保存期内可以被有效还原、易于读取		
修订	★ 原版空白批记录的修订若涉及生产工艺、质量标准、操作流程的实质性变更，需确保其变更内容已纳入变更控制		

5. 根据 GMP 及国际组织和药品监管机构发布的相关法规、指南，空白批生产/包装记录通常应包含哪些要素？

答：可参见表 8-11。

表 8-11 空白批生产记录、批包装记录的要素

封面页	每页	正文
产品代码	产品代码	A. 批生产（含包装过程）总结：由生产和质量相关负责人员对整批进行最终评估；
产品名称	产品名称	B. 批记录内容列表；
规格	规格	C. 安全警告（必要时）：如物料化学品安全技术说明书（MSDS）；防护穿戴，操作注意事项；
批量	生产批号	
生产批号	文件编号	D. 物料清单：参考注册文件的单剂量处方；验证批量的处方，包括物料号、物料名称、数量和单位（参考验证文件和操作规定）；
生产日期	本号	E. 清场及设备清洁检查；
文件编号	页码	F. 设备安装和功能测试：如安装指导，必要的设备功能测试和结果；
版本号		G. 物料的接收：对照物料接收清单双人复核；
编制、审核、批准人签名及日期		H. 操作步骤：操作指导及标准，操作过程记录，包括起始、完成时间，操作人签名，关键操作的复核及签名，产率和物料平衡；
		I. 中间过程控制（IPC）：取样计划及实施，测试结果；
		J. 转移文件：如印刷包装材料的实样、物料标签、设备清洁标签、机器打印信息、称量表等；
		K. 附录：其他批相关的文件，如偏差报告、检验报告书

第五节　操作规程

第一百八十一条　操作规程的内容

【第一百八十一条】 操作规程的内容应当包括：题目、编号、版本号、颁发部门、生效日期、分发部门以及制定人、审核人、批准人的签名并注明日期，标题、正文及变更历史。

第一百八十二条　编号和操作规程

【第一百八十二条】 厂房、设备、物料、文件和记录应当有编号（或代码），并制定编制编号（或代码）的操作规程，确保编号（或代码）的唯一性。

第一百八十三条　活动操作规程

【第一百八十三条】 下述活动也应当有相应的操作规程，其过程和结果应当有记录：
（一）确认和验证；
（二）设备的装配和校准；
（三）厂房和设备的维护、清洁和消毒；
（四）培训、更衣及卫生等与人员相关的事宜；
（五）环境监测；
（六）虫害控制；

（七）变更控制；

（八）偏差处理；

（九）投诉；

（十）药品召回；

（十一）退货。

【条文释义】

1. 什么是药品生产企业的操作规程？应包括哪些要素？

答：药品生产企业的操作规程是指经批准用来指导称量、投料、配制、设备操作、维护与清洁、验证、环境控制、取样和检验、计量等药品生产活动的通用性文件，也称标准操作规程（standard operation procedure，SOP）。SOP 是企业活动和决策的基础，其目的是规范药品的生产流程、质量控制和检验等操作，确保每个人正确、及时地执行质量相关的活动和流程，从而确保药品在各个环节中的质量和安全性、稳定性。企业应规定 SOP 的固定内容和模板，一般应涵盖表 8-12 所列要素。

表 8-12　标准操作规程的要素

封面页	每页	正文
公司名称	公司名称	1. 目的
文件类型	文件标题①	2. 适用范围
文件标题①	编号①	3. 职责（程序中各项活动的职责分配）
编号①	版本号①	4. 术语和缩略语（对术语和缩略语作出解释说明）
版本号①	页码	5. 参考（法规、指南、技术指导原则、药典等权威技术标准）
生效日期①		6. 程序②
回顾日期		需要完成的任务和达成的目标
编制人、审核人、批准人		必需的物料、设备等方面的准备
签名和日期①		分步骤描述各操作过程及标准、时限
颁发部门①		产生的文件，数据处理及记录要求
分发部门①		与本程序执行相关的其他文件
		偏差处理（必要时）
		7. 附件（空白记录、流程图、工作表、清单）
		8. 培训要求（培训对象、培训方式）
		9. 变更历史（修订时间、修订内容）①

① 表示 GMP 要求必须包含的项目。

② 表示推荐多使用流程图、表格、清单，辅以文字说明。

2. 列举 GMP 合规性检查中关于文件管理方面常出现的问题及潜在风险。

答：（1）**文件修订不及时**　未能根据新发布的法规、行业标准或内部程序更新文件，导致文件内容过时，无法准确指导实际操作，增加合规风险。

（2）**文件内容不完整**　文件内容缺乏必要的细节，或未涵盖所有关键步骤和要点，导致实际操作时无法完全遵循，可能导致操作遗漏，影响产品质量和安全性。

（3）**记录管理不规范**　记录填写存在涂改、缺失、错误等情况，或记录未在规定时间内完成，可能导致数据可追溯性降低，影响产品质量评估和合规性证明。

（4）**操作规程未明确**　操作规程描述模糊，关键步骤未详细说明，或未提供足够的操作指导，可能导致操作人员执行错误，影响生产效率和产品质量。

（5）**缺少关键文件** 关键文件缺失，如质量标准、检验规程、批生产记录、批检验记录等，可能导致产品质量无法得到有效控制和验证，增加质量风险。

（6）**文件可操作性差** 文件内容过于复杂或过于笼统，不易理解和执行，可能导致操作人员执行困难，影响生产效率和合规性。

（7）**文件执行不到位** 虽然文件制定完善，但实际操作中未严格按照文件执行，存在偏离文件要求的情况，则可能导致生产操作失控，影响产品质量和安全性。

（8）**变更控制文件缺失** 未建立有效的变更控制程序，或变更控制文件缺失，导致变更未得到适当记录和审批，则可能使变更管理混乱，影响产品质量和合规性。

附：GMP 文件管理自查表

条款	检查内容	检查方法及结果 （符合√，不符合×）	缺陷项目记录
		原则	
第一百五十条	文件是质量保证系统的基本要素。企业必须有内容正确的书面质量标准、生产处方和工艺规程、操作规程以及记录等文件	查文件总目录是否涵盖规范要求范围（ ）	
第一百五十一条	企业应当建立文件管理的操作规程，系统地设计、制定、审核、批准和发放文件。与本规范有关的文件应当经质量管理部门的审核	查有无相关书面规定（ ）	
		任意抽取 3 份文件检查其审核及批准情况（ ）	
第一百五十二条	文件的内容应当与药品生产许可、药品注册等相关要求一致，并有助于追溯每批产品的历史情况	查有无相关书面规定（ ）	
		任意抽取 1 份工艺文件检查其与药品生产许可、药品注册是否一致（ ）	
第一百五十三条	文件的起草、修订、审核、批准、替换或撤销、复制、保管和销毁等应当按照操作规程管理，并有相应的文件分发、撤销、复制、销毁记录	查有无相关书面规定（ ）	
		查有无文件分发、撤销、复制、销毁记录（ ）	
第一百五十四条	文件的起草、修订、审核、批准均应当由适当的人员签名并注明日期	查有无相关书面规定；查规定是否合理（ ）	
第一百五十五条	文件应当标明题目、种类、目的以及文件编号和版本号。文字应当确切、清晰、易懂，不能模棱两可	任意抽查 3 份文件检查文件编号、版本号是否正确（ ）	
		检查文字内容是否确切、清晰、易懂（ ）	
第一百五十六条	文件应当分类存放、条理分明，便于查阅	现场检查档案室文件存放是否符合理（ ）	
第一百五十七条	原版文件复制时，不得产生任何差错；复制的文件应当清晰可辨	有无相关书面规程（ ）	
		任意抽取 3 份文件检查复制质量是否符合规范要求（ ）	
第一百五十八条	文件应当定期审核、修订；文件修订后，应当按照规定管理，防止旧版文件的误用。分发、使用的文件应当为批准的现行文本，已撤销的或旧版文件除留档备查外，不得在工作现场出现	查有无相关书面规程（ ）	
		现场检查部门及岗位文件是否为现行版本（ ）	

续表

条款	检查内容	检查方法及结果 （符合√，不符合×）	缺陷项目 记录
第一百 五十九条	与本规范有关的每项活动均应当有记录，以保证产品生产、质量控制和质量保证等活动可以追溯。记录应当留有填写数据的足够空格。记录应当及时填写，内容真实，字迹清晰、易读，不易擦除	检查有无相关规定；任意抽取 3 份记录，检查其设计及填写情况（　）	
第一百 六十条	应当尽可能采用生产和检验设备自动打印的记录、图谱和曲线图等，并标明产品或样品的名称、批号和记录设备的信息，操作人应当签注姓名和日期	任意抽取 3 份打印记录、图谱或曲线图检查其是否符合规范要求（　）	
第一百 六十一条	记录应当保持清洁，不得撕毁和任意涂改。记录填写的任何更改都应当签注姓名和日期，并使原有信息仍清晰可辨，必要时，应当说明更改的理由。记录如需重新誊写，则原有记录不得销毁，应当作为重新誊写记录的附件保存	检查有无相关书面规程（　）	
		现场抽查人员对记录规范要求的培训情况；任意抽取 3 份记录进行检查（　）	
第一百 六十二条	每批药品应当有批记录，包括批生产记录、批包装记录、批检验记录和药品放行审核记录等与本批产品有关的记录。批记录应当由质量管理部门负责管理，至少保存至药品有效期后一年。	任意抽取一批产品检查其批生产记录、批包装记录、批检验记录和药品放行审核记录是否齐全（　）	
	质量标准、工艺规程、操作规程、稳定性考察、确认、验证、变更等其他重要文件应当长期保存	检查文件保存有无书面规定；检查规定是否符合规范要求（　）	
第一百 六十三条	如使用电子数据处理系统、照相技术或其他可靠方式记录数据资料，应当有所用系统的操作规程；记录的准确性应当经过核对	检查有无使用其他方式进行记录及其是否符合规范要求（　）	
质量标准			
第一百 六十四条	物料和成品应当有经批准的现行质量标准；必要时，中间产品或待包装产品也应当有质量标准	查文件总目录；任意抽取 6 种物料、成品或半成品检查其是否具有质量标准（　）	
第一百 六十五条	物料的质量标准内容应当涵盖规范要求范围	任意抽取 3 种物料质量标准文件检查其内容是否涵盖所有相关规范要求（　）	
第一百 六十六条	外购或外销的中间产品和待包装产品应当有质量标准；如果中间产品的检验结果用于成品的质量评价，则应当制定与成品质量标准相对应的中间产品质量标准	检查有无外购或外销的中间产品和待包装产品；检查其是否具有质量标准（　）	
第一百 六十七条	成品的质量标准内容应当涵盖规范要求范围	任意抽取 3 种成品质量标准文件检查其内容是否涵盖所有相关规范要求（　）	
工艺规程			
第一百 六十八条	每种药品的每个生产批量均应当有经企业批准的工艺规程，不同药品规格的每种包装形式均应当有各自的包装操作要求。工艺规程的制定应当以注册批准的工艺为依据	检查工艺规程目录是否涵盖所有品种（　）	
		任意抽取 3 份工艺规程检查其是否涵盖该品种所有批量（　）	
第一百 六十九条	工艺规程不得任意更改。如需更改，应当按照相关的操作规程修订、审核、批准	检查有无相关书面规定（　）	

续表

条款	检查内容	检查方法及结果 （符合√，不符合×）	缺陷项目 记录
第一百 七十条	制剂的工艺规程的内容应涵盖规范要求范围	任意抽取 3 份制剂工艺规程检查其是否涵盖 所有相关规范要求（ ）	
		批生产记录	
第一百 七十一条	每批产品均应当有相应的批生产记录，可追溯该批产品的 生产历史以及与质量有关的情况	任意抽取 3 批产品检查其有无批生产记录 （ ）	
		检查批生产记录是否可追溯该批产品的生产 历史以及与质量有关的情况（ ）	
第一百 七十二条	批生产记录应当依据现行批准的工艺规程的相关内容制 定。记录的设计应当避免填写差错。批生产记录的每一页应 当标注产品的名称、规格和批号	任意抽取 3 批批生产记录检查其内容是否与 产品工艺规程一致（ ）	
		检查记录填写、设计是否符合规范要求 （ ）	
第一百 七十三条	原版空白的批生产记录应当经生产管理负责人和质量管理 负责人审核和批准。批生产记录的复制和发放均应当按照操 作规程进行控制并有记录，每批产品的生产只能发放一份原 版空白批生产记录的复制件	检查批生产记录是否经生产管理负责人和质 量管理负责人审核和批准（ ）	
		检查有无复制、发放规定及记录及每批发放 数量是否符合规范要求（ ）	
第一百 七十四条	在生产过程中，进行每项操作时应当及时记录，操作结束 后，应当由生产操作人员确认并签注姓名和日期	现场检查操作记录填写是否及时（ ）	
		任意抽取 3 份记录检查记录签名是否正确 （ ）	
第一百 七十五条	批生产记录的内容应涵盖规范要求范围	任意抽取 3 批批生产记录检查其内容是否涵 盖所有相关规范要求（ ）	
		批包装记录	
第一百 七十六条	每批产品或每批中部分产品的包装，都应当有批包装记 录，以便追溯该批产品包装操作以及与质量有关的情况	任意抽取 3 批产品检查其有无批包装记录 （ ）	
		检查批包装记录是否可追溯该批产品的包装 操作以及与质量有关的情况（ ）	
第一百 七十七条	批包装记录应当依据工艺规程中与包装相关的内容制定。 记录的设计应当注意避免填写差错。批包装记录的每一页均 应当标注所包装产品的名称、规格、包装形式和批号	任意抽取 3 批批包装记录检查其内容是否与 产品工艺规程一致（ ）	
		检查记录填写、设计是否符合规范要求 （ ）	
第一百 七十八条	批包装记录应当有待包装产品的批号、数量以及成品的批 号和计划数量。原版空白的批包装记录的审核、批准、复制 和发放的要求与原版空白的批生产记录相同	检查批包装记录是否经生产管理负责人和质 量管理负责人审核和批准（ ）	
		检查有无复制、发放规定及记录及每批发放 数量是否符合规范要求（ ）	
第一百 七十九条	在包装过程中，进行每项操作时应当及时记录，操作结束 后，应当由包装操作人员确认并签注姓名和日期	现场检查操作记录填写是否及时（ ）	
		任意抽取 3 份记录检查记录签名是否正确 （ ）	

续表

条款	检查内容	检查方法及结果 （符合√，不符合×）	缺陷项目记录
第一百八十条	批包装记录的内容应涵盖规范要求范围	任意抽取3批批包装记录检查其内容是否涵盖所有相关规范要求（　）	
操作规程和记录			
第一百八十一条	操作规程的内容应当包括：题目、编号、版本号、颁发部门、生效日期、分发部门以及制定人、审核人、批准人的签名并注明日期，标题、正文及变更历史	任意抽取3份操作规程检查其内容是否涵盖所有相关规范要求（　）	
第一百八十二条	厂房、设备、物料、文件和记录应当有编号（或代码），并制定编制编号（或代码）的操作规程，确保编号（或代码）的唯一性	检查有无相关书面文件（　）	
		任意抽取3份文件或记录检查其编号是否与文件规定一致（　）	
第一百八十三条	下述活动也应当有相应的操作规程，其过程和结果应当有记录：确认和验证；设备的装配和校准；厂房和设备的维护、清洁和消毒；培训、更衣及卫生等与人员相关的事宜；环境监测；虫害控制；变更控制；偏差处理；投诉；药品召回；退货	检查文件目录是否涵盖所有相关规范要求（　）	
		任意抽取3份规程检查其制定是否合理规范（　）	
检查员		日期　　　　××××年××月××日	

备注（缺陷项目因空格受限无法完整记录的，可详细记录于下）：

思维导图

第九章　生产管理

第一节　原则

第一百八十四条　药品的生产和包装

【第一百八十四条】 所有药品的生产和包装均应当按照批准的工艺规程和操作规程进行操作并有相关记录，以确保药品达到规定的质量标准，并符合药品生产许可和注册批准的要求。

【条文释义】

上课教师讲到制剂生产可以按制剂标准限度的上限投料，即按 110% 投料，但在药品注册时，审评中心又明文规定只能 100% 投料，两条是否矛盾？如何操作？

答：不矛盾，可在工艺规程中制订。《中国药典》（2025 年版）指出：如已知某一成分在生产或贮存期间含量会降低，生产时可适当增加投料量，以保证在有效期内含量能符合规定。遇到此类情况，按制剂标准限度的上限投料是符合规定的，也可经过验证，并符合注册要求。

第一百八十五条　生产批次的划分

【第一百八十五条】 应当建立划分产品生产批次的操作规程，生产批次的划分应当能够确保同一批次产品质量和特性的均一性。

【条文释义】

1. 什么是批？

答：详见第三百一十二条（二十七）

2. 什么是批号？

答：详见第三百一十二条（二十八）。

3. 生产过程因受总混料斗容积限制，批量受限制。如果采取验证方法，证明产品是均一的，操作步骤是：先总混两料斗，再分别从两料斗中各取一半再混合两次，可以吗？

答：此方法不足以证明产品是均一的。根据 GMP（2010 年修订版）第三百一十二条规定，口服或外用的固体、半固体制剂应以成型或分装前使用同一台混合设备一次混合所生产的均质产品作为一批，当前方法不符合这一规定。一般对最终混合的要求是在同一容器内、同一时间内完成的混合，并经确认证实物料的均一性。

第一百八十六条　药品批号和生产日期

【第一百八十六条】 应当建立编制药品批号和确定生产日期的操作规程。每批药品均应当编制唯一的批号。除另有法定要求外，生产日期不得迟于产品成型或灌装（封）前经最后混合的操作开始日期，不得以产品包装日期作为生产日期。

【条文释义】

一个配液罐的同一批产品，供两台灌装机分别生产不同规格的产品，是否可以？

答：可以，但要编制两个批号。一个配液罐的同一批产品，供两台灌装机分别生产不同规格的产品时，应按灌装机分别分配批号，防止混淆，批号应可追溯到配液罐的生产信息。注意合理计算，控制批平衡。

第一百八十七条　产量物料平衡

【第一百八十七条】 每批产品应当检查产量和物料平衡，确保物料平衡符合设定的限度。如有差异，必须查明原因，确认无潜在质量风险后，方可按照正常产品处理。

【条文释义】

1. 什么是物料平衡？

答：将产品或物料的实际产量（或实际用量）与收集的损耗之和，同理论产量（或理论用量）进行对比，并纳入可允许的偏差范围进行考量。

2. 条款中指出"确保物料平衡符合设定的限度。如有差异，必须查明原因"。这种物料平衡差异调查，是否按照偏差对待，并且展开偏差调查？

答：超出物料平衡限度范围的物料平衡差异属于偏差，当出现偏差后，应当进行偏差处理。

第一百八十八条　药品生产操作

【第一百八十八条】 不得在同一生产操作间同时进行不同品种和规格药品的生产操作，除非没有发生混淆或交叉污染的可能。

【条文释义】

1. "不得在同一生产操作间同时进行不同品种和规格药品的生产操作"，对于口服制剂，如一个操作间有多台热风循环干燥箱，在同一天分不同时段对不同产品分别上料和收料生产，是否可行？

答：对于口服制剂，交叉污染是药品生产的主要风险，同一操作间多台热风循环干燥箱同时进行多品种生产，有交叉污染的风险，仅上料和收料时分时段，不可行。

点评：对于固体制剂生产，热风循环干燥箱难以做到密闭生产，所以在同一天、不同时段，不得对不同产品分别上料和收料生产。

2. 同一品种、同一规格产品的不同生产工序（物料状态不同）可否在同一操作间内进行？

答：可以在同一操作间内进行。

点评：在同一品种、同一规格产品的不同生产工序，在同一操作时间内进行生产应进行必要的风险评估，针对可能的风险进行必要的控制，防止不同工序间的交叉污染和混淆。如工序高活性成分（API）含量的物料交叉污染低 API 含量的工序，对产品质量、工艺过程产生影响。

3. 中药口服固体制剂车间与化学药口服固体制剂车间可否共用车间？

答：经过风险评估，决定是否可以。

点评：需通过验证确认产品之间无相互影响，验证过程中需至少考虑物料、原料、微生物、生产环境等方面的相互影响，同时确保清洁后的残留量符合规定要求。

第一百八十九条　产品和物料污染的避免

【第一百八十九条】 在生产的每一阶段，应当保护产品和物料免受微生物和其他污染。

【条文释义】
什么是污染?
答：详见第三百一十二条（三十七）。

第一百九十条　生产过程的特殊措施

【第一百九十条】 在干燥物料或产品，尤其是高活性、高毒性或高致敏性物料或产品的生产过程中，应当采取特殊措施，防止粉尘的产生和扩散。

【条文释义】
1. 高活性物料和产品指什么样的物料和产品?
答：单位重量相对活性高的物质就是高活性物料，目前国内没有法定的评价方法，可以通过物料的材料安全数据表（MSDS）等分类标准进行分类。
点评：高活性物料和产品是指以下几个方面活性高的物质：高生物活性（细菌、病毒等），高毒性，高致敏性（参考半数致死量 LD_{50} 值），以及高环境风险的原辅料和药品。具体可参考《危险化学品目录》。
2. 生产过程的特殊措施实例（图 9-1）。

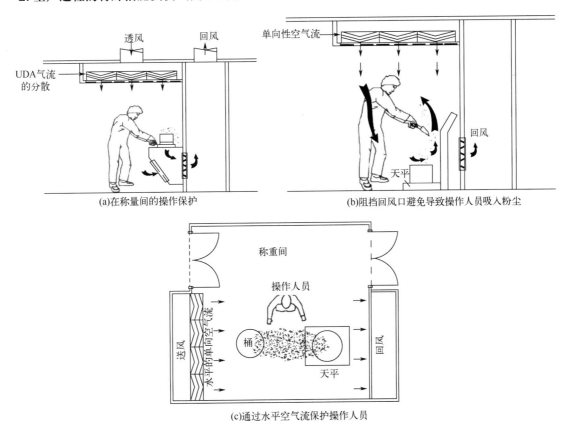

(a)在称量间的操作保护　　(b)阻挡回风口避免导致操作人员吸入粉尘

(c)通过水平空气流保护操作人员

图 9-1　层流保护的一般形式

第一百九十一条　贴签标识或以其他方式标明

【第一百九十一条】　生产期间使用的所有物料、中间产品或待包装产品的容器及主要设备、必要的操作室应当贴签标识或以其他方式标明生产中的产品或物料名称、规格和批号，如有必要，还应当标明生产工序。

【条文释义】

1. 增加标识的作用是什么?

答：对物料、产/成品的容器，设备仪器，设施，厂房或区域等物品或空间进行标识，以便操作人员快速、精准地得到相关信息，避免产生差错和混淆。在该条中之所以强调用"贴签"的方式，是因为粘贴的标识不易脱落，脱落后的标识更容易产生误导风险。

贴签标识如图9-2所示。

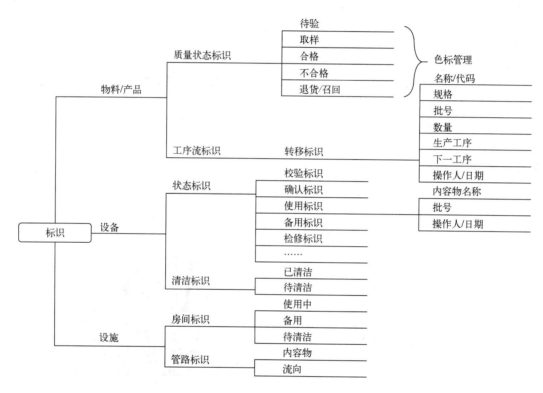

图9-2　贴签标识

2. 标识的分类有哪些?

答：标识通常分为信息指示标识、质量状态标识、卫生状态标识等。

（1）**信息指示标识**　通常指所标识物体本身或内容物信息，如名称、唯一性编号/批号、储存条件、效期等信息。

（2）**质量状态标识**　通常指物料待验、合格、不合格信息，仪器设备的待校验或待验证、校验或验证合格证，包括签发人及签发日期。

（3）**卫生状态标识**　通常指仪器设备的待清洁、已清洁信息，区域房间的待清洁、清场合格证。

第一百九十二条　标识及其要求

【第一百九十二条】　容器、设备或设施所用标识应当清晰明了，标识的格式应当经企业相关部门批准。除在标识上使用文字说明外，还可采用不同的颜色区分被标识物的状态（如待验、合格、不合格或已清洁等）。

【条文释义】

1. 企业对标识应如何管理?

答：企业应建立标识管理文件，明确标识分类、各类标识格式（含文字内容与格式、颜色、尺寸比例等，并附具体标识样张）、签发时机、签发岗位、推荐贴具的位置等信息。同时明确规定：所有使用人员在使用物品或空间之前，均应先确认标识信息，按标识规定使用；如发现标识受损、将脱落或信息有误，应及时通知至签发岗位人员重新贴具标识。该文件及所附标识格式，应经企业使用部门按需设计规划、相关部门及 QA 部门审核确认无其他已批准的同样用途的标识、标识信息与颜色等事宜。

在各现场尽可能统一标识格式，不仅有助于现场整齐美观度，同样是避免理解歧义、造成混淆的方式之一。

2. 制药企业通常采用哪些颜色区分被标识物的状态?

答：企业通常用红、黄、绿这类醒目颜色来清晰指示质量卫生状态或其他警示状态。通常，色标含义如下。

① 红色：表示不合格，或禁用。如不合格证、设备停用标识等。或其他消防法规要求的红色标识。除不合格品区内以外的 GMP 区域，应尽可能避免存在贴具红色 GMP 标识物品。

② 黄色：表示警示，或待一定处理后方可使用。如待验、待校验、待验证、待清洁等。

③ 绿色：表示合格，或随时备用。如质量/校验/验证合格、已清洁等。

④ 白色或蓝色：表示信息指示或描述。如样品标识、溶液信息标识、设备信息标识、下次维保提示标识等。

第一百九十三条　设备连接的检查

【第一百九十三条】　应当检查产品从一个区域输送至另一个区域的管道和其他设备连接，确保连接正确无误。

【条文释义】

1. 对设备连接的检查意义是什么?

答：是为了防止在药品生产过程中出现污染、交叉污染以及混淆、差错等风险，确保持续稳定地生产出符合预定用途和注册要求的药品。

2. 如何确保连接正确无误?

答：① 根据药品生产工艺，管道及设备使用、设计、安装确认文件，确认管道连接有防错接硬件设计（如管道卡箍的专用设计），并增加软件的提示和防范，如在连接处附近、方便可见范围内贴具管道标识（指示内容物及其流向）、管道阀门顺序编号等，以指示连接朝向与顺序。

② 在设备操作规程中明确设备或管道连接具体操作指导，管道连接后进行必要的确认措施，如管道保压测试密封性等。

③ 生产前检查管道和其他设备连接的正确性、保压测试结果等。检查应有记录，必要时增加人员复核、确认等综合措施。

第一百九十四条　清场及清场情况确认

【第一百九十四条】　每次生产结束后应当进行清场，确保设备和工作场所没有遗留与本次生产有关的物料、产品和文件。下次生产开始前，应当对前次清场情况进行确认。

【条文释义】

1. 清场的意义是什么?

答：为了防止药品生产中不同批号、品种、规格之间的污染和交叉污染，各生产工序在生产结束、更换品种及规格或换批号前，应彻底清理及检查作业场所。有效的清场管理程序，可以防止混药事故的发生。

清场分为大清场和小清场。大清场是指换品种时或者连续生产一定批次后进行的彻底清场；小清场是指同品种、同规格的产品生产的批间清场和生产完工后的每日清场。

2. 每日生产完工后，清场有什么要求?

答：每日生产完工后的清场要求：

① 地面无积尘、无结垢，门窗、室内照明灯、风管、墙面、开关箱外壳无积尘，室内不得存放与生产无关的物品。

② 使用的工具、容器清洁无异物，无前次产品的残留物。

③ 设备内外无前次生产遗留的药品，无油垢。

④ 调换品种、规格时，必须对原料、辅料、包装材料、标签，说明书等的领用数、使用数和剩余数认真核对，核对无误后认真填写记录，对不再使用的原料、辅料、包装材料、标签、说明书要及时清场，返回库里。对印有批号的标签、包装材料不得涂改使用，应由专人负责及时销毁，并做好记录。

⑤ 清场后检查：清场结束后，清场记录（表9-1）需要双人复核。检查结束后在清场记录上签字，合格后发给清场合格证（图9-3）或者其他合适的方式（例如清场批记录证明清场合格）。

"清场合格证"或者其他合适的方式（例如清场批记录证明清场合格）作为下一个班次、下一批产品、另一个品种或同一品种不同规格产品的生产凭证，附入批生产记录。

清场未合格并通过QA批准前不得进行另一个品种或者同一品种不同规格产品的生产。

表 9-1　清场记录样单

清场前产品名称		规格		批号	
清场内容及要求		清场人	复核人		工艺员检查情况
1	设备及部件内外清洁，无异物				
2	无废弃物，无前批遗留物				
3	门窗玻璃、墙面、顶棚清洁，无尘				
4	地面清洁，无积水				
5	容器具清洁无异物，摆放整齐				
6	灯具、开关、管道清洁，无灰尘				
7	回风口清洁，无尘				
8	地漏清洁、消毒				
9	卫生洁具清洁，按定置放置				
10	其他				
结论					
清场人		工艺员		质监员 QA	

```
×公司×车间清场合格证(正本)          文件编号:

原生产品名 _____  规格 _____

批号 _____

调换品名 _____  规格 _____

批号 _____

清场班组 _____

清场者签名 _____

检查者签名 _____

          清场日期      年  月  日
```

图 9-3　清场合格证

第一百九十五条　偏差处理

【第一百九十五条】　应当尽可能避免出现任何偏离工艺规程或操作规程的偏差。一旦出现偏差，应当按照偏差处理操作规程执行。

【条文释义】

1. 什么是偏差?

答：在第二百五十条中规定了任何偏离生产工艺、物料平衡限度、质量标准、检验方法、操作规程的情况均应当有记录。即偏离已批准的程序文件、方案或指令及其他相关法律法规的任何情况均属于偏差。程序文件包括但不限于：工艺规程与岗位操作规程、主批记录、质量标准、检验操作规程、检验记录、其他 SOP 等。方案包括但不限于验证确认类方案（含方法转移方案）、稳定性考察方案等。

例如：工艺规程规定每隔半小时抽查胶囊填充每粒的粒重，但是实际某次某个操作人员隔了 1 小时后才抽查，那么这就违背了工艺规程中规定的要求，这便是一个偏差。

2. 如出现偏差，应如何处理?

答：企业应当建立偏差处理规程，规定偏差的报告、记录、调查、处理以及所采取的纠正和预防措施，并有相应的记录，以指导根本原因调查、质量风险评估与纠正和预防措施的高效开展，以推动质量体系持续改进，预防偏差的重复发生。

以下是常规的偏差处理流程（图 9-4）：

（1）**偏差报告**　发现偏差人员应立即报告主管人员及质量管理部门，现场确认偏差情况、受影响的范围，确认必要的应急措施（如暂停生产、暂停检测、将物料或中间产品隔离、区域暂停使用）以防止事态扩大，并启动偏差报告。

（2）**偏差初步分级**　对任何偏差均应评估其对产品质量的潜在影响。企业可以根据偏差的性质、范围、对产品质量潜在影响的程度将偏差进行初步分级（如轻微、主要、严重）。

（3）**偏差调查、评估与纠正和预防措施（CAPA）**　识别偏差相关部门组建偏差调查小组，对人员、设备设施、物料/产品、文件/记录/方法、环境等因素进行调查，确定偏差根本原因，评估偏差对产品质量的潜在影响（产品的处置情况等），制定消除问题现象和根本原因的 CAPA。

（4）**偏差分级确认**　根据风险评估和偏差调查报告的结果对偏差分级进行确认或调整，必要时重新进行调查和风险评估。

（5）**第三方确认**　如涉及第三方（客户或相关方）的也应通知第三方进行确认。

（6）**偏差调查报告批准**　偏差调查报告应当经调查小组确认并由质量管理部门的指定人员审核并签

字批准。

（7）**CAPA 实施和跟踪** CAPA 应在规定的时限内完成，并确认预防措施的有效性。

（8）**偏差关闭** 纠正和预防措施实施完成，并确认预防措施有效性后，偏差关闭。

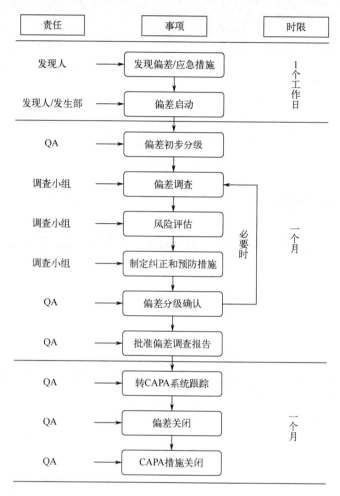

图 9-4 常规偏差处理流程

第一百九十六条 生产厂房人员限制

【第一百九十六条】 生产厂房应当仅限于经批准的人员出入。

【条文释义】

1. 仅限于经批准的人员出入的生产厂房，是指生产车间吗？

答：不仅仅包括生产车间，这里的"生产"厂房，是指大生产的概念，除了生产车间，还包括仓库区域、QC 检测区域、生产自控中心，以及从来料至成品出厂的药品生产、质量控制全过程相关操作现场。

2. 如何落实该条要求？

答：可考虑从如下几方面落实：

（1）**硬件控制** 对各现场实施门禁管理，只允许经批准的人员刷卡或刷指纹/脸等专用生物密码进入。

（2）**程序文件管理**

① 建立门禁管理制度。建立各区域门禁授权人员名单，相应人员在授权前应通过相应培训与考

核。对污染、混淆风险高的特定区域，如洁净区等，培训考核、陪同监管应更严格。

② 不在门禁授权范围内人员，需提前申请，通过培训后，由被授权人员陪同进入，做好进出登记。

③ 洁净区允许进入人数应经验证并规定在文件中，入口处现场显示已在场人数。

第二节 防止生产过程中的污染和交叉污染

第一百九十七条 生产过程的措施

【第一百九十七条】 生产过程中应当尽可能采取措施，防止污染和交叉污染，如：

（一）在分隔的区域内生产不同品种的药品；

（二）采用阶段性生产方式；

（三）设置必要的气锁间和排风；空气洁净度级别不同的区域应当有压差控制；

（四）应当降低未经处理或未经充分处理的空气再次进入生产区导致污染的风险；

（五）在易产生交叉污染的生产区内，操作人员应当穿戴该区域专用的防护服；

（六）采用经过验证或已知有效的清洁和去污染操作规程进行设备清洁；必要时，应当对与物料直接接触的设备表面的残留物进行检测；

（七）采用密闭系统生产；

（八）干燥设备的进风应当有空气过滤器，排风应当有防止空气倒流装置；

（九）生产和清洁过程中应当避免使用易碎、易脱屑、易发霉器具；使用筛网时，应当有防止因筛网断裂而造成污染的措施；

（十）液体制剂的配制、过滤、灌封、灭菌等工序应当在规定时间内完成；

（十一）软膏剂、乳膏剂、凝胶剂等半固体制剂以及栓剂的中间产品应当规定贮存期和贮存条件。

【条文释义】

1. 什么是阶段性生产方式？

答：详见第三百一十二条（二十二）。其核心目的是节约场地及设备设施资源，使其得到最大效率利用；或者暂停不生产一定周期，过一定时间后再启动同产品的生产，这种情况主要考虑节约能耗和其他成本或者产品工艺特性。

2. 什么是气锁间？

答：详见第三百一十二条（三十）。设置气锁间的目的是在人员或物料出入时，对气流进行控制。气锁间分为人员气锁间和物料气锁间。

3. 厂区布局设计及其洁净度级别要求如图9-5、图9-6所示。

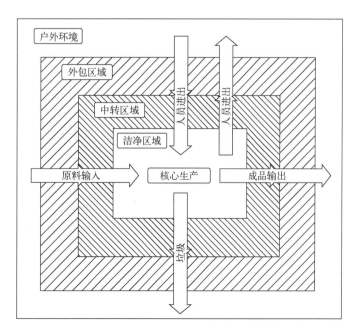

图9-5 厂区设计布局示意图

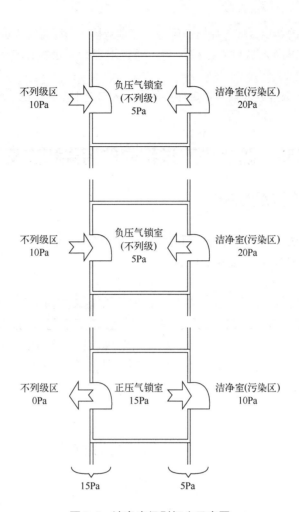

图 9-6   洁净度级别初步示意图

第一百九十八条   污染和交叉污染的评估

【第一百九十八条】   应当定期检查防止污染和交叉污染的措施并评估其适用性和有效性。

【条文释义】

1. 交叉污染风险评估包括哪些内容?

答:生产操作中可能的污染主要有以下四个途径:人员、设备、环境、物料。

污染可以是交叉污染、灰尘污染或微生物污染,对于许多外来物质的污染,无法通过最终检验来识别,带来巨大的质量风险。生产管理人员要时刻考虑可能的污染和交叉污染的风险,并通过控制来避免这些风险,尤其是在最后的生产步骤中。

应该被评估的一些风险如下:

① 应评估共线产品的允许日暴露量(PDE)/可接受日暴露量(ADE)报告或毒性数据,需特别关注高致敏、高活性、高毒性、基因毒性等产品潜在的交叉污染风险。

② 多个产品在一个生产区域或车间同时进行生产的情况下,应当采取严格的规程和措施避免在生产操作中原料和中间体的误用。

③ 通常投料区应干净整洁,邻近投料区的辅助管线不应有油漆碎屑、锈斑或滴水等。应避免在同一时间、在同一操作区域同时有不同工序或不同产品投料操作,除非已采取密闭操作等措施防止交

叉污染。

④ 如果中间体的提取是在开放区域中进行，应当与其他工序的设备保持充足的距离，如过滤器和干燥器之间。

⑤ 机械件的磨损带来的污染，如打粉机、金属筛网等。可以通过周期性检查，或者添置在线的金属探测器来控制。

⑥ 机械密封带来的污染。如轴承漏油、冷冻盐水渗入等。

⑦ 人员卫生方面的污染。如人员带入的颗粒、微生物，工衣上的线头。

⑧ 抹布、清洁工具等带来的污染。

评估的对象：监控程序、清洁程序的风险评估，清洁验证的结果、产品质量回顾分析，偏差处理的回顾分析等。

2. 为什么要对防止污染和交叉污染的措施进行定期检查和评估？

答：原先制定的防污染措施和交叉污染措施是基于当时的人员、设备、物料、工艺、环境等输出的措施，但是随着厂房设施设备性能随时间衰减，人员、设备、物料、工艺、环境等逐步变更，阶段性生产方式变更等，可能原先的措施就逐渐不那么有效了，所以需要定期系统性回顾评估和定期检查。

例如：原先物料是纸箱包装的，那么拟定的措施是脱外包进入洁净区，但是当这个物料厂家更换包装为内PE袋、外塑桶的时候，那么原先的措施就不适合了，而应该先擦拭外包装再经过紫外消毒进入洁净区。

3. 通常采用何种方式对防止污染和交叉污染措施的适用性和有效性进行定期检查与评估？

答：通常通过定期回顾污染和交叉污染风险评估报告、定期清洁验证、厂房设施设备定期再确认、产品杂质档案定期自检等方式，来定期评估确认防止污染和交叉污染的措施的适用性和有效性。

第三节　生产操作

第一百九十九条　生产前的检查

【第一百九十九条】　生产开始前应当进行检查，确保设备和工作场所没有上批遗留的产品、文件或与本批产品生产无关的物料，设备处于已清洁及待用状态。检查结果应当有记录。

【条文释义】

生产开始前检查的意义是什么？

答：生产前检查工作的目的是防止不正确的物料或中间体、未清洁干净的设备用于生产，误用其他产品的文件记录，这是防止生产过程中出现交叉污染、混淆与差错的重要措施之一。具体检查项目包含：

① 现场应无上次生产遗留的产品、物料及文件记录等；

② 本次生产条件已具备，如房间干净且在清场效期内，温湿度、压差等环境监测参数符合要求，各生产设备、工器具洁净且在清洁效期内，设备和系统在验证有效期内，计量器具在计量有效期内，批生产指令已下达等。

第二百条　中间控制和环境监测

【第二百条】　应当进行中间控制和必要的环境监测，并予以记录。

【条文释义】

什么是中间控制?

答:详见第五十六条的第 1 问。可将对环境或设备控制参数的检查,以及中间体在线取样检测等可出检验结果的检测项目,均视作中间控制的一部分。

第二百零一条　清场记录

【第二百零一条】 每批药品的每一生产阶段完成后必须由生产操作人员清场,并填写清场记录。清场记录内容包括:操作间编号、产品名称、批号、生产工序、清场日期、检查项目及结果、清场负责人及复核人签名。清场记录应当纳入批生产记录。

【条文释义】

第一百九十四条和第二百零一条有什么区别? 企业要做到在每批生产结束后要清场设备和场所与本次生产有关的物料,那是否每批压片结束后要把所有的模具和冲头都拆下来清场使之符合要求?

答:"每次""每批"的表述没有本质的区别。第一百九十四条和第二百零一条都要求每个生产阶段生产结束后进行清场。第一百九十四条的内容是讲清场的原则要求,主要是生产后的清场要求和生产前的清场确认的要求;第二百零一条主要是清场记录的具体要求。药品生产根据剂型、生产工艺要求、生产作业方式等不同,清场可采用单批次生产或多批次连续生产两种方式。对于连续生产,经过风险评估,可以采用大清场或小清场两种方式。

单批次生产的产品每次结批后需要把所有与物料接触的部分进行彻底的清洁、清场,把所有与上批相关的生产物料、文件等清离现场,使之符合下次生产的要求,即所谓的"大清场",包括把所有的模具和冲头都拆下来清洁。多批次连续生产的产品可以在批与批间进行所谓的"小清场",即仅需将标识有上一批批号的产品、文件等与下批生产无关的物料进行清场,不必把所有的模具和冲头都拆下来清洁,但要对设备外表面及环境进行清洁。

第四节　包装操作

第二百零二条　包装操作规程

【第二百零二条】 包装操作规程应当规定降低污染和交叉污染、混淆或差错风险的措施。

【条文释义】

1. 什么是包装?

答:待包装产品变成成品所需的所有操作步骤,包括内包、贴签、装盒、装箱、关联追溯码等过程。

2. 如何降低包装过程污染和交叉污染、混淆或差错风险?

答:① 结合生产模式、产品特点、厂房/设施、设备等因素,对包装操作过程中易导致污染、交叉污染、混淆和差错的风险进行识别和评价,并采取降低风险的硬件措施与管理规定。包括但不限于:采用封闭式/管道化物料输送方式,以及连续性工序设计的包装线,避免物料和产品过多地暴露于包装空间中;采用阶段性生产模式减少不同产品之间交叉生产的频率;采用硬件隔离方式,建立品种专用的包装区;采用精益管理中的 5S 管理等措施。

② 基于上述风险评估输出的操作细节及注意事项,规定在包装操作规程中,以及在生产过程中严

格执行与复核确认。

第二百零三条　包装开始前检查

【第二百零三条】 包装开始前应当进行检查，确保工作场所、包装生产线、印刷机及其他设备已处于清洁或待用状态，无上批遗留的产品、文件或与本批产品包装无关的物料。检查结果应当有记录。

【条文释义】

1. 包装开始前检查的意义是什么?

答：包装开始前检查工作的目的是防止工作场所、包装生产线、印刷机及其他设备污染包材或药品，防止不同批产品、与本批产品包装无关的物料用于生产，误用其他产品的文件记录。具体检查项目包含：①现场应无上次生产遗留的产品、物料及文件记录等；②本次包装条件已具备，如工作场所、包装设备洁净且在清洁效期内，温湿度、压差等环境监测参数符合要求，包装核心设备在验证有效期内，计量器具在计量有效期内，批包装指令已下达等。

2. 如不开展包装前检查，可能存在什么风险?

答：如上一产品的说明书洒落在桌角没被发现，导致本批包装时混入本产品的包装盒中，如果患者按该错误的说明书日剂量服用，可能影响疗效或患者安全。

如内包线上仍有上一批产品破损物料或药片残留在角落，一旦混入本批药片中，可能造成混药的重大质量事故，直接影响患者安全。

第二百零四条　包装操作前检查和核对

【第二百零四条】 包装操作前，还应当检查所领用的包装材料正确无误，核对待包装产品和所用包装材料的名称、规格、数量、质量状态，且与工艺规程相符。

【条文释义】

1. 什么是包装材料?

答：详见第三百一十二条（二）。

企业应该确保直接接触产品的包装材料和容器符合国家药品监督管理局《直接接触药品的包装材料和容器管理办法》的规定；印刷包装材料如印字铝箔、标签、说明书、纸盒等字迹清晰，内容、式样、文字符合《药品标签和说明书管理规定》的要求。

2. 如何核对待包装产品和所用包装材料的名称、规格、数量、质量状态，且确保其工艺规程相符?

答：针对待包装产品，应核对产品名称和企业内部的产品代码、产品批号、数量或重量（如毛重、净重等）、生产工序（必要时）、产品质量状态（必要时，如待验、合格、不合格、已取样）。

针对所用包装材料，应核对其名称、代码、规格是否与工艺规程一致，质量状态是否合格放行，数量是否与待包装产品件数一致。

第二百零五条　标识标明的内容

【第二百零五条】 每一包装操作场所或包装生产线，应当有标识标明包装中的产品名称、规格、批号和批量的生产状态。

【条文释义】

包装线标识的意义是什么?

答:每一包装操作场所及包括内包贴签生产线、外包装生产线在内的每一包装生产线,均应设置生产状态标识,标明所包装产品的名称、规格(装量大小、包装规格)、批号、批量以及生产状态。

单品种生产时起到随时提示的作用,以助于识别低概率的清场疏漏、防止换班生产交接失误。多品种共车间线进行包装时,还需要增加两条包装线之间的物理隔挡,更有助于避免品种间混淆和差错风险。

第二百零六条 数条包装线包装

【第二百零六条】 有数条包装线同时进行包装时,应当采取隔离或其他有效防止污染、交叉污染或混淆的措施。

【条文释义】

一个操作间有几条包装生产线?可以同时开启生产吗?

答:对于设置了多条包装线的大型包装车间,当数条包装线同时进行包装时,应尽可能采取物理隔离方式,也可结合生产模式、产品特点、厂房/设施、设备等因素制定其他有效措施,如:采用封闭式/管道化物料输送方式,以及连续性工序设计的包装线,避免物料和产品过多地暴露于包装空间中;采用精益管理中的 5S 管理;采用局部高效捕尘装置避免内包过程粉尘扩散等措施。在做好有效物理隔离防护措施,能确保产品交叉污染或混淆风险可控的前提下,可以同时开启。

第二百零七条 待用分装容器的要求

【第二百零七条】 待用分装容器在分装前应当保持清洁,避免容器中有玻璃碎屑、金属颗粒等污染物。

【条文释义】

什么是待用分装容器?待用分装容器如何管理?

答:待用分装容器指与物料或产品直接接触的分装用容器。

使用清洁后还应确认其完整性,避免出现异物引入产品的风险。

为避免对待分装药品的污染,待用分装容器应:

① 基于清洁验证输出,建立使用前清洁/灭菌操作规程,明确清洁方法、清洁频率、可接受标准及清洁后储存条件和清洁有效期。

② 严格按操作规程清洁/灭菌,确保无玻璃碎屑、金属颗粒等可见异物。

③ 使用前确认其目视完好、洁净、无异物,且在清洁/灭菌效期内。

④ 使用过程及使用后,目视确认完整无破损,无明显可见异物。

第二百零八条 产品贴签

【第二百零八条】 产品分装、封口后应当及时贴签。未能及时贴签时,应当按照相关的操作规程操作,避免发生混淆或贴错标签等差错。

【条文释义】

1. 为什么要及时贴签?

答: 产品完成分装、封口后, 无法直接通过外包装判断产品, 需要及时贴上产品标签, 以免出现批间甚至品种间混淆差错。如无法立即张贴, 应有文件规定, 细化规定操作与复核相关注意事项, 如物理隔离、定置集中存放、临时固定产品信息卡等。

2. 贴标签的操作要求有哪些?

答: 岗位操作员首先要核对标签版本的正确性。设备带有标签条码检测系统时, 还应该开启标签条码检测功能, 100%确认标签的正确性。将标签安装好后, 正式开始包装前, 需双人核对确认标签上打印的产品批号、生产日期、有效期信息正确。设备带有自动控制系统时, 还应该开启并剔除无签、空白签以及标签批号信息不正确的包装, 并对剔除功能进行测试。在包装过程中应周期性对剔除功能进行测试, 并检查标签上产品批号、生产日期、有效期信息的正确性。操作应有文件规定及相应记录。

第二百零九条　打印信息的检查

【第二百零九条】 单独打印或包装过程中在线打印的信息 (如产品批号或有效期) 均应当进行检查, 确保其正确无误, 并予以记录。如手工打印, 应当增加检查频次。

【条文释义】

单独打印或包装过程中在线打印的信息如何进行检查? 检查频率如何? 检查记录如何管理?

答: 制剂成品包装时, 标签、纸盒、外箱等均需根据批生产指令打印产品批号、生产日期和有效期。如包装过程在线打印或喷印, 通常由指定人员预设打印信息后, 打印首件交第二人复核、QA确认并签字, 经确认后首件作为批包装记录的一部分留存粘贴。设备带有自动控制系统时, 还应开启标签打印信息识别与剔废功能, 对打印信息不清晰、不准确或偏离预定打印区域的进行剔除。该剔废功能也需在包装前进行确认, 如包装时间较长还需考虑在包装过程中周期性确认该剔废功能。如为手工打印, 则至少会在包装开始、包装过程、包装结束时确认打印信息的正确、完整、清晰可读且在预定区域内。

原料药成品标签可在收到包装件数及零头包装重量信息后, 到受控的标签打印设备上使用受控的标签模板, 输入批号、生产日期、效期、重量等信息后单独打印。通常会对批量打印的整件包装标签、单独打印的零头包装标签各多打印一份, 交第二人复核, 复核内容包括但不限于批号、效期、生产日期、重量等, 确保标签信息与产品信息一致、与工艺规程中模板要求一致。该确认后的2份纸质样签附于批包装记录留存, 2份电子样签另存至规定的文件夹, 按电子数据管理和保存。原料药成品标签的打印、发放、检查均需有记录。单独打印的标签, 在贴签前及贴签过程检查时, 也需关注打印或喷印信息准确、完整、清晰可读且在预定区域内。

第二百一十条　单独打印标签

【第二百一十条】 使用切割式标签或在包装线以外单独打印标签, 应当采取专门措施, 防止混淆。

【条文释义】

什么是切割式标签?

答: 切割式标签是一种经过自动切割和标签打印机打印的标签。它们通常以纸张或塑料片的形式出现, 包括带有预设缺口的小条形标签。切割式标签的特点是: 它们可以轻松地从标签纸或标签卷上切割下来, 这是因为它们已经预先切割好, 减少了必须手动切割标签的工作量。

切割式标签需要单独打印，与其他在包装线外单独打印的标签一样，应具备专门的防止混淆措施，应有文件规定及检查记录。如账户密码保护的专用打印设备，专区切割，专用密闭容器存放、转运和使用中暂存，专人并上锁管理。同一时间、同一房间内只进行一个品种一个批号标签切割与贴签操作，双人复核与过程抽检等方式防混淆差错。标签打印、切割、转运、发放与接收、使用和报废全过程均应有记录，确认数量平衡。

第二百一十一条　标签计数器等的检查

【第二百一十一条】 应当对电子读码机、标签计数器或其他类似装置的功能进行检查，确保其准确运行。检查应当有记录。

【条文释义】

包装线常见的自动检测设备有哪些？何时检查确认其运行准确性？

答：包装线常见的检测设备有：电子读码机、标签计数器、标签缺失检测与剔废装置、漏片检测与剔废装置、在线称重检测与剔废装置等。企业应在包装线运行确认及性能确认阶段对自动监测装置及软件系统进行测试，保证其可靠性，需要校验的装置应进行确认前及定期校验。日常包装生产时，为防止自动监测功能突然失效，应在包装前、包装过程定期对以上功能进行测试，确认其运行准确性和可靠性，并形成测试记录。包装设备参数调整、故障大修等变更后，也需基于变更影响评估，确认是否需重新确认各检测剔废功能的运行准确可靠性。

第二百一十二条　包装材料内容

【第二百一十二条】 包装材料上印刷或模压的内容应当清晰，不易褪色和擦除。

【条文释义】

包装材料上印刷或模压的内容主要指哪些内容？如何确保其清晰、不易褪色和擦除？

答：包装材料上印刷或模压的内容，通常包括印刷包材备案内容和每批生产时印刷或模压上的产品批号、生产日期、有效期等内容。

印刷包材备案内容通常委托供应商印刷。需建立印刷包材标签上下偏色和标准色样稿，对样稿进行版本控制，并作为与供应商签订质量协议的一部分。每批印刷包材标签来料，都基于 GB/T 2828.10—2010《计数抽样检验程序 第 10 部分：GB/T 2828 计数抽样检验系列标准导则》抽样和检查确认印刷内容清晰度、颜色与现行版标准样稿一致。对包材印刷供应商质量管理体系进行批准前现场审计及定期现场审计。

企业每批生产时印刷或模压上的产品批号、生产日期、有效期等内容的清晰度，按第二百零九条下相关要求确认。选择不易褪色或擦除的油墨，确定类型与品牌型号。对该油墨按物料或关键生产耗材管控。

第二百一十三条　产品的中间控制检查

【第二百一十三条】 包装期间，产品的中间控制检查应当至少包括下述内容：

（一）包装外观；

（二）包装是否完整；

（三）产品和包装材料是否正确；

（四）打印信息是否正确；

（五）在线监控装置的功能是否正常。

【条文释义】

1. 为什么样品从包装生产线取走后不应当再返还？如果采用手工包装，中间控制检查也在包装现场进行，能否将样品返还？

答：① 根据 GMP 原则，样品从包装生产线取走后原则上不应返还，主要基于以下原因。

A. 污染与混淆风险：取样过程可能引入环境或人员污染，返还后可能影响整批产品质量。

B. 代表性丧失：取出的样品可能因操作（如开封、暴露）导致状态变化，无法代表原批次。

② 例外情况（手工包装现场检查）：若同时满足以下条件，可视为未脱离受控环境，允许返还。

A. 即时检查：中间控制检查在同一密闭区域内完成，且样品未离开操作人员视线或专用容器。

B. 严格标识：样品容器明确标注"已取样"状态，并记录取样位置及返还路径。

C. 非关键检查：仅限外观、标签等非无菌、非微生物项目，高风险项目（如无菌检查）严禁返还。

2. 样品从包装生产线取走后不应当再返还，如何执行？对包装生产线的取样进行评价，确认无混淆或污染风险后放回，并在文件中明确规定，这样可以吗？

答：① 严格执行"不返还"的常规措施如下。

A. 标识与隔离：已取样包装单元贴"已取样"标签，并移至隔离区，防止误用。

B. 记录追溯：取样记录需包含取样量、位置、时间及责任人，确保可追溯。

② 若企业拟通过风险评估允许返还，需满足以下条件（仅适用于非高风险物料，且不得用于无菌或高致敏性产品）：

A. 风险评估内容

a. 确认取样工具、环境洁净度、人员操作无污染风险。

b. 验证返还路径与其他包装单元的物理隔离有效性。

B. 文件化规定

a. 在 SOP 中明确返还条件、操作步骤（如清洁消毒要求）、记录要求及责任人。

b. 规定返还样品的重新检验（如密封性）。

点评：第二百一十三条设置的目的是防止包装生产过程中因过程控制需要取样进行非破坏性试验、目检时发生混淆的风险。因此，依据第五十六条有关中间控制区域的设定原则，一般在包装生产线现场设置中间控制检测台，包装生产中间控制可以在现场进行检查，可避免样品离开生产线。企业不应当采用风险评估作为企业不遵守或不执行某条法规的理由和借口。

企业应合理设置中间控制检查场所，一般建议中间控制设置在生产现场。对于已完成初级包装的产品进行非破坏性试验的，在确认无混淆或污染风险、质量合格后可以放回生产线。GMP 更倾向于"零返还"原则，优先采用替代方案（如增加取样量）。

第二百一十四条　重新包装记录

【第二百一十四条】 因包装过程产生异常情况而需要重新包装产品的，必须经专门检查、调查并由指定人员批准。重新包装应当有详细记录。

【条文释义】

什么情况下可以进行重新包装？重新包装记录如何管理？

答：企业不能随意进行重新包装，应建立相关文件规定进行。

当包装过程中出现偏差/异常，如因设备故障导致漏放说明书、批号打印模糊、空白签、漏贴签等情形，需要开展全面调查，确定产生异常情况的原因、影响范围，对产品质量的影响程度，控制产品质量影响的纠正措施以及消除产生异常原因的预防措施等，调查过程及结论应由异常出现和产生部门审核、纠正和预防措施执行部门确认，质量部门批准。基于调查结论，可设计重新包装方案/重新包装记录，重新包装方案和记录应当经质量部门审批。

包装好的药品在转运过程异常导致外包装受损，经过充分检查、调查和评估，确认不影响药品质量并由企业质量部门批准后，方可进行重新包装，双人核对数量，确保产品数量前后一致，重新包装过程管理方式和正常包装流程一样，需要监督、复核、三期打印留存、签字确认和记录。

重新包装方案和记录随该批包装记录一并审核存档，以确保批生产记录的完整性和可追溯性。

第二百一十五条　物料平衡检查

【第二百一十五条】　在物料平衡检查中，发现待包装产品、印刷包装材料以及成品数量有显著差异时，应当进行调查，未得出结论前，成品不得放行。

【条文释义】

1. 为什么要开展包装工序物料平衡检查？

答：包装工序物料平衡的目的是及时发现包装过程中发生的差错或混淆。当待包装产品、印刷包装材料以及成品数量有显著差异时，有可能是前后批次或同车间同时包装的不同产品或不同批次间印刷包材用错或混淆，若不调查清楚，产品流入市场很可能导致患者用药安全风险，因此需开展全面调查，确定原因并采取相应的纠正和预防措施，在未得出结论前，成品不得放行。

2. 条款中指出"有显著差异时，应当进行调查，未得出结论前，成品不得放行"。这种物料平衡差异调查，是否按照偏差对待，并且展开偏差调查？

答：企业应在文件中规定待包装产品、内包装材料、印刷包装材料、成品物料平衡计算公式和合理的限度，限度的制定可以依据历史数据和趋势分析。

按文件规定公式计算得到的物料平衡率，超出文件规定限度范围，属于偏差，应当进行偏差调查和处理。偏差涉及批次未通过产品质量影响风险评估前，产品不得放行。

第二百一十六条　包装材料销毁及退库

【第二百一十六条】　包装结束时，已打印批号的剩余包装材料应当由专人负责全部计数销毁，并有记录。如将未打印批号的印刷包装材料退库，应当按照操作规程执行。

【条文释义】

剩余包装材料应如何处理？

答：包装结束时，已印制批号的包装材料上含有重要的药品生产信息，如批号、生产日期等，这些标签在使用管理过程要进行物料平衡计算：印制总量=使用量+损耗废弃量+剩余量。剩余的已打印批号的包材应当全部计算销毁，通常由包装岗位人员清点统计数量，在 QA 现场监督下销毁并记录。标签销毁记录通常包括名称、规格、批号、销毁数量、销毁方式、销毁人/日期、QA 监销人/日期。

对印刷包装材料整体使用情况也应进行物料平衡计算：印刷包装材料总领用量=印制总量+未使用（未打印批号）量。

未打印批号的印刷包装材料，应有文件规定如何退库与储存。所有的处理过程应有记录。

第十章　质量控制与质量保证

第一节　质量控制实验室管理

第二百一十七条　质控实验室的设置

【第二百一十七条】　质量控制实验室的人员、设施、设备应当与产品性质和生产规模相适应。

企业通常不得进行委托检验。确需委托检验的，应当按照第十一章中委托检验部分的规定，委托外部实验室进行检验，但应当在检验报告中予以说明。

【条文释义】

1. **对于质量控制实验室有什么要求？**

答：质量控制涵盖药品生产、放行、市场质量反馈的全过程，负责原辅料、包材、工艺用水、中间体以及成品的质量标准和分析方法建立、取样和检测，以及产品的稳定性考察和市场不良反馈样品的复核工作，并负责验证和确认涉及的所有样品的检测。因此质量控制实验室必须确保实验室安全运行，并符合 GMP 管理规范。可以根据生产规模设立一个或者几个实验室，例如微生物实验室、仪器分析实验室、理化实验室、原辅料实验室、包材实验室、车间中控实验室、综合办公室等。

2. **哪些情况可以委托检验？**

答：委托检验的适用范围需严格依照相应法规执行。当实验室面临条件限制，诸如能力容量不足、昂贵仪器短缺、稀有试剂匮乏，或人员资质未达要求，又或是仪器突发故障而无法维持正常工作状态时，可考虑针对原辅物料、包装材料、放行产品、稳定性试验等项目开展委托检测。

3. **委托检验有什么注意事项？**

答：委托检验必须根据现行法规要求进行管理。简单来说，当委托检验发生时，首先需要确认受托方的资质是否符合要求，对初步确定的委托方，由质量部门组织进行现场考察，资质确认完后需要进一步签署合同，约定双方的职责。需要强调的是药品生产企业委托检验，应保持受托方相对稳定，委托检验（包括变更受托方）应按照相关规定在药品监督部门备案。

第二百一十八条　质控负责人

【第二百一十八条】　质量控制负责人应当具有足够的管理实验室的资质和经验，可以管理同一企业的一个或多个实验室。

【条文释义】

质量控制负责人应当具备什么样的资质？

答：质量控制负责人必须由具有相应的资格和经验的人员担当，可以根据公司的生产规模设立相应的质量控制实验室，质量控制负责人应该至少具备药学或相关专业本科学历（或中级专业技术职称/执业药师资格），部分情况下大专学历亦可，但需配合更丰富的工作经验。具体可根据企业规模等自行要求，需经过专业培训并经过相应的考核，能够满足企业的质量控制要求。

第二百一十九条　质检人员资质和培训

【第二百一十九条】　质量控制实验室的检验人员至少应当具有相关专业中专或高中以上学历，并经过与所从事的检验操作相关的实践培训且通过考核。

【条文释义】

1. 质检人员资质是由企业实验室部门自己确认，还是需要由药检或药监部门进行确认？

答：具体情况可以参照药品监督行政主管部门的要求执行，如果当地药品监督行政主管部门没有具体要求，公司可以进行内部培训和实践考核。

质量控制实验室的检验人员应具备药学相关专业，中专或高中以上学历，根据其岗位制定的培训计划，进行岗位安全知识、GMP 基础知识、药物分析专业基础知识、微生物基础知识（如涉及）、数据完整性、部门管理制度、岗位职责、质量标准以及设备操作等培训学习、演练，并经部门主管实操考核合格后，准予上岗。

2. 培训有哪些形式？考核如何进行？如何评估培训的效果？

答：制药企业的人员培训必须满足 GMP 的要求，培训需要有具体的管理程序，并有明确的人员进行管理；培训要涵盖所有与产品质量相关的人员；要针对体系中不同的岗位实施针对性的培训（培训的内容要和组织或岗位的职责和操作相适应）；要有经过批准的计划或者方案；对于培训效果要定期评估；培训要有相关的文件和记录。

培训形式一般有演讲、内部讨论、自学、现场演示等。考核方式有问答、笔试、现场操作、相关负责人评价。

培训效果的评价是为了保证员工的培训达到了相应的效果，可以针对每次的具体培训，也可以针对全员的 GMP 素质。单次的培训可以通过提问或测验来评估员工对培训内容的掌握情况，可以通过具体的分值确认是否达到相应的培训效果。每年需要对员工的培训情况进行总结，包括培训员情况分析、培训完成情况、培训考核结果分析、自检或者外部检查有无因培训导致的缺陷、有无因培训不到位导致的偏差超标情况，通过这些情况的分析，总结年度的培训效果。

3. 质量控制实验室对于所有员工的培训内容是否有分类？

答：可根据新员工的培训、转岗人员的培训、在岗人员的再继续培训、离岗一定时间后返岗员工的培训进行分类。

（1）**新员工的培训**　分配到实验室的新员工应根据所在岗位和职责接受相应的培训，考核合格后方可进行独立操作。

（2）**转岗人员的培训**　应考虑新岗位的工作内容对应的培训需求，对转岗人员进行相应的培训。

（3）**在岗人员的再继续培训**　制定所有级别实验人员的继续教育计划，保证知识与技能不断提升；定期组织在岗人员进行 GMP 等法规要求，以及专业技术知识等的培训；应组织人员对新生效的检验操作规程进行学习；根据工作需要安排检验人员参加权威机构或仪器供应商组织的专业知识培训；如有必要，可定期组织检验人员参加知识与技能的考核；根据实验室的偏差回顾，定期组织在岗人员进行纠正和预防措施的专项培训，减少人为差错的发生。

（4）**离岗一定时间后返岗员工的培训**　检验人员离岗一定时间（企业自行评估制定）后重新返岗，应根据岗位性质及特点，基于相应的风险，设定再次上岗前的培训机制，掌握岗位应知应会的内容后方可上岗。

4. 培训计划的意义是什么？

答：GMP 要求企业"应当有经生产管理负责人或质量管理负责人审核或批准的培训方案或计划"。培训计划是企业实施培训的一个重要工具。按培训计划实施培训的目的就是保证培训对象持续地获得需要的培训。培训计划需要包含三个重要的因素：培训对象（培训目标组）、培训课程（培训内容）、培训周期。通过职责分离如生产负责人不得兼任质量负责人（GMP 第十六条）、培训矩阵精准化及数字化权限管控，可系统性规避岗位交叉、错位风险，确保生产与质量体系的独立运行，最终实现药品全生命周期的质量合规与患者用药安全。

第二百二十条　质控实验室必备材料

【第二百二十条】 质量控制实验室应当配备药典、标准图谱等必要的工具书，以及标准品或对照品等相关的标准物质。

第二百二十一条　质控实验室文件要求

【第二百二十一条】 质量控制实验室的文件应当符合第八章的原则，并符合下列要求：
（一）质量控制实验室应当至少有下列详细文件：
1. 质量标准；
2. 取样操作规程和记录；
3. 检验操作规程和记录（包括检验记录或实验室工作记事簿）；
4. 检验报告或证书；
5. 必要的环境监测操作规程、记录和报告；
6. 必要的检验方法验证报告和记录；
7. 仪器校准和设备使用、清洁、维护的操作规程及记录。
（二）每批药品的检验记录应当包括中间产品、待包装产品和成品的质量检验记录，可追溯该批药品所有相关的质量检验情况；
（三）宜采用便于趋势分析的方法保存某些数据（如检验数据、环境监测数据、制药用水的微生物监测数据）；
（四）除与批记录相关的资料信息外，还应当保存其他原始资料或记录，以方便查阅。

【条文释义】
1. 质控实验室的文件如何管理？
答：文件系统规划是制药质量管理体系建设的起点，是质量策划的重要内容。质量管理体系文件可以参考 GB/T 19012—2019 自上而下的层次结构（如金字塔结构），这样有利于将企业的质量方针、质量目标逐级具化为有指导意义的管理原则、流程和操作规范，并最终以实施记录、报告等执行文件的形式得到重现，形成文件系统的底层建筑。

质量控制实验室的所有文件应受控管理，包括起草、修订、审核、批准、替换或撤销、复制、保管和销毁等。质控实验室的文件可分为管理类文件（包括岗位职责、各功能模块的管理制度、管理流程等）、产品质量标准、操作规程以及相关的记录。以上文件的起草、修订应由部门有相关工作经验的人员进行，并签名、填写日期，应当经质量管理部门的审核、批准和发放。文件在生效前需对涉及人员进行培训后方可生效。

文件在执行过程中，如遇法规要求提升、药典升级、变更方法等情况，应对文件进行及时更新。文件新版本生效后，现场应使用最新版本发放件，旧版本发放件及时回收销毁。文件需制定复审周期，定时复审。
2. 质量标准一般应包含的内容以及制定的意义是什么？
答：质量标准主要由检测项目、分析方法和限度三方面内容组成。

其中物料的质量标准一般应当包括：物料的基本信息（物料名称、物料代码、质量标准的依据、经批准的供应商、印刷包装材料的实样或样稿）；取样、检验方法或相关操作规程编号；定性和定量的限度要求；贮存条件和注意事项；有效期或复验期。

成品的质量标准应当包括：产品名称以及产品代码；产品规格和包装形式；取样、检验方法或相关操作规程编号；定性和定量的限度要求；贮存条件和注意事项；有效期。

质量标准不仅是检验的依据，而且是质量评价的基础。在完成物料、中间产品（半成品）、待包装产品和成品的检验后，确认检验结果是否符合质量标准，并在完成其他项目的质量评价（详见 GMP 第二百二十九条和二百三十条）后，才能得出批准放行、不合格或其他决定。

3. 检验报告或证书如何管理？

答：实验室应建立检验报告书的相关管理规程，包括检验报告书的内容、格式、审核与批准、发放的相关程序。当全部项目完成检验后，根据检验结果出具检验报告书，包括报告日期及产品的相关信息（品名、规格、批号、生产日期、有效期等）、检验依据、检验项目、标准规定、检验结果和结论，要做到：依据准确，数据无误，结论明确，文字简洁、清晰，格式规范。应当列明按标准或客户要求所做的各项测试，包括可接受的限度和得到的结果。应当有检验人员、审核人员及放行人员的签名，签名模板留档保存。

4. 质量控制实验室的文件除（一）项下包含的文件，还有哪些必需的文件？

答：质量控制实验室文件除（一）项下包含的文件类别，还必须建立：

① 实验室样品的管理规程；

② 实验室试剂的管理规程和配制、使用记录；

③ 标准物质的管理规程和标定、使用记录；

④ 稳定性试验方案和报告；

⑤ 实验室超标、超趋势、超预期数据调查操作规程及调查表；

⑥ 菌毒种的管理规程及记录；

⑦ 生产用水的检测操作规程和记录；

⑧ 委托检验管理规程及委托检验质量协议；

⑨ 培养基管理规程和使用记录；

⑩ 留样管理规程和记录。

第二百二十二条　取样的要求

【第二百二十二条】取样应当至少符合以下要求：

（一）质量管理部门的人员有权进入生产区和仓储区进行取样及调查；

（二）应当按照经批准的操作规程取样，操作规程应当详细规定：

1. 经授权的取样人；

2. 取样方法；

3. 所用器具；

4. 样品量；

5. 分样的方法；

6. 存放样品容器的类型和状态；

7. 取样后剩余部分及样品的处置和标识；

8. 取样注意事项，包括为降低取样过程产生的各种风险所采取的预防措施，尤其是无菌或有害物料的取样以及防止取样过程中污染和交叉污染的注意事项；

9. 贮存条件；

10. 取样器具的清洁方法和贮存要求。

（三）取样方法应当科学、合理，以保证样品的代表性；

（四）留样应当能够代表被取样批次的产品或物料，也可抽取其他样品来监控生产过程中最重要的环节（如生产的开始或结束）；

（五）样品的容器应当贴有标签，注明样品名称、批号、取样日期、取自哪一包装容器、取样人等信息；

（六）样品应当按照规定的贮存要求保存。

【条文释义】

1. 取样的作用是什么？

答：为确定药品或物料的质量是否符合预先制定的质量标准，需要根据制定的取样方案对药品或物料进行取样，取样方案中应明确取样的方法、所用的取样器具，确定取样点、取样频率以及样品的数量和每个样品的重量，盛装样品用的容器等。取样是整个质量控制过程中非常重要的一个环节，对于从一批产品中取出的样品，虽然数量很小，但是对该批整批产品的质量来说却是具有代表性的。因此有必要非常仔细地制定取样计划、执行取样程序。

2. 取样人员是什么部门的人？

答：质量管理部门。

3. 对取样人员有什么要求？

答：选择取样人员时应考虑以下几方面：

① 有良好的视力和对颜色分辨、识别的能力；

② 能够根据观察到的现象作出可靠的质量判断和评估（如检查要取样物料的包装状况并对破损的包装进行适当的质量评估和行动，必要时通知质量管理人员）；

③ 有传染性疾病或身体暴露部分有伤口的人员不应该被安排进行取样操作；

④ 取样人员还要对物料和产品安全知识、职业卫生要求有一定了解；

⑤ 取样人员应该接受相应的技能培训，使其熟悉取样方案和取样流程，必须掌握取样技术和取样工具的使用，必须意识到在取样过程中样品被污染的风险并采取相应的安全防范措施，同时应该在专业技术和个人技能领域得到持续的培训。

4. 取样人员的培训需要包括哪些方面？

答：取样人员的培训应该至少涵盖以下几方面：

① 取样方案的制定（取样指南）；

② 取样程序，包括样品的采集方案；

③ 取样技能以及取样器具的使用（取样工具和样品容器）；

④ 取样时应采取的安全措施（包括预防物料污染和人员安全防护）；

⑤ 样品外观检验的重要性（打开内包装后首先观察到的物料的状态）；

⑥ 对异常现象的记录和报告（如包装被污染或破损）；

⑦ 取样器具和取样间的清洁；

⑧ 对于无菌物料及产品的取样人员应进行无菌知识和操作要求的培训；

⑨ 中药材、中药饮片的取样人员应经中药材鉴定培训，以便在取样时能发现可能存在的质量问题。

5. 取样器具如何清洁、消毒或灭菌？

答：对于重复使用的取样工具，为了避免用于不同物料取样时产生交叉污染，使用后应进行充分的清洁与干燥，应有书面规定的清洁规程和记录，所使用的清洁程序应能够有效地清除取样工具上的物料残留，并且应在清洁的有效期内使用取样工具。根据所取物料的环境不同，取样工具在使用时可能需要进行消毒、灭菌或去除内毒素、热原等。取样工具的消毒可以使用经过验证的消毒剂，如75%乙醇等，消毒后的取样工具应确保使用的消毒剂残留不影响其取样操作。用于微生物检查或无菌产品取样的器具，除按规定的清洁步骤进行清洁外，使用前还需要进行灭菌，灭菌后应在规定的有效期内使用。用于取内毒素或热原项目的取样工具，应在清洁过后按照去除外源性内毒素和热原的要求，去除内毒素和热原。超过规定存放时间应重新清洁、消毒或灭菌。

6. 取样原则和取样数量有何要求？

答：取样时可以遵循基于每个物料供应商级别而制定的取样原则。原辅料建议的取样件数如表 10-1 所示。

表 10-1　原辅料建议取样件数

包装的总件数	取样件数
$n \leqslant 3$	n
$3 < n \leqslant 300$	$\sqrt{n} + 1$
$n \geqslant 300$	$\sqrt{\dfrac{n}{2}} + 1$

对于同一生产批号的物料多次到货，如果供应商能够确认储存和运输条件一致的话，基于第一次到货的放行报告，对于后续批次可以进行鉴别试验。对于鉴别试验，如果要求对多个包装做鉴别试验，必须从要求的多个包装取样并分别进行鉴别试验。

取样数量一般是全检量的 2～3 倍。

7. 取样操作时应注意哪些问题？

答：取样方法必须明确说明样品量，其中信息应该包含样品数量（一个或多个）及每个样品的取样量、样品取样位置（如底部、中间、表层、里面或者是外围）。如果要取多个样品，应该在取样方法里说明样品是否应该混合。一般用于物料的逐桶鉴别试验的样品不允许被混合。样品混合需要在进行试验前根据批准的试验方法进行。

取样时，应该注意以下几点：

① 绝对不允许同时打开两个物料包装以防止物料的交叉污染。

② 取不同种类的物料时必须更换套袖。

③ 从不同的物料包装中取样时必须更换一次性塑料手套。对于只接触外箱和外层包装的取样协助人员不作此要求。

④ 在取样开始和结束时检查取样工具的数量，以避免将取样工具遗留在物料中。

⑤ 如果在同一天需要在同一取样间进行不同种类物料取样，最好按照包装材料、辅料、原料药的顺序进行取样操作，不同种类物料之间取样必须根据规程要求进行取样间的清洁和清场。

⑥ 取样应当迅速，样品和被拆包的物料包装容器应尽快密封，以防止吸潮、风化或者氧化变质。取样的样品需及时送检，必要时，需要采取措施保证样品不变质、不破损、不泄漏。样品及被取样件均应确保密封，确保不造成污染或被污染。

8. 取样后剩余部分怎么处理？

答：取样后剩余部分的处理需根据样本类型、行业规范及法律法规进行，以下是分场景的通用处理原则。

（1）医疗/生物样本

① 感染性样本（如血液、体液）

灭活处理：高压蒸汽灭菌（121℃/30 分钟）或化学消毒（如含氯消毒剂浸泡）。

密封包装：使用防渗漏医疗废物袋，标注"感染性废物"。

专业回收：交由具备资质的医疗废物处理机构集中处置。

② 非感染性样本（如尿液、组织切片）

短期保存：若需复检，4℃冷藏保存（不超过 72 小时）。

长期保存：-20℃或-80℃冷冻，需建立样本管理系统。

销毁流程：无保存价值时，按医疗废物处理，禁止随意丢弃。

（2）环境监测样本

① 土壤/水体样本

无害化处理：含重金属或有毒物质的样本需化学固化后填埋。

资源化利用：普通样本可干燥后作为实验室废料统一处理。

② 气体样本

排放标准：确保挥发性有机物浓度低于排放限值后排放。

（3）食品/药品检测样本

① 易腐样本（如生鲜食品）

快速检测：24 小时内完成检测，剩余部分高温灭菌后作为厨余垃圾处理。

② 包装材料样本

物理破坏：剪碎或粉碎，防止二次使用。

分类回收：符合环保要求的包装材料可进入回收体系。

（4）工业材料样本

① 金属/塑料样本

熔融再生：高温熔炼回收金属，塑料粉碎后重新造粒。

② 危险化学品样本

中和处理：酸性/碱性样本用对应试剂中和至 pH=6~9。

固化稳定：添加固化剂（如水泥）后安全填埋。

9. 取样间的基本要求是什么？

答：洁净取样区宜设置在仓储区内，取样环境的空气洁净度等级与使用该物料的生产过程一致，并设置相应的物料和人员缓冲间。洁净取样区见图 10-1。

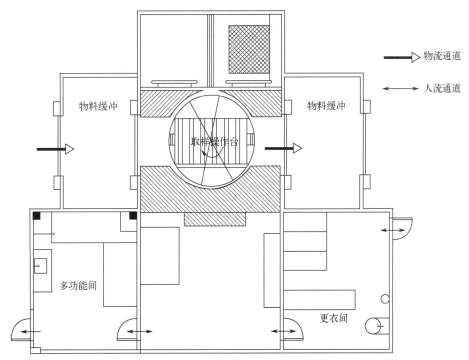

图 10-1 洁净取样区总体布局示例

10. 对于特殊样品（如腐蚀性药品、遇光易变质的药品、有毒性药品等）取样需要注意什么？

答：对于腐蚀性药品应当避免接触金属制品。遇光易变质的药品应当避光取样，样品用有色玻璃瓶装，必要时加套黑纸。对于无菌原料药应按无菌操作法取样。需抽真空或者充惰性气体的药品，应当预先准备相应设备和器材，以便对样品和被拆包的物料容器抽真空或者充惰性气体，惰性气体的粒子和微生物应符合投料敞开环境的洁净度等级要求，立即加以密封。对于毒性、腐蚀性或者易燃、易爆的药品取样，取样时特别注意佩戴特殊的个人防护用品，小心搬运和取样，所取样品做特殊的标识，以防止发生意外事故。特别对于易燃、易爆药品的取样应远离热源，并不得振动。

11. 对样品容器有什么要求？

答：样品包装容器应防漏、密闭。可以使用可密封的玻璃瓶或样品袋等容器，通常可以采用相同或优于物料或产品内包装材料的材质。必要时，特殊物料还应使用避光的容器（如棕色玻璃瓶、套黑纸等）。对于微生物检验的样品可使用灭菌的包装容器或一次性灭菌容器。综上，通常取样用样品容器需满足以下要求：

① 方便装入样品；

② 方便倒出样品；

③ 容器表面不吸附样品；

④ 方便密封和存储；

⑤ 重量轻、便于携带；

⑥ 如需要应该能够避光；

⑦ 取样容器不得对样品造成污染或影响。

12. 取样、分样后的剩余样品如果不做无菌和微生物检测，可否重新放入包装中？

答：不允许。

点评：取样、分样后的剩余样品很难确保物料不受取样、分样过程的影响。不做无菌和微生物检测的样品，由于取样环境、包装容器等针对非无菌条件，更难保证物料不受微生物污染，也不能确保物料的理化性质不受影响，产品的安全性、有效性无法保证。操作中应合理计算样品量，避免取样量过多对工作造成的浪费和不便。

13. 无菌检查样品的取样有什么要求？

答：① 无菌灌装产品所取样品需包括最初、最终灌装的产品以及灌装过程中发生较大偏差后的产品；

② 最终灭菌产品应当从可能的灭菌冷点处取样；

③ 同一批产品经多个灭菌设备或同一灭菌设备分次灭菌的样品应当从各个/次灭菌设备中抽取；

④ 无菌生物制药成品取样应确保无菌检查样品包括每批最初和最终分装的产品，数量分别为分装设备的灌装针个数，对最初和最终标记产品进行取样，其余无菌检查样品与其他检项样品一同取样，一般依据取样方案采取前、中、后随机按比例抽样；

⑤ 结合《中国药典》通则 1101 无菌检查法中批出厂产品最少检验数量的要求计算；

⑥ 取样后应进行样品外观检查，必要时进行鉴别检查，若每个样品的结果一致，则可将其合并为一份样品，并分装为检验样品、留样样品，检验样品作为实验室全检样品。

14. 对于固体制剂或制剂类产品，中间体的取样可否在物料暂存间取样？

答：可以。前提是环境能满足要求且取完样后能彻底清洁，防止污染和交叉污染。

15. 取样过程中发生异常如何处理？

答：取样时，取样人员需要对产品（物料）外包装和物料外观进行外观状态检查，检查核对标签，如品名、生产日期和失效日期等信息。如果发现不符合的现象，取样人员应立即停止取样，将观察到的不符合现象记录在取样记录中，并通知企业质量管理部门进行调查处理，调查可与采购人员和供应商/生产商一起进行。

16. 人员进出取样间的要求是什么？

答：洁净取样区需要建立人员净化程序，规定进入的最大人员数。人员应使用已清洁的取样服，根据物料特性佩戴个人防护用品（如防护衣、防护手套、防护镜或者防护口罩、安全鞋等）。

取样人员应按照企业批准的更衣流程进入洁净取样区域进行取样。在库房取样间执行取样时，为了人员安全和避免交叉污染，取原料药和辅料时要求取样人员应合理穿戴防护用品，如一次性套袖、塑料手套和防护眼镜（必要时）等。避免取样过程对被取样的物料带来污染。

17. 物料进出取样间的要求是什么？

答：物料的进出需通过物流通道，进入取样间之前要对物料外包装进行清洁（必要时进行消毒），在进入取样区域前，如需要，物料应在缓冲区域自净不少于经验证过的自净时间后再进入取样区域，避免物料对取样间的污染。

18. 取样间的清洁和消毒有什么要求？

答：取样间清洁和消毒的过程应进行详细的记录。取样间的桌面、门把手在取样前和取样结束后清洁和消毒；地面、门在取样结束后清洁和消毒；各房间墙面、窗户和天花板每周进行清洁消毒；各房间回风口每月进行清洁和消毒；企业可根据验证过的清洁和消毒频率进行周期性的清洁和消毒。具体清洁和消毒方法如下。

① 台面：用纯化水冲洗干净的无尘毛巾擦拭，然后用擦拭布蘸消毒剂擦拭。

② 地面：用纯化水洗过的湿拖把擦拭干净，然后用无尘毛巾蘸消毒剂擦拭。

③ 门、窗玻璃及回风口：用纯化水洗过的无尘毛巾将门窗玻璃擦拭干净，然后用无尘毛巾蘸消毒剂擦拭。

④ 天花板、墙面及取样间物料传送带（如有）：使用无尘毛巾依次以纯化水擦拭，再以消毒剂擦拭。

企业可根据验证过的清洁和消毒方法进行清洁和消毒。

取样间的洁净级别应该和被取样的物料投料时的洁净级别一致，需要按照同样的清洁和消毒方法。

19. 取样过程是否需要记录？

答：取样过程应该被记录在取样报告或取样记录中。

20. 取样记录要求是什么？

答：取样记录上应该包含取样方案中的所有内容，如样品名称、批号、取样日期、取样量及样品来源（即样品取自哪个包装，需要将被取样包装和取样后的样品进行一对一编号）、取样工具以及取样人等信息，必要时，还应在取样记录上注明取样时的温度、湿度以及样品暴露时间等信息。

第二百二十三条　物料和不同生产阶段产品的检验要求

【第二百二十三条】 物料和不同生产阶段产品的检验应当至少符合以下要求：

（一）企业应当确保药品按照注册批准的方法进行全项检验；

（二）符合下列情形之一的，应当对检验方法进行验证：

1. 采用新的检验方法；

2. 检验方法需变更的；

3. 采用《中华人民共和国药典》及其他法定标准未收载的检验方法；

4. 法规规定的其他需要验证的检验方法。

（三）对不需要进行验证的检验方法，企业应当对检验方法进行确认，以确保检验数据准确、可靠；

（四）检验应当有书面操作规程，规定所用方法、仪器和设备，检验操作规程的内容应当与经确认或验证的检验方法一致；

（五）检验应当有可追溯的记录并应当复核，确保结果与记录一致。所有计算均应当严格核对；

【条文释义】

1. 如何对放行检验相关的记录进行复核?

答：产品放行检验相关的记录需由他人独立复核，并签注姓名和日期。

复核必须由具有资质的第二人根据批准的操作规程和质量标准进行，复核的内容应在相应的操作规程中规定。复核人不能复核本人完成的工作。

仔细检查数据的单位和有效位数，物料品名应填写法定名称或法定缩略代码，规格和批号要准确，法定缩略代码应有出处；物料和产品编码要核对准确。如果该项操作或结果比较关键，在第二人复核完成前不得进入下一步操作。

2. 实验室日志包含哪些内容?

答：检验台账，仪器的维护和使用，色谱柱使用记录，标准品使用记录等。

（六）检验记录应当至少包括以下内容：

1. 产品或物料的名称、剂型、规格、批号或供货批号，必要时注明供应商和生产商（如不同）的名称或来源；

2. 依据的质量标准和检验操作规程；

3. 检验所用的仪器或设备的型号和编号；

4. 检验所用的试液和培养基的配制批号、对照品或标准品的来源和批号；

5. 检验所用动物的相关信息；

6. 检验过程，包括对照品溶液的配制、各项具体的检验操作、必要的环境温湿度；

7. 检验结果，包括观察情况、计算和图谱或曲线图，以及依据的检验报告编号；

8. 检验日期；

9. 检验人员的签名和日期；

10. 检验、计算复核人员的签名和日期。

【条文释义】

1. 原始数据填写遵循什么原则?

答：真实、准确、完整、同步、可追溯和清晰可辨。符合 ALCOA+CCEA 原则。

2. 记录填写有哪些注意事项?

答：① 记录必须由操作人员本人完成，操作若由两人或多人完成，需各自填写记录并分别签字；

② 员工签字的可靠性应得到保证，员工签名应在个人档案中留档保存并定期更新；

③ 记录应保持清洁不易擦除，不得撕毁和任意涂改，不得使用铅笔、可擦笔、涂改液和橡皮；

④ 检验过程中应当及时记录检验过程和结果，不应留有空白区域或空白页；

⑤ 记录人记录的内容应与实际操作、肉眼观察或仪器产生的结果一致，不得主观操纵，记录应完整、无遗漏、不缺页，能全面反映及追溯整个过程。

3. 记录的保存和销毁?

答：原始数据必须保存，数据不能被随意删除；所有原始数据在审核批准后，原件均应在专门的贮存区域集中存档，由专门的人员采用安全有序的方式进行管理；批检验记录按规定至少保存至药品有效期后一年，以备稳定性考察。OOS 报告、确认验证等其他重要文件应当长期保存。

（七）所有中间控制（包括生产人员所进行的中间控制），均应当按照经质量管理部门批准的方法进行，检验应当有记录；

【条文释义】

1. 记录错误如何更改?

答：在错误的地方画一条横线并使原有信息仍然清晰可辨，书写正确信息后注明姓名及日期。对于记录的更改，必要时说明理由。

复核或审核时发现错误，应确认是否需要发起调查；若无须发起调查，则可直接由责任人本人进行更正，并注明姓名及日期，同时注明更改理由。若检验人员本人调离或离职，或因其他紧急情况无法及时更改，可由上级主管领导授权指定人员进行更正，并签名及书写日期，同时注明原因，上级主管一并签名及书写日期进行确认。

2. 检验记录的设计应注意哪些内容?

答：① 检验记录的设计在考虑其目的、功能和细节的基础上，应清晰易读以便于复核和审核。检验记录设计完成后需经过审核批准后方可使用，保证记录的唯一、受控、可追溯。

② 若检验记录的母版文件为电子版方式，且记录中的计算部分采用了公式，则每个公式必须经过验证。

③ 电子表格应按照固定的文本格式保存在规定路径下；其访问权限以及电子表格中的不同工作表应受到适当保护，电子表格应按照原始数据管理的要求进行管理。

④ 基于风险确定电子表格再验证周期，定期进行电子表格再验证。

（八）应当对实验室容量分析用玻璃仪器、试剂、试液、对照品以及培养基进行质量检查；

【条文释义】

1. 试剂的标识应标明哪些内容?

答：试剂应有标签标识，一般标明名称、编号、未开瓶存储期至、贮存条件、接收日期、开瓶日期、开瓶后有效日期、操作人等内容。

2. 试验用溶液的标识应标明哪些内容?

答：试验用溶液应具有标签标识，清楚标明试液名称、批号、贮存条件、有效期、配制人和配制日期等。

3. 标准物质的标识应标明哪些内容?

答：内容包括：名称、生产企业、批号、数量、有效日期、含量或效价、贮存条件、首次开启日期等。外购或企业自制的工作对照品，如有必要应包括纯度、制备日期、安全指南等信息。

（九）必要时应当将检验用实验动物在使用前进行检验或隔离检疫。饲养和管理应当符合相关的实验动物管理规定。动物应当有标识，并应当保存使用的历史记录。

【条文释义】

1. 什么是分析方法验证?

答：分析方法验证就是根据检验项目的要求，预先设置一定的验证内容和验证标准要求，并通过设计合理的实验来验证所采用的分析方法是否符合检验项目的要求。

2. 方法验证主要验证什么内容?

答：（1）**准确度** 系指用该方法测定的结果与真实值或参考值接近的程度。一般用回收率表示。准确度应在规定的范围内测试。准确度是定量测定的必要条件，因此含量测定、杂质定量测定均需验证准确度。应在规定的范围内建立，至少用9个测定结果进行评价。例如，设计3个不同浓度，每个浓度各分别制备3份供试品溶液，进行测定。

（2）**精密度**　系指在规定的测试条件下，同一均匀供试品，经多次取样测定所得结果之间的接近程度。精密度一般用偏差、标准偏差或相对标准偏差表示。

精密度与准确度不同，图10-2形象地描绘了精密度和准确度之间的差别。精密度体现了多次重复测定同一被分析物时各测定值之间的接近程度，但它不能表达与已建立的真实值或参考值之间的符合程度，后者由准确度来测定。精密度与准确度关系见图10-2。

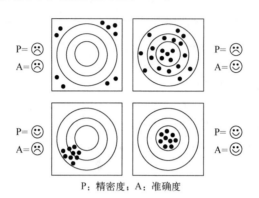

P：精密度；A：准确度

图10-2　精密度与准确度关系图

精密度可从重复性、中间精密度、重现性三个层次考察，详见表10-2。

表10-2　精密度的三个层次考察

名称	定义
重复性	在相同条件下，由同一个分析人员测定所得结果的精密度称为重复性
中间精密度	在同一个实验室条件下，由不同分析人员在不同时间点使用不同设备所获得的测定结果之间的一致性或精密程度，称为中间精密度
重现性	不同实验室之间所进行的不同分析测定结果之间的一致性或精密度，称为重现性

（3）**专属性**　系指在其他成分（如杂质、降解产物、辅料等）可能存在下，采用的方法能正确测定出被测物的特性。通常，鉴别反应、杂质检查、含量测定均应考察其专属性。

（4）**检测限（LOD或DI）**　系指试样中的被测物能够被检测出的最低量。药品的杂质测定，应通过测试确定方法的检测限。

（5）**定量限**　系指试样中的被测物能够被定量测定的最低量，其测定结果应具有一定的准确度和精密度。杂质和降解产物用定量测定方法研究时，应确定方法的定量限。

（6）**线性**　系指在设计的测定范围内，检测结果与试样中被测物的浓度直接成正比关系的程度。

线性是定量测定的基础，涉及定量测定的项目，如杂质定量测定和含量测定均需验证线性。

（7）**范围**　系指能够达到一定的精密度、准确度和线性，测试方法适用的高低限浓度或量的区间。

（8）**耐用性**　系指测定条件有小的变动时，测定结果不受影响的承受程度，为使方法可用于常规检验提供依据。开始研究分析方法时，就应考虑其耐用性。经试验，应说明小的变动能否符合系统适用性试验要求，以确保方法有效。如果通过耐用性研究发现分析方法对某个或某些测试条件敏感或要求苛刻，则建议在方法中予以写明。

3. 不同检验项目的方法验证的内容都是一样的吗?

答: 不同。

检验项目是为控制药品质量, 保证药品安全有效而设定的测试项目。根据检验项目的设定目的和验证内容的不同要求, 大体需验证的检验项目分为四类:

① 鉴别试验;

② 杂质的限度检查;

③ 杂质的定量测定;

④ 含量测定, 包括原料药或制剂中有效成分的含量, 制剂中其他成分 (如防腐剂等) 的含量, 溶出度与释放度等检查中的溶出量, 以及含量均匀度。

除此之外还有一些物理项目的检测如粒径分布、旋光度、熔点和硬度, 其要求与其他检验项目有所不同, 通常其分析方法验证应有不同的要求。

鉴别的目的在于判定被分析物是目标化合物, 而非其他物质。用于鉴别的分析方法要求具有较强的专属性和耐用性。

杂质检查主要用于控制主成分以外的杂质, 如无机杂质、有机杂质等。杂质检查分为限度检查和定量测定两部分。用于限度检查的分析方法验证侧重专属性、检测限和耐用性。用于定量测定的分析方法验证强调专属性、准确度、精密度、线性、范围、定量限和耐用性。

含量测定对准确度要求较高, 因此所采用的分析方法要求具有一定的专属性、准确度和线性等要求。

4. 内控标准要高于《中国药典》, 如增加检验项目, 在成品报告上是否需要体现?

答: 药品放行标准应按企业的内控放行标准执行。成品检验报告上不强制要求体现内控标准增加的检验项目或提高的指标。

5. 可以不等中间产品、待包装产品的检验结果就进行下一步操作吗?

答: 企业可以采用连续生产方式无须等待中间产品、半成品、待包装品操作, 但企业可以采用以下方式进行控制:

① 通过产品工艺验证、年度回顾等工作评定工艺的可靠性;

② 产品是连续生产产品;

③ 可规定中间体、半成品、待包装产品及成品的特殊控制要求。

点评: 企业采用连续生产方式, 无须等待中间产品、半成品、待包装品的检验结果, 应基于工艺验证、年度回顾的信息, 一般要求过程能力指数>1.33。未完成释放检验的产品不得释放销售。

6. 一般哪些情况下, 需要对分析方法进行验证?

答: 建立质量标准时, 应对分析方法中需验证的各检验项目进行完整的验证。

当质量标准中某一项目的分析方法发生部分改变时, 如采用高效液相色谱法测定杂质含量时, 检测波长发生改变, 应基于对结果影响的风险评估判断需要重新验证的性能特征, 如检测限、定量限、专属性、准确度、线性等, 以证明修订后的分析方法合理可行。

当药品生产工艺发生变更、产品配方发生变更、分析方法发生变更、分析过程中发生偏差时, 可基于变更和偏差的内容进行风险评估确定是否需要重新验证或确认, 进行部分验证还是完整的验证。

当原料药合成工艺发生变更时, 可能引入新的杂质, 杂质检查方法和含量测定方法的专属性需要进行验证, 以证明有关物质检查方法能够检测新引入的杂质, 且新引入的杂质对主成分的含量测定应无干扰。

7. 建立新方法时, 什么情况下不需要进行方法验证, 只需要按照操作步骤即可测定的检验项目?

答: 通常情况下, 如外观、崩解时限、密度、重量、pH值、灰分、装量等药典收载的通用方法不需要进行验证, 仅需要按照实验室日常测试操作步骤即可测定。

8. 如何理解分析方法确认?

答: 方法确认是对法定分析方法进行确认; 方法确认不是重复验证过程, 无须进行完整的再验证;

实验室系统经评估具备方法执行能力（例如：必要的差距分析，如仪器设备系统、人员经验、标准品、环境等）；证明方法使用人员有能力成功地操作法定分析方法。

9. 分析方法确认的定义、考察指标一般有哪些？

答：分析方法确认是指首次使用法定分析方法时，由现有的分析人员或实验室对分析方法中关键的验证指标进行有选择性的考察，以证明方法对所分析样品的适用性，同时证明分析人员有能力使用该法定分析方法。

分析方法确认指标应包含对影响方法的必要因素的评估。对于化学药，方法确认应考虑原料药的合成路线和制剂的生产工艺等因素；对于中药，方法确认应考虑中药材种类、来源、饮片制法和制剂的生产工艺等因素，从而评价法定方法是否适用于原料药和制剂基质。

系统适用性试验是一个重要的方法学确认内容，通过系统适用性试验来证明实验室的操作能力和证明系统符合方法要求，但是方法确认仅仅做系统适用性试验还不够，还应选择最为关键的几个方法学参数进行考察。

在原料药和制剂含量测定中，方法专属性是确认法定分析方法是否适用的关键指标。如在色谱法中，可以用系统适用性的分离度要求进行专属性确认，但是不同来源的原料药可能含有不同的杂质谱，同时不同来源的制剂辅料的差异很大，可能会对分析方法产生干扰，也可能生成法定方法中尚未说明的杂质。此外，药物含有不同的辅料、容器组分，这些都可能会影响药物在基质中的回收率，对法定方法具有潜在的干扰。针对上述情况，需要更加全面的基质效应评估，以证明该法定方法对于特定药物及其制剂的适用性。其他分析方法确认的指标，如杂质分析的检测限、定量限、精密度，也有助于说明法定方法在实际使用条件下的适用性。

第二百二十四条 超标调查的操作规程

【第二百二十四条】 质量控制实验室应当建立检验结果超标调查的操作规程。任何检验结果超标都必须按照操作规程进行完整的调查，并有相应的记录。

【条文释义】

1. 什么是检验结果超标？

答：它是指超出质量标准的实验结果（out of specification，OOS）。其中包括注册标准和企业内控标准。如果产品有多个接受标准，结果的评判采用严格的标准执行。

与超标联系紧密的两个概念：

（1）**超出趋势（out of trend，OOT）的实验结果** 结果虽在质量标准之内，但是仍然比较反常，与长时期观察到的趋势或者预期结果不一致。

（2）**异常数据（abnormal data，AD）** 指超出标准及超趋势的异常数据或来自异常测试过程的数据或事件。例如，仪器设备停机，人为差错，系统适用性不合格，样品或样品溶液异常等产生的数据或事件。

2. 实验室调查的一般原则是什么？

答：① 一旦出现超标或超趋势的结果，必须进行实验室调查以便确认结果是否有效。即使已根据确认有效的超标结果判定一批产品为不合格品时，仍需进行调查以找出确切的或可能的不合格原因，并评估该产品或其他产品的其他批次是否受该超标结果的影响。在调查过程中，应对发现的任何错误采取相应的预防和整改措施。

② 实验室调查必须迅速开展，优先权高于其他工作。如果初步调查结论确凿，已上市销售的产品相关的实验室调查（如投诉样品、稳定性试验等），建议于 24 小时内开始并在最短时间内完成，同时上报相关责任人，并及时跟踪调查进展和调查结果。

③ 对于与上市产品无关的超标或超趋势的结果，也建议尽快进行调查，以确定超标结果是否来源于生产过程的偏差，以便及时进行纠正。

④ 如在实验中出现明显的错误时（如突然停电造成仪器自动关机、玻璃仪器爆裂等），在通知相关负责人后，可停止实验，并做好相应记录和调查，该实验视为无效，即为无效的 OOS。必须重新进行实验以获取有效结果。

⑤ 确认行动必须仔细、有效、公正地进行，并且在基于事实的基础上完全记录。

⑥ 所有的实验溶液必须保留至调查结束。

⑦ 所有的重复取样、复检都须得到相关责任人的批准后进行。

第二百二十五条　物料和产品样品的留样

【第二百二十五条】 按规定保存的、用于药品质量追溯或调查的物料、产品样品为留样。用于产品稳定性考察的样品不属于留样。

留样应当至少符合以下要求：

（一）应当按照操作规程对留样进行管理；

（二）留样应当能够代表被取样批次的物料或产品；

（三）成品的留样：

1. 每批药品均应当有留样；如果一批药品分成数次进行包装，则每次包装至少应当保留一件最小市售包装的成品；

2. 留样的包装形式应当与药品市售包装形式相同，原料药的留样如无法采用市售包装形式的，可采用模拟包装；

3. 每批药品的留样数量一般至少应当能够确保按照注册批准的质量标准完成两次全检（无菌检查和热原检查等除外）；

4. 如果不影响留样的包装完整性，保存期间内至少应当每年对留样进行一次目检观察，如有异常，应当进行彻底调查并采取相应的处理措施；

5. 留样观察应当有记录；

6. 留样应当按照注册批准的贮存条件至少保存至药品有效期后一年；

7. 如企业终止药品生产或关闭的，应当将留样转交受权单位保存，并告知当地药品监督管理部门，以便在必要时可随时取得留样。

（四）物料的留样：

1. 制剂生产用每批原辅料和与药品直接接触的包装材料均应当有留样。与药品直接接触的包装材料（如输液瓶），如成品已有留样，可不必单独留样；

2. 物料的留样量应当至少满足鉴别的需要；

3. 除稳定性较差的原辅料外，用于制剂生产的原辅料（不包括生产过程中使用的溶剂、气体或制药用水）和与药品直接接触的包装材料的留样应当至少保存至产品放行后二年。如果物料的有效期较短，则留样时间可相应缩短；

4. 物料的留样应当按照规定的条件贮存，必要时还应当适当包装密封。

【条文释义】

1. 留样需要考虑哪些事项？

答：采用合理科学的取样方法，确保留样能够代表被取样批次物料或产品，并建立书面的留样管理操作规程。成品的留样需考虑的事项包括但不限于：每批次均应有留样，包装形式应当与药品市售包装形式相同（对于无法采用市售包装留样的原料药可采用模拟市售包装），每批次的留样量，留样观察的频率，留样观察的记录和发现异常时的处理，留样保存时间，以及企业关闭或药品停产情形的处置等。物料的留样需考虑的事项包括但不限于：每批次原辅料均应当有留样，与药品直接接触的包装材料均应当有留样（可与成品留样综合考虑），留样的保存时间等。

2. 关于留样范围和留样量是如何规定的？

答：每批制剂成品及其生产用每批原辅料和与药品直接接触的包装材料均需要进行留样。若药品包装材料（如输液瓶）接触的成品已留样，则无须单独留样。物料和最终包装成品留样量应当足够，供必要的检查或检验之需，一般至少应当能够确保按照注册批准的质量标准完成两次全检（无菌检查和微生物检查等除外）。

取样人员在取检验用样品时，同时根据相应规程取留样用样品。对于留样量和留样保存时间，企业可基于法规要求结合实际需求制定相应的规程。例如，对于物料留样，某企业基于物料留样"应当至少满足鉴别的需要"和"至少保存至产品放行后二年"在规程中规定所有原料、辅料每批留样量为50g，保存至最后一批使用产品有效期后一年（表10-3）。

表10-3　某企业关于原料、辅料留样量及留样保存时间规定

留样	留样量	保存时间
原辅料及空胶囊壳	50g	最后一批使用的成品效期后1年
成品	两倍全检量	有效期后1年
印字包材	1个/批	最后一批使用的成品效期后1年
初级包材	30cm/批	最后一批使用的成品效期后1年
铝管	10只/批	最后一批使用的成品效期后1年

3. 留样贮存的包装形式是怎么样的？留样标识应包含哪些内容？

答：（1）**原辅料（包括空心胶囊）的留样**　对于原辅料的留样可以根据物料的性质采用合适的包装形式进行储存，以便于成品质量的追溯。易挥发和危险的液体样品可以不用留样。存放留样的容器须贴有规定的标签，标签信息一般包括：物料名称、物料进厂批号、取样日期、取样人、留样量、贮存条件、贮存期限（如有必要）。

（2）**成品（制剂产品）的留样**　成品留样的包装形式应当与市售包装形式相同，依据产品注册批准的贮存条件储存在相应的区域。留样外包装上应有留样标签，标签上标明产品名称、批号、失效期、贮存条件及留样的保留时间。

（3）**印字包材和与产品直接接触的包装材料的留样**　印字包材，如说明书、纸盒等可以附在相应的实验记录后面，与实验记录一起保存，保存时间亦同实验记录一致。

与产品直接接触的包装材料留样参照原辅料的留样要求。

4. 留样是否应该有留样记录？记录应涵盖哪些内容？

答：留样需要有相应的记录，留样记录应包括但不限于如下信息：产品名称、批号、留样量、取样时间、失效日期、贮存条件、贮存地点、贮存时间和留样人签名等。

5. 留样观察如何操作？

答：企业应根据所用产品特性，如不影响留样的包装完整性，制定相应的规程对留样进行目检观察。如果目检观察需要破坏留样包装的完整性，可增加额外用于目检观察的样品量；其中应规定目检观察的留样数量、频次、判定标准，应有相应的记录。各企业应该在每年的年初制定出留样目检观察计划，并遵照执行，留样目检观察的结果可以在年度产品质量回顾报告中体现。

6. 留样在什么情况下可以使用？需要经过哪个部门批准方能使用？

答：企业应该建立规程规定留样的使用。一般情况下，留样仅在有特殊目的时才能使用，例如出现

严重不良反应调查、质量投诉等质量风险事项时。使用前需要得到公司质量负责人的批准。

7. 留样报废的程序如何执行？

答：成品和物料已按照上述规定保存并超过保存时间后需要进入报废程序。留样的报废可规定每半年报废一次，报废时根据企业规定的报废流程进行，并对所有留样报废的记录进行存档。具体执行时，应由专人定期收集需要报废的留样信息，填写留样报废申请单，得到质量负责人批准后交由相关部门销毁，销毁程序应符合当地安全环保的要求，并需要 QA 监督。

第二百二十六条　检验用材料的管理要求

【第二百二十六条】试剂、试液、培养基和检定菌的管理应当至少符合以下要求：

（一）试剂和培养基应当从可靠的供应商处采购，必要时应当对供应商进行评估；

（二）应当有接收试剂、试液、培养基的记录，必要时，应当在试剂、试液、培养基的容器上标注接收日期；

（三）应当按照相关规定或使用说明配制、贮存和使用试剂、试液和培养基。特殊情况下，在接收或使用前，还应当对试剂进行鉴别或其他检验；

（四）试液和已配制的培养基应当标注配制批号、配制日期和配制人员姓名，并有配制（包括灭菌）记录。不稳定的试剂、试液和培养基应当标注有效期及特殊贮存条件。标准液、滴定液还应当标注最后一次标化的日期和校正因子，并有标化记录；

（五）配制的培养基应当进行适用性检查，并有相关记录。应当有培养基使用记录；

（六）应当有检验所需的各种检定菌，并建立检定菌保存、传代、使用、销毁的操作规程和相应记录；

（七）检定菌应当有适当的标识，内容至少包括菌种名称、编号、代次、传代日期、传代操作人；

（八）检定菌应当按照规定的条件贮存，贮存的方式和时间不应当对检定菌的生长特性有不利影响。

【条文释义】

1. 培养基应进行哪些确认？

答：培养基是微生物试验的基础，直接影响微生物试验结果。实验室应对试验用培养基建立质量控制程序，以确保所用的培养基质量符合相关的检查需要。

实验室配制的培养基常规监控项目有 pH 值、适用性检查试验（试验的菌种可根据培养基的用途从药典相关通则中进行选择，也可增加从生产环境及产品中常见的污染菌株）、定期的稳定性检查（以确定有效期）。培养基在有效期内应依据适用性检查试验确定培养基质量是否符合要求，有效期的长短将取决于在一定存放条件下（包括容器特性及密封性）的培养基其组成成分的稳定性。

2. 菌株如何进行纯度和特性确认？

答：试验过程中，生物样本可能是最敏感的，因为其活性和特性依赖于合适的实验操作和储存条件。应对标准储备菌株进行纯度和特性确认，必要时实验室应对工作菌株的特性和纯度进行确认。

纯度确认可通过形态学观察，如菌落形态和细胞形态。菌落形态可通过将菌株涂布在固体培养基上观察，观察菌落的大小、形状、颜色、质地（如光滑、粗糙、黏液状等）、边缘（整齐、波状、锯齿状等）。纯菌株的菌落形态应该一致。例如，大肠埃希菌的菌落通常是圆形、边缘整齐、表面光滑、灰白色的小菌落。细胞形态可通过显微镜观察，对于细菌可以采用革兰氏染色等方法辅助观察。例如，革兰氏阳性菌经染色后呈紫色，革兰氏阴性菌呈红色。

特性确认可通过基因测序等方法实现，目前比较常见的鉴定方法为 16S rRNA 基因测序，即通过聚合酶链式反应（PCR）进行基因扩增、电泳分离扩增产物，以双脱氧链式终止法进行碱基测序，然后与经过验证专用的数据库或公共数据库进行序列比对分析。

3. 配制的培养基如何贮藏？

答：自配的培养基应标记培养基名称、批号、配制日期、制备人等信息，并在已验证的条件下贮藏。验证内容一般包括促生长能力、无菌性，选择性培养基还包括抑制能力、指示能力的考察。培养基灭菌后不得贮藏在蒸汽灭菌柜中，琼脂培养基不得在 0℃或 0℃以下存放，因为冷冻可能会破坏凝胶特性，培养基的保存应防止水分流失，并在避光条件下贮藏。

4. 如何对试剂和培养基供应商进行管理？

答：必要时附有检验报告书及"化学品安全技术说明书"（MSDS），并建立试剂供应商档案进行管理，内容包括供应商信息、相关证照、供应品种等。

5. 试剂的验收需要做哪些工作？

答：包装容器的外观检查，主要包括容器的完整性、密封性。

包装容器的标识信息核对，核对内容主要包括试剂名称和数量、供应商／生产商信息、生产日期、级别、贮存条件等；如有效期或者储存期要求的需要确认；如对温度和光线有要求的，需要确认运输过程和包装方式等。

相关文件检查、核对与接收记录的填写。

对于剧毒、易制毒及易制爆试剂的采购和管理应符合国家和地方的要求，申请采购之前需向相关部门提出申请，接收后应有专门的可控区域进行储存。

验收合格的试剂入库管理，若验收不合格则按照企业相关规定处理。

6. 对于不稳定的试液如何确定有效期？

答：对于不稳定的试液，可根据科学依据合理规定贮存条件及有效期，必要时结合溶液稳定性考察结果，制定合理的有效期。

7. 试剂、试液的使用与配制应注意哪些方面？

答：在使用这些实验用品时，要注意其外观性状（颜色、澄清度）的符合性；瓶签信息的正确性和完整性；配制方法的正确性；存储装置和环境的正确性、符合性；有效期的科学性和合理性；有毒有害（剧毒、易爆、强氧化、强腐蚀）试剂、试药、试液的存储、保管、使用的符合性；标准溶液、标准滴定液配制方法和标化记录的正确性和完整性。

8. 标准液、滴定液的配制方法及标化记录的注意事项有哪些？

答：除另有规定外（指标准的各论中详细标明的方法或指定的参考方法），在国家局颁布的药品标准检验中所用到的标准滴定液必须以《中国药典》规定的方法进行配制、标化。

配制标准滴定液所用的溶质需达到分析纯以上级别的化学试剂，而标定标准滴定液所用的基准物则应当是持有国家市场监督管理总局批准的标准物质证书的基准试剂或标准物质。

若配制的标准滴定液根据既定方法无须标定，则其溶质应选用拥有国家市场监督管理总局批准的标准物质证书的基准试剂或标准物质，且在称样和溶解稀释过程中必须确保高度的精密性和准确性。F 值应是标准规定的称样量与实际准确的称样量之比。

在瓶签上应有的信息包括：标准滴定液的名称和标示物质的量浓度、标定的 F 值、配制日期、配制时温度、标定温度、标定日期、复核日期、配制人、标定人、复核人、有效期等。

标定记录必须详细可追溯，除以上信息外还应记录标准物质的来源、批号，干燥条件，精密的称样量，定量稀释体积，滴定管编号及量程，准确记录标定和复标各份所消耗体积和空白液的体积，计算公式，计算经过，计算结果及相应的 RSD。

9. 环境中检测到的菌落，至少应鉴定到什么程度？

答：至少种水平，必要时鉴别到菌株。

10. 对于没有标识有效期的试剂（无机试剂和有机试剂），企业的贮存期应该各自定为多长时间？

答：企业应根据试剂保管、使用的经验确定贮存期，对于性质稳定的试剂一般效期不应长于 5

年，对于化学性质不稳定的试剂应相应缩短；特殊的还需要规定开瓶后的保存时间。

第二百二十七条　标准品或对照品的管理要求

【第二百二十七条】 标准品或对照品的管理应当至少符合以下要求：

（一）标准品或对照品应当按照规定贮存和使用；

（二）标准品或对照品应当有适当的标识，内容至少包括名称、批号、制备日期（如有）、有效期（如有）、首次开启日期、含量或效价、贮存条件；

（三）企业如需自制工作标准品或对照品，应当建立工作标准品或对照品的质量标准以及制备、鉴别、检验、批准和贮存的操作规程，每批工作标准品或对照品应当用法定标准品或对照品进行标化，并确定有效期，还应当通过定期标化证明工作标准品或对照品的效价或含量在有效期内保持稳定。标化的过程和结果应当有相应的记录。

【条文释义】

1. 标准品或对照品的储存、使用及处理方式？

答：企业应制定操作规程对标准品或对照品的储存、使用及处理方式等流程进行规定，且应按照其标签或说明书标明的储藏条件进行贮存，如不在室温条件下存储的对照品，在使用时应注意温度的恢复及恢复方式（如 2~8℃存放的标准品或对照品，可置室温条件下的干燥器中稳定一段时间）；过效期的标准品或对照品可参考企业内部制定的药品处理方式。

2. 为什么标准品或对照品需要按照规定贮存和使用？

答：标准品或对照品是质量控制中关键的参考物料，其稳定性和纯度直接影响检验结果的准确性。按照规定贮存和使用可以确保其物理和化学性质不发生变化，从而保证检验数据和对应的检验结果的可靠性。

点评：严格的贮存和使用规定是确保质量控制体系稳定运行的基础，体现了 GMP 对关键物料管理的重视。

3. 标准品或对照品如何进行有效期的管理？

答：① 购买的法定标准品或对照品，如中国食品药品检定研究院提供的对照品，有效期根据发布的停用通知或公布的有效期为准，企业需规定专人定期登录官方网站查询其有效期，并做记录。

② 标准品或对照品开封后的有效期应通过稳定性研究确定，考虑其物理、化学性质变化情况。应根据不同物料的特性，制定合理的有效期，并通过定期标化验证其在有效期内的稳定性。

点评：科学确定有效期确保了标准品或对照品在整个使用周期内的可靠性，防止因物料变质导致检验误差。

4. 开启后的标准品或对照品是否可以多次使用？

答：对于开启的标准品或对照品，一般不推荐重复使用，如需要重复使用，建议对其进行开启后的稳定性考察以确定合理的开启有效期。

5. 工作标准品或对照品标准化过程中的关键控制点有哪些？

答：关键控制点包括：

① 法定标准品或对照品的选择和准备；

② 标准化试验的准确执行；

③ 数据记录和计算的准确性；

④ 标准化结果的审核和批准。

点评：严格控制标准化过程中的关键环节，确保每一步操作的准确性，是保证标准品或对照品质量的关键。

6. 如何证明工作标准品或对照品在有效期内保持稳定?

答: 通过定期标化验证, 即按照规定的频次重新进行标化试验, 比较新标化结果与初始标化结果是否在可接受范围内。如果结果一致, 说明工作标准品或对照品在有效期内保持稳定。

点评: 定期验证是持续质量保证的重要手段, 确保标准品或对照品在使用期间的稳定性和可靠性。

7. 企业采购标准品或对照品应注意哪些事项?

答: 企业在采购时应选择可靠的供应商, 审核其资质和质量体系, 确保所采购的标准品或对照品符合要求。应要求供应商提供质量证明文件和检验报告, 并在接收时进行验收, 检查标识和包装完整性。如有温度要求的特殊对照品, 需要采取保证温度的措施。

点评: 严格的采购管理确保了外部物料的质量, 防止因采购环节问题影响整个质量控制体系。

8. 企业如需自制标准品或对照品, 应如何建立质量标准?

答: 企业应根据法定标准或相关规范, 制定工作标准品或对照品的质量标准, 明确其物理、化学、生物学等方面的参数要求, 确保其与法定标准品或对照品一致或可比。

点评: 建立科学的质量标准是确保自制标准品或对照品质量一致性和可靠性的基础, 符合 GMP 对内部质量控制的要求。

9. 如何对自制的工作标准品或对照品进行鉴别和检验?

答: 应按照制定的操作规程, 使用适当的分析方法对工作标准品或对照品进行鉴别和检验, 确保其纯度、含量或效价符合质量标准。必要时, 进行多种方法的交叉对比验证。

点评: 系统的鉴别和检验过程确保了标准品或对照品的质量, 防止因物料问题影响整个检验体系的可靠性。

10. 标准化过程的记录应包含哪些内容?

答: 标准化记录应包括:

① 所使用的法定标准品或对照品的信息;

② 标准化试验的方法和步骤;

③ 测量数据和计算结果;

④ 标准化结果的审核和批准;

⑤ 标准化人员的签名和日期;

⑥ 任何异常情况的备注描述。

点评: 完整的标准化记录确保了过程的可追溯性和结果的可信度, 符合 GMP 对记录管理的要求。

11. 标准品或对照品的存储环境应如何管理?

答: 应按照规定的贮存条件管理存储环境, 控制温度、湿度、光照等因素。定期监控存储环境, 记录环境参数, 确保其在规定范围内。必要时, 采用恒温恒湿设备或避光包装。

点评: 良好的存储环境管理确保了标准品或对照品的稳定性和有效性, 防止因环境因素导致质量下降。

对照品与标准品等需专人上锁管理; 核对进出数量、使用数量等, 确保数量一致, 能追溯。

第二节　物料和产品放行

第二百二十八条　批准放行的操作规程

【第二百二十八条】 应当分别建立物料和产品批准放行的操作规程, 明确批准放行的标准、职责, 并有相应的记录。

【条文释义】

1. 在正常生产过程中，物料和产品的放行产生的剔除品必须经质量负责人审批吗？

答：生产过程产生的剔除品的处理程序，应有明确规定，剔除品的销毁需要 QA 监督；处理应有记录；但不需要质量负责人审批。

2. 成品检验的依据是企业内控标准，放行是依据国家标准放行还是依据内控标准放行？

答：按企业内控标准放行。

点评：企业可以根据自身需求制定企业内控标准，但内控标准不应低于国家标准。内控标准的制定应切实可行并符合企业的实际情况。一旦确立内控标准并对外承诺，在外部监督检查中体现，产品放行应严格按照内控标准执行，不符合内控标准的不得放行。

3. 批准放行的操作规程中，如何明确不同岗位的职责划分？

答：管理规程应明确规定各相关岗位在批准放行过程中的具体职责，包括但不限于：生产部门负责人、质量控制部门负责人、质量保证部门负责人和质量受权人等。应详细描述每个岗位的审核范围、决策权限和签字要求。

点评：清晰的职责划分有助于确保批准放行过程的有序进行，避免责任不明或越权决策，体现了 GMP 中对组织架构和人员职责的要求。

4. 批准放行的标准应包含哪些方面？

答：批准放行标准应包括：符合注册要求和批准的工艺、原辅料和包材的质量符合要求、生产过程控制符合要求、成品检验结果符合质量标准、包装及标签正确、生产和检验记录完整准确、环境监测符合要求、偏差（OOS）处理妥当、变更得到批准等。

点评：全面的放行标准反映了质量管理的系统性，确保了产品质量的各个方面都得到充分考虑，体现了 GMP 对全面质量管理的要求。

5. 批准放行的记录应包含哪些关键信息？

答：批准放行记录应包括：产品名称、批号、生产日期、数量、规格、生产和检验（含检验电子记录的审核）记录审核结果、特殊情况说明（如偏差、变更等）、放行决定（批准/拒绝）、放行日期、质量受权人签名等。

点评：详细的放行记录确保了决策过程的透明度和可追溯性，有助于后续的质量回顾和改进，体现了 GMP 对文件记录的重要性要求。

6. 批准放行操作规程如何规定变更控制的要求？

答：操作规程应要求审核与批次相关的所有变更，包括工艺、设备、原辅料、方法等的变更。应明确规定变更的分类（如重大变更、次要变更）及相应的评估要求。应确保所有变更都经过适当的评估、批准和实施，并评估其对产品质量的影响。操作规程应规定在变更发生时，如何评估变更对放行标准和流程的影响。需与变更控制程序紧密衔接，确保任何变更都经过风险评估和必要的验证后，才会更新操作规程。变更后的操作规程应通知相关人员并进行培训。

点评：对变更控制的明确规定确保了批准放行决策，考虑到了所有潜在的质量影响因素，体现了 GMP 对变更管理的重视和对产品一致性的要求。

7. 批准放行管理规程如何规定年度产品质量回顾的应用？

答：管理规程应要求在批准放行决策中考虑年度产品质量回顾的结果。应规定如何评估批次与历史趋势的一致性，如何应用质量回顾中识别的改进机会。对于质量回顾中发现的潜在问题，应规定相应的加强审核要求。

点评：将年度产品质量回顾结果应用到批准放行决策中，体现了质量管理的持续性和系统性，反映了 GMP 对持续改进的要求。

8. 批准放行管理规程中应包含哪些关键内容？

答：管理规程应至少包含以下内容：

① 批准放行的标准和依据；
② 各相关岗位的职责和权限；
③ 放行流程的详细步骤；
④ 必要的审核和批准要求；
⑤ 放行记录的填写和保存要求；
⑥ 不符合放行标准时的处理措施；
⑦ 审核放行记录的内容和记录清单。

点评：全面的操作规程确保了放行过程的规范化和系统化，减少了人为失误，提高了产品质量控制的有效性。

第二百二十九条 物料的放行要求

【第二百二十九条】 物料的放行应当至少符合以下要求：

（一）物料的质量评价内容应当至少包括生产商的检验报告、物料包装完整性和密封性的检查情况和检验结果；

（二）物料的质量评价应当有明确的结论，如批准放行、不合格或其他决定；

（三）物料应当由指定人员签名批准放行。

第二百三十条 产品的放行要求

【第二百三十条】 产品的放行应当至少符合以下要求：

（一）在批准放行前，应当对每批药品进行质量评价，保证药品及其生产应当符合注册和本规范要求，并确认以下各项内容：

1. 主要生产工艺和检验方法经过验证；

2. 已完成所有必需的检查、检验，并综合考虑实际生产条件和生产记录；

3. 所有必需的生产和质量控制均已完成并经相关主管人员签名；

4. 变更已按照相关规程处理完毕，需要经药品监督管理部门批准的变更已得到批准；

5. 对变更或偏差已完成所有必要的取样、检查、检验和审核；

6. 所有与该批产品有关的偏差均已有明确的解释或说明，或者已经过彻底调查和适当处理；如偏差还涉及其他批次产品，应当一并处理。

（二）药品的质量评价应当有明确的结论，如批准放行、不合格或其他决定；

（三）每批药品均应当由质量受权人签名批准放行；

（四）疫苗类制品、血液制品、用于血源筛查的体外诊断试剂以及国家药品监督管理局规定的其他生物制品放行前还应当取得批签发合格证明。

【条文释义】

1. 对原料各批进行"全检"以对供应商进行确认是什么意思？

答："全检"包括注册文件里载明的该原料的所有检测项目。如果不需要注册，则全检应包括其他由原料使用者签发的正式书面质量标准里的所有分析项目。一个原料药供应商的分析报告（COA）可能不一定与用户的质量标准相同。

2. 什么样的测试可以作为鉴别检测？

答：对于进厂生产物料，鉴别测试和相关方法应根据药典各论相关部分所述来使用，在批准的法规注册文件中，或在内部质量标准里（包括方法/分析程序）。如果可行，应考虑使用具有鉴别能力的测试用作鉴别检测。

3. 原料、辅料来料时都必须开箱每瓶检查吗？

答：应建立一个风险分析的机制，并在供应商审计的基础上进行。如无菌原料药的风险高，应每件包装进行检查，但考虑到污染的风险较高，不可轻易打开内包装。如供应商审计时该企业无外观相似的产品，可不必每件都打开取样鉴别；如有单发的用于检测的小包装，可对其进行鉴别检查；如原辅料系供应中间商提供，尤其是曾被分包装过的，则属于必须每件检查的范围；企业如有近红外扫描设备，也可以不开箱检查，直接每件扫描鉴别即可。这种鉴别不可混样后操作。

4. 某公司在产的品种较多，安瓿瓶和西林瓶等原厂同批号的包材分次入厂的情况突出，辅料也有类似情况。其能否对第二次以上入厂的同一原厂批号的物料只进行部分项目的检验（例如包材进行外观等、辅料进行鉴别等关键项目）？

答：严格来说，每一次入厂的物料均应取样进行全项检测。

5. 取样附录中第 21 条中有如下表述："若一次接收的同一批号原辅料是均匀的，则可从此批原辅料的任一部分进行取样。"如果可以证明辅料如"蔗糖、淀粉等"大宗辅料，批是均匀的（以往的检验数据、与供应商签订均匀性质量协议），那么，这些辅料（甚至原料）来料时，每批在取样时，就可以不再按"若总件数为 n，则当 $n \leqslant 3$ 时，每件取样；当 $3 < n \leqslant 300$ 时，按 $\sqrt{n} + 1$ 件随机取样；当 $n > 300$ 时，按 $\sqrt{n/2} + 1$ 件随机取样"取样，只抽取一件取样检验就可以吗？这样理解和做法还有什么不妥的吗？

答：理解错误，须按规定取样。

6. 药品生产企业是否必须对每一批次的原辅料如中药材、中药饮片、提取物、化学原料药、辅料均按照药典要求进行全项检验，是否可以使用供应商的检验报告仅进行部分项目检验放行使用？

答：① 原料药生产企业的原材料检测通常可以不批批检测，但疫苗等高风险材料需每批都进行检测；供应商审计时应进行三批全项检测，之后可部分检测或使用供应商的检测报告，但应定期进行全项检测。

② 如果饮片与药材检测内容与结果相同，中药饮片生产企业可以只检测饮片或药材，但应提供相应的依据。

③ 制剂生产企业的原辅料应按照药典要求进行全项检测。

7. 某企业拟生产的药品的原辅料是本公司自行生产，但是由于法规差异、风险控制、工艺特性及供应链管理的需求不同，使得原辅料车间的质量管理体系和制剂车间的质量管理体系执行的是非相同 GMP 体系，在企业将药品销往国内外市场时，需根据目标销售终端市场的监管要求构建多维度合规管理体系，但主要检测设备都是共用的。原辅料车间检验合格的产品到制剂车间是否可以不重复检验，直接使用？

答：本公司自行生产的原辅料经检测后，如果能够确保运输、仓储等条件不影响产品质量则可以不必重复检验。需要确认是否在同一个生产场地（一个围墙内）、同一套质量控制体系下检测。

8. GMP 中第一百零二条："药品生产所用的原辅料、与药品直接接触的包装材料应当符合相应的质量标准"，其中，对于直接接触药品的包装材料，是否必须按照标准进行全项检验？企业可否根据自身情况和对产品的影响程度自行制定相关的检测项目？

答：GMP 第二百二十三条："物料和不同生产阶段产品的检验应当至少符合以下要求：（一）企业应当确保药品按照注册批准的方法进行全项检验。"这里物料指的是原料、辅料和包装材料。所以企业应对直接接触药品的包装材料进行全项检测，如果企业有些检测实在无法做到，可以按有关规定进行第三方有资质的机构委托检测。但企业应对检测承担责任。

9. 物料、原辅料、包材是否应按相应的质量标准进行全项检验？企业是否可以建立项目少于法定标准的内控标准对每批物料进行全项检查？

答：原料和辅料必须全检，药品内包装材料和容器企业可根据自身情况和对产品的影响程度自行制定内控标准，同时索取药品内包装材料和容器生产企业的出厂检验报告书和型式报告书。

10. 目前用于包糖衣的某些色素符合食用标准，那么在进厂检测时，这些色素是否可以选择性地进行检测呢？

答：不可以。色素是辅料，应全项检验。

11. 有些包装材料没有有效期，如何进行操作？有些原辅料也没有有效期，只注明复验期是否可以？

答：有效期和复验期的确定均依据稳定性试验考察数据而制定。原辅料应当按照有效期或复验期贮存。

对直接接触药品的内包装材料没有有效期的情形，企业应在供应商审计过程中要求内包材生产商提供稳定性考察、留样数据及其历史经验知识，为制定内包材的复验期提供支持。必要时，可要求内包材生产商对内包材进行相关考察，结合考察数据制定有效期或复验期。

对于外包材，药品生产企业关心的往往是包装的牢固程度，以及颜色、字迹等信息，包材生产商往往没有更多的技术数据，企业可根据历史经验，自行设定相应的有效期或复验期。

对于没有有效期的原辅料，企业应根据物料性质、储存条件、用途、使用的历史情况来决定该物料的复验期。原辅料复验期原则上应该有稳定性数据支持，也可以根据企业对物料的使用历史经验和相关知识来确定。

第三节　持续稳定性考察

第二百三十一条　持续稳定性考察的目的

【第二百三十一条】 持续稳定性考察的目的是在有效期内监控已上市药品的质量，以发现药品与生产相关的稳定性问题（如杂质含量或溶出度特性的变化），并确定药品能够在标示的贮存条件下，符合质量标准的各项要求。

【条文释义】

1. 何为药品的持续稳定性考察？

答：药品的持续稳定性考察是指在药品上市后，为了确保药品在整个有效期内保持其预定的质量标准，而进行的一种长期（至少不短于有效期）的稳定性研究。这包括在药品标示的储存条件下，定期检测药品的关键质量属性，如活性成分含量、杂质含量、物理性质（如颜色、溶解度）等，以评估药品随时间变化的趋势。持续稳定性考察有助于及时发现可能影响药品安全性和有效性的变化，确保患者使用的药品始终符合质量要求。

2. 药品的有效期的定义是什么？

答：药品的有效期通常由生产厂家根据药品的稳定性研究结果确定，不同药品因为其成分、制备工艺等因素，有效期会有所不同。一般而言，药品包装上会明确标注有效期，通常采用"有效期至"的方式表示，例如"有效期至 2025 年 10 月"。

3. 如何定义持续稳定性考察的已上市药品？为何不考察未上市样品？

答：持续稳定性考察的已上市药品是指那些已完成临床试验、获得监管机构批准，并在市场上销售的药品。这些药品在上市前已经通过了一系列稳定性测试，确保其在特定的保存条件下，在规定的时间内能保持其质量、效力和安全性。持续稳定性考察针对的是已上市药品，原因如下。

（1）**法规要求**　各国药品监督管理部门要求对已批准上市的药品进行持续的稳定性监测，作为药品质量管理体系的一部分。

（2）**保障公众健康** 确保患者使用的每一批药品在整个生命周期内都符合既定的质量标准，保护患者安全。

（3）**监测生产变更** 药品生产工艺或包装材料的微小调整可能会对药品稳定性产生影响，持续稳定性考察可以帮助及时发现这些问题。

（4）**数据积累** 为药品的再注册、有效期延长或改进提供科学依据。未专门考察未上市样品的主要原因如下。

① 阶段目标不同：未上市的药品样品主要在研发阶段通过稳定性研究来确定其最合适的储存条件、有效期及包装等，这是药品注册申报的前提条件。

② 资源与效率：上市前稳定性研究已相当详尽，涵盖加速试验和长期试验，足以评估药品的稳定性。对未上市样品持续进行稳定性考察会占用大量资源，且在药品未批准前不具备实际意义。

③ 法律地位：未上市药品未经过官方批准，不具备合法销售和使用的条件，因此重点是确保其通过审批前的各项检验。综上所述，持续稳定性考察聚焦于已上市药品，确保它们在市场流通期间的质量可控性。

4. 药品标示的贮存条件如何定义及如何分类？

答：药品标示的贮存条件是根据药品的理化性质和稳定性研究结果来确定的，以确保药品在有效期内保持其质量不变。这些条件通常包括温度、湿度、光照、是否需要避光保存等，并会在药品包装或说明书上明确标注。

贮存条件的分类大致可以分为以下几类：

（1）**常温保存** 一般指 10~30℃ 之间，避免极端高温和冷冻。

（2）**冷藏保存** 通常要求在 2~8℃ 之间，适用于某些生物制品、疫苗等对温度敏感的药品。

（3）**避光保存** 避免直接日光照射，需要存放在阴凉处或使用不透光容器包装，以防止光线引起药品分解。

（4）**冷冻保存** 要求在−20℃ 或更低温度下保存，适用于某些特定生物制剂。

（5）**干燥保存** 需在相对湿度较低的环境下保存，以防受潮变质，具体湿度要求各不相同。

（6）**密闭保存** 避免空气、湿气或灰尘进入，可能需要使用密封容器。每一类贮存条件都是为了满足特定药品的稳定性和安全性需求，患者和医护人员在存储和使用药品时应严格遵循这些指示。

（7）**阴凉处** 20℃ 以下保存。

第二百三十二条 持续稳定性考察的对象

【第二百三十二条】 持续稳定性考察主要针对市售包装药品，但也需兼顾待包装产品。例如，当待包装产品在完成包装前，或从生产厂运输到包装厂，还需要长期贮存时，应当在相应的环境条件下，评估其对包装后产品稳定性的影响。此外，还应当考虑对贮存时间较长的中间产品进行考察。

【条文释义】

1. 市售包装药品及待包装产品的定义是什么？

答：市售包装药品，指的是已经完成所有生产流程包括制剂制备、灌装、封口、贴签等步骤，并通过质量检验合格，装入最终销售给患者的包装中，可以直接上架销售给消费者的药品。这类药品的包装上会明确标注药品名称（通用名和商品名）、成分、规格、生产批号、有效期、制造商信息（如涉及委托生产的话，需要体现持有人和受托者地址等信息）、用药指导以及必要的警告等内容，确保患者能够正确使用并了解药品信息。待包装产品，则是制药过程中已完成制剂制备但尚未进行最终包装的药品。这部分产品通常处于半成品状态，等待进一步的包装工序，如装入瓶、盒、铝箔泡罩等消费级包装中，并贴上合规的标签。在进入最终包装阶段之前，待包装产品需要存放在符合 GMP 要求的条件下，确保其质量和稳定性不受影响。

2. 对于待包装产品，在完成包装前或从生产厂运输到包装厂的过程中，还需要长期贮存，应如何进行有效的管理措施？

答：应遵循以下原则和措施：

（1）**环境控制**　存放在符合 GMP 标准的专用仓库中，仓库应保持适宜的温度、湿度，必要时还需控制光照和通风条件，以防止产品变质或污染。

（2）**标识与追溯**　每个批次的待包装产品应有清晰的标识，包括批号、生产日期、有效期（若适用）等信息，确保全程可追溯。

（3）**隔离与防护**　为防止交叉污染和混淆，不同种类、不同批次的产品应分开存放，采取适当的物理隔离措施。同时，根据产品的敏感程度，采取必要的防尘、防潮包装。

（4）**定期检查**　制定定期检查计划，包括外观检查和必要的质量检测，以监控产品在储存期间的状态。发现问题应及时处理，包括但不限于移除不合格品、调整储存条件。

（5）**安全管理**　确保仓库区域的安全，包括防火、防盗措施，以及对进入仓库人员的权限管理，防止未经授权的访问。

（6）**物流管理**　在运输过程中，应采用适合的运输工具和包装材料，维持恒定的环境条件，如使用冷藏车运输需低温保存的待包装产品，并确保快速、平稳地到达目的地。

（7）**文件记录**　详细记录产品在储存和运输过程中的所有相关信息，包括温湿度记录、检查报告、运输记录等，作为产品质量管理体系的一部分。通过上述措施，可以确保待包装产品在最终包装前或运输过程中的质量和安全，直至完成全部包装流程。

3. 简述中间产品的范畴。如何进行贮存时间较长的中间产品放置时间的研究？

答：药品中间产品是指在药品生产过程中，原料药经过化学反应、提取、分离、纯化等工序处理后，但尚未完成所有制备步骤形成最终剂型之前的产物。这些产物还需经过进一步加工，如干燥、混合、造粒、压片等，才能成为可以直接包装的成品。中间产品的质量直接影响最终药品的质量，因此其生产与控制同样需要遵循 GMP 的要求，并需进行严格的质量检验。简而言之，中间产品位于原料药转换到最终市售药品之间的生产阶段，是药品制造流程中的过渡形态。

中间产品放置时间的研究应涵盖以下几个方面。

① 批次：至少一批，如工艺验证中，则三批验证批次可同时用于研究；

② 样品量：至少双倍量样品，单独包装；

③ 包装：模拟拟定的包装形式；

④ 贮存条件：模拟最恶劣的贮存条件（如可用恒温恒湿箱），或真实的贮存条件（如生产的贮存间）；

⑤ 取样点：预期的最长贮存时间点及设计中间点；

⑥ 关键试验项目：参考稳定性试验的重点考察项目，并结合剂型与药品的特性设计专属试验。

第二百三十三条　持续稳定性考察要求

【第二百三十三条】 持续稳定性考察应当有考察方案，结果应当有报告。用于持续稳定性考察的设备（尤其是稳定性试验设备或设施）应当按照第七章和第五章的要求进行确认和维护。

【条文释义】

1. 持续稳定性考察方案在什么时候起草？

答：持续稳定性考察方案应在药品上市后立即起草，并根据药品的长期稳定性数据进行定期更新。这些方案应包括对药品在实际贮存条件下的稳定性进行监控，以确保药品在整个有效期内保持其质量、安全性和有效性。

2. 持续稳定性考察报告包括哪些内容？

答：应包括试验目的、产品信息描述、样品储存条件、试验开始时间、考察周期、检验项目、质量标准号、限度要求，以及各取样点的实际分析数据和试验结果分析及初步结论。

3. 持续稳定性考察和稳定性考察的区别？

答：持续稳定性考察旨在药品有效期内监控其质量状况，以便及时发现与生产相关的稳定性问题（如杂质含量或溶出度特性的变化），并确定药品在标示的贮存条件下能够持续满足质量标准；稳定性考察是为了考察原料药或制剂在温度、湿度、光线的影响下随时间变化的规律，为药品的生产、包装、贮存、运输条件提供科学依据，同时通过试验建立药品的有效期。

4. 用于持续稳定性考察的设备有什么要求？

答：用于稳定性试验样品贮存的设备应按要求进行确认、校正及定期维护，保证处于稳定的状态。温度/湿度分布点测定建议和设备确认/再确认同步进行。

样品贮存设备（如恒温恒湿箱）必须进行监控（计算机系统自动监控或者手工记录等），维持温度和湿度水平处于规定的范围内。此监控检查必须正确记录。计算机系统自动监控应实行访问控制，相关人员须接受适当培训。设备应有备用电源或不间断电源；同时，设备应有报警系统提示。如果发生控制系统故障失控，必须制定紧急处理措施，并启动偏差调查流程。

第二百三十四条 考察方案的内容

【第二百三十四条】 持续稳定性考察的时间应当涵盖药品有效期，考察方案应当至少包括以下内容：

（一）每种规格、每个生产批量药品的考察批次数；

（二）相关的物理、化学、微生物和生物学检验方法，可考虑采用稳定性考察专属的检验方法；

（三）检验方法依据；

（四）合格标准；

（五）容器密封系统的描述；

（六）试验间隔时间（测试时间点）；

（七）贮存条件（应当采用与药品标示贮存条件相对应的《中华人民共和国药典》规定的长期稳定性试验标准条件）；

（八）检验项目，如检验项目少于成品质量标准所包含的项目，应当说明理由。

【条文释义】

1. 持续稳定性考察试验点怎么设计？

答：由于稳定性研究的目的是考察质量随时间变化的规律，因此研究中一般需要设置多个时间点考察样品的质量变化。基于对药品性质的认识和对稳定性趋势评价的要求而设置。如长期试验中，总体考察时间应涵盖所预期的有效期，中间取样点的设置要考虑药品的稳定性特点和剂型特点。对某些环境因素敏感的药品，应适当增加考察时间点。稳定性试验考察时间点必须覆盖整个产品的生命周期，《中国药典》及ICH中稳定性试验考察时间点如表10-4所示。

表10-4 稳定性试验考察时间点

长期试验	ChP	0、3、6、9、12个月，12个月以后仍需继续考察的，根据产品特性，分别于18个月、24个月、36个月等取样进行检测
	ICH	第一年每3个月1次，第二年每6个月1次，以后每年一次，直到建议的货架期期满（即0、3、6、9、12、18、24、36、48、60个月等）

2. 样品采取什么包装?

答：稳定性试验用样品的包装需与拟上市产品的包装保持一致，且应密封良好，必要时需采取避光措施。原料药可采用模拟小包装，所用材料和封装条件应与大包装一致。对于原料药，常要求存储在与上市包装水蒸气渗透性相同的容器中，并推荐进行水蒸气渗透性试验以分类包装。对于原料药包装，可进行下列分类（表 10-5）。

表 10-5　原料药包装分类（依据水蒸气渗透性）

严密性	分类	水蒸气渗透性/［mg/（天/升）］
极密封	A	≤0.5
密封	B	≤2.0
渗透	C	≤14.0
极易渗透	D	≤14.0

3. 持续稳定性考察的批数怎么制定?

答：通常情况下，每种规格和内包装的药品每年至少考察一个批次，除非当年未生产。特定情况下，如重大变更、生产或包装重大偏差的药品，应增加考察批次。重新加工、返工或回收的批次，除经确认和稳定性考察外，也应考虑纳入持续稳定性考察。

4. 持续稳定性考察的检验方法有什么要求?

答：应采用专属性强、准确、精密、灵敏的药物分析方法与有关物质（含降解产物及其他变化所生成的产物）的检查方法，并对方法进行验证，以保证药物稳定性试验结果的可靠性。在稳定性试验中，应重视降解产物的检查。

5. 药品在持续稳定性考察过程中发生显著变化的定义是什么?

答：一般来说，原料药的"显著变化"指不符合规定。

制剂的"显著性变化"通常被定义为：

① 含量与初始值相差 5%，或采用生物或免疫法测定时效价不符合规定；

② 降解产物超过标准限度要求；

③ 外观、物理常数、功能试验（如颜色、相分离、再分散性、黏结、硬度、每揿剂量）等不符合标准要求；

④ pH 值不符合规定；

⑤ 12 个制剂单位的溶出度不符合标准的规定。

6. 什么是容器密封系统?

答：容器密封系统是药品包装的重要组成部分，它包括直接接触药品的包装组件和次级包装组件。容器密封系统的主要功能是保护药品免受光照、溶剂损失、暴露于活性气体（如氧气）、水汽吸湿和微生物污染等因素的影响，确保药品在整个货架期内维持其质量。

7. 容器密封系统通常包括哪些部分?

答：（1）**容器**　直接接触药品的包装组件，如玻璃瓶、塑料瓶、安瓿、注射器等；

（2）**密封件**　用于封闭容器开口的部件，如胶塞、垫片、铝塑盖、瓶盖、封膜等；

（3）**次级包装组件**　不直接接触药品，但对药品的保护、标识和运输起重要作用的组件，如纸箱、塑料包装、泡罩包装、标签等；

（4）**附加组件**　包括各种辅助性组件，如喷雾泵、滴管、量杯、吸入器等；

（5）**密封系统**　确保容器与密封件之间形成有效封闭的机制，可能涉及物理配合、化学黏合、热封等技术。

8. 持续稳定性考察样品的贮存条件是什么?

答：持续稳定性考察是在接近药品的实际贮存条件下进行，通常在温度25℃±2℃、相对湿度60%±5%，或温度30℃±2℃、相对湿度65%±5%条件下开展试验。但对于温度特别敏感的药品，可在温度5℃±3℃条件下进行试验；对拟冷冻贮藏的制剂，可在温度-20℃±5℃条件下进行试验；对于包装在半透性容器中的药物制剂，应在温度25℃±2℃、相对湿度40%±5%，或温度30℃±2℃、相对湿度35%±5%条件下进行试验。

9. 持续稳定性考察项目包括哪些?

答：持续稳定性考察项目应选择在药品贮存期内易于变化，并可能会影响到药品的质量、安全性和有效性的项目，以便客观、全面地反映药品的稳定性。根据药品特点和质量控制的要求，尽量选择能灵敏反映药品稳定性的指标。一般地，考察项目可分为物理、化学、生物学和微生物学等几个方面。不同剂型的具体考察项目可参考《中国药典》附表规定（表10-6）。

表 10-6　原料药物及制剂稳定性重点考察项目参考表

剂型	稳定性重点考察项目	剂型	稳定性重点考察项目
原料药	性状、熔点、含量、有关物质、吸湿性以及根据品种性质选定的考察项目	凝胶剂	性状、均匀性、含量、有关物质、粒度，乳胶剂应检查分层现象
片剂	性状、含量、有关物质、崩解时限或溶出度或释放度	眼用制剂	如为溶液，应考察性状、可见异物、含量、pH值、有关物质；如为混悬液，还应考察粒度、再分散性；洗眼剂还应考察无菌；眼丸剂应考察粒度与无菌
胶囊剂	性状、含量、有关物质、崩解时限或溶出度或释放度、水分，软胶囊要检查内容物有无沉淀	丸剂	性状、含量、有关物质、溶散时限
		糖浆剂	性状、含量、澄清度、相对密度、有关物质、pH值
注射剂	性状、含量、pH值、可见异物、不溶性微粒、有关物质，应考察无菌	口服溶液剂	性状、含量、澄清度、有关物质
		口服乳剂	性状、含量、分层现象、有关物质
栓剂	性状、含量、融变时限、有关物质	口服混悬剂	性状、含量、沉降体积比、有关物质、再分散性
软膏剂	性状、均匀性、含量、粒度、有关物质	散剂	性状、含量、粒度、有关物质、外观均匀度
乳膏剂	性状、均匀性、含量、粒度、有关物质、分层现象	气雾剂（非定量）	不同放置方位（正、倒、水平）有关物质、撒射速率、撒出总量、泄漏率
糊剂	性状、均匀性、含量、粒度、有关物质		
气雾剂（定量）	不同放置方位（正、倒、水平）有关物质、递送剂量均一性、泄漏率	颗粒剂	性状、含量、粒度、有关物质、溶化性或溶出度或释放度
喷雾剂	不同放置方位（正、水平）有关物质、每喷主药含量、递送剂量均一性（混悬型和乳液型定量鼻用喷雾剂）	贴剂（透皮贴剂）	性状、含量、有关物质、释放度、黏附力
吸入气雾剂	不同放置方位（正、倒、水平）有关物质、微细粒子剂量、递送剂量均一性、泄漏率	冲洗剂、洗剂、灌肠剂	性状、含量、有关物质、分层现象（乳状型）、分散性（混悬型），冲洗剂应考察无菌
吸入喷雾剂	不同放置方位（正、水平）有关物质、微细粒子剂量、递送剂量均一性、pH值、应考察无菌	搽剂、涂剂、涂膜剂	性状、含量、有关物质、分层现象（乳状型）、分散性（混悬型），涂膜剂还应考察成膜性
吸入粉雾剂	有关物质、微细粒子剂量、递送剂量均一性、水分	耳用制剂	性状、含量、有关物质，耳用散剂、喷雾剂与半固体制剂分别按相关剂型要求检查
吸入液体制剂	有关物质、微细粒子剂量、递送速率及递送总量、pH值、含量、应考察无菌	鼻用制剂	性状、pH值、含量、有关物质，鼻用散剂、喷雾剂与半固体制剂分别按相关剂型要求检查

注：有关物质（含降解产物及其他变化所生成的产物）应说明其生成产物的数目及量的变化，如有可能应说明有关物质中何者为原料中的中间体，何者为降解产物，稳定性试验重点考察降解产物。

第二百三十五条　考察批次数和检验频次

【第二百三十五条】　考察批次数和检验频次应当能够获得足够的数据，以供趋势分析。通常情况下，每种规格、每种内包装形式的药品，至少每年应当考察一个批次，除非当年没有生产。

【条文释义】

1. 怎么理解"足够的数据"？

答："足够的数据"是指通过稳定性考察收集到的信息足以证明产品在整个有效期内都能保持其预定的质量标准。具体来说，这包括以下几点理解。

（1）**覆盖产品生命周期**　数据应当反映出产品从生产到有效期结束这段时间内所有关键质量属性的变化趋势，确保这些变化都在可接受范围内。

（2）**统计显著性**　收集的数据需要通过统计分析来验证，确保任何观察到的变化不是由随机波动引起的，而是具有实际意义。这意味着数据量需要足够支撑统计测试，得出的结论才有科学依据。

（3）**重现性与可靠性**　多个批次的数据可以相互印证，表明结果是一致且可靠的，不仅单个批次满足要求，所有考察批次均需表现出稳定的质量特性。

（4）**敏感性分析**　数据应能揭示出对产品稳定性影响最大的因素，比如温度、湿度等，并验证这些因素在规定条件下的可控性。

（5）**风险评估**　基于稳定性数据，进行风险评估，确保即使在最不利条件下，产品质量仍能满足要求。

因此，"足够的数据"意味着收集到的信息全面、准确、具有统计学意义，能够充分证明产品在有效期内的质量稳定可靠，为药品的安全性和有效性提供科学证据。

其目的是收集足够的数据，以便进行后续的趋势分析。趋势分析可以帮助识别生产过程中的潜在问题，评估质量控制的效果，并预测未来的质量趋势。

2. 不同包装形式的药品相同的规格需要进行考察吗？

答：每一种不同规格（如不同剂量、不同剂型）和每一种不同内包装形式（如不同包装材料、不同包装尺寸）的药品，都需要进行独立的考察和检验。至少每年应当考察一个批次。

第二百三十六条　特殊的稳定性考察

【第二百三十六条】　某些情况下，持续稳定性考察中应当额外增加批次数，如重大变更或生产和包装有重大偏差的药品应当列入稳定性考察。此外，重新加工、返工或回收的批次，也应当考虑列入考察，除非已经过验证和稳定性考察。

【条文释义】

1. 还有哪些情况需要额外增加批次数？

答：包括但不限于以下情况。

① 新供应商或原料变更：如果原料药、辅料或包装材料的供应商发生改变，或使用的原料药、辅料批次间存在显著差异，可能需要额外的稳定性考察批次，以确认变更不影响最终产品的稳定性。

② 生产工艺调整：即使调整未达到被视为"重大变更"的程度，任何生产工艺的微调也可能影响产品稳定性，尤其是关键工艺参数的改变，此时增加稳定性考察批次是必要的。

③ 新生产线或设备启用：更换或新增生产设备、转移生产场地后，首批产品应纳入稳定性考察，验证新环境下产品的稳定性是否与原生产线一致。

④ 长期存储条件变更：如果推荐的存储条件发生变化，比如从室温储存调整为冷藏储存，需要进行针对性的稳定性研究，以确保在新条件下产品依然稳定。

⑤ 市场需求扩大导致的生产规模扩大：大规模生产可能影响产品均一性，对于初次大规模生产的产品批次，进行稳定性考察有助于确认大规模生产对产品质量无不良影响。

⑥ 产品投诉或市场反馈：若收到关于产品稳定性问题的投诉或市场反馈，即使生产过程中未发现明显偏差，也应考虑增加考察批次以排除潜在问题。

⑦ 出现新的严重的，或者严重不良反应性质发生变化的库存产品。

⑧ 监管要求更新：监管机构更新稳定性考察的指导原则或提出特定要求时，企业可能需要按照新要求增加考察批次以符合最新法规。

综上所述，增加稳定性考察批次的情况多样，核心目标是确保产品在不同情境下的质量和稳定性得到充分验证。

2. 经过哪些验证可以不列入稳定性考察？

答：重新加工、返工或回收的批次确实应当考虑加入稳定性考察，除非这些批次已经过特定的验证，证明其与原生产工艺下生产的产品具有等同的稳定性和质量属性。这里的"验证"主要包括：

（1）**过程验证** 证明返工或重新加工的步骤不会对产品的质量产生负面影响，这包括但不限于确认关键工艺参数（CPP）仍在控制范围内，以及成品的物理、化学及微生物属性与原始批次一致。

（2）**等效性验证** 对于因原料、辅料微小变动或生产工艺微调而需返工的批次，可能需要进行与原批准工艺产品之间的等效性比较研究，确保两者的质量和稳定性无显著差异。

（3）**稳定性数据桥接** 如果已有类似产品的长期稳定性数据，可通过科学合理的数据分析方法（如统计学桥接）证明返工或回收批次的稳定性与已知稳定的产品批次一致，从而避免重复进行全面的稳定性考察。

（4）**回顾性分析** 对历史上相似情况的批次进行回顾分析，如果数据显示返工或回收操作对产品稳定性无不良影响，则可作为支持证据。

当上述验证被监管机构接受，并且有足够的科学证据证明产品稳定性不受影响时，这些特定批次理论上可以不必再进行额外的稳定性考察。不过，具体是否免除考察，还需依据当地的法规要求和监管机构的意见来确定。

第二百三十七条 关键人员与持续稳定性考察

【第二百三十七条】 关键人员，尤其是质量受权人，应当了解持续稳定性考察的结果。当持续稳定性考察不在待包装产品和成品的生产企业进行时，则相关各方之间应当有书面协议，且均应当保存持续稳定性考察的结果以供药品监督管理部门审查。

【条文释义】

当持续稳定性考察不在待包装产品和成品的生产企业进行时，双方应注意哪些内容？

答：质量协议应当明确规定持有人或者受托方负责持续稳定性考察工作。当由受托方负责时，持续稳定性考察方案和报告必须经双方审核批准。任何一方所进行的稳定性考察数据和评价结果均应及时告知对方。在现行法规中并无强制规定稳定性考察的实施方案，无论由哪方进行稳定性考察活动都应符合 GMP 相关要求。当由受托企业负责进行稳定性考察时，双方应在质量协议中明确各自职责，同时保证药品上市许可持有人（MAH）关键人员，如质量受权人，需能及时了解稳定性考察情况。

第二百三十八条　异常趋势调查

【第二百三十八条】 应当对不符合质量标准的结果或重要的异常趋势进行调查。对任何已确认的不符合质量标准的结果或重大不良趋势，企业都应当考虑是否可能对已上市药品造成影响，必要时应当实施召回，调查结果以及采取的措施应当报告当地药品监督管理部门。

【条文释义】

当持续稳定性考察过程中出现不符合质量标准的结果或重要的异常趋势应如何处理？

答：任何超出标准和超出趋势的结果必须进行调查，并采取相应的措施。一旦持续稳定性考察出现 OOS/OOT 结果，应立即书面通知质量保证部并在尽可能短的时间内完成实验室调查报告。确认非实验室原因的稳定性考察中的 OOS/OOT 的结果，应通知质量受权人。在相关质量团队的领导下，对包含所有涉及的操作进行全面的产品质量评估，并决定应采取的行动，包括召回，以保证现有的和将来批次的产品质量。此评估应在短期之内完成。所有确认的有效 OOS 结果，或明显的负面趋势，均应报告给相应的监管部门。该结果给在市批次带来的可能的影响必须在与监督部门的沟通中加以考虑。

第二百三十九条　持续稳定性考察的数据

【第二百三十九条】 应当根据所获得的全部数据资料，包括考察的阶段性结论，撰写总结报告并保存。应当定期审核总结报告。

【条文释义】

1. 药品持续稳定性数据资料如何管理？

答：药品持续稳定性数据资料的管理是一项至关重要的工作，以确保药品在整个生命周期内保持其预定的质量标准。以下是管理这些数据的关键步骤：

（1）**数据收集与记录** 在稳定性研究开始时，应详细记录实验设计，包括测试条件（如温度、湿度）、样品批次、测试时间点等。所有检测结果，不论是物理、化学还是微生物学性质，都需准确无误地记录在案。

（2）**电子化管理系统** 利用实验室信息管理系统（LIMS）或类似的电子化平台来存储和管理稳定性数据，这有助于数据的追踪、分析和报告生成，同时保证数据的完整性、一致性和可追溯性。

（3）**定期审核与分析** 根据预定的时间表（如每隔 3 个月、6 个月或 1 年），对收集的数据进行审核，分析趋势以评估药品的稳定性变化。任何异常结果都需立即调查并采取相应措施。

（4）**报告与归档** 稳定性研究报告应当定期编制，总结每个时间点的测试结果，评估是否符合既定的质量标准。报告需存档，便于监管机构审查或内部审计。

（5）**风险评估与预防措施** 基于稳定性数据，进行风险评估，识别潜在的质量风险点，并制定相应的预防措施或改进方案，以确保药品的持续稳定性。

（6）**法规遵从性** 确保稳定性研究的设计、执行及数据管理符合当地药品监督管理部门的要求，如国家药品监督管理局（NMPA）、美国食品药品管理局（FDA）或欧洲药品管理局（EMA）的相关规定。

（7）**培训与沟通** 定期对参与稳定性管理的人员进行培训，确保他们了解最新的法规要求、操作程序和技术更新，同时促进跨部门间的有效沟通。通过以上步骤，可以有效地管理和维护药品持续稳定性数据资料，确保药品质量的长期可靠性和受控性。

2. 稳定性报告包括哪些内容？

答：① 所选的批次；

② 产品有效期，批生产信息，包装形式；

③ 分析试验和质量标准；

④ 试验结果/考察结果；

⑤ 与稳定性试验方案和考察方案的偏差（若适用），结论；

⑥ 数据表；

⑦ 适当的趋势分析和统计分析；

⑧ 适当的统计分析图表。

3. 如何对持续稳定性研究报告进行审核?

答：对持续稳定性研究报告进行审核是一个系统性的过程，旨在确保报告的准确性和完整性，以及所反映的药品稳定性结论的科学合理性。以下是审核步骤：

（1）准备工作

① 确认审核团队成员，通常包括质量保证（QA）、质量控制（QC）及稳定性研究负责人。

② 了解报告覆盖的研究背景，包括研究目的、试验设计和关键参数。

（2）完整性检查

① 确保报告包含了所有必要的部分，如研究概述、方法学描述、实验设计、数据汇总表、数据分析、结论及建议等。

② 核实所有批次的产品信息、测试时间点，检测项目完整无遗漏。

（3）数据准确性审核

① 逐一比对报告中的数据与原始实验记录或 LIMS 系统中的数据，确认无误。

② 检查数据的趋势分析图表，确认无数据异常或录入错误。

（4）统计分析验证

① 验证使用的统计方法是否适当，分析结果是否与预期相符。

② 对照设定的稳定性标准，检查是否有批次超出标准范围，并评估其对产品稳定性的影响。

（5）结论与建议评估

① 评价报告中得出的结论是否基于充分的数据支持，逻辑是否严密。

② 审核提出的建议或后续行动计划是否合理可行，能否有效应对发现的问题或风险。

（6）文档与合规性检查

① 确认报告格式、语言表述是否符合公司内部及监管机构的要求。

② 核实引用的法规、指导原则是否为最新的，并且应用得当。

（7）反馈与修订

① 记录审核过程中发现的问题或建议，形成审核意见书反馈给报告编写者。

② 监督并验证报告按照审核意见进行了必要的修订。

通过上述步骤的细致审核，可以有效保障持续稳定性研究报告的质量，为药品的长期稳定性管理提供坚实的数据支持。

第四节　变更控制

第二百四十条　变更控制系统的建立

【第二百四十条】 企业应当建立变更控制系统，对所有影响产品质量的变更进行评估和管理。需要经药品监督管理部门批准的变更应当在得到批准后方可实施。

【条文释义】

1. 企业为什么要建立变更控制系统?

答: 药品的生产是依赖一种稳定、一致且持续可控的状态, 以此来确保产品的质量、安全性和有效性。对企业来说, 持续改进、与时俱进是生存和发展不可避免的, 因此药品生产企业会在日常工作中进行各种各样的变更, 变更的意图都是正向的, 但变更的多样性和复杂性决定了如果缺乏专业和系统的评估以及准备工作, 实施过程中则可能会发生问题。正是因为担心考虑不周的变更可能导致的质量风险(通常指影响质量标准符合性、用药安全和疗效)以及法规不符合, 企业必须建立健全的变更控制系统, 对变更从实施意图开始到实施关闭进行全程管控, 以控制经营和业务风险。同样的原因, 世界各国药品法规和 GMP 都对变更控制有非常严格的要求, 因此, 法规检查中变更控制也被列为重点检查的项目。

2. 变更控制系统通常由哪些人员组成?

答: 变更控制系统是由适当领域的专家和有经验的专业人员组成的, 对可能影响厂房、系统、设备或工艺的验证状态的变更提议或实际的变更进行审核的正式系统。其目的是使系统维持在验证状态而确定需要采取的行动并对其进行记录。

3. 变更需要经过谁批准后方可实施?

答: 对于需要药品监督管理部门批准的变更如药品上市后变更、注册管理事项变更和生产监管事项变更等, 应按照《药品注册管理办法》《药品生产监督管理办法》《药品上市后变更管理办法 (试行)》及相关技术指导原则的有关规定执行。

4. 简述对变更管理的初步理解。

答: 药品的质量、安全性和有效性依赖于生产过程中稳定、一致且持续可控的状态来得以确保。例如: 企业建立标准的操作规程和对人员进行有效的培训是为了确保所有操作是以可控的方式进行的; 对生产过程进行验证是为了证明工艺是可控的, 并且能持续稳定地生产出符合预定质量标准的产品; 对所用的设备进行确认是为了确保它能始终如一地正常运行。一旦所建立起来的规程、设备和工艺发生了变化, 无疑会引发人们对产品质量的担心(工艺的改变, 可能意味着产品的改变)。但是如果能够预先对变更可能带来的影响进行充分的评估, 尽量降低风险, 实施有效的变更管理, 这些顾虑是可以消除的。

为鼓励持续改进, 同时确保药品质量, 使变更达到预期的目的, 国际上主要的 GMP 法规或指南均对变更管理给予高度关注并作出了相应的规定。ICH 于 2008 年发布了三个重要的文件, 即 Q8 药物开发、Q9 质量风险管理和 Q10 制药质量体系。其中 Q10 谈到了制药质量体系的 4 个重要的要素, 其中之一便是变更管理。

变更管理存在于产品的整个生命周期, 如表 10-7 所示。

表 10-7 变更管理的整个生命周期

药品研发	技术转移	商业生产	产品终止
变更是研发过程中固有的部分, 应进行记录; 变更管理的程度应随产品研发的不断推进而增强	技术传递过程中对工艺的调整应有记录和管理	商业生产阶段应建立正式的变更管理系统。质量部门应对其进行监管, 以确保基于科学和风险的评估, 且具备适当性	产品终止后的任何变更应经过适当的变更管理程序

第二百四十一条 变更控制的负责

【第二百四十一条】 应当建立操作规程, 规定原辅料、包装材料、质量标准、检验方法、操作规程、厂房、设施、设备、仪器、生产工艺和计算机软件变更的申请、评估、审核、批准和实施。质量管理部门应当指定专人负责变更控制。

【条文释义】

1. 变更内容包括哪些？

答：所有可能对产品质量产生影响的变更均须受到严格的控制，这些变更涵盖但不限于：处方调整、生产工艺改动、原辅料更替、厂房及设备升级、公用系统变化、标签与包装材料更新、生产环境（或场所）迁移、质量标准修订、检验手段的变更、有效期、复检日期、储存条件或稳定性方案的调整、计算机系统升级、产品种类的增减以及清洁与消毒流程的变更等。

2. 简述变更流程。

答：对变更的申请、评估、审核、批准和实施应当建立相应的操作流程。

变更流程参考图 10-3。

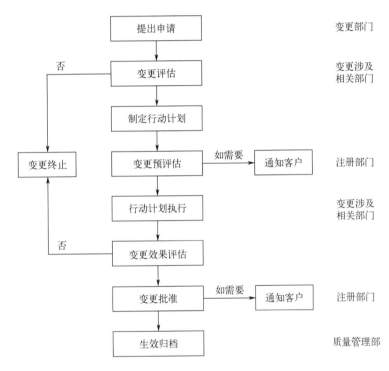

图 10-3 变更流程图

3. 变更控制由哪个部门负责？

答：质量管理部门应当指定专人负责变更控制。变更申请应首先提交质量部门进行编号、登记和审核，合格后由相关部门和人员进行评估。变更控制系统的管理员应负责变更申请文件的形式审查，即确保信息完整，内容准确，所附资料完整，符合规程的要求。

第二百四十二条 变更的评估

【第二百四十二条】 变更都应当评估其对产品质量的潜在影响。企业可以根据变更的性质、范围、对产品质量潜在影响的程度将变更分类（如主要、次要变更）。判断变更所需的验证、额外的检验以及稳定性考察应当有科学依据。

【条文释义】

1. 通常变更分为哪些类别?

答: 根据变更的性质、范围和对产品质量潜在的影响程度以及变更是否影响注册、变更时限等, 可以有不同的分类方法, 企业可按照法规要求结合自身实际情况选择适当的分类方法。常见的分类方式为根据变更对药品安全性、有效性和质量可控性产生影响的风险, 可将变更分为三类: 重大变更、中等变更、微小变更。对药品的安全性、有效性或质量可控性产生影响的可能性为重大的变更属于重大变更; 对药品安全性、有效性或质量可控性产生影响的可能性为中等的变更属于中等变更; 对药品的安全性、有效性或质量可控性产生影响的可能性为微小的变更属于微小变更。

2. 如何评估变更对产品质量的潜在影响?

答: ① 由相关领域的专家和有经验的专业人员基于对产品处方、生产工艺、质量研究等方面的相关经验和历史数据评估变更可能带来的影响并确定应采取的行动, 包括是否需要进行开发性的研究工作以确保变更在技术上的合理性。这些开发性的工作可能包括但不限于如下内容: 小规模和 (或) 试验批生产/额外的检验/验证和 (或) 确认研究/稳定性研究/生物等效性研究等, 并且应制定预期可接受的评估标准, 可接受的标准应根据产品质量标准、结合相关的验证、稳定性、溶出对比等通用指南而制定, 并应在研究方案中描述并经过质量和相关部门的批准。

② 评估过程中应用风险管理的模式、评估的形式和程度应与风险水平相适应。

3. 常见变更举例。

答: 变更项目包括但不限于: 原辅料种类的调整、标签与包装材料的更新、处方/配方的改动、生产工艺流程的变革、生产地点或环境的迁移、质量标准的修订、检验手段的更新、有效期、复检日期、储存条件或稳定性方案的调整、经验证的计算机系统的变动、厂房设施的改造或更新、公用系统的升级、产品种类的增减及清洁与消毒程序的改变。

4. 变更控制的基本技术要求。

答:（1）**基于知识的评估** ICH Q10 中"药物质量体系"关于变更管理的描述中强调: 对变更的评估应当基于对产品和工艺的知识。

ICH Q8"药物研发"讨论了质量源于设计 (QbD), 其中包括设计空间的确定, 即在设计空间范围内生产, 产品可以符合预定的质量特性。在设计空间范围内变动不认为是变更。设计空间最初是基于研发过程中的变更而获得的知识确立的, 但随后却是通过产品生命周期过程中的变更而获得的知识重新界定的。并使用这些知识建立工艺、质量标准和控制方法。生命周期中获得的额外的知识可以用来扩大设计空间。

（2）**基于风险的评估** ICH Q10 中"药物质量体系"关于变更管理的描述中强调: 对变更的评估应当使用质量风险评估的方法。

评估变更对质量、工艺、系统、文件、培训、EHS 等各方面的潜在影响可以使用风险评估方法。以变更对工艺验证的影响为例: 为确定是否需要验证, 验证的程度如何[包括确定验证批次、多剂型多剂量的产品确定验证的剂型和剂量、采用的验证方法 (前瞻性验证、回顾性验证, 还是同步验证), 验证某个生产步骤还是整个工艺全验证等]时可以使用风险评估方法。

第二百四十三条 产品质量有关的变更

【第二百四十三条】 与产品质量有关的变更由申请部门提出后, 应当经评估、制定实施计划并明确实施职责, 最终由质量管理部门审核批准。变更实施应当有相应的完整记录。

【条文释义】

1. 变更流程中各部门的职责是什么?

答:(1)**变更申请** 通常由变更发生的部门发起,例如:生产工艺、处方、设备的变更由生产部负责;质量标准、检验方法的变更由质量部负责;原辅料供应商的变更由物料管理部负责;计算机系统的变更由系统所有人负责;公用系统的变更由工程部负责等。

(2)**变更评估** 变更应由相关领域的专家和有经验的专业人员组成专家团队进行评估,如由生产、质量、工程、物料、EHS、药政法规和医学部门的人员等组成专家评估团队。

(3)**制定实施计划** 根据变更评估,由变更发起的部门对需要采取的措施制定实施计划,明确相关措施、计划完成时间,明确需要最终提供的行动完成的素材、执行部门及负责人。

(4)**变更预批准** 变更由评估相关部门和质量部门预批准。

(5)**变更执行** 变更评估需要采取的措施根据实施计划表由对应负责部门执行,发起部门跟踪。

(6)**变更批准** 变更必须得到评估相关部门和质量部门的预批准方可推进执行。当变更执行完毕,相关行动项目均已完成,后续的评估已进行并得出变更的有效性结论后,变更方可由质量负责人和相关部门负责人最终批准和关闭。

2. 变更实施的记录包含哪些?

答:变更的申请、评估、预批准、实施计划及跟踪、最终批准及关闭均应进行记录。如变更审批表,包含变更申请、评估、预批准、终批准及关闭的过程记录;变更实施计划及跟踪表对变更需采取的措施、措施负责部门及负责人、计划完成时间、实际完成时间、完成情况进行跟踪记录。

第二百四十四条 影响药品质量的主要因素变更

【第二百四十四条】 改变原辅料、与药品直接接触的包装材料、生产工艺、主要生产设备以及其他影响药品质量的主要因素时,还应当对变更实施后最初至少三个批次的药品质量进行评估。如果变更可能影响药品的有效期,则质量评估还应当包括对变更实施后生产的药品进行稳定性考察。

【条文释义】

1. 影响药品质量的主要因素有哪些?

答:药品的生产需要严格按照药监部门批准的生产处方、生产工艺、原辅料、与药品直接接触的包装材料及其供应商、主要生产设备、质量标准及检验方法等要素执行。上述因素的改变均可能影响药品质量,需要企业按变更程序进行控制。

2. 为什么要对变更实施后最初至少三个批次的药品质量进行评估?

答:因为批准变更时由开发性研究所获得的支持性数据十分有限,仍需变更执行后积累适当数据做进一步确认。对于执行变更后的药品,必须进行全面的质量评估。若变更可能缩短或影响药品的有效期,则质量评估还需包含对变更后生产的药品进行稳定性考察。企业对产品长期的监测数据,如使用质量系统中的一些重要的工具,包括偏差报告、投诉处理、年度数据回顾及工序能力和产品质量的持续监测等,将为产品变更后的质量提供有力的证据和反馈。通过以上评估,如果发现任何质量相关的问题,应进行调查并确认是否由变更所引起的。如果确认由变更原因引起,应重新评估变更并作出处理行动。

3. 对药品质量进行评估应评估哪些内容?

答:不同类型药物的质量评价有不同侧重点。中药及天然药物的质量与药材的质量密切相关,因此对原料的产地及质量稳定性需要重点评价;除含量测定外,与原研药品的生物等效性、非法添加物及合法添加物残留量检测、批间批内差异、生物活性、理化稳定性、辅料的生物相容性等方面都是需要考虑的;普通片剂可能对溶出度、崩解时限、均匀度等评价得更多;而注射剂则从澄明度、微粒、无菌检查和内毒素检查、吸附与释出、粉针剂溶解速度及渗透压、异常毒性等方面来评价其质量。

4. 产品发生重大变更时，是否一定要等到稳定性考察结束后才能上市？

答：对于重大变更，需对变更实施后最初生产的至少三个批次药品进行质量评估。若该变更需提交补充申请或备案，则必须获得备案批准或药品注册补充申请批件后方可上市。若无须提交补充申请或备案，也应在完成对最初至少三个批次药品的质量评估后，方可允许其上市。对变更实施后生产的至少三个批次药品进行持续稳定性考察。

5. 无论原料药还是制剂，更换主要物料供应商（原料、主要辅料或内包材）均要求进行工艺验证和稳定性考察吗？

答：无论原料药还是制剂，更换主要物料供应商（原料或内包材）均要求进行工艺验证和稳定性考察；改变内包材供应商可仅做包装验证，再考察稳定性。根据包装的用途，必要时做内包材与药品的相容性试验。

第二百四十五条　变更的实施

【第二百四十五条】 变更实施时，应当确保与变更相关的文件均已修订。

【条文释义】

变更相关的文件有哪些？

答：根据 GMP 第一百五十九条，所有与该规范相关的活动均需建立记录，确保产品生产、质量控制和质量保证等过程可追溯。因此，药品生产过程及相关环节包括但不限于：药品的生产、包装、检验、存储、运输；相关物料的供应、检验、存储、使用；相关设备的采购、验证、使用、维护保养、检修、校验；相关水、空气、蒸汽等公用系统的验证、检测；人员的培训、考核等均设置有相应的文件规定及记录。当变更发生时，可能涉及上述各环节相关文件的修订（在变更评估时包含对文件系统的评估）。变更实施时，应确保变更内容对应的文件已进行修订，以有效指导员工操作。

第二百四十六条　变更的文件和记录

【第二百四十六条】 质量管理部门应当保存所有变更的文件和记录。

【条文释义】

变更应当保存的文件和记录有哪些？

答：文件包括上述第二百四十五条所述内容，文件修订后由质量保证部归档。

记录包括变更的申请、评估、批准、实施计划及跟踪相应的记录和变更所附的评估相关证明性记录。上述记录及证明性资料在变更最终批准和关闭后归档于质量管理部门进行保存。

> **变更实例：** 某片剂生产工艺中提升压片速度
> **变更申请：** 相应品种生产车间提出。
> **描述变更具体内容：** 如具体产品，压片速度由×××转/分变更至×××转/分。
> **变更理由：** 如产能提升需求。
> **涉及的相关文件和产品包括×××产品及其配套文件，具体涵盖：** ×××产品×××压片机操作规程，×××产品压片岗位操作规程，×××产品压片批生产记录及×××产品工艺规程等质量管理文件；受影响的区域或上下游客户等，如国内注册产品，压片速度属于注册工艺内生产工艺参数的变更，报

省局备案；如涉及国外注册，需按相关要求报国外相应药监部门。当原料药生产工艺等发生变更时，应及时通知相应制剂客户。

变更行动计划：如工艺验证、文件修订、设备验证等。

变更评估：

1. 对法规符合性的影响

压片速度属于注册工艺内生产工艺参数的变更，报省局备案；如新增生产场地、生产线等，可能影响 GMP 符合性状态，需进行 GMP 符合性申报。

2. 对产品质量的影响

质量标准：不涉及。

检验方法及方法验证：不涉及。

稳定性研究：变更后对首批产品进行加速和长期稳定性考察。

生物等效研究：不涉及。

小规模和（或）试验批生产：进行小试研究。

工艺验证：压片提速可能会导致主压力平均值、药粉填充深度等参数发生变化，影响片剂的外观、厚度、硬度、片重、溶出度和剂量单位均匀度。需进行三批工艺验证，考察中间体素片的外观、厚度、片重差异、硬度、溶出度、剂量单位均匀度。

杂质概况：不涉及。

其他：压片提速可能也会导致主压力平均值、药粉填充深度等参数发生变化，影响片剂溶出度，进而影响产品溶出曲线，需进行三批溶出曲线考察。

3. 对 EHS 的影响

压片速度提升，产尘量可能增加，压片机周围设有防护门，且有定时吸尘装置，可有效减少环境粉尘量，注意操作员工日常防护。

4. 对其他系统的影响

标签和包装：不涉及。

计算机系统：原有计算机系统设置参数为×××，压片速度提升后，原有设置参数不适用，需重新进行参数配置和计算机系统验证。

经评估，文件系统中的文件，包括×××产品×××压片机操作规程，×××产品压片岗位操作规程，×××产品压片批生产记录，×××产品工艺规程等，因不再适用，需进行必要的修订。三批工艺验证需制定相应的验证方案；培训系统，修订文件、验证方案需进行培训。

质量协议：不涉及。

通用工程系统：压片机设备验证（分设计确认、安装确认、运行确认、性能确认四个部分）中运行确认、性能确认的验证范围分别为×××，压片速度提升后，原有验证范围不适用，需进行设备补充验证。

物料管理：不涉及。

其他：不涉及。

制定实施计划：

序号	项目列表	项目负责部门及负责人	需要提供关键的资料名称①	计划完成时间
1	工艺验证②	×××车间×××		2024.07
2	设备验证③	工程管理部×××		2024.07
…	……	……		…

① 生产某片剂所需提供的相关资料×××；

② 生产某片剂的×××批；

③ 生产某片剂的生产线上的×××设备。

> **变更预批准：** ×××车间、工程管理部、QA 经理等。
> **变更执行：** 按实施计划表，逐项完成。如有调整，按相应流程进行审批。
> **变更效果的评估：** 对工艺验证、设备验证、溶出曲线考察等相关变更措施项目结果进行总结，评估是否达到预期效果。
> **变更批准和关闭：** 变更相关行动项目均已完成，备案通过后变更可关闭。

第五节　偏差处理

第二百四十七条　防止偏差的产生

【第二百四十七条】 各部门负责人应当确保所有人员正确执行生产工艺、质量标准、检验方法和操作规程，防止偏差的产生。

【条文释义】

1. 什么是偏差？

答：偏差指所有涉及 GMP 执行过程（从原料到产品的生产、供应链、产品退市的全部过程）中的偏离情况，包括任何偏离生产工艺、物料平衡限度、检验方法、操作规程的情况。

2. 如何防止偏差发生？

答：① 各部门负责人应当防止偏差的发生。

② 防止偏差的发生首要就是确保所有人员操作正确性，应确保所有员工独立上岗前必须完成相应岗位的资质认定培训，各部门根据培训需求为部门员工制订年度培训计划，确保员工熟悉各自岗位操作程序并可胜任所从事岗位的工作。

③ 标准操作程序为作业指导书，是用来指导设备操作、维护与清洁、验证、环境控制、取样和检验等药品生产活动的通用性文件；在制定标准操作程序时应结合实际操作，使文件内容既可有效指导员工操作，也可应用"防呆处理法"。

"防呆处理法"举例：当要求接满一桶水时，不同人员可能对接满水理解有差异，最终接水量可能会有差异；当在固定桶上标刻度后，写明在某固定桶中接水至刻度线，那么不同人员操作接水量均会一致。

第二百四十八条　偏差处理操作规程的建立

【第二百四十八条】 企业应当建立偏差处理的操作规程，规定偏差的报告、记录、调查、处理以及所采取的纠正措施，并有相应的记录。

【条文释义】

1. 偏差处理的操作规程通常包括哪些内容？

答：① 有效的偏差管理是建立在有效的、足以控制生产过程和药品质量的程序（指导文件）或标准的基础之上的。没有预先定义的规则，就不会有偏差。

② 偏差处理的操作规程的主要内容一般有：偏差的定义及分类、相关人员的职责、偏差的分级、处理的流程、审批及批准、纠正和预防措施（CAPA）、调查时限要求、文件的归档等相关内容。

2. 通常偏差处理流程是怎么样的?

答: 有效的流程和相对明确的职责划分,能确保偏差调查的及时性与完整性。偏差处理流程: 偏差的识别—偏差记录和报告主管—判断是否需执行紧急措施—偏差报告质量管理部门—按照文件的规定进行偏差分类—根本原因调查—偏差影响评估—输出纠正和预防措施(CAPA)—纠正和预防措施(CAPA)被批准和执行—完成偏差报告—文件归档。

3. 偏差调查时限要求是如何的?

答: 偏差调查处理的及时性是偏差系统能否有效运行的关键因素之一,偏差发生后汇报的时限以及对偏差调查和处理的时限是衡量偏差调查处理及时性的两个关键指标。通常企业会在偏差处理流程中规定清楚偏差发生后报告的时限以及偏差调查和处理的时限。比如: 在 1 个工作日内报告部门负责人以及质量管理人员; 在 30 个工作日内完成偏差调查和处理等。

4. 偏差处理、警戒限度和纠偏限度的设定如何进行?

答: 一般情况下选择平均值±3 标准差(SD)或±2SD,视具体项目而定,或依据历史数据确定。

警戒限(alert limit)系指在质量风险管理体系中,关键工艺参数介于标准操作范围(NOR)与纠偏阈值(action limit)之间的监控区间值。当参数波动进入该区间时,将触发监控预警机制,需启动调查分析程序并评估潜在质量风险,为质量风险管控提供决策依据。警戒线的确立基于统计学原理。常用的方法是以一个周期(一般为一年)的历史数据(数据量应大于 25),或以最近的连续不少于 25 个数据的平均值加减 2 倍或 3 倍标准偏差(σ)确定出上控制限(UCL)和下控制限(LCL),对于远低于纠偏限的重要参数可依据参数的历史数据自行合理设置。

第二百四十九条 偏差的评估

【第二百四十九条】 任何偏差都应当评估其对产品质量的潜在影响。企业可以根据偏差的性质、范围、对产品质量潜在影响的程度将偏差分类(如重大、次要偏差),对重大偏差的评估还应当考虑是否需要对产品进行额外的检验以及对产品有效期的影响,必要时,应当对涉及重大偏差的产品进行稳定性考察。

【条文释义】

1. 如何对偏差进行影响评估?

答: 在识别偏差根本原因的基础上,分析和评价偏差对产品质量和质量管理体系的影响程度,根据影响评估结果对偏差进行分类(如重大、次要偏差)并制定相应的纠正和预防措施。

2. 偏差的影响评估通常包括哪些方面?

答: 通常包括以下两个主要方面。

(1)**对产品质量的影响** 包括但不限于对直接涉及的产品质量的影响; 对其他产品的影响; 对同产品其他批次的影响。进行偏差影响评估时应包括可能受该偏差影响但已被销售的相关批次。

(2)**对质量管理体系的影响** 包括但不限于对验证状态的影响,评估对相关/相似工艺和设备的潜在影响,对上市许可文件/注册文件的影响,对客户质量协议的影响。

在重大偏差的评估中,还应当考量是否需要对产品进行额外的检验,评估这一偏差对产品有效期的影响,必要时,应当对相关产品进行稳定性考察。

3. 可以用哪些工具进行风险评估?

答: 可使用质量风险管理工具对偏差的影响程度进行综合判断,如流程图、矩阵图、失效模式与影响分析(FMEA)、危害分析和关键控制点(HACCP)、故障树分析等。例如,使用失效模式与影响分析(FMEA)对偏差发生的严重性、可能性及可检测性确定风险级别,并制定相应的纠正和预防措施。

第二百五十条 任何偏离的记录

【第二百五十条】 任何偏离生产工艺、物料平衡限度、质量标准、检验方法、操作规程等的情况均应当有记录，并立即报告主管人员及质量管理部门，应当有清楚的说明，重大偏差应当由质量管理部门会同其他部门进行彻底调查，并有调查报告。偏差调查报告应当由质量管理部门的指定人员审核并签字。

企业还应当采取预防措施有效防止类似偏差的再次发生。

【条文释义】

1. 哪些情况偏离后应按照偏差流程进行处理？

答：① 在药品企业的生产运营中，质量管理是核心环节。该条款明确了对任何偏离正常情况的严格管控要求。

② 严格的质量控制体系是确保产品质量稳定的关键，如果药品生产过程出现偏离会给药品的质量、安全带来隐患。比如药品生产工艺规定的温度、压力等参数未被严格执行，可能会影响药品的有效性和安全性；物料平衡限度的偏离可能意味着物料的损失或异常增加，这可能是生产过程中出现泄漏、计量错误等问题的信号；质量标准的偏离更是不容忽视，如果药品的某项指标未能达到标准要求，必须立即报告并开展详细的调查；检验方法的偏离可能导致错误的判断结果，比如，使用了错误的试剂或仪器操作不当，会使检验结果不准确；操作规程的偏离可能导致产品过程控制的不稳定或者产品质量的偏离。

2. 重大偏差该如何处理？

答：对于重大偏差，多部门联合调查能够全面分析问题的根源。调查报告的审核签字确保了调查的权威性和责任明确。而采取预防措施是为了从根本上解决问题，避免类似偏差再次发生。企业可以通过完善培训体系、加强设备维护、建立严格的质量监控机制等方式来实现有效的预防。总之，该条款为企业的质量管理提供了明确的指导和规范，有助于企业持续提升产品质量和运营管理水平。

第二百五十一条 偏差分类、调查和处理

【第二百五十一条】 质量管理部门应当负责偏差的分类，保存偏差调查、处理的文件和记录。

【条文释义】

1. 谁负责偏差的分类？

答：质量管理部门应当负责偏差的分类，根据偏差的性质、范围、对产品质量潜在影响程度进行分类。

2. 谁负责保存偏差调查、处理的文件和记录？

答：质量管理部门。

3. 偏差如何分类？

答：偏差一般按照对质量的影响进行分类，可以辅助其他便于统计的分类系统。任何偏差都应评估其对产品质量的潜在影响。企业可以考虑下列因素，并根据自身品种、工艺特点和质量体系情况建立适当的偏差分类标准（对于具有多个生产基地的集团企业而言，还应考虑集团质量管理的标准化和统一性）：

- 偏差的性质
- 偏差的范围大小

- 对产品质量潜在影响的程度
- 是否影响患者健康
- 是否影响注册文件
- 是否影响验证状态

可以采用不同的分类方式，例如：

- 重大偏差，次要偏差
- 关键偏差，中等偏差，微小偏差
- 关键偏差，重要偏差，小偏差
- Ⅰ类偏差，Ⅱ类偏差，Ⅲ类偏差

4. 某企业偏差分类举例

答：（1）**关键偏差举例**

① 投放错误的原料；

② 使用的原料没有经质量部门的放行；

③ 已完成包装的产品上的标识错误；

④ 在正常的中控生产过程中 QC 提供不正确结果导致生产状态的改变，导致最终产品的不合格；

⑤ 在产品中含有异物；

⑥ 在水系统中发生影响产水质量的错误行为；

⑦ 在生产使用后发现仓库送来的原料已过复检期或存在潜在的质量风险；

⑧ 在生产过程中出现的可能导致产品被污染的事件；

⑨ 多个重复出现的同类中等偏差可以合并升级为一个关键偏差等。

（2）**中等偏差举例**

① 投料量错误（并已经被确认不是导致产品不合格的根本原因）；

② 收率超过设定的范围；

③ 在批记录中关键的质量数据丢失导致在工艺统计中无法记录，例如：过程控制检验数据或包装重量记录的丢失；

④ 在批记录中关键或重要的记录细节丢失导致在工艺统计中无法记录，例如：原料批号、原料量、关键时间检查等记录的丢失；

⑤ 样品送样登记中记录不正确的信息；

⑥ 标识问题：缺少标识、标识错误或标识的信息与文件矛盾；

⑦ 程序执行不规范，例如没有按客户协议执行等；

⑧ 多个重复出现的同类微小偏差可以合并升级为一个重要偏差。

（3）**微小偏差举例**

① 产品状态标识中不会对产品质量造成影响的内容的缺失；

② 在使用之前发现的标识有错误；

③ 样品标识丢失；

④ 在使用之前发现仓库发送了错误的原料；

⑤ 生产车间不够清洁和整齐；

⑥ 在生产使用前发现仓库送来的原料已过复检期或状态很差等。

由于不同企业的质量管理体系不同，具体品种的用途和用法不同，工艺控制及质量标准不同，对产品质量风险的控制能力和对公众健康的潜在风险各不相同，偏差的分类应视企业的具体情况而定，不能生搬硬套。

5. 偏差的处理程序是什么？

答：（1）**偏差发生** 清晰明确的生产工艺、物料平衡限度、质量标准、检验方法、操作规程等是偏差发生和识别的基础，只有当企业已经建立了保证药品安全性、可靠性和质量可控所需的必要文件时，才可能发生和识别偏差。

任何企业，无论设备多先进，管理多严格，在生产过程中都不可避免地存在发生偏差的可能性，但企业首先应通过完善的组织机构，合理的文件系统和充分的人员培训来最大限度地预防偏差的发生。

（2）**偏差的识别** 偏差的识别是偏差处理活动的起点。药品生产企业中所有药品生产质量相关人员均应接受偏差管理程序培训，理解偏差概念并具备识别偏差的能力。特别是一线操作员和 QA 现场检查人员关于偏差识别的培训、经验和能力是非常关键的。

偏差也可能没有在操作过程中被发现，而是在记录复核或审核过程中被识别出来。在对此类偏差进行调查、定义纠正（correction）以及纠正和预防措施（CAPA）或偏差趋势分析的过程中，应包括对员工是否具备适当偏差识别能力的评估；必要时应采取适当的改进措施（例如培训、职责或职务的调整等）。

（3）**偏差记录和报告主管** 任何偏离预定的生产工艺、物料平衡限度、质量标准、检验方法、操作规程等的情况都应当以文件形式记录并有清楚的解释或说明。对产品质量有潜在影响的偏差应当进行调查，调查及结论均应记录在案。

任何偏离预定的生产工艺、物料平衡限度、质量标准、检验方法、操作规程等的情况均应立即报告主管人员及质量管理部门，报告时应给出准确、完整的信息，以便进行偏差的正确分类和（必要时）组织进行调查和处理。

（4）**判断是否需执行紧急措施** 偏差有时涉及安全问题或者其他紧急的情况，必要时，偏差发生部门的主管和技术人员应当根据公司的安全程序或其他适用的程序，判断并执行偏差的紧急（即时）处置，以防止偏差继续扩大或恶化，并增强对相关潜在受影响产品的控制（例如增强放行控制等）。常见的紧急措施包括：①暂停生产；②物料或产品隔离；③物料或产品分小批；④设备暂停使用；⑤紧急避险等。

其中，物料或产品分小批是指在发生偏差时，为了避免、减少可能的损失，生产人员应及时对产品做好标记，尽可能地将发生偏差前、偏差中、偏差处理完恢复正常后的产品分开，单独作为若干小批。根据批的定义，同一批产品应当具备质量的均一性。发生偏差前后的产品显然有可能存在质量差异。分批后，质量管理部门在评价时，可以针对发生偏差的小批作出专门的决定，以免一旦需要报废，因无法区分偏差前、后的产品而不得不将整个批号全部作报废处理。

执行的所有紧急措施都必须在偏差记录中进行及时、完整、详实的记录。

（5）**偏差报告质量管理部门** 偏差是否立即报告质量管理部门，是质量管理部门能否有效进行偏差分类和会同其他部门进行调查的前提。

偏差发生后，发生部门的主管、技术人员或其授权人员应立即向质量管理部门提供真实全面的偏差信息。

（6）**偏差分类** 接到偏差报告后（或在现场检查时发现偏差时），质量管理部门应迅速进行偏差的分类。

（7）**根本原因调查** 针对根本原因的调查是评估偏差影响和提出纠正以及纠正和预防措施（CAPA）的前提和基础，基于对根本原因的不同理解，对偏差影响范围和程度、什么是正确的纠正以及纠正和预防措施（CAPA）的判定可能会大相径庭。

针对不同的偏差，在部分情况下，需要一个跨职能（跨学科）团队（cross-functional team，CFT）对偏差进行调查处理，以发现根本原因并评估该偏差的影响；部分情况下，偏差的调查可以在质量部门的监督下由特定的部门/人员完成。偏差调查常常需要多个领域的专业知识，并且超越单个职能部门（特别是偏差发生部门）的局限，跨职能团队的意义在于召集所有必要专业领域的人员参与调查，并且保证各个方面的问题都能得以讨论和解决。

该团队的成员通常包括下列人员：

① 生产相关负责人；

② 质量控制相关负责人；

③ 注册相关负责人；

④ 质量保证相关负责人。

如有必要，也可引入其他领域的专业人员，例如设备工程的相关负责人和研发（或技术）的相关负责人等。但是，团队的成员不一定非得是相应部门的负责人，尤其是操作部门，可以建议其他有能力胜任的员工加入团队。上市许可/注册负责人的参与往往是必要的，因为偏差及其进一步的处理会影响到药品上市许可文件的符合性以及具体批次产品的可销售性。

在特殊情况下，偏差调查可能需要寻求公司外部资源的帮助，例如进行非常特殊的检验或研究，或者寻求专业机构的咨询意见。跨职能（跨学科）团队需要评估自身的知识、能力、试验/检验设备和人力资源是否充分，必要时寻求公司管理层的支持。

根本原因调查可使用多种技术，常见的根本原因分析方法包括头脑风暴法、鱼骨图法、5 Why 法（5 次为什么）、KT 问题分析法等。

（8）偏差影响评估　在识别根本原因的基础上，对偏差的影响范围和程度进行正确的评估。偏差影响评估通常包括以下两个主要方面。

对产品质量的影响，包括但不限于：

① 对直接涉及的产品质量的影响；

② 对其他产品的影响。

进行偏差影响评估时应包括可能受该偏差影响，但已被销售的相关批次对质量管理体系的影响，包括但不限于：

① 对验证状态的影响；

② 对上市许可文件/注册文件的影响；

③ 对客户质量协议的影响。

调查根本原因和进行影响评估可以采用风险分析方法。

许多情况下可能需要进行额外的文献查询或实验研究以评估偏差的影响，例如需要研究扩大工艺参数范围对成品质量的影响。对重大偏差的评估还应考虑是否需要对产品进行额外的检验以及对产品有效期的影响，必要时，应对涉及重大偏差的产品进行稳定性考察。

（9）建议纠正、纠正和预防措施　基于根本原因调查和偏差影响评估的结论，提出具体的纠正以消除偏差的影响。这些措施应明确相关的负责人和执行时限。常见的偏差纠正包括降级、返工、销毁、重新包装、重新贴签等。应同时提出具体的纠正和预防措施以防止相同或相似的偏差的发生或再次发生。纠正和预防措施也应明确相关的负责人和执行时限。常见的纠正和预防措施包括修改程序文件、重新培训、改进相关的系统等。

（10）批准纠正、纠正和预防措施　质量管理部门负责审核批准跨职能（跨学科）团队或独立负责偏差调查和影响评估的人员所建议的纠正、纠正和预防措施。必要时应对所建议的纠正措施进行补充或修订，以充分保证药品的安全性和有效性。

（11）完成纠正　跨职能团队中的相关部门应遵照已批准的方案执行纠正。在执行过程中，如因客观原因不能完全符合原方案的要求（例如完成时限等），应及时与质量管理部门进行沟通；如果需要修改部分原方案，应重新获得质量管理部门的批准。

质量管理部门应指定人员进行跟踪，核实所批准的纠正的完成情况。

（12）完成偏差报告　批准的纠正执行完毕后，跨职能团队应提交纠正完成情况的报告，由质量管理部门审核批准。

如果企业的偏差管理程序与 CAPA 程序是分立的，则在质量管理部门批准偏差报告后，可以结束该偏差的处理，并启动相应的 CAPA 跟踪程序。

（13）偏差记录归档　偏差报告完成后，相关记录和报告应及时归档保存，企业应明确规定偏差调查和处理的文件，记录保存的职责、方式和期限。

6. 偏差处理时限一般如何规定?

答: 偏差调查处理的及时性对偏差系统的有效运作至关重要, 其中, 偏差报告时限以及偏差调查和处理时限是衡量其及时性的两个关键指标。

(1) **偏差报告时限**　应针对从偏差发生部门到质量管理部门的信息传递, 明确质量部门的联系人 (及充分的备用联系人), 并制定一个具体的偏差报告时限 (例如 1 天之内)。

(2) **偏差调查和处理时限**　国际上通用的做法是要求 "及时" 完成对偏差的调查和处理。FDA 的一般做法是: 在发生后 30 天内解决一个偏差。如果在 30 天内不可能完成, 则需写一份中期报告。"及时" 的程度取决于事件本身的紧急程度或对患者健康影响的程度。如果是即将影响患者健康的情况, 那么 "及时" 就必须在 30 天内。但若该偏差对应一个复杂的纠正措施, 则所需时间可能会超过 30 天。

要求及时完成对偏差的调查和处理, 不仅是因为需要考虑事件的紧急程度和对患者健康的影响, 也因为在一般情况下, 拖延的时间越长, 偏差发生的第一现场就越容易消失, 调查就可能越困难; 同时跨职能 (跨学科) 团队也将面对其他的任务, 从而难以保证调查所需的资源始终不受影响。制药企业应在程序中规定关闭偏差的时限, 建议不超过 30 天, 特殊情况除外。

7. 是否偏差不关闭, 涉及的产品就不能放行?

答: 偏差批次产品放行前必须完成以下工作:

① 根本原因调查清楚;

② 根据根本原因已经制定了纠正和预防措施;

③ 产品质量影响评估已经完成。

由于有些预防措施需要较长时间才能完成, 所以在产品放行前偏差不一定必须关闭。

点评: 如果偏差调查原因明确, 而且可以采取有效措施消除影响, 控制产品质量, 偏差未关闭前产品可以释放。

8. 收率与标准规定相比, 下降较大, 需要做偏差调查吗? 偏差处理需附在批记录上吗?

答: 需要调查, 而且要执行偏差处理流程, 偏差事件编号要记录在批记录上。

第六节　纠正和预防措施

第二百五十二条　纠正和预防措施系统的建立

【第二百五十二条】　企业应当建立纠正措施和预防措施系统, 对投诉、召回、偏差、自检或外部检查结果、工艺性能和质量监测趋势等进行调查并采取纠正和预防措施。调查的深度和形式应当与风险的级别相适应。纠正措施和预防措施系统应当能够增进对产品和工艺的理解, 改进产品和工艺。

【条文释义】

1. 什么是纠正和预防措施?

答: 纠正和预防措施 (corrective action and preventive action, CAPA) 是一个系统, 对产品/过程进行评估、调查和处理, 识别多方面原因并采取措施, 不断使质量体系 "自愈", 进而提高产品质量。CAPA 包括: 纠正措施 (corrective action), 即消除已发现的不合格的产品或事件所采取的措施; 预防措施 (preventive action), 即为消除不合格的原因并防止再发生所采取的措施。

2. 纠正措施 (corrective action)、预防措施 (preventive action) 的区别是什么?

答: 纠正措施和预防措施的区别见表 10-8。

表 10-8 纠正措施和预防措施的区别

性质	纠正措施	预防措施
针对性	已发生不合格的产品或事件	已发生不合格产品或事件的根本原因
时效性	需要立即采取措施	时间可以根据验证、修订文件等工作适当延长
目的性	针对不合格的处置措施	防止已出现不合格再次发生的措施
效果	仅对不合格现状处理，无法阻止不合格再次发生	解决问题根源，可有效防止不合格再次发生
方法	暂控、挑选、返工返修、报废	5 Why、鱼骨图、人机料法环（4M1E）等分析根本原因

第二百五十三条 纠正和预防措施的内容

【第二百五十三条】 企业应当建立实施纠正和预防措施的操作规程，内容至少包括：

（一）对投诉、召回、偏差、自检或外部检查结果、工艺性能和质量监测趋势以及其他来源的质量数据进行分析，确定已有和潜在的质量问题。必要时，应当采用适当的统计学方法；

（二）调查与产品、工艺和质量保证系统有关的原因；

（三）确定所需采取的纠正和预防措施，防止问题的再次发生；

（四）评估纠正和预防措施的合理性、有效性和充分性；

（五）对实施纠正和预防措施过程中所有发生的变更应当予以记录；

（六）确保相关信息已传递到质量受权人和预防问题再次发生的直接负责人；

（七）确保相关信息及其纠正和预防措施已通过高层管理人员的评审。

【条文释义】

1. CAPA 如何收集数据？

答：（1）**内部数据源** 不合格品处理单、巡检问题处理单、偏差、自检、管理评审、生产批记录、设备校准/维护数据、过程控制数据、环境监测数据、来料检验数据等。

（2）**外部数据源** 客户反馈/投诉、供应商表现、外检、退换货、法规更新、竞品分析等。

2. CAPA 如何进行问题定义？

答：根据数据源将发现的问题进行定义，通过 4W1H 问题分析的方法（图 10-4）进行问题的详细分析，找出问题发生的原因以及相关信息，以便后续的问题处理。

图 10-4 4W1H 问题分析的方法

3. CAPA 如何进行根本原因分析?

答: 调查的目的是尽可能确定现有或潜在的不合格的根本原因, 并提供解决方案的建议, 调查的规模/范围应与确定的不合格的风险相一致。常见的调查根本原因工具有: 4M1E 分析法 (图 10-5)、5W2H 分析法 (图 10-6)、鱼骨图分析法 (图 10-7) 等。

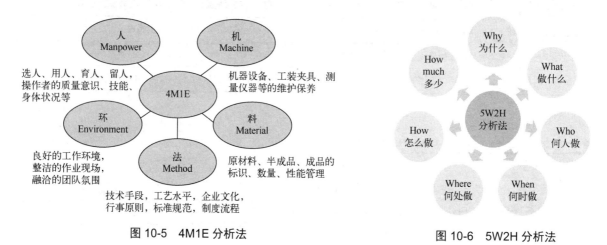

图 10-5　4M1E 分析法

图 10-6　5W2H 分析法

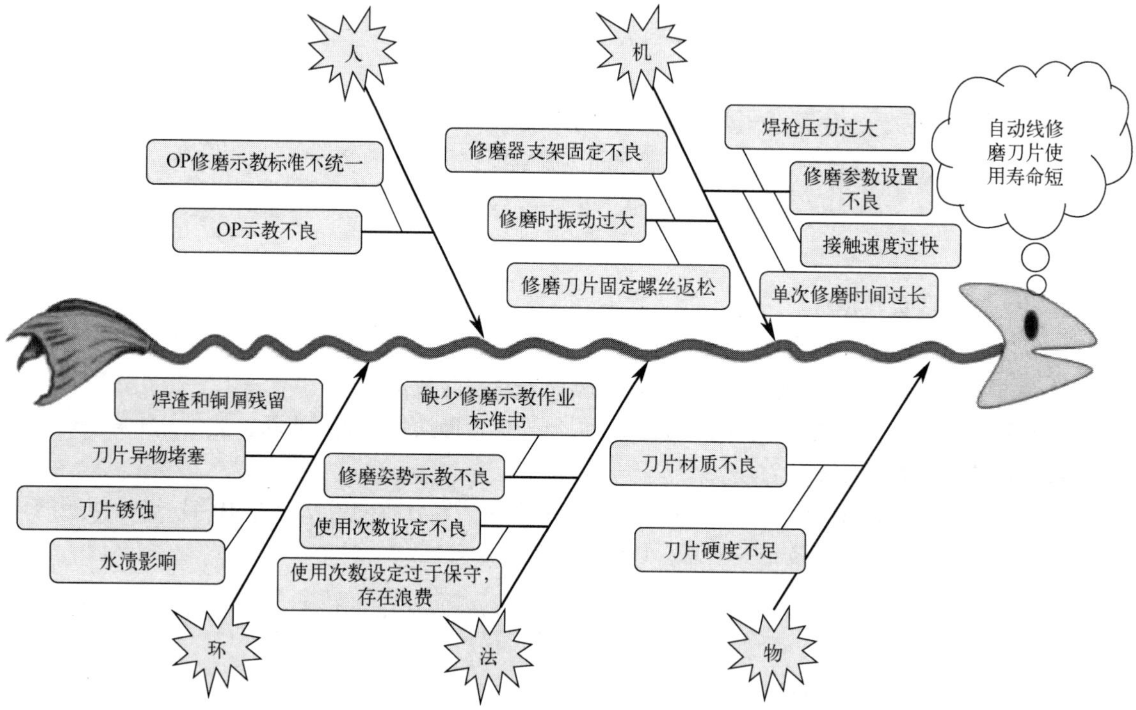

图 10-7　鱼骨图分析法

4. CAPA 如何制定措施?

答: 为确保措施是有效的, 且不会对最终产品产生不良的影响, 制定措施时需要考虑以下问题:

① 措施是否能消除已确定的根本原因?

② 措施是否涵盖所有受影响的产品/流程?

③ 措施是否会对最终产品产生不利影响?

④ 是否有足够的资源来实施措施?

⑤ 措施是否与风险程度相称?

⑥ 措施是否会带来新风险或者新的不合格?

5. CAPA 如何进行措施的有效性验证?

答：应通过改善后的数据或事实证明改善结果的有效性，负责验收的人应该有足够的独立性，对于问题和措施有一定程度的了解，并且纠正措施和预防措施均经过高层管理人员的评审。还需要统计年度内重大偏差，需要在发生重大偏差几年后回顾当时的分析调查是不是正确的，纠正预防是不是有效的。

第二百五十四条　文件记录

【第二百五十四条】 实施纠正和预防措施应当有文件记录，并由质量管理部门保存。

【条文释义】

1. CAPA 如何对措施进行记录和保存?

答：实施纠正和预防措施应有文件记录，并由质量管理部门保存。

2. 纠正和预防措施的意义是什么?

答：建立纠正措施和预防措施（CAPA）系统的意义，就是不仅要纠正某一个体性的缺陷，而且要找到导致缺陷的根本原因，采取预防措施，防止同类缺陷的重复发生。并且要对各种途径发现的单一缺陷进行统计、分析评估、采取主动性预防措施、追踪管理等一系列管理活动，从而防止类似缺陷在其他方面、不同产品线的重复出现。

例如：同一设备反复出现故障，重复发生的质量投诉或偏差等。这种情况预示着程序本身可能存在缺陷或资源不足，就单一偏差或投诉所采取的纠正措施，不足以防止此类问题的再次或重复发生，或者说造成缺陷的根本原因并没有从根本上消除。这就需要采取一个系统化的管理方式，从更广和更深的层面分析原因并采取措施。

CAPA 系统也为持续改进质量管理体系提供动力，为管理评审提供依据。

3. 纠正和预防措施需要建立单独的 SOP 吗?

答：需要。

4. CAPA 失败的案例。

答：FDA 给国内某公司的警告信：

该公司的 CAPA 程序要求 QA 部门要对改进措施进行跟踪核查。该公司在 2005 年 10 月 14 日启动 OOS 调查，QA 在 2005 年 10 月 18 日签署 CAPA，直到 2006 年 3 月 1 日 QA 才核查其改进措施，而此时，提议的改进措施仍然没有被实施，直到 2006 年 3 月 31 日才完成改进措施，在此期间又有 3 个批次的含量分析出现 OOS，其原因被发现与第一次相同。

因此，检察官认为该公司的 CAPA 程序没有被执行。

尽管法规并没有对采取措施的时限提出要求，但实施 CAPA 的目的在于纠正缺陷并防止缺陷的再次发生。上述案例中，该公司的 QA 部门未能及时跟进，措施未能及时落实，导致相同缺陷反复发生，显然其 CAPA 系统是无效的。

第七节　供应商的评估和批准

第二百五十五条　供应商的质量评估

【第二百五十五条】 质量管理部门应当对所有生产用物料的供应商进行质量评估，会同有关部门对主要物料供应商（尤其是生产商）的质量体系进行现场质量审计，并对质量评估不符合要求的供应商行使否决权。

主要物料的确定应当综合考虑企业所生产的药品质量风险、物料用量以及物料对药品质量的影响程度等因素。

企业法定代表人、企业负责人及其他部门的人员不得干扰或妨碍质量管理部门对物料供应商独立作出质量评估。

【条文释义】

1. 供应商管理中相关人员职责是怎样的？

答：质量管理体系的任务是企业所有部门的共同职责，需质量管理部门和相关部门共同完成，企业所有人员对确保质量管理体系正常运行、确保产品质量承担相应的责任。质量管理部门应当对所有生产用物料的供应商进行全面质量评估，对主要物料供应商（特别是生产商）的质量管理体系进行现场质量审计。对于质量评估不符合要求的供应商，质量管理部门可行使否决权。在此过程中，企业法定代表人、企业负责人及其他部门的人员均不得干扰或妨碍质量管理部门对物料供应商进行独立、客观的质量评估工作。供应商管理任务与人员职责分配示例见表 10-9。

表 10-9　供应商管理任务与人员职责分配示例

职责	部门						关键人员				
	QA	QC	生产	工程	采购	……	企业负责人	生产负责人	质量负责人	质量受权人	……
供应商新增	负责	负责	负责		负责		批准	批准	批准	批准	
供应商审计	负责	咨询	咨询		咨询				批准	批准	
供应商考核	负责	咨询	负责	通知	负责		批准	批准	批准	批准	
供应商退出	负责	咨询	通知		负责		批准		批准	批准	

2. 如何进行物料及其供应商分级管理？

答：以产品为单位对生产中用到的各个物料开展评估，基于评估结果将物料划分为不同级别。

药品生产涉及的物料种类多样、功能/用途各异，需要对物料实施分级管理，并在此基础上实现对物料供应商的分级管理，确保供应商管理的质量和效率。

物料的级别划分至少需考虑下列因素：

① 所生产药品的质量风险；

② 物料在处方/工艺中的用途及用量；

③ 物料对药品质量的影响程度。

物料分级原则示例见表 10-10。

表 10-10　物料分级原则示例

物料级别	特点	示例
A 级	对产品质量有重大影响的物料	• 原料药生产用起始物料 • 药物制剂生产用原料药 • 无菌产品直接接触成品的内包装材料
B 级	对产品质量有一定影响或其影响可在后续步骤中去除的物料	• 非无菌产品直接接触成品的内包装材料 • 药物制剂生产中用量较大、对工艺运行及产品质量有一定影响的辅料 • 药品说明书、标签、印刷（内）包装材料

续表

物料级别	特点	示例
C 级	对产品质量影响较小或无影响的物料	● 原料药合成过程用到的 pH 调节剂、工艺助剂 ● 药物制剂生产中用量小、对工艺运行及产品质量影响轻微的辅料 ● 发运用外包装材料，如发运纸箱、内托等

第二百五十六条　物料供应商的操作规程的建立

【第二百五十六条】 应当建立物料供应商评估和批准的操作规程，明确供应商的资质、选择的原则、质量评估方式、评估标准、物料供应商批准的程序。

如质量评估需采用现场质量审计方式的，还应当明确审计内容、周期、审计人员的组成及资质。需采用样品小批量试生产的，还应当明确生产批量、生产工艺、产品质量标准、稳定性考察方案。

【条文释义】

1. 如何建立物料供应商的操作规程？

答：企业应建立物料供应商的操作规程。新物料首次开发供应商应遵循下述基本流程：初步筛选→问卷调查→物料试用→质量审计→批准。对于主要物料的供应商，质量管理部门应当与其签订质量协议，明确供需双方在质量方面的责任与义务。当引入新的供应商时，在物料试用环节，需关注新供应商物料所生产的产品在工艺过程中质量是否与使用原供应商物料时保持一致。当主要物料增加新的供应商时，应当遵照变更管理的技术指导原则，对商业规模生产的产品开展稳定性考察，必要时开展商业规模的工艺验证工作。

2. 如何确定审计周期？

答：（1）**应根据物料使用风险等级进行供应商的风险等级评估**　如：对于生物制品、中药注射剂、多组分生化药委托生产的主要原料合格供应商，应进行频次较高的现场审计；对于原料药的合格供应商以及承担其他委托生产制剂的主要物料供应商，应进行较高频次的现场审计；而对于原料药和其他制剂的主要物料合格供应商，进行常规频次的现场审计即可。

（2）**应根据物料使用情况评估**　对各产品主要物料的供应商变更时，应对供应商进行首次审计；当物料出现质量问题或生产条件、工艺、质量标准和检验方法等可能影响质量的关键因素发生显著改变时，应及时对供应商进行有因审计。

3. 物料、试剂从中间商处购入（供应商在国外或偏远地区），对物料或试剂生产厂家的现场审计如何进行？对于国外的供应商大多难以达到现场审计的要求，是否可以只对其代理商进行审计？尤其是制剂用关键物料/辅料的生产商是国外的，国内只有代理商。

答：无明确要求，建议对 API 等关键物料进行现场审计，对于非关键物料可以书面审计，不可以只审代理商。对 API 等关键物料难以实施现场审计的（如供应商在国外），必须采取其他控制措施。

4. 物料供应商的质量评估是否在研发阶段就开始呢？

答：是，原辅料、内包装材料的供应商都必须在研发阶段开始进行质量评估。

点评：原辅料、内包装材料的供应商不同，生产、合成工艺或者使用的溶剂、产生的杂质等都不尽相同，对药品质量的影响也不尽相同，所以必须在研发阶段开始进行质量评估，考察选定的生产厂家的物料对药品的影响，对于内包材还应考察与药品的相容性。

第二百五十七条　专人负责评估审计

【第二百五十七条】 质量管理部门应当指定专人负责物料供应商质量评估和现场质量审计，分发经批准的合格供应商名单。被指定的人员应当具有相关的法规和专业知识，具有足够的质量评估和现场质量审计的实践经验。

【条文释义】

1. 为什么要专人负责评估审计？

答：企业应制定一套针对物料供应商现场的质量审计策略，基于风险评估原则对不同级别供应商进行现场审计的必要性予以区分。除了主要物料必须严格按照规定进行现场质量审计外，对于其他物料，若非其对质量的影响极其微小（如发运外包材），否则应运用合理的评估方法进行评估，并依据评估结果决定是否开展供应商现场质量审计。

对物料供应商的现场质量审计不应视为一次性任务，特别是那些对药品质量有重要影响的主要物料，应该设定预定的现场审计周期，或者根据前一次审计结果确定审计的有效期限。同时，在决定启动周期性现场审计的具体时间时，应全面考虑供应商的供货历史记录，以此为依据来规划审计计划的制定。评估工作宜由专人负责。

2. 被指定的人员应具有怎样的资质？

答：应具有从事药品生产、质量 GMP 相关工作经验；应掌握相关法律法规和专业知识。一般需要属于公司内部的 GMP 自检的资深人员。

第二百五十八条　现场质量审计

【第二百五十八条】 现场质量审计应当核实供应商资质证明文件和检验报告的真实性，核实是否具备检验条件。应当对其人员机构、厂房设施和设备、物料管理、生产工艺流程和生产管理、质量控制实验室的设备、仪器、文件管理等进行检查，以全面评估其质量保证系统。现场质量审计应当有报告。

【条文释义】

1. 为什么要进行现场质量审计？

答：企业需构建物料供应商现场质量审计策略，依据风险来判别不同级别供应商现场审计的必要性。对主要物料必须按 GMP 第二百五十五条规定进行现场质量审计。至于其他物料，除非其对质量影响特别轻微（如发运外包材），否则均应运用合理的评估方法开展评估，通过评估结果确定是否开展供应商现场质量审计。某常规药用辅料供应商现场质量审计必要性评估示例见表 10-11。

表 10-11　某常规药用辅料供应商现场质量审计必要性评估示例

评估项目	情形	得分	情形	得分	情形	得分
物料级别	A 级物料	4	B 级物料	—	C 级物料	1
供应商声誉	被报道过质量事故或有诚信污点、显著经营风险	4	未被报道过质量事故，无诚信污点或显著经营风险	2	知名企业，业界声誉良好	1
供应商资质及权威认证	无，或有不良合格检查记录	4	ISO 9001	2	药政合规检查记录良好	1

续表

评估项目	情形	得分	情形	得分	情形	得分
评分标准	各单项的评分标准，由企业基于物料风险酌情设定，如：A、B、C级物料分别对应4分、2分、1分					
评分结果	总得分=各项目得分之和					
判断标准	总得分达到16分的企业，必须组织现场质量审计；总得分低于16分的企业，综合问卷调查、试用评估等信息决定是否组织现场质量审计					

企业对物料供应商的现场质量审计并非一次性工作，特别是对于那些对药品质量有重要影响的主要物料，需制定明确的现场审计周期，或者根据前次审计结果动态调整审计周期。同时，需要全面考虑供应商的供货历史记录，科学确定周期性现场审计的启动时间，并为编制审计计划提供指导。

2. 如何进行现场质量审计？

答：现场质量审计通常包括以下步骤：

（1）**审计准备**　审计小组会对被审计单位进行初步了解，包括其生产工艺、质量管理体系、以往审计的历史等。同时，审计小组会明确审计的目的、范围和预期的时间表。

必要时开审计前会议，明确各自分工及需要重点关注的事项。

（2）**预评估**　在正式的现场审计之前，审计小组可能会要求企业提供一系列文件和记录，以便进行预评估。这些文件可能包括生产工艺流程、质量控制记录、设备维护日志等。

（3）**首次会议**　介绍参会人员，介绍审计程序，就质量审计日程与内容达成一致，介绍企业概况。

（4）**现场质量审计**　审计小组会到药品生产现场进行实地检查。这通常包括对证照资质、机构与人员、仓储及物料管理、生产系统、公用系统、质量控制系统、质量保证系统、设施设备、上次审计缺陷等内容的审查。审计员可能会与现场人员进行交谈，以了解实际操作情况。

（5）**末次会议**　现场检查结束后，审计小组会与企业代表进行总结会议。审计小组会讨论在审计过程中发现的问题和不足，并给出初步的审计结论。对审计情况进行总结、反馈、沟通、评价。

（6）**审计报告**　审计小组会根据审计过程中的发现，撰写详细的审计报告。报告会详细列出审计发现的问题，以及可能需要的改进措施。

（7）**整改和跟踪**　企业需要根据审计报告中的建议进行整改。审计小组可能会要求企业提供整改计划，并在一定时间内对整改效果进行跟踪。

（8）**后续审计**　在某些情况下，可能需要进行后续审计，以确保所有问题都已得到妥善解决。

第二百五十九条　主要物料供应商的稳定性考察

【第二百五十九条】　必要时，应当对主要物料供应商提供的样品进行小批量试生产，并对试生产的药品进行稳定性考察。

【条文释义】

企业在何种情况下需要对主要物料供应商提供的样品进行小批量试生产，并对由此试生产的药品进行稳定性考察？

答：小批量试生产的主要目的是验证供应商提供的物料在药品生产过程中的适用性，通过试生产，企业可以评估物料的物理性质、化学性质以及生物学特性等相关特性是否满足药品生产工艺的要求，有助于企业发现潜在的生产和使用问题，如设备兼容性、工艺属性符合性等，在最大程度地控制风险的同时降低成本。所以在影响产品质量关键属性的情况下，需要对主要物料供应商提供的样品进行小批量试生产，并对试生产的药品进行稳定性考察，以确定影响的程度是否风险可控。

第二百六十条 物料供应商评估的内容

【第二百六十条】 质量管理部门对物料供应商的评估至少应当包括：供应商的资质证明文件、质量标准、检验报告、企业对物料样品的检验数据和报告。如进行现场质量审计和样品小批量试生产的，还应当包括现场质量审计报告，以及小试产品的质量检验报告和稳定性考察报告。

【条文释义】

1. 物料供应商评估的内容有哪些?

答：新物料首次开发供应商应遵循的基本流程如图 10-8 所示。

图 10-8 新物料首次开发供应商应遵循的基本流程

对于主要物料的供应商，质量管理部门应当与其签订质量协议，明确供需双方所承担的质量责任。物料增加新的供应商时，在物料试用环节，还需关注工艺过程的产品质量与使用原供应商物料时的一致性。主要物料增加新的供应商时，应当遵照变更技术指导原则，对商业规模的产品开展稳定性考察，必要时开展商业规模的工艺验证。

企业应该建立物料供应商现场质量审计的策略，基于风险对不同级别供应商现场审计的必要性予以区分。除主要物料必须按 GMP 第二百五十五条规定开展现场质量审计外，其他物料，若非质量影响特别轻微（如发运外包材），应基于合理的评估方法开展评估，通过评估结果决定是否开展供应商现场质量审计。

对物料供应商的现场质量审计不是一次性行为，尤其是那些对药品质量有重要影响的主要物料，应该有预定的现场审计周期，或者基于前一次审计结果确定审计有效期，同时充分考虑供应商的供货历史记录，以确定启动周期性现场审计的具体时间，并指导审计计划的编制。

运用风险管理工具，可以按以下流程进行新增物料供应商评估。

（1）危害源识别

① 风险评估小组。成立风险评估小组，成员包含研发、质量、生产、设备、注册等方面专家，以全面正确评估新增起始物料可能存在的各项风险。

② 新增供应商基本情况。

③ 危害源识别。基于已有的新增供应商管理程序对新增供应商可能存在的质量危害因素进行分析。

（2）风险分析

① 本次风险评价所用的方法遵循 FMECA 技术，它包括以下几点。

危害源识别：根据以上危害源识别结果确认可能影响产品质量、患者用药安全的风险。

风险分析：评估前先确认风险的后果，其基础建立在严重程度、可能性及可预测性上。

计算风险优先级得分（risk priority number，RPN）：RPN 是事件发生的严重性（severity，简称 S）、可能性（occurrence，简称 O）和可检测性（detectability，简称 D）三者的乘积，用来衡量可能的风险优先级。

风险接受：风险降低后，对所有风险的 S、O、D 值进行打分，并计算 RPN 值，当 RPN 值低于 30 时，认为风险可以接受。

严重性为对产品质量的影响程度（1~5 分：分数越高，代表严重性越高）。

可能性为风险发生的概率（1~5 分：分数越高，代表发生的可能性越大）。

可检测性为风险检测的难易程度（1~5 分：分数越高，代表发现能力越低）。

风险优先级得分（RPN）=严重性×可能性×可检测性

严重性、可能性和可检测性的风险评估见表 10-12。

表 10-12 严重性、可能性和可检测性的风险评估

分数		严重性
5	严重影响	因产品内在质量，对患者造成严重伤害或死亡
4	高	因产品内在质量，造成患者轻度不良反应（非药品固有特性造成）
3	中等	对产品内在质量无影响，产品外包装原因引起投诉
2	低	对产品内在质量无影响，外观有瑕疵
1	没影响	对产品无影响
分数		可能性
5	极高	发生概率极高
4	高	发生概率高
3	中等	因人员经验不足、操作复杂，可能会发生，概率中等
2	低	因人员经验不足，可能会发生，概率低
1	极低	现行管理程序下不发生，或发生概率极低
分数		可检测性
5	不可能	采取任何措施都不能检测到
4	难	现有的管理程序下检测不到
3	中等	增加取样或检验可以检测到
2	较容易	现行管理程序有可能检测到
1	容易	现行管理程序完全可以检测到

通过本项风险评估，对本次增加起始物料供应商的风险加以分析，并对现有的风险控制措施进行评价，识别风险的可接受程度，并决定是否需要采取进一步的风险控制措施。

② 风险分析。风险分析见表 10-13。

表 10-13 风险分析

序号	存在的问题	可能产生的危害	S	原因	O	现有控制措施	D	RPN

③ 风险评价。通过以上方面进行风险分析，找出新供应商可能存在的风险，结合 FMECA 技术（失效模式、影响及关键性分析）对所有因素进行风险分析，评价结果显示目前已经采取的控制措施能够在供应商资质确认、现场审计和质量协议签订、样品检测、产品试用、工艺验证和稳定性考察，以及新增供应商的药监部门审评审批等方面得到有效的控制，能将风险控制在可接受范围内，但在以下几个

方面仍存在较高风险，需要采取进一步的风险控制措施。风险评价见表 10-14。

表 10-14　风险评价

风险点	RPN

④ 风险控制。针对风险评估中的高风险项，风险评估小组组织专题讨论会议，制定进一步的控制措施，采取风险进一步控制措施之后，RPN 值降低至可接受标准范围内（RPN 值≤30），降低了风险发生的可能性，风险等级降至可接受范围内。风险控制见表 10-15。

表 10-15　风险控制

风险点	进一步控制措施	S	O	D	RPN

注：S 表示严重性；O 表示可能性；D 表示可检测性；RPN 表示风险优先级。

针对风险评价后存在的三处较高风险，小组通过讨论制定相对应的进一步的风险控制措施。然后重新进行了风险分析，采取进一步措施后，各项风险均得到有效控制，降低至可接受水平。

⑤ 风险沟通。通过以上全面详尽的风险评估，识别出风险较高的风险点，并且针对高风险点制定应对措施，以使风险降低到可接受范围，以上风险评估情况，以及采取的风险降低措施通报所有相关部门，确保风险降低措施得到有效落实。

⑥ 风险回顾。通过本次全面的风险评估，采取全面的风险控制措施。在以上措施实施后应对各措施的落实情况、风险控制的结果等实施全面的回顾，以确保增加供应商的风险控制措施均得到有效的实施，并评价各控制措施的有效性。同时，在以后的商业化生产中，持续关注新增供应商提供的物料的质量情况，以及生产出的最终成品的质量情况，以保证评估各项措施的持续性和有效性。

2. 在药品生产质量体系下，若集团内关联企业已完成对物料供应商的现场审计工作，同一集团内的其他企业可否在质量评估报告中直接采纳并使用其审计结果和报告？

答：可以。但应保证审计内容和结果符合本企业的相关要求。

3. 对于原料药厂家的供应商来说，大部分为相应的化工企业，一些企业连基本的质量体系都没有，作为这样的厂家，怎么进行现场审计？

答：根据原料药生产企业的需求进行审计。

第二百六十一条　物料供应商变更

【第二百六十一条】　改变物料供应商，应当对新的供应商进行质量评估；改变主要物料供应商的，还需要对产品进行相关的验证及稳定性考察。

【条文释义】

1. 改变物料供应商时，企业需要做哪些初步工作？

答：当企业决定改变物料供应商时，首先需要对新的供应商进行质量评估。这一步骤是为确保新供应商提供的物料能够满足企业药品生产的质量标准和要求，降低因物料质量问题带来的风险。

2. 质量评估的具体内容有哪些?

答:质量评估的内容至少应涵盖供应商的资质证明文件、质量标准、检验报告,以及企业对物料样品的检验数据和报告等内容。若实施了现场质量审计和样品小批量试生产,评估内容还需包括现场质量审计报告,以及小试产品的质量检验报告和稳定性考察报告。这些评估内容旨在全面了解新供应商的生产能力、质量控制体系以及物料质量情况。

3. 改变主要物料供应商时,除了质量评估外,还需要进行哪些额外的工作?

答:当企业更换主要物料供应商时,除了对新供应商进行质量评估外,还需针对产品进行相应的验证工作及稳定性考察。这是因为主要物料对药品质量具有重要影响,其变更可能导致药品质量特性的变化。因此,企业需要通过验证工作来确认新物料在生产过程中的适用性,以及生产出的药品是否符合质量标准。同时,还需进行稳定性考察,以评估新物料在储存和使用过程中的稳定性,确保药品在有效期内质量稳定、可靠。

4. 验证及稳定性考察的具体步骤是什么?

答:验证及稳定性考察的具体步骤可能因企业实际情况和物料特性而异,但一般包括以下内容:

(1)验证工作

① 对新物料进行质量检验,确认其符合质量标准。

② 进行小批量试生产,观察新物料在生产过程中的表现,评估其对生产工艺和设备的影响。

③ 对试生产出的产品进行质量检验,确认其质量特性与变更前产品一致或符合预期。

(2)稳定性考察

① 制定稳定性考察方案,明确考察的时间点、考察项目和方法。

② 在不同的储存条件下(如温度、湿度、光照等)对新生产出的产品进行稳定性考察。

③ 定期检测产品的质量特性,如外观、含量、有关物质等相关质量指标,评估其随时间的变化情况。

④ 根据考察结果,评估产品的稳定性和有效期,制定相应的储存和运输条件。

该条款要求企业在更换物料供应商时,应对新供应商开展质量评估;改变主要物料供应商时,还需进行产品验证及稳定性考察,确保产品质量安全性。

第二百六十二条　合格供应商名单内容

【第二百六十二条】 质量管理部门应当向物料管理部门分发经批准的合格供应商名单,该名单内容至少包括物料名称、规格、质量标准、生产商名称和地址、经销商(如有)名称等,并及时更新。

【条文释义】

合格供应商名单内容有哪些?

答:由质量部统一制定合格供应商清单,经质量负责人批准后发放至相关部门使用,合格供应商清单主要内容包括:物料类别、供应物料名称、供应物料代码、经销商名称、生产商名称、生产商地址、供应商代码、批准用途。每个合格供应商建议配备唯一代码,用英文字母和序号组合。清单内容根据实际情况或者定期进行更新。

第二百六十三条　质量协议的签订

【第二百六十三条】 质量管理部门应当与主要物料供应商签订质量协议,在协议中应当明确双方所承担的质量责任。

【条文释义】

1. 为什么质量管理部门需要与主要物料供应商签订质量协议?

答:质量管理部门与主要物料供应商签订质量协议,是为了明确双方在物料供应过程中的质量责任,确保物料的质量符合药品生产的要求。这一举措有助于加强供应链的质量管理,降低因物料质量问题导致的药品生产风险。

2. 质量协议中应当明确哪些双方所承担的质量责任?

答:质量协议中应当明确双方所承担的质量责任,包括但不限于以下几个方面。

(1)**物料质量标准** 明确物料的质量标准,包括物理性质、化学性质、微生物限度等关键指标,确保物料质量符合药品生产的需要。

(2)**检验与放行** 规定物料的检验方法和检验标准,以及物料放行前的检验流程,确保只有合格的物料才能用于药品生产。

(3)**变更管理** 明确物料供应商在发生可能影响物料质量的变更(如生产工艺、原材料来源等变更)时,需提前通知企业并进行相应的评估和验证工作。

(4)**不合格品处理** 规定不合格物料的处理程序,包括退货、销毁或重新加工等,以及双方在此过程中的责任和义务。

(5)**质量投诉与反馈** 建立质量投诉与反馈机制,明确双方在处理质量投诉时的责任和义务,以及改进措施的实施和跟踪。

(6)**持续改进** 鼓励双方共同进行质量改进活动,提高物料质量和供应链的整体效率。

(7)**稳定性考察资料的共享** 明确双方(如委托方与受托方、药企与供应商或跨部门团队)的质量责任是确保数据完整性、合规性和风险可控性的关键。

3. 签订质量协议对企业和供应商分别有哪些好处?

答:签订质量协议对企业和供应商都有诸多好处。对企业而言,可以确保物料质量稳定可靠,降低因物料问题导致的生产风险和质量投诉;同时,通过明确的责任划分和合作机制,促进供应链的持续改进和优化。对供应商而言,签订质量协议可以提升其产品质量管理水平,增强市场竞争力;同时,通过与企业的紧密合作,共同解决质量问题,提高客户满意度和忠诚度。

该条款是关于质量管理部门与主要物料供应商签订质量协议的规定,是加强供应链质量管理、确保药品生产质量的重要举措。

第二百六十四条 定期评估或现场质量审计

【第二百六十四条】 质量管理部门应当定期对物料供应商进行评估或现场质量审计,回顾分析物料质量检验结果、质量投诉和不合格处理记录。如物料出现质量问题或生产条件、工艺、质量标准和检验方法等可能影响质量的关键因素发生重大改变时,还应当尽快进行相关的现场质量审计。

【条文释义】

定期评估或现场质量审计的要求有哪些?

答:供应商变更在遵循常规变更控制流程的同时,需同时遵循药品所在市场的药监部门发布的变更技术指导原则/指南中的相关规定。对于这些变更的汇总及评估应连同供应商的供货历史记录(如退货及投诉、物料关键质量属性)和其他表现(如交货期)一并纳入定期的质量回顾分析报告,基于回顾分析结果及时调整、更新对供应商的管控力度。对经确认的物料供应商,企业应维护该供应商的确认状态,证明该供应商能始终如一地提供符合质量要求的物料。

本部分可与第二百五十九条、第二百六十条相关联。

第二百六十五条　物料供应商质量档案的建立

【第二百六十五条】　企业应当对每家物料供应商建立质量档案，档案内容应当包括供应商的资质证明文件、质量协议、质量标准、样品检验数据和报告、供应商的检验报告、现场质量审计报告、产品稳定性考察报告、定期的质量回顾分析报告等。

【条文释义】

1. 如何进行物料供应商质量档案的建立？

答：企业应按GMP第二百六十五条的规定，对每家物料供应商建立质量档案，档案内容至少包括：

a. 供应商的资质证明文件；

b. 质量协议；

c. 质量标准；

d. 样品检验数据和报告、试制产品检验报告（如有）；

e. 供应商或第三方的检验报告；

f. 现场质量审计报告，包括审计计划、调查问卷、现场审计表等；

g. 产品稳定性考察报告；

h. 定期的质量回顾分析报告等。

2. 提及"改变主要物料供应商时，还需对产品进行相关验证及稳定性考察"，该条是针对制剂还是API？

答：包括制剂和API，同时还包括内包材、关键辅料。改变供应商时，需对产品进行相关验证、对比评估及稳定考察。

点评：改变API和关键辅料供应商时，应按商业批的规模和批量进行验证，并对验证批进行相应的稳定性考察。

第八节　产品质量回顾分析

第二百六十六条　产品质量回顾分析

【第二百六十六条】　应当按照操作规程，每年对所有生产的药品按品种进行产品质量回顾分析，以确认工艺稳定可靠，以及原辅料、成品现行质量标准的适用性，及时发现不良趋势，确定产品及工艺改进的方向。应当考虑以往回顾分析的历史数据，还应当对产品质量回顾分析的有效性进行自检。

当有合理的科学依据时，可按照产品的剂型分类进行质量回顾，如固体制剂、液体制剂和无菌制剂等。

回顾分析应当有报告。

企业至少应当对下列情形进行回顾分析：

（一）产品所用原辅料的所有变更，尤其是来自新供应商的原辅料；

（二）关键中间控制点及成品的检验结果；

（三）所有不符合质量标准的批次及其调查；

（四）所有重大偏差及相关的调查、所采取的整改措施和预防措施的有效性；

（五）生产工艺或检验方法等的所有变更；

（六）已批准或备案的药品注册所有变更；

（七）稳定性考察的结果及任何不良趋势；

（八）所有因质量原因造成的退货、投诉、召回及调查；

（九）与产品工艺或设备相关的纠正措施的执行情况和效果；

（十）新获批准和有变更的药品，按照注册要求上市后应当完成的工作情况；

（十一）相关设备和设施，如空调净化系统、水系统、压缩空气等的确认状态；

（十二）委托生产或检验的技术合同履行情况。

【条文释义】

1. 什么是产品质量回顾分析？

答：每年对所有产品按品种、规格分别进行质量回顾分析，例如对原辅料、生产中间控制结果、产品检验结果、稳定性试验，以及产品生产过程中的偏差处理、质量体系绩效、控制手段等信息数据进行定期回顾，形成书面报告，评价现行的生产工艺及控制方法是否有效、可控，以确认现行工艺的一致性和连续性，并发现产品生产系统的改进的机会，制定预防措施，不断提高产品质量。

2. 产品质量回顾的数据汇总应包括生产周期中的哪些内容呢？

答：① 产品的基础信息：产品的名称、规格、包装形式、有效期/复验期、处方、批量等。

每种产品的所有生产批号、生产日期、最终产品检验结果（物理、化学、微生物等）、关键中间控制检验结果（必要时）、成品收率、产品最终放行情况（合格和不合格）等信息的汇总，并需对关键数据进行趋势分析。

a. 统计成品质量控制指标，例如有关物质、含量、酸碱度、微生物限度等；

b. 可以分别描述每项指标的情况。如含量为 95.0%~97.2%，并考察其是否在合格限度内，是否有不良趋势；

c. 对关键质量属性进行趋势分析。

② 对生产中涉及的关键工艺参数的统计及趋势评估。

a. 统计分析关键工艺参数，如中间体、物料平衡收率等；

b. 可以根据列表、作图描述每项参数的范围，如温度控制范围（5~10℃），通过统计确定规定时间内产品批次控制数值是否在合理限度内，对异常趋势情况应进行详细描述。

③ 生产所用到的各批次原辅料、中间体和包装材料的信息，包括进货批次、不合格批次、退货批次、报废批次、使用批次及使用情况等。

④ 对涉及的所有原辅料、包材、中间体、成品的检验结果超标的情况汇总分析，包括超标内容、发生时间、超标原因等，以及已经采取的纠正和预防措施的效果。

⑤ 所有偏差及其调查报告（内容、原因等）汇总分析，以及已经采取的纠正和预防措施的效果。

a. 对偏差产生原因分类：设备原因、环境原因、物料原因、操作原因、工艺原因；

b. 对偏差产生过程分类：称量过程、制粒过程、压片过程、包装过程等；

c. 对产品质量影响程度：关键偏差、重要偏差、微小偏差；

d. 产品进行返工和重新加工的原因、涉及数量及处理结果汇总分析；

e. 产品报废批次、涉及数量及处理结果汇总分析。

⑥ 重复偏差统计和分析确认。

⑦ 产品相关的 CAPA 回顾，包括执行情况和效果评估。

⑧ 验证、再验证情况，包括按计划进行的相关验证、变更涉及的验证等。

⑨ 产品稳定性监测结果和评价（包括试验原因、含量趋势图、异常点分析、各检验项目趋势总结等）。

⑩ 所有与质量相关的退换货、投诉和召回的情况，以及对其进行的调查（包括发生的原因、涉及

数量及其最终处理结果）、对药品不良反应/药物警戒的情况进行回顾。

⑪　GMP 检查及整改情况：接受官方 GMP 检查和自检，包括缺陷及整改完成情况等。

⑫　对空调净化系统、水系统、压缩空气等公用工程系统运行及确认情况进行回顾。

⑬　对委托加工、委托检验等工作情况的回顾；对各项技术协议的现行性和有效性的回顾。

3. 如何在产品年度回顾中应用控制图?

答：控制图是对生产过程中的关键质量特性进行测定、记录、评估，从而监察过程是否处于控制状态的一种图形方法，可用于产品关键质量指标、关键中间控制点趋势分析及产品质量趋势分析。控制图以给定的数据（如产品质量指标、中间体质量指标等）为纵坐标，以按时间顺序抽取的批次为横坐标，并在图上设有中心线、上控制限（UCL）和下控制限（LCL）、标准限，其中中心线是所控制的数据的平均值（$\overline{X}$），上下控制限与中心线相距数倍标准差[如 3 倍标准差（3σ）]。

产品年度回顾中控制图的应用见图 10-9。

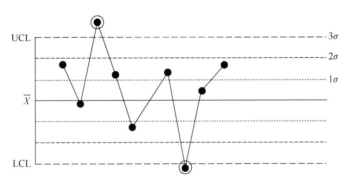

图 10-9　产品年度回顾中控制图应用

第二百六十七条　回顾分析的结果的评估

【第二百六十七条】　应当对回顾分析的结果进行评估，提出是否需要采取纠正和预防措施或进行再确认或再验证的评估意见及理由，并及时、有效地完成整改。

【条文释义】

产品质量回顾的分析应包括哪些内容?

答：产品质量回顾分析的内容包括成品质量的检测结果、中间体质量控制指标、原辅料的质量情况、偏差及变更的处理情况、稳定性监测结果、验证情况、GMP 检查和环境监测、公用系统等。应使用风险评估的方法评价可疑的质量缺陷及潜在质量影响以判定产品工艺是否受控，在有效期内是否存在质量风险，必要时应进行相关性分析。

①　产品质量回顾具体计划，包括产品质量回顾的具体时间范围和回顾总结完成截止日期。

②　对产品质量回顾的数据趋势和总结。根据所生产产品的检验数据和生产数据进行数据汇总分析，或利用统计学工具进行数据分析并给出评价性的结论，例如：根据产品年度质量回顾数据，本年度该产品生产质量稳定，各项工艺参数没有发生显著变化，没有发现不良趋势。

③　对支持性数据回顾所发现的问题。

④　需要采取的预防和改正行动的建议。

⑤　预防和改正行动的行动计划和责任人及完成时间。

⑥　之前产品质量回顾中预防和改正行动的完成情况。

⑦　通过产品质量回顾，总结当前产品的生产情况及结论。

⑧　产品工艺性能的分析（如果有）。

以上内容具体举例见表 10-16。

表 10-16　产品质量回顾举例

结论和发现的问题
（1）本年度××产品的检验数据统计趋势未见异常，可以确认产品质量稳定，生产工艺稳定可靠，生产过程处于可控状态；生产工艺不需要修改；
（2）原辅料及成品的现行质量标准科学适用；
（3）发放产品涉及的偏差报告均已批准；
（4）回顾期间未关闭的变更控制将在下一年的年度回顾中进行回顾；
（5）没有任何重大异常问题，不需要通报管理层

需要采取的纠正和预防措施	
对上一年度需要采取的纠正和预防措施的追踪总结	行动编号:99901 行动内容:对质量标准进行升级，升版时将版本号调整为第 5 版 行动确认:该行动确认已于本年度完成并关闭
本年度需要采取的纠正和预防措施的追踪总结	没有

第二百六十八条　药品的委托生产

【第二百六十八条】 药品委托生产时，委托方和受托方之间应当有书面的技术协议，规定产品质量回顾分析中各方的责任，确保产品质量回顾分析按时进行并符合要求。

【条文释义】

1. 书面协议包括哪些？协议中应明确什么内容？

答：委托生产和委托检验的各项活动应在书面协议的基础上进行，不可通过口头沟通的方式确定双方职责，书面协议一般包括委托生产协议及质量协议。书面协议中应明确规定委托生产相关具体事宜，以便双方按照合同要求执行相关操作以及持有人对产品的质量管理。

2. 协议中如何规定产品质量回顾分析中各方的责任？

答：在委托生产活动中，持有人与受托方对于产品生产相关的责任分工不同。根据质量协议指南，持有人负责物料供应商的选择、管理和审核；应在质量协议中规定由何方进行物料的验收、取样、留样、检验和放行；质量协议应当明确规定受托方负责成品的检验，必须保证完成成品的全检。因此，产品质量回顾分析中委托双方所获得的信息不同，例如：物料供应商由持有人选择、管理和审核，因此对于供应商的审计相关信息应由持有人提供；投诉及不良反应等事件均由持有人接收统计，需由持有人提供。双方应在协议中规定年度回顾由何方起草，哪些信息需要对方提供，最终产品年度回顾分析报告需由持有人审核批准。

3. 如何确保产品质量回顾分析按时进行？

答：应根据双方已建立的质量回顾分析相关文件的要求，在质量协议中规定一个满足双方要求的完成时限进行约束。

4. 产品质量回顾分析的目的是什么？

答：药品生产企业通过每年定期对药品生产企业生产的所有药品按品种进行分类后，开展产品质量汇总和回顾分析，以确认其工艺和流程稳定可靠程度，以及原辅料、成品现行质量标准的适用性，及时发现出现的不良趋势，从而确定出对产品及工艺、控制过程进行改进的必要性和改进的方法和时限。

第九节　投诉与不良反应报告

第二百六十九条　药品不良反应报告和监测管理制度的建立

【第二百六十九条】 应当建立药品不良反应报告和监测管理制度，设立专门机构并配备专职人员负责管理。

【条文释义】

我国药品不良反应报告工作起源于 20 世纪 80 年代，1988 年卫生部在北京和上海的 10 家医院开展药品不良反应监测试点工作，在此基础上，1989 年，卫生部成立药品不良反应监察中心，1999 年，国家药品不良反应监测中心成立，同年，国家药品监督管理局和卫生部联合颁布了《药品不良反应监测管理办法（试行）》，这是我国第一个有关药品不良反应监测的规范性文件。2001 年修订的《中华人民共和国药品管理法》明确了"国家实行药品不良反应报告制度"，自此，我国的药品不良反应监测体系和相关工作步入法制化的自上而下的快速发展阶段。

同时，我国药品监管理念在不断地与国际接轨，药品不良反应监测工作也在主动地与国际药物警戒接轨。2017 年我国加入人用药品注册技术要求国际协调会（ICH），开始将 ICH 药物警戒指导原则应用于我国药品监管实践。2019 年修订并实施的《中华人民共和国药品管理法》规定"国家建立药物警戒制度"，我国正式迈入药物警戒时代。药物警戒制度是以药品安全为主要目标的药品全生命周期监管制度，基于对药品上市前及上市后用药风险的发现、评估、预防和控制等一系列科学活动，基础是药品不良反应监测，本质是药品风险管理。药物警戒不仅仅是药品不良反应监测的延展，更是将发现、评估、预防和控制药品风险贯穿于研发到上市后的药品风险管理活动。药物警戒制度是药品不良反应监测工作发展到一定阶段的必然产物，也是我国药品监管与国际接轨的必然趋势。

从药品不良反应报告制度到药物警戒制度，既是国家制度的变革，也是监管理念的变迁。这期间药物警戒法规在不断发展和完善，表 10-17 汇总了目前为止我国主要的药物警戒相关法律法规。

表 10-17　我国药物警戒相关法律法规

名称	发布时间
《中华人民共和国药品管理法》	2019 年 8 月 26 日
《药品不良反应报告和监测管理办法》（卫生部令第 81 号）	2011 年 5 月 4 日
《药品定期安全性更新报告撰写规范》	2012 年 9 月 6 日
《抗肿瘤药物上市申请时风险管理计划撰写的格式与内容要求》	2018 年 9 月 13 日
《关于药品上市许可持有人直接报告不良反应事宜的公告》（2018 年第 66 号）	2018 年 9 月 29 日
《个例药品不良反应收集和报告指导原则》（2018 年第 131 号）	2018 年 12 月 19 日
《药物临床试验期间安全性数据快速报告标准和程序》	2018 年 4 月 27 日
《上市药品临床安全性文献评价指导原则（试行）》	2019 年 5 月 23 日
《个例安全性报告 E2B（R3）区域实施指南》	2019 年 11 月 22 日

续表

名称	发布时间
《上市许可持有人药品不良反应报告表（试行）》	2020 年 1 月 8 日
《药物警戒委托协议撰写指导原则（试行）》	2020 年 6 月 4 日
《药物警戒质量管理规范》（GVP）（2021 年第 65 号）	2021 年 5 月 13 日
《已上市中药说明书安全信息项内容修订技术指导原则（试行）》	2022 年 1 月 4 日
《药物警戒体系主文件撰写指南》	2022 年 2 月 25 日
《药品年度报告管理规定》	2022 年 4 月 12 日
《药物警戒检查指导原则》	2022 年 4 月 15 日
《药品上市许可持有人 MedDRA 编码指南》	2022 年 5 月 6 日

1. 国家建立药物警戒制度，对药品不良反应及其他与用药有关的有害反应进行监测、识别、评估和控制。什么是药品不良反应？

答：GVP 中对药品不良反应的定义为：合格药品在正常用法用量下出现的与用药目的无关的有害反应。

2. 药品上市许可持有人应当开展药品上市后不良反应监测，药品不良反应的监测范围是什么？

答：GVP 中明确了药品不良反应的监测范围为"疑似药品不良反应信息"。疑似药品不良反应信息除了包含正常用法用量下的与用药目的无关的不良反应外，还包括可能因药品质量问题引起的或可能与超适应证用药、超剂量用药、禁忌证用药、妊娠及哺乳期暴露、药物无效、药物相互作用等有关的有害反应。

3. 持有人应当设立"专门的药物警戒部门"，负责管理药品不良反应报告和监测工作，药物警戒部门设置的"专门性"应体现在哪些方面？

答：药品 GVP 指南《药物警戒体系与质量管理》中对药物警戒部门设置的"专门性"进行了分析。药物警戒部门要从部门设置、履行职责、人员配备等方面体现专门性、专业性。首先，该部门应"专门"设置，具有专属名称，在持有人组织机构图、药物警戒体系组织结构图中明确体现。其次，该部门的职责应"专门"设置，部门职责为"药物警戒"，而不能与其他职责混淆。再次，该部门的人员应"专门"配备，配备人员数量、专业、资质等要与持有人的药物警戒工作需求相适应。

4. 持有人应当设置专门的药物警戒部门，明确药物警戒部门与其他相关部门的职责，药物警戒部门的主要职责有哪些？

答：GVP 中对药物警戒部门的主要职责描述为：
① 疑似药品不良反应信息的收集、处置与报告；
② 识别和评估药品风险，提出风险管理建议，组织或参与开展风险控制、风险沟通等活动；
③ 组织撰写药物警戒体系主文件、定期安全性更新报告、药物警戒计划等；
④ 组织或参与开展药品上市后安全性研究；
⑤ 组织或协助开展药物警戒相关的交流、教育和培训；
⑥ 其他与药物警戒相关的工作。

5. 持有人应当建立药品安全委员会，建立良好的沟通和协调机制，保障药物警戒活动的顺利开展。药品安全委员会的职责是什么？由哪些人员组成？

答：GVP 对药品安全委员会的构成和职责作了梳理。药品安全委员会负责重大风险研判、重大或紧急药品事件处置、风险控制决策以及其他与药物警戒有关的重大事项。药品安全委员会一般由持有人的法定代表人或主要负责人、药物警戒负责人、药物警戒部门及相关部门负责人（如药物研发、注册、生产、质量、销售、市场等部门）组成。

6. 持有人的法定代表人或主要负责人对药物警戒活动全面负责，应当指定药物警戒负责人，提供必要的资源并予以合理组织、协调。药物警戒负责人应具备怎样的资质？药物警戒负责人的职责有哪些？

答：GVP 对药物警戒负责人的任职要求和职责作了明确规定。药物警戒负责人应当是具备一定职务的管理人员，应当具有医学、药学、流行病学或相关专业背景，本科及以上学历或中级及以上专业技术职称，三年以上从事药物警戒相关工作经历，熟悉我国药物警戒相关法律法规和技术指导原则，具备药物警戒管理工作的知识和技能。

药物警戒负责人负责药物警戒体系的运行和持续改进，确保药物警戒体系符合相关法律法规和本规范的要求，承担以下主要职责：

① 确保药品不良反应监测与报告的合规性；
② 监督开展药品安全风险识别、评估与控制，确保风险控制措施的有效执行；
③ 负责药品安全性信息沟通的管理，确保沟通及时有效；
④ 确保持有人内部以及与药品监督管理部门和药品不良反应监测机构沟通渠道顺畅；
⑤ 负责重要药物警戒文件的审核或签发。

7. 药物警戒部门应当配备足够数量并具备适当资质的专职人员。药物警戒专职人员需具备怎样的资质？

答：GVP 对药物警戒专职人员有以下要求：应当具有医学、药学、流行病学或相关专业知识，接受过与药物警戒相关的培训，熟悉我国药物警戒相关法律法规和技术指导原则，具备开展药物警戒活动所需知识和技能。

第二百七十条　药品不良反应的收集

【第二百七十条】　应当主动收集药品不良反应，对不良反应应当详细记录、评价、调查和处理，及时采取措施控制可能存在的风险，并按照要求向药品监督管理部门报告。

【条文释义】

1. 药品上市许可持有人应承担起药品上市后不良反应监测的职责，积极主动收集并持续跟踪分析疑似药品不良反应信息。那么，持有人应该通过何种方式积极主动收集疑似药品不良反应信息？

答：GVP 中强调了药品持有人对疑似药品不良反应信息收集的主动性和途径多样性。

持有人可采用电话、传真、电子邮件等多种方式从医疗机构收集疑似药品不良反应信息。

持有人应当通过药品生产企业、药品经营企业收集疑似药品不良反应信息，保证药品生产、经营企业向其报告药品不良反应的途径畅通。

持有人应当通过药品说明书、包装标签、门户网站公布的联系电话或邮箱等途径收集患者和其他个人报告的疑似药品不良反应信息，保证收集途径畅通。

持有人应当定期对学术文献进行检索，制定合理的检索策略，根据品种安全性特征等确定检索频率，检索的时间范围应当具有连续性。

由持有人发起或资助的上市后相关研究或其他有组织的数据收集项目，持有人应当确保相关合作方知晓并履行药品不良反应报告责任。

对于境内外均上市的药品，持有人应当收集并分析在境外发生的疑似药品不良反应信息。

对于创新药、改良型新药、省级及以上药品监督管理部门或药品不良反应监测机构要求关注的品种，持有人应当根据品种安全性特征加强药品上市后监测，在上市早期通过在药品说明书、包装、标签中进行标识等药物警戒活动，强化医疗机构、药品生产企业、药品经营企业和患者对疑似药品不良反应信息的报告意识。

2. 药品不良反应的记录和传递对于后续药物警戒活动的开展具有重要意义，所以记录和传递的各个细节都应该严格按照规定和标准进行，并设置相应的审核和质量控制环节，充分保证药品不良反应的记录、传递与核实的准确性、及时性，为药物警戒工作打好基础。药物警戒活动（包含药品不良反应信息收集）有哪些记录方式？这些记录有什么样的管理要求？

答：根据记录载体不同，药品 GVP 指南中将药物警戒活动的记录方式分为纸质记录和电子记录，持有人对药品不良反应的记录可以采用纸质、电子等一种或多种形式。

依据《药物警戒质量管理规范》，药品上市许可持有人应当规范记录药物警戒活动的整个过程和最终结果，并且对活动产生的记录与数据进行有效的管理。记录与数据应当真实、准确、完整，保证药物警戒活动可追溯。关键的药物警戒活动相关记录和数据应当进行确认与复核。记录应当及时填写，载体为纸质的，应当字迹清晰、易读、不易擦除；载体为电子的，应当设定录入权限，定期备份，不得随意更改。电子记录系统应当具备记录的创建、审核、批准、版本控制，以及数据的采集与处理、记录的生成、复核、报告、存储及检索等功能。对电子记录系统应当针对不同的药物警戒活动和操作人员设置不同的权限，保证原始数据的创建、更改和删除可追溯。使用电子记录系统，应当建立业务操作规程，规定系统安装、设置、权限分配、用户管理、变更控制、数据备份、数据恢复、日常维护与定期回顾的要求。在保存和处理药物警戒记录和数据的各个阶段应当采取特定的措施，确保记录和数据的安全性和保密性。药物警戒记录和数据至少保存至药品注册证书注销后十年，并应当采取有效措施防止记录和数据在保存期间损毁、丢失。委托开展药物警戒活动所产生的文件、记录和数据，应当符合上述要求。持有人转让药品上市许可的，应当同时移交药物警戒的所有相关记录和数据，确保移交过程中记录和数据不被遗失。

3. 持有人需对药物警戒活动（包括药品不良反应信息收集）的过程和结果进行规范化记录，并确保对活动中产生的所有记录与数据进行妥善管理。记录的基本原则是什么？

答：药品 GVP 指南对药物警戒活动的过程记录进行了详尽的分析，记录需满足以下原则：

（1）**真实性和可追溯性** 数据真实性是保证药物警戒工作顺利进行的必备前提。在任何情况下，无论出于何种目的都不得伪造、编造数据，也不得随意删除、修改或增减数据。这就要求数据具有原始性和可追溯性，数据的原始性要求数据是首次被记录的，或可以被追查到原始信息，不得事后追记、另行整理记录、誊抄或进行无关的修正。药品不良事件报告的原始信息即只经过收集而未被加工的信息，包括患者或其代理人（或者家属）口述或书面表述的患者基本情况（年龄、病史、病情、药物禁忌等）、用药过程（用药时间、用药频率、用药量）和发生药品不良反应过程（药品不良反应发生的时间、发生的状态、发生的程度等），以及其他需要传递或者当事人认为很重要的信息。若需对原始数据进行任何更改或更正，都要保留原来的记录清晰可见，不得涂改、涂黑或重新抄写，而是采取"杠改"的方式，即在需更改的数据上画一条斜线，保持更改前的记录可辨认，然后在右上方写上正确的数据，并应由更改人签字并注明更改时间及原因。为了保证研究记录的真实性，每次记录后，均应由审核人员和记录人在记录后签名。

（2）**准确性和及时性** 准确性意为数据是正确的、真实的、有效的和可靠的。药物安全性信息收集、记录、传递以及药品不良反应报告的过程涉及多个步骤和不同人员，错误发生不可避免，也经常出现事后补录信息的情况：一种是凭记忆回溯数据，另一种是先将数据临时记录后再将内容转抄到正式记录上。这两种做法都不妥。实际上，对具体信息的临时记忆能力是很不可靠的，而采取转抄的方法不仅增加了出错的机会，同时也破坏了研究记录的原始性。对获知的药品安全性相关信息应当及时做好记录，及时性是真实性、准确性、完整性的保证；同时也需要做好数据监控、验证和复核来提升准确性。

（3）**完整性** 记录的完整性要求原始数据及原始文件保存应完整无误，整个过程的所有数据文档（包括源数据记录）的保存都应当有相应的文档管理规程，以保障数据记录和文档的完整无误；数据链能反映过程管理质量和数据及其支持性证据的真实可靠性。

在药品安全性信息收集和记录的过程中需要注意：①要客观如实记录，既不夸大也不缩小，更不能有意地隐瞒那些可能影响个例药品安全性报告的严重性、相关性和是否预期药品不良反应的所有信息。②记录的信息要尽可能全面，有助于后续的分析和报告。如果无法获取全面信息，也应尽量首先获取必要的内容来保证药品不良反应报告的有效性和及时性，如可识别的患者、可识别的报告者、怀疑药品、不良反应。

4. 个例药品不良反应的原始记录由第一接收人传递至药物警戒部门后，药物警戒部门由专人对报告进行处理，药物警戒部门内部个例不良反应报告处理有哪些流程？

答：药品 GVP 指南对药物警戒内部个例不良反应报告处理流程进行了细化，在药品不良反应数据录入药物警戒系统或直报系统前，需要进行"报告接收—报告登记—报告查重"等步骤。当报告需要录入系统时，一般还需要经过"报告录入—数据质控—医学评审—报告递交"等步骤。如果报告有影响个例药品安全性报告质量的关键要素的缺失或错误，持有人可能还需要对报告信息进行核实随访，每个环节均需要耗费一定的时间来保证报告的真实、完整、准确。

由于持有人情况不同（比如是否采用专门的药物警戒系统），所执行的处理工作流程差别很大，所以持有人药物警戒部门内需根据个例报告处理流程、人员配置、角色设置等情况制定个例报告处理的管理制度或操作流程，合理设置每个工作流程中的时限分配，以保证持有人报告的最终递交时限符合法规要求。

5. 持有人应当对收集到的药品不良反应信息的真实性和准确性进行评估。当信息存疑时，应当核实。信息核实的内容和流程有哪些？

答：药品 GVP 指南《监测与报告》中对不良反应报告信息核实的内容和流程描述如下。

药物警戒人员需审阅原始资料中的四要素是否齐全，四要素是符合上报要求的最低标准，同时需判断并识别患者、报告者信息是否存在真实性和准确性问题。

如果该个例药品不良反应能够满足最低报告要求，药物警戒人员即需要逐条核实其中的具体内容是否存在错误信息、逻辑矛盾信息、模糊信息，包括但不限于：

① 查看患者基础信息，如体重、年龄、既往疾病史、既往药品不良反应等。

② 查看怀疑用药的批准文号、通用名称、上市许可持有人、批号等信息，确定是否为本持有人产品，如果是本持有人产品，则需进一步进行相关内容的确认。如确定非本持有人产品，需按照持有人药物警戒工作流程的规定进行处理。

③ 查看怀疑药品的开始使用时间及结束时间、用药原因、用法用量等信息。

④ 查看药品不良反应的名称、过程描述、治疗信息、转归信息、去激发和再激发信息、检查信息等，通过对药品不良反应发生过程进行审阅，可以发现其中的不良事件与不良反应名称是否一致。并且需要将药品不良反应过程中发生的所有药品不良反应列出，保证信息的准确全面。

药物警戒人员审阅以上所有信息后，核实是否有错误信息、逻辑矛盾信息、模糊信息致使无法对其相关性及严重性作出准确判断。如果根据以上信息，药物警戒专员可以对相关性及严重性作出判断，持有人可以决定是否对本报告进行进一步核实，如无须核实即可进入下一步骤。如果通过对以上信息的审阅，发现受信息的准确性和真实性影响，不能对不良反应的相关性及严重性作出判断，则需要与第一接收人或报告者取得联系，核实存疑数据。

6. 个例药品不良反应报告应当按规定时限要求提交，具体时限要求是什么？

答：《个例药品不良反应收集和报告指导原则》中明确规定了报告的递交时限：严重不良反应尽快报告，不迟于获知信息后的 15 日，其中死亡报告应立即报告。非严重不良反应不迟于获知信息后的 30 日。跟踪报告按照个例药品不良反应报告的时限提交。

报告时限的起始日期为持有人或其委托方首次获知该个例药品不良反应且符合最低报告要求的日期。

7. 个例药品不良反应报告的最低报告要求（即有效报告的四要素）是什么？

答：《个例药品不良反应收集和报告指导原则》指出了持有人向国家药品不良反应监测系统提交的个例药品不良反应报告，应当至少包含可识别的患者、可识别的报告者、怀疑药品和药品不良反应的相关信息，即有效报告的四要素。

"可识别"是指能够确认患者和报告者存在。当患者的下列一项或几项可获得时，即认为患者可识别：姓名或姓名缩写、性别、年龄（或年龄组，如青少年、成年、老年）、出生日期、患者的其他识别代码。提供病例资料的初始报告人或为获得病例资料而联系的相关人员应当是可识别的。对于来自互联网的病例报告，报告者的可识别性取决于是否能够核实患者和报告者的存在，如提供有效的电子邮箱或者其他联系方式。

8. 药物警戒部门人员在收到个例药品不良反应报告后，应对该报告进行评价。对个例药品不良反应报告的评价主要体现在哪些方面？

答：GVP 中对报告的评价作出了相应规定，主要体现在预期性、严重性和关联性三个方面。

持有人应当对药品不良反应的预期性进行评价。当药品不良反应的性质、严重程度、特征或结果与持有人药品说明书中的表述不符时，应当判定为非预期不良反应。

持有人应当对药品不良反应的严重性进行评价。符合以下情形之一的应当评价为严重药品不良反应。严重药品不良反应的判定标准：

① 导致死亡；

② 危及生命（指发生药品不良反应的当时，患者存在死亡风险，并不是指药品不良反应进一步恶化才可能出现死亡）；

③ 导致住院或住院时间延长；

④ 导致永久或显著的残疾或功能丧失；

⑤ 导致先天性异常或出生缺陷；

⑥ 导致其他重大医学事件，若不进行治疗可能出现上述所列情况的。

持有人应当按照国家药品不良反应监测机构发布的药品不良反应关联性分级评价标准，对药品与疑似不良反应之间的关联性进行科学、客观的评价。

9. 持有人应当对各种途径收集的疑似药品不良反应开展信号检测，及时发现新的药品安全风险，持有人应当根据自身情况及产品特点选择适当、科学、有效的信号检测方法。信号检测的方法有哪些？持有人需重点关注哪些信号？

答：GVP 中对信号检测给出了相应的指导。信号检测方法可以是个例药品不良反应报告审阅、病例系列评价、病例报告汇总分析等人工检测方法，也可以是数据挖掘等计算机辅助检测方法。

持有人在开展信号检测时，应当重点关注以下信号：

① 药品说明书中未提及的药品不良反应，特别是严重的药品不良反应；

② 药品说明书中已提及的药品不良反应，但发生频率、严重程度等明显增加的；

③ 疑似新的药品与药品、药品与器械、药品与食品间相互作用导致的药品不良反应；

④ 疑似新的特殊人群用药或已知特殊人群用药的变化；

⑤ 疑似不良反应呈现聚集性特点，不能排除与药品质量存在相关性的。

第二百七十一条　操作规程的建立

【第二百七十一条】 应当建立操作规程，规定投诉登记、评价、调查和处理的程序，并规定因可能的产品缺陷发生投诉时所采取的措施，包括考虑是否有必要从市场召回药品。

【条文释义】

1. 什么是投诉?

答:客户对已经放行的产品在安全性、有效性和质量(包括稳定性、产品性能均一性)以及服务或产品疗效不满,无论是书面、电子还是口头形式的信息,均视为投诉。

2. 投诉管理的基本流程是怎样的?

答:(1)**投诉信息接收** 包括投诉信息从客户到企业的联系人,再到企业内部投诉管理部门的过程。企业的联系人接到任何产品投诉后,应在规定时间内将投诉转到投诉管理部门,投诉管理的负责人员按照相应流程对相关信息进行确认和登记。

(2)**信息的收集和分类** 投诉管理部门在接收到投诉后,应判断收到的投诉信息是否完整、清晰,是否足以据此展开有效的调查。比如是否有清晰完整的投诉样品照片,是否有投诉样品的购买渠道信息,是否有投诉样品产品批号、产品追溯码信息等。质量管理部门根据投诉的分类标准对具体投诉进行分类。

(3)**投诉调查和影响的评估** 确认已收到适当的投诉信息后,投诉管理部门将客户投诉记录及有关信息转发给一个或多个相关部门,如该产品的生产部门、质量控制部门、供应链(仓库)部门、其他必要的部门(适用时)等,启动投诉调查。每个被要求进行调查的部门应收集必要文件展开调查,如批生产记录、检验记录和分析报告单、运货单、销售记录等,从引起投诉的各种可能因素入手,查找引起投诉的根本原因,评估潜在的质量影响,形成书面报告,反馈到投诉管理部门。各部门的投诉调查应当及时,这是及时答复客户的前提,投诉处理得快慢,直接影响客户对企业的满意度。

需要说明的是,现实中客户的投诉并非总是合理的,或者总是有充分的事实依据,有时纯粹是出于误解。假如可以确定投诉所依据的事实不成立,则适当地答复客户后即可关闭该投诉,并将记录存档。对于一些客户的质疑,如果不需要调查,经质量部相关人员确认批准,可以直接答复或解释的,可不进行调查,但是要写明原因。

(4)**纠正和预防措施** 如果投诉判定为合理,投诉处理的负责部门将与其他相关部门合作,基于产品的发运、储存、运输情况和产品的特殊要求,基于风险评估决定产品是否需要从投诉客户处退回,及是否需要启动产品召回程序,从相关客户处召回相关产品。对于每一个合理投诉,企业应遵循调查的相关流程,进行合理的调查和风险评估,针对问题制定合理的纠正和预防措施,在纠正和预防措施通过审核后,应当遵照纠正和预防措施进行相应的整改。

(5)**答复客户** 不论是合理或是不合理投诉,都应当将调查结果告知客户。通常情况下由投诉的接收人答复客户,必要时质量管理部门需要给客户进行答复和沟通。

(6)**关闭投诉** 通常需要得到客户对调查答复的满意答复后才能结束投诉(纠正和预防措施需要继续进行),但是对于一些不合理的投诉,或已经答复几次的合理投诉,客户不一定会有反馈,这时,企业可以设定一个时间,例如最终答复客户后1个月内无反馈则关闭投诉并将相关记录归档保存。

(7)**文件和样品的保存** 所有与投诉相关的必要信息应当归档,一个投诉档案应当至少包括以下资料:客户的书面投诉通知(适用时)、投诉记录文件、投诉调查报告及相应的附属资料、投诉的答复报告、客户对投诉最终答复报告的接受意见(适用时)、投诉样品等。投诉档案应根据企业的文档保存要求进行存档,需要时应当能够方便地查阅。

(8)**投诉管理的基本流程** 如图10-10所示,根据投诉的分类和企业架构等因素的不同,投诉管理的具体流程和步骤可以有所调整。

3. 投诉处理工作的职责如何划分?

答:企业应当统一规定投诉处理中相关部门的职责,包括投诉的接收、投诉的调查和整改、纠正和预防措施的批准及对客户的答复等。投诉管理过程中的相关负责人及职责分配示例见表10-18,企业可根据自身情况作相应的调整和安排。

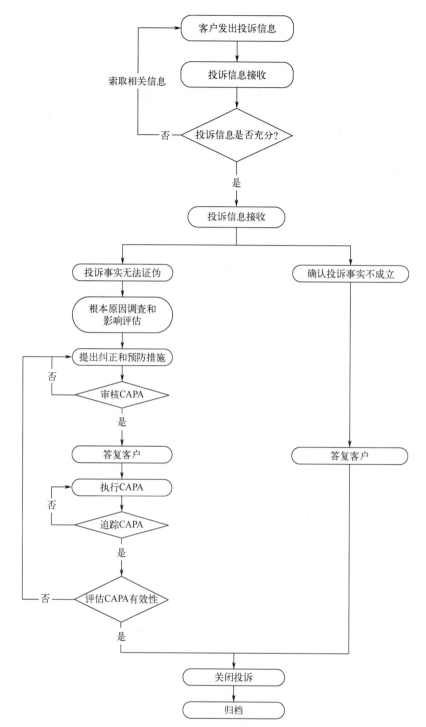

图 10-10　投诉管理的基本流程

表 10-18　投诉处理工作的职责划分

步骤	职能	职责
投诉信息接收	任何可能接到客户投诉的部门或人员（包括但不限于销售、质量管理、企业高层管理者）	● 任何接到客户投诉的部门或人员，不论其通过何种渠道、何种形式，应立即将投诉信息传递给投诉管理部门和销售部门（适用时） ● 投诉可能通过客户认为方便的任何渠道传来，例如客户可能将投诉发给销售部门，可能发给质量管理部门，可能直接发给企业最高管理者，也可能通过

续表

步骤	职能	职责
		其他渠道进行传递
		● 投诉可能通过客户认为方便的任何形式进行传递，例如电话、E-mail、传真、会议、访问等
客户投诉管理	质量管理部门（质量相关的所有投诉）	● 组织对客户投诉的调查处理 ● 批准纠正和预防措施 ● 对客户的答复 ● （必要时）向政府部门汇报
执行投诉调查和处理	销售、物流、生产、仓库、采购、QC、研发、工程（视企业和投诉的具体情况而定）、药物警戒部门	● 执行客户投诉的调查 ● 参与客户投诉相关纠正和预防措施的制定和答复的准备 ● 执行纠正和预防措施
决定对客户的答复	质量管理部门	负责质量方面的批准
	销售部门（适用时）	负责销售业务方面的批准
	医学部门（适用时）	负责医学业务方面的批准
	法规部门（适用时）	负责法规方面的批准
	公关部（适用时）	负责媒体方面的批准
	相关其他部门（适用时）	负责相应业务方面的批准
	药物警戒部门	● 负责培训与改进：组织投诉处理相关的内部培训，优化投诉接收流程及风险预警机制 ● 负责风险控制：根据调查结果提出风险管理建议（如召回、修订说明书），组织风险沟通活动，并跟踪控制措施执行效果 ● 负责记录与报告：将投诉信息录入药物警戒系统，按法规要求向监管部门提交个例安全性报告（ICSR）或定期发布安全性更新报告（PSUR/DSUR）
答复客户	销售部门	负责跟客户的直接沟通（必要时由质量管理部门进行协助）

第二百七十二条 质量投诉的调查和处理

【第二百七十二条】 应当有专人及足够的辅助人员负责进行质量投诉的调查和处理，所有投诉、调查的信息应当向质量受权人通报。

【条文释义】
以何种形式向质量受权人通报投诉、调查的信息？
答：可以以投诉记录或者投诉台账的形式把投诉、调查的信息向质量受权人书面通报。

第二百七十三条 投诉的登记与审核

【第二百七十三条】 所有投诉都应当登记与审核，与产品质量缺陷有关的投诉，应当详细记录投诉的各个细节，并进行调查。

【条文释义】

1. 投诉审核时需要确认哪些信息?

答：确认收到的投诉信息以及信息的完整性，收到的投诉信息是否足以据此展开有效的调查，确认投诉样品的可及性或是否有必要的样品照片，是否需要补充投诉信息等。

2. 质量投诉是否由质量部门组织调查? 怎么调查?

答：对于与质量相关的投诉，质量部门应组织并领导相关调查，以便发现产品潜在的质量缺陷。针对投诉的调查范围应该覆盖该投诉的根本原因或可能的根本原因及可能影响的所有批次。例如：

① 对于检验问题，通常需要回顾原始检验记录，对留样进行检验，必要时也可能包括要求客户寄回样品供药品生产企业进行分析检测，或者派出专业技术人员到现场拜访客户，详细了解投诉事实等；

② 对于贴签问题，需要查看相关的生产、贴签、仓储记录和运输记录等；

③ 对于超出质量要求范围的投诉，可能需要进一步的实验研究；

④ 对于发生在出厂之后运输途中的质量问题，需要运输商配合调查。

企业应根据投诉的具体情况决定投诉调查的方向，必要时可进行额外的检验或实验研究，以确认其影响范围和程度。

3. 投诉记录包括哪些内容?

答：投诉记录是记录从投诉信息的接收到关闭整个过程的信息，应当包括但不限于以下内容：

① 投诉人或公司的名称、地址、电话等信息；

② 接收投诉的人/部门及收到投诉的日期；

③ 投诉的内容和性质，包括投诉的原始信函或文件、产品名称、批号、数量、投诉的分类、投诉编号等；

④ 投诉调查采取的行动，包括执行人和日期；

⑤ 投诉调查的结果和日期；

⑥ 因投诉发起的纠正和预防措施；

⑦ 对投诉人或公司的答复（包括答复内容和日期）；

⑧ 对投诉发起的纠正和预防措施的跟踪；

⑨ 投诉产品的处理、相关批号产品的处理；

⑩ 任何投诉人对投诉的补充及投诉答复的反馈；

⑪ 关闭投诉的时间及理由。

第二百七十四条　药品存在缺陷

【第二百七十四条】 发现或怀疑某批药品存在缺陷，应当考虑检查其他批次的药品，查明其是否受到影响。

【条文释义】

对于受到投诉的批次，是否需要查看其相关批次?

答：投诉管理部门应当检查受到投诉的批次或者受到影响的其他批次产品，是否还有库存，如有库存，要求物料管理部门立即将其隔离存放，等待进一步的调查或处理。

点评：相关批次可以是相邻的批次或者使用了相同物料的批次等。

第二百七十五条 投诉调查和处理

【第二百七十五条】 投诉调查和处理应当有记录，并注明所查相关批次产品的信息。

【条文释义】

1. 投诉处理时限如何规定？

答：企业应根据具体情况设立合理的投诉处理时限，可能的做法包括根据投诉严重程度定义不同的时限，以集中资源，优先处理对患者健康/法规符合风险高的投诉；也可能为了保持投诉体系的简单性而规定统一的时限。

当相关步骤不能按期完成时，应提供阶段性调查评估报告，并与相关方保持顺畅的沟通。应规定投诉处理各步骤的时限。典型的投诉处理时限示例见表 10-19。

表 10-19 典型的投诉处理时限

序号	步骤	时限
1	初步反馈	2 个工作日
2	核实投诉事实	10 个工作日
3	根本原因调查，影响评估和提出 CAPA 方案	从收到投诉之日起 30 个工作日
4	答复客户	10 个工作日
5	最终答复客户后无法获得客户反馈时的投诉关闭时限	25+10 个工作日[正式答复客户超过 25 天后，如果客户没有反馈，投诉管理负责人（通过负责联系客户的部门）将提醒客户，10 个工作日后如果还没有反馈，并经销售部门确认，投诉管理部门将关闭该投诉]
6	投诉记录保存时限	至少保存至有效期相关产品后一年或关闭投诉后一年，取两者中较长的时间；有些企业要求投诉处理记录以适当的形式保存至产品生命周期 +1 年

2. 为什么企业应制定合理的投诉编号规则，由哪个部门登记编号？

答：企业应制定合理的投诉编号规则，由投诉管理部门对投诉进行登记编号，以便于对投诉进行识别、沟通和统计分析。

3. 企业需要建立投诉台账吗？

答：企业应当建立投诉台账，方便对各个投诉进行查询。

第二百七十六条 投诉记录的定期回顾分析

【第二百七十六条】 应当定期回顾分析投诉记录，以便发现需要警觉、重复出现以及可能需要从市场召回药品的问题，并采取相应措施。

【条文释义】

1. 是否所有投诉记录都需要进行定期回顾分析？

答：所有接收到的投诉无论是否需要调查都应进行趋势分析，所有识别出的投诉趋势均应进行调查，同时对每一个接收到的单一投诉进行分析判断，确认是否为重复性发生的投诉，从而判断是否已经构成新的不良趋势。企业应当定期进行整体的投诉回顾，以便及时发现需引起注意的问题，以及可能需要从市场召回药品的特殊问题或重复出现的问题。回顾活动应总结同类型的投诉的发生频率和严重性，并对多次发生的投诉进行原因分析，提出纠正和预防措施。对于可能存在潜在产品质量问题的，应当采取相应的措施，防止同样的问题再次发生。回顾的内容应当包括但不限于对不同投诉比例、趋势及原因分析进行回顾，针对投诉所进行的纠正和预防措施的完成情况及有效性等进行回顾。

必要时，投诉的回顾和趋势分析应当采用适当的统计学方法，其结果应当作为增进对产品和产品生产工艺的理解，确定产品潜在质量缺陷，考察工艺稳定性，改进工艺和进行风险评估的参考。

投诉的回顾应作为产品质量回顾的一部分，结合产品质量回顾的其他内容共同进行，以便企业获得该品种质量情况的全面信息。

2. 若企业通过评估后认为该药品确实需要从市场上召回，该采取怎样的措施？

答：企业经调查评估后，确定药品存在质量问题或其他安全隐患的，应当立即决定并实施召回，同时通过企业官方网站或者药品相关行业媒体向社会发布召回信息。

企业按照规定的程序召回已上市的存在质量问题或者其他安全隐患药品，并采取相应措施，及时控制风险、消除隐患。

第二百七十七条　重大质量问题的应对

【第二百七十七条】 企业出现生产失误、药品变质或其他重大质量问题，应当及时采取相应措施，必要时还应当向当地药品监督管理部门报告。

【条文释义】

1. 当发生重大安全事故时，企业应如何应对？是否需要及时报告相应的药监部门？

答：企业应当制定药品安全事件处置方案，并定期组织开展培训和应急演练。发生与药品质量有关的重大安全事件，持有人应当立即对有关药品及其原料、辅料以及直接接触药品的包装材料和容器、相关生产线等采取有效措施进行处置，防止危害扩大。

药品生产企业、药品经营企业、药品使用单位发现其生产、销售或者使用的药品可能存在质量问题或者其他安全隐患的，应当及时通知持有人，必要时应当暂停生产、放行、销售、使用，并向所在地省、自治区、直辖市人民政府药品监督管理部门报告，通知和报告的信息应当真实。

国家药品监督管理局和省、自治区、直辖市人民政府药品监督管理部门应当按照药品信息公开有关制度，采取有效途径向社会公布存在质量问题或者其他安全隐患的药品信息和召回信息，必要时向同级卫生健康主管部门通报相关信息。

2. 客户投诉一般分为哪几类？

答：（1）**投诉事件的性质分类**　凡客户以书面、电子或口头形式提出的，针对已放行产品在安全性、有效性、质量（涵盖稳定性、产品性能、均一性）、服务方面或产品整体性能方面的不满信息，均应视为投诉。根据投诉事件所涉及的性质类别划分，可分为医学投诉、质量投诉和疑似假药投诉，具体分类情况见表10-20。

表 10-20　客户投诉的简单分类

投诉	描述
医学投诉	使用药品后，发生不良事件的投诉[不良事件：药物应用于患者或临床试验受试者时出现的任何不良的医学事件。这种医学事件不一定与药物相关，不仅限于药品不良反应（ADR）]
质量投诉	任何从第三方报告的（书面的、电子的或口头的）关于企业产品潜在的或假定的质量缺陷，包括产品的均一性、稳定性、可靠性、安全性、药效
疑似假药投诉	针对假药（即故意或欺诈性地就其药品和/或来源错误标识为某企业的产品）的投诉

　　医学投诉一般情况下由药物安全相关人员负责处理，疑似假药投诉一般涉及法律、知识产权等相关部门。本节所述投诉管理，主要针对质量投诉。

　　（2）**针对投诉的严重程度分类**　下面以投诉的严重程度为例，企业基于对投诉本质及对消费者安全风险的评估，可将投诉分为五类，见表10-21。企业根据自身的实际情况，如工艺、产品类型等，对相应类别的投诉的描述和规定可有所不同。

表 10-21　投诉的严重程度分类

分类	描述
I 类	对于可能危及生命或可能严重威胁患者健康的缺陷的投诉，如： ● 错误的产品（标签与内容物不相符） ● 正确的产品，但规格错误（有严重的医学后果） ● 无菌注射剂或眼用制剂受到微生物污染 ● 有严重医学后果的化学污染 ● 不同容器内的产品混淆 ● 复合制剂中的活性成分错误（有严重的医学后果） ● 有严重医学后果的假药
II 类	对于可能引起疾病或误诊的缺陷的投诉，但不属于 I 类，如： ● 标签错误，文字或数据错误或缺失；信息缺失或不正确（说明书或插页） ● 非注射剂、非眼用制剂的无菌产品受到微生物污染，有医学后果 ● 化学/物理污染[重要杂质、交叉污染、微粒（包括在原容器中的玻璃微粒）] ● 同一容器内的产品混淆 ● 与规格不相符（例如含量、稳定性、装量/重量） ● 密封不可靠，有严重医学后果（例如细胞毒素、容器缺乏儿童保护、有效的药物） ● 疑为假药（初始分类）
III 类	对于可能不会严重威胁患者健康的缺陷的投诉，如： ● 包装缺陷（例如批号或有效期错误或丢失） ● 密封缺陷 ● 污染（例如任何微生物污染、污物或落屑、不溶性微粒） ● 容器破裂 ● 合并用药时不符合装量/重量 ● 无标签的个例
IV 类	对患者健康没有危害的缺陷的投诉，如： ● 偶尔缺失药板 ● 药片装量偶有缺片 ● 偶尔缺少打印的信息 ● 损害或污染次级包装 ● 不严重的打印错误 ● 不严重的偶尔的装置缺陷
V 类	无缺陷产品，如：多剂量溶液药品开封之后，发现有颗粒，调查表明非产品本身或过程引入，是使用环节中环境引入，投诉方认可；疑似假药，最后证明是真品

思维导图

第十一章 委托生产与委托检验

第一节 原则

1. 什么是药品的委托生产?

答：委托生产（contract production）是指委托方将产品的生产任务交给另一方（受托方）进行，受托方按照委托方的要求，利用自身的生产条件和技术能力完成产品的生产。通常来说，委托生产产品属于受托方，贴有委托方标识并由其负责销售。它的直接目的是可以降低产品的生产成本，合理利用资源配置以及专业化分工合作。

药品的委托生产也是一种外包活动。是指拥有药品批准文号的企业或者取得药品注册证书的药品研制机构委托药品生产企业进行药品代加工的行为。它可以使委托方在不具备生产条件或生产能力不足的情况下，借助受托方的生产资源来实现药品的生产。目前，MAH 制度是药品委托生产的常见形式。

2. 什么是药品委托检验?

答：委托检验（contract analysis）是指企业或个人（委托方）将产品或样品送至具有法定检验资质的第三方检验机构（受托方）进行检验、测试分析等活动，以获得客观、公正、准确的检验结果。委托检验的目的是保障产品质量、降低企业成本、促进市场公平竞争，也是社会资源合理配置的重要手段。药品的委托检验是指合法药品生产企业或科研机构（委托方）尚不具备原辅料等物料某项检验仪器或检验能力，经药监部门批准，委托其他药品生产企业或具备检验能力的机构代为检验的行为过程。

3. 委托生产与委托检验的关系?

答：委托生产是指药品上市许可持有人（MAH）将生产环节委托给具备资质的第三方生产企业。而委托检验则是将部分或全部质量检验工作委托给外部检验机构。委托生产和委托检验是药品生产的两个范畴，分别侧重生产制造和质量控制，需要按标准进行生产和操作。依据质量源于设计（QbD）的理念，在药品委托生产模式中，委托检验作为委托生产质量证明的核心环节，通过科学、独立的质量数据验证生产合规性，确保药品符合预定标准。

（1）相互依存关系

① 委托生产依赖于委托检验：委托方将生产任务交给受托方后，需要依靠委托检验来确保产品质量符合标准。

② 委托检验以委托生产为基础：委托检验的对象是委托方生产的产品，没有委托生产就没有委托检验的需求。

（2）相互促进关系

① 委托生产推动委托检验发展：随着委托生产的规模扩大和复杂度提高，对委托检验的需求和要求也不断增加，推动了委托检验技术的进步和发展。

② 委托检验促进委托生产质量提升：通过严格的检验和质量控制，委托检验能够及时发现和纠正生产过程中的问题，推动委托方改进生产工艺和提高产品质量。

（3）协同作用

① 共同保障产品质量：委托生产和委托检验在保障产品质量方面具有协同作用，二者相互配合，共同确保最终产品符合相关标准和客户要求。

② 促进供应链优化：通过委托生产和委托检验的协同作用，可以促进供应链的优化和整合，提高

供应链的效率和竞争力。

4. 药品委托生产的最主要的形式有哪些?

答:(1)**同质企业间的委托生产**　这种形式通常发生在同类性质的企业之间,委托方往往因为设备或者生产能力的不足委托受托方进行代工,委托方往往获得了药品批准文号后进行生产委托。

(2)**异质企业间的委托生产**　这种形式通常发生在制剂的研发机构和生产企业之间,也包括上下游之间,比如原料药生产企业委托制剂生产企业进行制剂的生产。

(3)**国际企业间的委托生产**　这种形式的委托往往来自国外药企,也包括国际卫生组织委托国内的生产形式。

(4)**医疗机构中药物制剂委托配制**　这种形式主要发生在医疗机构之间,医疗机构将中药制剂的生产委托给其他医疗机构或制药企业。

5. 委托生产与委托检验的备案制度有哪些规定?

答:(1)**委托生产的备案制度**　委托方和受托方必须签订书面合同,并明确规定各方责任、委托生产的内容及相关的技术事项。注射剂、生物制品(不含疫苗制品、血液制品),以及跨省、自治区、直辖市的药品委托生产申请,由国家药品监督管理局负责受理和审批。此外,提交相关的申请材料,包括委托生产合同、药品批准文号、双方的生产许可证等。药品监督管理部门对申请材料进行审核,确保委托生产的合法性和合规性。对于 MAH 制度下的委托生产,则在药品注册过程中自动完成了药品委托生产的备案。

(2)**委托检验的备案制度**　委托方应在委托检验协议签订后规定的时间内向所在地的市级药品监督管理部门报备;跨地区(含跨省、跨市)委托检验还应向省级药品监督管理部门报备。报备资料包括以下三项:

① 委托检验报告表一份;

② 委托检验协议复印件(加盖委托方公章);

③ 受托方相关资质证明文件和能力范围证书复印件(加盖受托方公章)。

各省、市药品监督管理部门负责本辖区药品生产企业委托检验执行情况的日常监督检查。各市药品监督管理部门应将本辖区药品生产企业委托检验的报备情况及监督检查有关情况上报省级药品监督管理局。对跨市的委托检验,委托方所在地的市级药品监督管理部门应及时将报告情况通报受托方所在地的市级药品监督管理部门。通常药品监管部门要求生产企业应将委托检验行为纳入药品 GMP 自检的重点范畴。

6. 药品委托加工审批程序是什么?

答:(1)**申请提交**　委托加工企业向省局提交委托加工申请资料目录 1~10 项资料;跨省委托的委托方需同步提交受托方所在地药监部门意见。

(2)**技术审查**　省局安排检查人员对企业现场(动态生产)质量保证体系进行检查,出具质量保证体系考核意见,同时对企业生产的三批(验证)产品进行抽样并送当地省级药检所检验。

(3)**审批决定**　1~10 项资料齐全后,需省局审批的,由省局批准;需要国家局审批的,由省局出具审核意见后上报国家局受理,并审批;药品委托加工批件有效期不得超过两年,不得超过委托加工药品注册证、药品生产许可证等效期。一般批准效期为一年。

第二百七十八条　书面合同的签订

【第二百七十八条】 为确保委托生产产品的质量和委托检验的准确性和可靠性,委托方和受托方必须签订书面合同,明确规定各方责任、委托生产或委托检验的内容及相关的技术事项。

【条文释义】

1. 委托生产与委托检验的合同规定有哪些?

答: ① 委托生产与委托检验要签订书面合同, 委托事项应当与委托生产合同中的相关条款保持一致。

② 药品委托生产批件及委托生产证明文件应在规定的有效期内。

③ 委托生产或检验的合同至少应当明确以下事项:

a. 委托生产或检验的内容。

b. 委托方与受托方的义务和责任。

c. 物料、生产、检测、公用设施、质量控制及产品放行等技术事项的具体规定。

d. 检查委托检验协议、委托检验是否备案, 以及委托检验项目是否为国家或省、自治区、直辖市规定可以委托检验的项目 (疫苗制品的动物实验不得委托检验); 药品生产企业在对进厂原辅料、包装材料的检验中, 如遇使用频次较少的大型检验仪器设备, 相应的检验项目可以向具有资质的单位进行委托检验。

e. 原料药、血液制品、疫苗制品、中药无菌制剂的中药提取工序不允许委托生产, 但集团内可共用中药提取车间。

2. 委托生产或委托检验合同过期怎么办?

答:(1) **停止生产/检验** 根据《药品生产监督管理办法》第四十八条, 合同到期后未续签的, 受托方应立即停止生产/检验活动。已生产未放行的药品不得上市销售。委托生产批件, 只可以证明委托生产批件有效期内的活动是合法的, 对有效期之外的活动已不具备法律效力, 此缺陷说明该委托活动没有法律支持, 属于违法行为, 生产药品按假药论处。合同过期后生产的药品视为非法生产, 但是委托方对过期期间的产品质量仍承担主体责任。

(2) **补救措施** 一般来说, 合同到期前 3 个月需要提前准备, 具体内容为: 重新签订委托合同 (需包含新版《药品管理法》要求的质量责任条款); 更新质量协议 (重点修订变更控制、数据可靠性等条款)。如果合同到期前未续签, 那么需要续签申报, 需向原审批部门提交: 续签的委托合同及质量协议; 受托方最新 GMP 符合性证明; 前期委托生产质量回顾报告 (含偏差分析), 申报期间停止生产。若超期 6 个月以上, 按新委托项目重新申报审批。

第二百七十九条 委托的要求

【第二百七十九条】 委托生产或委托检验的所有活动, 包括在技术或其他方面拟采取的任何变更, 均应当符合药品生产许可和注册的有关要求。

【条文释义】

1. 药品委托生产的适用范围是什么?

答:(1) **委托生产的适用范围** 委托生产的药品应是生产工艺成熟、质量稳定、疗效可靠、市场需要的, 并符合国家药品标准的产品。血液制品、麻醉药品、精神药品、医疗用毒性药品、药品类易制毒化学品不得委托生产, 但是, 国务院药品监督管理部门另有规定的除外。

(2) **委托检验的适用范围** 委托检验适用范围应遵照相应法规执行, 如由于实验室条件 (包括能力、容量、仪器、试剂的短缺及人员资格) 的限制, 或仪器发生故障不能满足正常工作时, 可以考虑对原辅料、包装材料、放行产品、稳定性试验等实验项目进行委托检验, 疫苗制品的动物试验不得委托检验。

2. 不符合注册的委托生产处罚是什么?

答: 未经批准擅自委托或者接受委托生产药品的, 对委托方和受托方均按照《药品管理法》中的如下规定给予处罚：生产、销售假药的，没收违法生产、销售的药品和违法所得，责令停产停业整顿，吊销药品批准证明文件，并处违法生产、销售的药品货值金额十五倍以上三十倍以下的罚款；货值金额不足十万元的，按十万元计算；情节严重的，吊销药品生产许可证、药品经营许可证或者医疗机构制剂许可证，十年内不受理其相应申请；药品上市许可持有人为境外企业的，十年内禁止其药品进口。

3. 不符合规定的委托检验如何处理？

答：对发现不符合规定的委托检验行为，药品监督管理部门应及时予以纠正。对不符合规定的委托检验行为所出具的检验结果视同未经检验，对违反《药品管理法》和《药品生产质量管理规范》等相关法律法规规定的，依照有关规定进行处理。

4. 委托生产风险和应对措施是什么？

答：药品委托生产涉及多重法律风险，需从合规管理、质量管控、知识产权等多维度建立防控体系，以下是系统性风险分析及应对方案。

（1）质量风险及应对措施

质量不达标：生产方技术能力不足或管理不善等原因，导致产品质量不符合标准或合同要求，包括交叉污染、数据可靠性及受托方擅自改变工艺等。

应对措施：选择有资质和经验的生产方；明确质量标准和验收方法；严格进行过程监控和质量抽查，及时发现并处理问题；使用技术控制，安装工艺参数锁定系统（如 PLC 程序加密），对关键工序实施在线监测（如红外光谱实时分析），建立质量奖励机制，激励受托方提高产品质量。在质量协议中约定数据造假违约金（建议不低于合同总额的 30%）。

（2）知识产权侵权

包括：技术转移阶段工艺泄密，受托方擅自申报工艺专利，离职员工携带技术资料等。

应对措施：在合同中明确知识产权归属和使用权限；对生产方进行知识产权宣传和监督，确保其遵守相关规定；发现侵权行为时，及时采取法律手段维护自身权益。

（3）供应链风险及应对措施

包括：原料"以次充好"（如药用辅料替换为工业级），包装材料未进行相容性研究，冷链运输温度超标，生产延误，物流问题等。

应对措施：实行"备案+飞行检查"制度，对关键物料实施"三统一"（统一供应商、统一标准、统一检测），要求生产方提供详细的生产计划和进度报告；对物料进行监控，使用带 GPS 温控记录的运输设备。

（4）成本风险及应对措施

① 价格波动：市场变化、原材料价格波动等原因，导致生产成本增加。

应对措施：在合同中约定价格调整机制和范围，避免成本大幅波动；及时了解市场动态和原材料价格变化，与生产方协商调整价格或采取其他措施降低成本。

② 额外费用：生产方原因，如设计变更、返工等，导致产生额外费用。

应对措施：在合同中明确费用承担方式和范围；对生产方提出的额外费用进行审核和评估，确保其合理性和必要性；发现不合理费用时，及时与生产方协商解决。

5. 委托检验都有哪些风险？

答：（1）检验准确性风险及应对措施

检验准确性风险：包括原始记录篡改（如色谱图手动积分未记录），检验数据选择性报告（仅提交合格数据），电子数据未审计追踪（如工作站未开启审计功能），以及检验人员技能不足、设备误差、样品差异等因素，可能导致检验结果不准确。

应对措施：委托方实时监控检验过程视频，关键检验步骤双方共同签字确认，原始电子数据即时云端备份，报告出具前进行数据完整性审核，对检验设备进行定期校准和维护，确保设备处于良好状态；对样品进行充分混合和均匀化处理，确保样品的代表性；提高检验人员技能水平，进行定期培养和考核；采用标准化的检验方法和流程，减少人为因素造成的误差。

（2）样品管理风险及应对措施

样品管理风险：样品混淆（同批样品多个委托方），储存条件不符（如需−20℃保存的样品置于常温），留样数量不足（无法满足复检需求）。

应对措施：使用"五专"管理，即专用标识系统（二维码追溯）、专用储存设备（带温度报警）、专用交接记录（双人复核）、专用留样柜（双锁管理）、专档保存影像记录。

（3）报告合规风险及应对措施

报告合规风险：检验资质过期，报告签字人无授权（如非授权签字人签发），检验依据过期（如执行已废止的药典标准），重要信息缺失（如未注明检验环境温湿度）。

应对措施：合理规划检验预算和费用支出，避免浪费；加强与供应商和客户的沟通和协作，降低检验成本；对样品进行分类和筛选，优先安排重要样品的检验工作；采用经济合理的检验方法和设备，提高检验效率和准确性。

6. 技术变更有哪些规定？

答：① 委托方应制定委托生产或委托检验管理规程，应当包括变更控制要求及实施流程，并符合药品生产许可及注册法规要求。

② 企业对委托生产或委托检验所发生的变更应当严格按照变更管理规程进行管理。

a. 企业的委托生产或委托检验的管理文件未明确规定委托活动应当按变更控制，没有文件就没有执行，委托生产对企业而言视为重大变更，其人员、设备、厂房等均发生了较大的变化，企业应按照变更管理程序的要求对委托生产的各环节进行评估，同时需明确该委托生产行为是否符合法规要求。所以企业须在文件中明确委托活动应当按变更控制，以降低委托活动的质量风险。若未按变更控制，会增加委托生产的质量风险。

b. 委托生产或委托检验管理文件内容应明确具体要求，形成的考查评估报告内容完整详实，能够保证符合 GMP 的要求。预览与源文档一致，下载委托生产活动以及在技术或其他方面采取的任何变更，均应符合药品生产许可和注册的有关要求，委托方承担第一责任人。

7. 哪种情况下可以实行委托检验？

答：药品生产企业对下列情形可以实施委托检验。

① 动物实验（菌苗、疫苗制品、血液制品的动物实验除外）。

② 原料药及制剂生产企业对进厂原辅料、直接接触药品包装材料的检验中，缺少使用频次较少的检验仪器设备（核磁共振仪、红外线光谱仪、原子吸收光谱仪、液质联用仪、气质联用仪等）而无法完成的项目。

③ 中药材及中药饮片检验中，缺少使用频次较少的检验仪器设备（高效液相色谱仪、薄层色谱仪、气相色谱仪、原子吸收光谱仪、紫外分光光度计等）而无法完成的项目。

8. 在 MAH 委托生产的过程中，需遵循的主要步骤和要求是什么？

答：**（1）MAH 的资格要求** MAH 企业或机构需具备双重核心能力：其一，拥有对药品全生命周期进行质量管理与风险控制的能力；其二，具备承担相应责任及履行赔偿义务的经济和法律能力。这些要求旨在确保 MAH 能够有效监督和管理药品生产全过程保障药品质量安全。

（2）选择受托方 MAH 应选择具备一定条件的药品生产企业作为受托方。这些条件包括：具备生产药品的必要条件（如技术人员、厂房、设施、设备等），具有质量保证体系（包括质检机构、检测设备等），生产能力满足需求，且符合药品生产质量管理规范（GMP），无不良记录，生产和质量管理人员相对稳定。

（3）签订药品委托生产质量协议 选定受托方后，MAH 应按照《药品委托生产质量协议模板（2020 年版）》的要求，与受托方签订药品委托生产质量协议。这个协议是保障委托生产药品质量的关键，其中应包括高效的沟通机制，以及关于变更控制、偏差处理、检验结果超标处理、纠正和预防措施、质量投诉等问题的处理方法。

（4）**风险控制和监管策略** 在 MAH 委托生产和委托检验过程中，MAH 需要关注风险控制和监管策略。这包括确保药品的安全性、有效性和质量可控性，以及加强委托活动的管理，提升委托管理能力，并履行持有人的主体责任。

9. 药品委托加工审批需要提交什么资料？

答：首次审批提交材料目录：

① 药品委托生产申请表。

② 委托方和受托方的药品生产许可证、营业执照复印件。

③ 受托方《药品生产质量管理规范》认证证书复印件。

④ 委托方对受托方生产和质量保证条件的考核情况。

⑤ 委托方需提供拟委托生产药品的批准证明文件复印件，同时附上该药品的质量标准、生产工艺文件，以及包装、标签和使用说明书的实物样品。

⑥ 委托方应呈交拟用于药品委托生产的包装、标签和使用说明书式样及色标。委托加工产品包装上注明委托方企业名称、注册地址，以及受托方企业名称、生产地址。其他内容与原包装内容一致。

⑦ 委托生产合同。

⑧ 受托方所在地省级药品检验所出具受托生产的连续三批产品的检验报告书。对于涉及生物制品委托生产的情形，需由受托方所在地省级药品检验所完成样品的抽取、封存，由中国食品药品检定研究院负责检验并出具检验报告书。

⑨ 受托方所在地省、自治区、直辖市（食品）药品监督管理部门组织针对企业技术人员、厂房、设施、设备等生产条件和能力，以及质检机构、检测设备等质量保证体系，所开展的考核工作所形成的意见。

第二节 委托方

1. 委托方都需要哪些资质？

答：（1）**委托生产的委托方职责** GMP（2010 年修订版）要求委托方必须是拥有委托生产药品批准文号的生产企业。《药品管理法》（2019 年 12 月 1 日实施）确定 MAH 制度正式全国推广实施，使得药品研发个人、研发机构、营销企业、科技公司、商贸公司等不具备相应生产资质的主体，也可以成为MAH。

（2）**MAH 的资格要求** MAH 企业或机构需具备两方面的能力，一是对药品全生命周期进行质量管理与风险控制的能力，二是承担责任及赔偿的能力。这些要求确保了 MAH 能够有效监督和管理药品的生产过程，保障药品质量。

成为 MAH 的基本条件如下：

① 具有合法的药品生产或经营资质；

② 具备相应的药品研发、生产、销售、推广等专业知识和经验；

③ 具备相应的生产、质量保证和质量控制能力，符合国家有关药品生产管理的法律法规和文件要求；

④ 遵守国家有关药品管理的法律法规和文件要求，不违反任何法律法规和文件规定。

2. 哪些"人"可以成为药品上市许可持有人（MAH）？

答：2020 年 1 月 22 日国家市场监督管理总局颁布了《药品注册管理办法》和《药品生产监督管理办法》，其中《药品注册管理办法》规定：

第九条 申请人应当为能够承担相应法律责任的企业或者药品研制机构等。

第三条　申请人取得药品注册证书后，为药品上市许可持有人。

3. 据 2019 年《药品管理法》规定，药品上市许可人需具备哪些条件？

答：（1）**质量管理能力**　持有人负责药品全生命周期管理，包括临床试验、样品试剂、生产管理、销售管理、药品不良反应监测等。

（2）**风险防控能力**　持有人做好药品全生命周期的药物警戒管理，包括风险识别、风险预警、风险消除、偏差处理的能力等。

（3）**责任赔偿能力**　持有人需具备一定经济能力，或通过购买保险、其他担保形式保证药品对人体造成损害时有相应的赔偿能力。

4. 药品上市许可持有人 MAH 申请途径是怎样的？

答：一般有以下的两种途径：

① 研发阶段自行报批产品，成为 MAH。

② 通过批文转让，走变更程序，成为 MAH。

第二百八十条　委托方对受托方评估

【第二百八十条】　委托方应当对受托方进行评估，对受托方的条件、技术水平、质量管理情况进行现场考核，确认其具有完成受托工作的能力，并能保证符合本规范的要求。

【条文释义】

1. 在委托生产中，委托方如何对生产受托方进行评估？

答：委托方是药品质量的第一责任人，应当确保委托生产全过程符合《药品生产质量管理规范》的要求。应当向生产受托方提供一切必要的文件，包括：法定资质、硬件设施、质量管理体系、产品专项资料、供应链、数据可靠性、应急能力、商业信誉等资料进行核实及现场调查审计，使生产受托方能够按照药品注册和法定要求完成委托的所有操作和控制，并对生产全过程进行监督和指导。生产受托方应当能在生产受托药品品种过程中，满足《药品生产质量管理规范》的全部要求。

2. 在委托检验过程中，委托方可以对受托方实施的现场审计内容有哪些？

答：委托方可以对受托方实施现场审计，以确认其是否可以满足委托方的检验要求，成为合格受托方。受托方通常负责验证检测方法、根据检测方法进行检测、确保工作标准品和试剂储存在合适的条件下、验证检测用计算机系统、数据评估及报告体系、校验检测用仪器/玻璃容器、调查 OOS 超标实验结果、报告整改措施（实验室失误）、收集检测结果并出具报告、在双方同意的时间内保存原始数据、准备变更申请、废物和样品的处理等工作内容。

现场审计包含以下五项内容：

（1）**委托方、受托方名称、审计时间**　对于初次确定的受托方，依据委托方的委托检验管理制度，由质量管理部门实施受托实验室的现场审计。

（2）**审计范围**　审计活动包含受托方实验室的组织机构、实验环境、资质证书、仪器管理、校验人员资质和培训、试剂管理和标准品溶液管理等，以确认其是否可以满足委托方的检验要求，成为合格受托方。

（3）**审计参与人员，受托方参与人员、职位。**

（4）**审计内容**　①组织机构：受托方应有明确的组织机构图；②人员资质培训：查看实验室人员培训管理规程文件、实验室某些人员资质档案，考核档案完成性，是否具有完整的培训记录和结果；③仪器设备：实验室整体布局合理性、环境卫生、消防设施等，仪器设备的校验单位，随机抽查关键设备仪器的校验记录（主要仪器设备记录、仪器设备的管理规程、仪器的校验和确认、仪器的预防维护管理规程）；④离子色谱仪的检验报告和仪器使用日志；⑤离子色谱仪的标准操作规程；⑥计算机系统的管理：应有专人负责管理，设置密码保护，打印的原始数据图谱应按照记录管理规程保存；⑦标准品溶液和样品的管理：包括标准品管理规程、样品管理规程；⑧试剂的管理：试剂管理规程，其中应包含试剂的采购、接收、保存等规定，试剂开瓶后标签的填写等；⑨数据的保管；⑩检验数据超出标准时的处理程序；⑪记录和报告的审核批准程序。

（5）综合评定结果 委托方对受托方实施现场审计的最终结论。

第二百八十一条　对委托方的要求

【第二百八十一条】 委托方应当向受托方提供所有必要的资料，以使受托方能够按照药品注册和其他法定要求正确实施所委托的操作。

委托方应当使受托方充分了解与产品或操作相关的各种问题，包括产品或操作对受托方的环境、厂房、设备、人员及其他物料或产品可能造成的危害。

【条文释义】

1. 委托生产中委托方的工作要求是什么？（或者委托生产的委托方工作职责是什么？）

答：① 委托方应组织专业团队对受托方开展系统性评估，通过实地考核的方式全面审查受托方的硬件设施、技术水平、质量管理体系运行情况。重点验证其是否具有承接并完成受托工作的技术能力，并能保证全过程严格遵循 GMP 的要求。委托方应有相应文件规定委托生产或委托检验的管理要求，并按照文件要求进行审核，现场考核应有记录和评估报告，考核内容要全面，考核结果要显示出受托方具有完成受托工作的能力。

② 委托方应当向受托方提供所有必要的技术支持性资料，包括提供委托生产药品的工艺技术规范和质量管控标准等核心文件体系，以确保受托方能够按照药品注册审批要求和其他法定要求规范执行所委托药品生产全过程的操作。委托生产药品的质量标准应当执行国家药品质量标准，其处方、生产工艺、包装规格、标签、使用说明书、批准文号等应当与原批准的内容相同。药品委托生产产品的药品包装、标签和说明书须清晰标注双方主体信息，具体包含以下内容：委托方企业全称及其注册地址、受托方企业全称及其实际生产地址，并应根据药品追溯管理要求分别列明委托方与受托方的对应标识信息。

③ 委托方须确保受托方全面知悉与委托产品或生产操作相关的潜在风险点，特别是该产品或操作对受托方的生产环境、厂房设施、设备状态、人员安全以及其他物料或产品可能造成的危害影响。委托方应当对受托生产或检验的全过程进行指导和监督。委托方负责委托生产药品的质量和销售。委托方应当确保物料和产品符合相应的《中国药典》、局颁正式标准及《中国生物制品规程》收载的制剂品种的质量标准。委托方和受托方共同承担的工作包括批准调查报告，审核全部报告及分析结果的符合性。

④ 委托方应负责开发检测方法、发放检测方法、批准检测方法、提供工作标准品和试剂、批准来自批准后的检测方法的偏差、批准来自批准后的标准的偏差、提供样品在调查中的安全数据、批准变更申请（注册相关）等工作内容。

⑤ 在委托生产期间，委托方应承担对受托生产全过程的指导和监督职责，确保受托方持续、稳定地生产出符合预定用途和注册要求的药品。委托方不仅需要关注生产过程，还需对受托方的质量管理体系进行定期审核，并对所委托生产的药品进行上市放行。

2. 委托检验的委托方工作职责？

答：① 委托方应负责对受托方进行评估，包括实验室条件、资质、仪器设备的计量检验人员技术水平、质量管理情况，确认其具备完成工作的能力，确认采用委托检验的方式仍能保证遵照 GMP 阐述的原则和要求执行。

② 委托方应向受托方提供所有必要的资料，包括实验方法和操作指南、样品贮存和运输条件、试剂的规格、标准品来源及储存条件等，以使受托方能够按照所要求的标准和其他法定要求正确实施所委

托的操作，委托方应让受托方充分了解与产品和检验相关的各种问题，包括产品或操作有可能对受托方的分析设备、人员及其他造成的危害。

③ 对于委托方提供质量标准的检验，如果检验方法不是药典等收载的通用方法，应该评估是否需要方法转移，如有必要，委托方应对受托方进行方法转移，并在检验的全过程进行指导和监督。委托方应确保受托方收到的所有实验样品，均按照既定的、合理的取样操作规程进行取样，确保样品具有代表性。

④ 委托方应确保按照所要求的条件贮存和运输样品。如对记录格式有特别需求，委托方必须向受托方提供所要求的记录格式模板。

3. 上市许可持有人制度对委托方的质量安全主体责任要求有哪些？

答：《药品上市许可持有人落实药品质量安全主体责任监督管理规定》要求药品上市许可持有人应建立健全药品全生命周期质量管理体系，涵盖非临床研究、临床试验、生产（包括生产全过程）、经营、上市后研究、不良反应监测及报告等环节，展开如下：

一是明确机构人员配置要求。持有人应当设立与生产经营规模相适应的管理机构，并配备数量足够且具有相应资质的管理人员。对企业负责人、质量受权人等关键岗位责任进一步细化，要求企业负责人（即《药品管理法》中规定的主要负责人）应当具备医药相关领域工作经验，明确可以设置多名质量受权人，且质量放行职责可以临时转授权。

二是强调全过程质量监督管理。持有人应当建立覆盖药品生产全过程的质量管理体系，具备法律要求的责任赔偿能力，严把原辅包审核关，严把生产检验放行关，严把储存运输关。委托生产的，应当落实"双放行"要求，持有人应当履行物料供应商评估批准、变更管理审核、产品上市放行以及年度报告等义务，对受托方的质量管理体系进行定期现场审核，确保双方质量管理体系有效衔接。

三是建立持有人质量管理机制。明确各级质量管理人员关于药品质量风险防控的具体职责，提出建立"每批管控、季度分析、年度报告"的质量管理机制，建立对从事药品研发管理、生产管理、质量管理、销售管理、药物警戒、上市后研究的所有人员的培训管理制度等。

第二百八十二条　全过程监督

【第二百八十二条】 委托方应当对受托生产或检验的全过程进行监督。

【条文释义】

1. 委托方全过程监督细化点有哪些？

答：《药品上市许可持有人落实药品质量安全主体责任监督管理规定》（以下简称《规定》）要求药品上市许可持有人应建立健全药品全生命周期质量管理体系，涵盖非临床研究、临床试验、生产（包括生产全过程）、经营、上市后研究、不良反应监测及报告等环节，细节如下：

① "原辅包"管理；

② 变更管理；

③ 上市放行管理；

④ 委托生产管理；

⑤ 储运管理；

⑥ 追溯及召回管理；

⑦ 药物警戒体系；

⑧ 上市后研究；

⑨ 安全事件及停产报告；

⑩ 赔偿及保险责任。

相较于《药品管理法》，《规定》进一步明确 MAH 的责任赔偿能力应当与产品的风险程度、市场规模和人身损害赔偿标准等因素相匹配，MAH 应当具有责任赔偿能力相关证明或者相应的购买商业保险等。

2. 委托方应怎样进行监督？

答：① 委托方应制定完善、有效的管理文件，对受托方生产或检验全过程进行监督；

② 委托方应当有详细记录，证明监督活动全面有效；

③ 检查委托方技术指导和质量监督人员是否具备符合要求的资质，具有解决处理技术质量问题的能力，并有授权证明文件，监督内容是否符合要求。

3. 以下缺陷如何分析？

答：① 委托方应当对委托生产或检验全过程进行监督，上述缺陷说明企业虽然进行了委托生产监督，但未对所做的工作进行记录，不符合药品 GMP 关于"记录所做的"要求，因为监督人员对委托生产的情况比较了解，工作效果是符合药品 GMP 要求的，当发现委托生产过程对产品质量存在较大风险时，此缺陷所造成的隐患就会增大。

② 委托方是第一责任人，即使是在委托合同相关管理程序比较完善的情况下，委托方也应当按照 GMP 要求，对所做的监督工作进行记录。

建议：① 委托方无法提供关于委托生产的产品的相关监督记录；或派驻受托方的质量监督人员对委托生产按要求进行了全程监控，但监控记录不全。

② 委托方虽然对受托生产或检验的全过程实施了监督，但尚未建立完善的监督记录体系，导致过程追溯性文件不完整。

第二百八十三条 委托方确保质量标准

【第二百八十三条】 委托方应当确保物料和产品符合相应的质量标准。

【条文释义】

1. 企业是否应该对原辅料批次进行检验？

答：依据《药品生产质量管理规范》第二百五十五条，委托方必须确保所有入厂原辅料符合注册标准，但检验实施主体可协商确定法规。受托方作为实际生产者，需按 GMP 要求完成全项检验（包括鉴别、含量、有关物质等）。

（1）委托方可授权受托方检验的情形 委托方可授权受托方检验，但需满足：

① 受托方实验室通过 CNAS 认证（证书需包含对应检测项目）。

② 委托方每季度对受托方检验数据进行趋势分析（如 OOS 发生率、检验偏差等）。

③ 质量协议中明确数据复核机制（委托方保留 10% 批次复检权）。

（2）必须由委托方亲自检验的情形

① 高风险原辅料：无菌原料药（如头孢曲松钠）、细胞治疗产品用培养基（需检测外源因子）、中药注射剂原料（需进行农药残留、重金属专项检测）。

② 供应商首次供货：前三批需委托方实验室全检（即使受托方有检测能力），第四批起可转为受托方检验，但委托方需每月抽检 1 批。

③ 变更后物料：供应商工艺变更、生产场地变更后的首批物料、需同步进行加速稳定性考察（与常规检验并行）。

2. 药品上市许可持有人质量管理可以委托吗？

答：药品上市许可持有人（MAH）的质量管理责任不可整体委托，但可通过规范化的委托生产机制落实主体责任，具体实施要点如下：

（1）**不可委托的核心职责**

① 质量体系建立与维护（需独立制定质量手册、年度质量目标）。

② 关键人员任命（质量受权人必须为 MAH 全职员工）。

③ 上市放行权（每批产品需 MAH 质量受权人签字放行）。

（2）**可委托的操作事项**

① 生产过程控制（需通过驻厂监督和实时数据监控实现）。

② 常规检验（需保留 10%复检权）。

③ 物流管理（需审计承运商资质）。

第三节　受托方

1. 对于药品委托生产受托方的资质要求有哪些?

答：① GMP（2010 年修订版）要求药品委托生产的受托方应当有药品生产许可证，经许可和认证范围应包括受托生产的剂型或品种。

② 企业应配备生产药品的必备条件（专业技术人员、适配的厂房与设施设备等），建立含质检机构及检测设备的质量保证体系，确保生产能力满足需求，严格遵守药品生产质量管理规范，无不良记录，维持生产和质量管理人员相对稳定。

2. 对于药品委托检验和生产受托方的资质要求有哪些?

答：① 委托检验中的受托方应为药品生产企业，应具有药品生产许可证，主要考虑其技术水平、质量管理水平是否符合 GMP 规定的要求。委托检验的受托方是国家或地方药品检验所，受托方为第三方具有相应检验资质的机构或实验室的，应具有国家权威部门发放的实验室认可证书（CNAS 证书和COC 证书）和计量认证合格证书等。

② 生产受托方应按照 GMP（2010 年修订版）进行生产，并按照规定保存所有受托生产文件和记录。受托方必须具备充足厂房、设备，以及具备专业知识和经验的人员，以满足委托方所委托的生产或检验工作的要求。同时，受托方应当确保委托方提供的物料、中间产品和待包装产品适用于预定用途。受托方应有文件明确要求委托方的物料、产品不挪作他用；受托方的物料、中间产品、待包装产品的出入台账，应与委托方生产产品批次、批量、规格等一致。

③ 委托检验时，受托方通常依据药品委托检验管理规程予以选定。选定的受托方不得开展任何可能对委托生产或检验产品质量造成负面影响的活动。

3. 药品委托检验管理规程文件包含哪些内容?

答：药品委托检验管理规程文件中包含以下九项内容：

① 目的及适用范围。

② 质量管理实验部门结合企业的实际情况，识别本部门未能开展而又确实需要开展的检验工作，必须委托其他检验机构协助完成检验工作。

③ 明确委托检验提出申请的部门、审核和批准的部门或人员。

④ 对于委托检验机构，应定期评审与委托实验室的协议，以确保充分明确，包括检验前以及检验后程序在内的各项要求，形成文件并易于理解；委托实验室有能力满足这些要求且没有利益冲突；检验程序的选择适合其预期用途；明确对检验结果的解释责任，并作出相应的记录；明确评审记录的保存时限。

⑤ 实验室应对其所有委托实验室进行登记；应对所有已委托给另一实验室的样品进行登记；提供对检验结果负责的实验室的名称及地址；在实验室永久性文档中，均应保留一份实验室报告的副本。

⑥ 包括受托实验室所报告结果的所有必需要素，不得做出任何可能影响检验结果的改动。

⑦　一般不要求受托实验室按委托实验室的报告原文报告，实验室的负责人可根据检验具体情况，选择性地对检验结果作出附加的解释性评语。应在报告中明确标识添加评语的负责人。

⑧　委托的控制：运用有效供应商管理程序，评估和选择符合要求的受托方。对委托的质量进行控制，保存受托方的注册资料及符合要求的证据。

4. 药品委托检验规程和协议书的内容是什么？

答：药品委托检验规程可以通过药品委托检验协议书的形式进行记录。药品委托检验协议书中可以记录以下五项内容：

（1）**委托方、受托方基本信息**　如单位名称、联系人、电话、详细通信地址。

（2）**送检样品信息**　①送检药品名称、数量；②样品的类型（原料、辅料、包装材料、中间产品、放行产品、稳定性产品贮存及检验等）；③样品存储条件（温度、湿度）；④是否加急；⑤取样方式（委托方取样并送样或受托方厂内取样）；⑥样品可否重复检验；⑦剩余样品处理意见（回收或由受托方处理）。

（3）**检验要求**　检验标准、检验的类型。

（4）**检验报告**　报告交付时间、质量受权人签字、报告交付方式（自取、邮寄等）、报告份数、报告留存时间、检验费用等。

（5）**委托方、受托方承诺责任条款。**

5. 药品上市许可持有人（MAH）怎么选择受托生产企业？

答：根据《药品管理法》"药品上市许可持有人的法定代表人、主要负责人对药品质量全面负责"，但"药品上市许可持有人应当对受托药品生产企业、药品经营企业的质量管理体系进行定期审核，监督其持续具备质量保证和控制能力"。那么MAH在最开始的受托生产企业的选择上就应该极其重视，在成本合理的基础上，选择能够持续确保产品质量的受托企业。

首先，需要根据产品和项目的特点寻找并选择匹配的生产工艺和设备。除了核算产品批量，并根据工艺寻找匹配设备以外，需额外注意的有：

①　是否属于中国 GMP 规定的特殊品种：头孢类（β-内酰胺结构类药品）、性激素类避孕药品、激素类、抗肿瘤（细胞毒性）类、高活性化学药品等。

②　生产过程是否有特殊要求，如防爆、遮光、低温、低湿等。

③　受托产品以后是否会考虑国际申报，需寻找符合国际要求的生产企业，或者有意后续进行国际申报的企业。

④　受托生产品种的检验方法是否需要特别的检测设备，需寻找现有该设备，或者有设备配备意愿的企业。

⑤　需要查询确认未在网络上被曝不合格产品等不合规事件。

⑥　需要查近 5 年 GMP 合规性相关的检查报告。

第二百八十四条　受托方的生产或检验工作的要求

【第二百八十四条】　受托方必须具备足够的厂房、设备、知识和经验以及人员，满足委托方所委托的生产或检验工作的要求。

【条文释义】

1. 针对受托方应该检查哪些内容跟项目？

答：①　检查委托方对受托方现场考核及评估的内容，应当涵盖并满足本条款要求；

②　检查受托方生产受托品种涉及的主要系统、设备、仪器、工艺、清洁等验证文件；

③　接受委托检验所需的检验方法确认或方法学验证；

④ 受托企业应当对相关的生产、检验人员进行受托生产品种的生产或检验相关知识及实际操作的培训。

2. 为什么委托产品生产过程必须按照验证的工艺参数进行生产？委托方与受托方一定要按规定对委托生产的药品生产工艺、主要设备及清洁进行验证吗？

答：验证是通过一系列活动，证实操作规程（或方法）、生产工艺或系统能够达到预期效果的操作。生产过程就是验证参数的重现，这样才能保证生产出的产品符合工艺要求和预定用途，反之不按照验证的工艺参数进行生产将不能保证生产出的产品符合预定用途。

委托生产属于重大变更事项，生产设备、设施环境及人员均与委托方不同，必须对委托生产的品种进行重新验证，以保证该生产过程可控。当受托方无此委托生产品种的情况时，若未进行相应验证，则此委托生产的品种存在严重的质量风险。

第二百八十五条 受托方确保预定用途

【第二百八十五条】 受托方应当确保所收到委托方提供的物料、中间产品和待包装产品适用于预定用途。

【条文释义】

委托方如何控制物料？

答：委托方控制物料应从以下两方面考虑。

（1）物料控制的核心原则

① 责任不可转移。委托方对物料质量负最终法律责任，即使检验委托给受托方；必须保留对关键物料的直接放行权（如 API、无菌辅料）。

② 分级管控（表 11-1）。

表 11-1 物料风险等级及控制要求

物料风险等级	控制要求
A 类（API、无菌辅料）	委托方 100% 批检验+驻厂监督取样
B 类（普通辅料）	受托方检验+委托方每月抽检≥20%
C 类（外包材）	资质审查+年度质量回顾

（2）物料全生命周期控制措施

① 供应商管理

a. 准入控制；

b. 委托方建立合格供应商清单（需包含审计报告、质量协议）；

c. 高风险物料供应商需经委托方现场审计（如细胞治疗用培养基供应商）。

② 动态管理

a. 每月登录药监局官网核查供应商行政处罚记录；

b. 对连续 3 批不合格供应商启动熔断机制。

③ 采购与验收

a. 采购订单控制：委托方质量部门审批采购规格标准（需与注册工艺一致）；采用双编码系统（委托方物料代码+受托方代码）。

b. 到货验收：冷链物料需核查运输全程温度记录曲线图（委托方在线监控）；中药材验收需委托方中药鉴定专家参与。

④ 检验管理

a. 检验权分配

委托方必检项目：无菌/内毒素（生物品）；基因毒杂质（化药）；农残/重金属（中药）。

可委托检验项目：常规理化指标（需方法转移验证）。

b. 数据监控：要求受托方检验数据实时上传至委托方 LIMS 系统；对 OOS 结果实施双锁调查（双方实验室共同复核）。

⑤ 储存与发放

a. 库存监管：委托方通过物联网传感器监控受托方仓库温湿度（数据保留至有效期后 5 年）；毒麻精药品实行双摄像头+双人指纹锁。

b. 发放控制：采用 MES 系统控制先进先出（委托方拥有系统超级管理员权限）；近效期物料需委托方质量受权人二次审批。

⑥ 使用与追溯

a. 生产投料监督：关键工序投料时，委托方 QA 视频见证并签字确认、建立物料平衡台账（收率偏差≥2%需启动调查）。

b. 追溯系统：委托方主导建立区块链追溯平台，确保 30 分钟内定位问题物料批次、4 小时内完成影响评估。

第二百八十六条　受托方禁止事项

【第二百八十六条】 受托方不得从事对委托生产或检验的产品质量有不利影响的活动。

【条文释义】

1. 受托方不能及时提供受托品种所用设备的使用日志会导致什么结果?

答：本规范第八十六条要求用于药品生产或检验的设备和仪器需配有使用日志。日记应详细记录设备或仪器的使用、清洁、维护、维修情况，同时注明对应的日期、时间、所生产及检验的药品名称、规格和批号等信息。设备使用日志具有可追溯性，可以查询委托生产品种在生产周期中设备的使用情况，也是对药品生产史的记载，有利于产品质量回顾数据的提供。如果无法提供，将承担法律责任后果，包括：

（1）GMP 合规性失效

① 直接违反《药品生产质量管理规范》第八十四条（设备使用记录保存要求），导致 GMP 证书被暂停或撤销；

② 构成《药品管理法》第一百二十六条规定的"未遵守药品生产质量管理规范"，面临货值金额 10~30 倍罚款。

（2）MAH 连带责任

① 委托方（MAH）将因"未有效监督受托方"被药监局约谈，生物制品等高风险品种可能被要求召回；

② 导致 MAH 年度质量信用等级降级（如从 A 级降至 C 级）。

2. 受托方所提供的物料管理台账不明确，部分物料的出入库数量存在差额，会导致什么结果?

答：委托生产活动中委托方向受托方提供的物料、中间产品、待包装产品仅适用于委托品种，在受托方的物料管理中若出现物料管理台账不明确、部分物料的出入库数量存在差额的问题，可能是委托品种的物料、中间产品、待包装品在受托方存在交叉使用的问题，这样不能保证委托品种使用规定的物料生产，同时对受托方生产用物料也产生混淆和交叉污染的风险，导致受托生产的产品会存在严重的质量隐患。

（1）质量风险与法律责任

① GMP 严重缺陷

违反 GMP 第六章"物料与产品管理"要求，导致受托方 GMP 证书被收回风险委托方（MAH）可能被认定为"未履行监督责任"，面临《药品管理法》第一百十二六条处罚（最高货值金额 30 倍罚款）。

② 法规产品放行障碍

物料平衡率超出标准（通常要求≥99.5%），整批次不得放行；

需启动偏差调查，最长可导致产品滞留 60 个工作日。

（2）监管处置措施

① 药监局典型处理

首次发现：责令 10 日内完成追溯分析并报告、重复发生：要求生产线停产整改（至少 14 天）、涉及生物制品：直接启动药品召回程序。

② MAH 连带责任

年度质量信用评级下调（影响产品招标采购）、需增加现场审计频次（如每月 1 次专项检查）。

第四节　合同

第二百八十七条　签订的合同有详细规定

【第二百八十七条】 委托方与受托方之间签订的合同应当详细规定各自的产品生产和控制职责，其中的技术性条款应当由具有制药技术、检验专业知识和熟悉本规范的主管人员拟订。委托生产及检验的各项工作必须符合药品生产许可和药品注册的有关要求并经双方同意。

【条文释义】

1. 委托合同的主要内容是什么？

答：委托生产和委托检验的双方应签订委托合同。委托生产药品时，双方签署合同应明确双方的权利与义务，尤其在药品委托生产技术、质量控制等方面须作出具体规定，且合同内容须符合国家药品管理相关法律法规。合同需详细界定各自的产品生产和控制方面的职责，其中技术性条款应由具备制药技术、检验专业知识且熟悉 GMP 的主管人员拟订。委托生产及检验的所有工作均需满足药品生产许可和药品注册的有关要求，并经双方一致同意。

合同需明确物料采购、检验、放行、生产和质量控制（包括中间控制）的责任归属方，同时也要确定负责取样和检验的一方。合同应规定何方负责试剂试液、对照/标准品的采购和批准使用，合同应该规定何方负责取样；在合同中明确检验原始记录及数据的保存，剩余样品的处理及报废程序。进行委托检验时，合同需对受托方是否在委托方的厂房内实施取样。

合同应明确规定受托方需妥善保存生产、检验、发运记录及样品，并确保委托方有权随时调阅或检查；当发生客户投诉、疑似质量缺陷或启动召回程序等紧急情况时，委托方应能无障碍获取所有质量追溯所需的完整记录，以保障问题处理的时效性与合规性。合同应当明确规定委托方可以对受托方进行检查或现场质量审计。委托检验合同应当明确受托方有义务接受药品监督管理部门检查。

合同需明确制定质量受权人执行药品批次放行审批的标准化操作程序，通过系统性审核，确保每批产品均严格遵循药品注册标准完成全生产周期的质量控制及检验程序，并留存可追溯的合规放行文件。

最终的质量责任是在委托方。

2. 合同中技术条款拟定人员的资质不符合要求，为非技术人员是否可以？

（1）质量风险与法律责任

① GMP 严重缺陷

违反 GMP 第六章"物料与产品管理"要求，导致受托方 GMP 证书被收回风险委托方（MAH）可能被认定为"未履行监督责任"，面临《药品管理法》第一百二十六条处罚（最高货值金额 30 倍罚款）。

② 法规产品放行障碍

物料平衡率超出标准（通常要求≥99.5%），整批次不得放行；

需启动偏差调查，最长可导致产品滞留 60 个工作日。

（2）监管处置措施

① 药监局典型处理

首次发现：责令 10 日内完成追溯分析并报告；

重复发生：要求生产线停产整改（至少 14 天）；

涉及生物制品：直接启动药品召回程序。

② MAH 连带责任

年度质量信用评级下调（影响产品招标采购）、需增加现场审计频次（如每月 1 次专项检查）。

3. 药品委托生产批件的有效期是多久？

答：药品委托生产批件的有效期不得超过 2 年，且不得超过该药品批准证明文件规定的有效期限。药品委托生产批件有效期届满需要继续委托生产的，委托方应当在有效期届满 30 日前，按照有关规定提交有关材料，办理延期手续。委托生产合同终止的，委托方应当及时办理药品委托生产批件的注销手续。

药品生产企业接受境外制药厂商的委托在中国境内加工药品的，应当在签署委托生产合同后 30 日内向所在地省、自治区、直辖市（食品）药品监督管理部门备案。所加工的药品不得以任何形式在中国境内销售、使用。省、自治区、直辖市（食品）药品监督管理部门应当将药品委托生产的批准、备案情况报国家药品监督管理局。

第二百八十八条　批准放行药品的程序

【第二百八十八条】　合同应当详细规定质量受权人批准放行每批药品的程序，确保每批产品都已按照药品注册的要求完成生产和检验。

【条文释义】

1. 合同应该如何规定产品放行？

答：在药品委托生产模式下，产品放行是质量管控的核心环节，需在合同中建立"双放行+三审核"机制，具体规定要点如下。

（1）法律责任的划分

① 受托方生产放行

a. 完成所有中间控制（IPC）和成品检验（全项检验报告需经双人复核）。

b. 出具《生产放行审核单》（包含工艺参数符合性声明）。

② 委托方上市放行。MAH 质量受权人（QP）对以下内容进行终审：

a. 批生产记录与注册工艺一致性（关键工艺参数偏差≤5%）。

b. 检验数据完整性（色谱审计追踪记录必查）。

c. 偏差/变更闭环证据（需附 CAPA 有效性验证）。

（2）合同必备技术条款

① 放行标准条款

a. 化学药品：含量均匀度 RSD≤2.0%，有关物质不得超出质量标准。

b. 无菌制剂：培养基灌装试验结果必须作为放行附件。

c. 生物制品：病毒清除验证数据需随批放行文件提交。

② 放行流程条款

受托方完成生产放行后 24 小时内，向委托方提交：

a. 电子批记录（含原始数据）。

b. 稳定性考察承诺书（加速试验方案）。

委托方 QP 应在 48 小时内完成审核，双方放行文件需体现：

a. 双日期（生产放行日/上市放行日）。

b. 双签名（受托方质量负责人+委托方 QP）。

③ 争议解决条款

a. 设立技术仲裁机制。

b. 检验结果争议：委托第三方药检所复检（费用由责任方承担）。

c. 工艺争议：由省级药学会专家委员会裁定。

2. 放行药品的程序有哪些?

答：① 检查委托方和受托方质量受权人职责及委托品种批准放行的程序，双方责任应当在合同中约定；

② 查看审核放行文件，应当按制定的委托生产药品批准放行管理程序执行。

3. 合同中未明确哪方负责委托产品的审核放行会有哪些后果?

答：放行是对一批物料或产品进行质量评价，作出批准使用或投放市场或其他决定的最后把关操作。若不明确哪方负责委托产品审核放行，可能会出现一方未对产品进行质量审核评价，即放行，这样就导致产品放行处于一种质量控制失控状态。具体而言将会带来以下后果：

① 违反 GMP 规范；

② 行政处罚风险；

③ 质量责任纠纷；

④ 召回责任主体不明；

⑤ 合同履行障碍。

第二百八十九条　物料相关活动的责任明确

【第二百八十九条】 合同应当规定何方负责物料的采购、检验、放行、生产和质量控制（包括中间控制），还应当规定何方负责取样和检验。

在委托检验的情况下，合同应当规定受托方是否在委托方的厂房内取样。

【条文释义】

1. 合同中未明确规定何方负责物料的取样和检验，委托生产协议没有对生产、质量控制、物料、检验、批准放行程序等重大事项的责任做出规定，未按工艺规程组织生产，会有什么后果?

答：在药品委托生产合同中未明确规定关键质量责任划分，且未按工艺规程生产，将引发以下严重后果：

① 行政处罚及资质风险，包括 GMP 合规性处罚与产品注册风险。

② 刑事及民事法律责任，包括导致药品质量事故及民事起诉。

③ 质量管理失控后果。包括物料管理真空及生产过程失序，合同中未明确规定出何方负责物料的取样和检验，就不能明确此项工作具体由哪方负责，可能会出现双方均负责的情况，当双方均对不同物料取样和检验时由于双方检验人员、检验设备、检验环境的差异，可能造成检验结果有差异，依据此种检验结果使用物料，有可能造成委托品种质量不稳定。

2. 药品成品可否进行委托检验?

答: 药品的成品不得委托检验，原辅材料委托检验，其受托方必须具备检验资质，有能力确保为委托方提供及时准确可靠的检测结果。药品委托生产活动中除委托方不具备检验能力外，在受委托方进行的委托品种的相关检验项目可以不被视作委托检验，但受托方不得再转委托检验。

第二百九十条　委托方的调阅或检查

【第二百九十条】 合同应当规定由受托方保存的生产、检验和发运记录及样品，委托方应当能够随时调阅或检查；出现投诉、怀疑产品有质量缺陷或召回时，委托方应当能够方便地查阅所有与评价产品质量相关的记录。

【条文释义】

合同中规定受托方保存批生产记录，但未明确委托方有权随时调阅各相关记录的权利可以吗?

答: 合同中若不明确委托方有权随时调阅所有相关记录的权利，委托方调阅或检查生产、检验和贮运等相关记录活动应有详细记录，当产品出现问题需要紧急调阅相关记录用于追踪药品生产史时，由于无合同条款的支持，造成委托方不能及时调阅到相关记录，造成委托方不能在最短的时间内对委托品种的突发质量问题作出有效处理，可能存在不能有效及时获得有关产品生产质量信息的风险。

第二百九十一条　检查或现场质量审计的明确

【第二百九十一条】 合同应当明确规定委托方可以对受托方进行检查或现场质量审计。

【条文释义】

1. 合同中对现场审计如何明确?

答: 在药品委托生产合同中明确现场审计条款时，需结合 GMP 法规要求和实务操作要点，建议从以下方面进行系统约定:

① 合同中应当明确规定本条款要求的内容;

② 检查委托生产或委托检验合同，是否明确规定委托方可以对受托方随时进行现场检查及质量审计;

③ 检查委托方对受托方的现场审计记录。

2. 合同中没有明确指出委托方有权利对受托方进行现场检查，或是合同中明确了委托方有对受托方现场质量审计的权利，但无现场审计记录，应怎么办?

答: 合同中没有明确指出委托方可对受托方进行现场检查，可能导致委托会在合同条款的限制下不能对受托方进行全程监督，可能会造成产品生产质量安全隐患，这样委托方就无法负责委托生产药品的质量。遇到这种情况，需要按照以下方式办理:

① 立即补签法律文件及追溯审计权源依据;

② 若是审计记录缺失，则需要进行历史审计重建及电子证据固定，也就是调取对 ERP、LIMS 等

系统中留存的审计轨迹进行公证，或者提取门禁系统记录、监控视频等辅助证据。

第二百九十二条　明确受托方义务

【第二百九十二条】 委托检验合同应当明确受托方有义务接受药品监督管理部门检查。

【条文释义】

1. 合同中如何明确受托方的义务?

答: 在药品委托检验合同中明确受托方义务时，需结合《药品管理法》、GMP 及行业实践，从以下维度进行系统约定:

① 合同中应当明确核心义务条款，包括检验合规性义务与数据完整性要求。必须约定受托方严格按《中国药典》或注册标准执行检验（注明标准版本号，如 2020 年版《中国药典》四部）。明确禁止擅自变更检验方法（如 HPLC 改为 UV），确需变更时需经委托方书面批准并备案药监部门。原始检验记录保存期限应≥药品有效期后 1 年（生物制品需≥3 年），电子数据需符合 CFR Part 11 要求，包括审计追踪、权限分级等。

② 合同中应该明确质量责任划分，包括检验过程控制与异常处理机制。受托方需对以下环节负责: 样品接收时的状态确认（包装完整性、储存条件符合性）、检验用试剂/标准品有效期核查、仪器设备校准状态验证。明确 OOS（检验结果超标）处理流程: 如 24 小时内通报委托方、5 个工作日内提交调查报告、复检需双方共同确认方案等。

2. 合同中未明确受托方配合委托方接受药监部门监督检查的义务怎么办?

答: 在药品委托检验合同中未明确受托方配合药监检查的义务时，需立即采取以下法律措施进行补救和风险防控。

① 补充协议签署　签订《质量协议补充条款》，明确约定: a.药监检查通知到达后，受托方应在 2 小时内启动配合程序; b.必须开放所有与委托检验相关的区域（含留样室、原始记录存储室）; c.检查期间实验室负责人必须全程陪同。

② 在协议中重新明确受托方核心配合义务。

③ 在协议中明确风险防控机制与违约责任强化。

合同中未明确受托方配合委托方接受药监部门检查的义务，假如受托方存在对委托检验品种有不利影响的活动，委托方未能及时发现，当委托方接受药品监督管理部门检查时，需要受托方进行配合，受托方拒绝配合，此举可能造成受托方存在问题不能被及时发现，对委托检验活动可能存在质量隐患。

第十二章　产品发运与召回

第一节　原则

第二百九十三条　产品召回系统的建立

【第二百九十三条】 企业应当建立产品召回系统，必要时可迅速、有效地从市场召回任何一批存在安全隐患的产品。

【条文释义】

什么是"产品召回系统"？

答：① 查看药品召回管理制度是否建立全流程闭环管理体系，具体包括以下环节：对药品安全隐患相关信息进行监测与收集、开展调查及评估工作、拟定召回计划、推进计划的具体实施以及在召回完成后提交报告。可参考《药品召回管理办法》（国家食品药品监督管理局令第 29 号）的相关要求进行检查。

② 查看企业是否有确保迅速、有效地从市场召回任何一批存在安全隐患的产品的措施。

③ 每批产品均应有销售记录。根据销售记录能追查每批药品的售出情况，必要时应能及时全部追回。销售记录内容应包括：品名、剂型、批号、规格、数量、收货单位和地址、发货日期和对接人的联系方式。药品召回制度应程序化、制度化，有助于提高药品流程追踪。而且明确只要药品质量存在安全隐患就应当进行召回。

第二百九十四条　退货和召回的产品的处理

【第二百九十四条】 因质量原因退货和召回的产品，均应当按照规定监督销毁，有证据证明退货产品质量未受影响的除外。

【条文释义】

如何进行退货产品的处理？

答：① 查看召回产品的处理程序和处理记录，考查是否满足本条款的要求。

② 对于退货产品的处理，请参考"第一百三十六条"和"第一百三十七条"中的检查指导内容进行检查。

第二节　发运

第二百九十五条　产品的发运记录

【第二百九十五条】 每批产品均应当有发运记录。根据发运记录，应当能够追查每批产品的销售情况，必要时应当能够及时全部追回，发运记录内容应当包括：产品名称、规格、批号、数量、收货单位和地址、联系方式、发货日期、运输方式等。

【条文释义】

产品如何发运？

答：查看产品发运管理规定、操作规程和发运记录，抽查具体批次实物进行核对，考查是否满足本条款的要求。

第二百九十六条　产品的发运零头包装的处理

【第二百九十六条】 药品发运的零头包装只限两个批号为一个合箱，合箱外应当标明全部批号，并建立合箱记录。

【条文释义】

什么是零头包装？

答：零头包装只限两个批号，同时该类包装应建立合箱记录并标明全部批号和分别的具体数量。查看涉及产品合箱操作的规程和记录，考查是否满足本条款的要求。

第二百九十七条　发运记录的保存

【第二百九十七条】 发运记录应当至少保存至药品有效期后一年。

【条文释义】

发运记录如何保存？

答：① 查看产品发运管理规程中关于发运记录保存年限的要求，抽查具体品种目前能查阅到的最早时间的发运记录，考查是否满足本条款的要求。

② GMP（2010 年修订版）明确了将销售记录作为发运记录，并首次对运输方式提出具体要求，对于一些特殊药品的运输具有重要意义。同时发运记录由原来的无有效期的销售记录保存三年统一改为保存至药品有效期后一年。

第三节　召回

第二百九十八条　召回操作规程的制定

【第二百九十八条】 应当制定召回操作规程，确保召回工作的有效性。

【条文释义】

召回操作规程具体细则是什么？

答：① 应涵盖的环节：药品安全隐患相关信息的监测收集、调查评估、召回计划的制定、计划实施和召回完成后的报告。

② 各部门及相关责任人的职责、内部沟通关系和沟通方式应清晰、明确，覆盖规程中的所有环节。

③ 公司与外部相关方（包括药监部门、批发商、直接供货的医疗机构等）的沟通关系、沟通方式、沟通责任部门及责任人。

④ 各环节的时限规定。

⑤ 是否采用模拟召回或其他适当方式确认召回管理规程的可行性。

⑥ 召回工作应有专人负责，该负责人应独立于市场和销售部门，同时明确了该项工作质量受权人必须知情。

⑦ 召回制度启动后必须向相关的药品监督管理部门报告，召回过程要有记录并应有报告，召回后的产品应有专场储存和具体标示。

第二百九十九条　召回工作的专人负责

【第二百九十九条】 应当指定专人负责组织协调召回工作，并配备足够数量的人员。产品召回负责人应当独立于销售和市场部门；如产品召回负责人不是质量受权人，则应当向质量受权人通报召回处理情况。

【条文释义】

产品召回负责人主要职责是什么？

答：查看召回管理规程关于召回工作的组织协调、资源配备方面的规定，以及确保质量受权人获知召回情况的要求，考查是否符合本条款的要求。

第三百条　召回的速度

【第三百条】 召回应当能够随时启动，并迅速实施。

【条文释义】

召回工作的实际启动流程是什么？

答：查看实际发生的召回实例，对照产品召回管理规程的要求，查看相应的调查评估过程、召回计划制定、实施过程和召回完毕后的总结报告情况，考查是否符合本条款的要求。

第三百零一条　市场召回的报告

【第三百零一条】 因产品存在安全隐患决定从市场召回的，应当立即向当地药品监督管理部门报告。

【条文释义】

召回工作报告具体内容有哪些？

答：查看产品召回管理规程中关于将召回情况报告药品监督管理部门的规定，包括上报程序的启动标准、召回等级的分类标准、报告内容、报告时限、责任部门和具体责任人以及相应的内部审批程序，考查是否符合本条款的要求。

第三百零二条　药品发运记录的查阅

【第三百零二条】　产品召回负责人应当能够迅速查阅到药品发运记录。

【条文释义】

如何查阅药品发运记录?

答:① 查看产品召回管理规程中关于调阅召回事项涉及的药品发运记录的规定,包括药品发运记录保管部门及具体责任人的职责、提供方式、提供时限、与其他相关部门的沟通关系等;抽查具体品种某一时间段的发运记录,考查相关规定的可行性。

② 查看所有直供客户(包括批发企业和医疗机构)的联系方式是否均有充分记录,确保工作时间内外均能及时联系上。

第三百零三条　召回的产品的处理

【第三百零三条】　已召回的产品应当有标识,并单独、妥善贮存,等待最终处理决定。

【条文释义】

已经召回的产品如何处理?

答:查看产品召回处理程序的相关规定、召回产品的存放地点、召回产品实物(如有)的标识,是否在单独的隔离区内妥善贮存,是否符合本条款的要求。

第三百零四条　召回的进展过程

【第三百零四条】　召回的进展过程应当有记录,并有最终报告。产品发运数量、已召回数量以及数量平衡情况应当在报告中予以说明。

【条文释义】

如何记录召回的进展过程?

答:查看召回产品管理规程关于召回实施过程记录以及召回完成后报告的相关规定、空白文件表格的样式,查看产品召回实例中的记录与报告(如涉及),考查是否符合本条款的要求。

第三百零五条　召回系统的有效性评估

【第三百零五条】　应当定期对产品召回系统的有效性进行评估。

【条文释义】

召回系统如何进行有效性评估?

答:查看产品召回管理规程中关于召回系统有效性评估的规定,包括评估方法、标准和评估周期,考查是否符合本条款的要求。评估的方法一般采用模拟召回的方式进行。

模拟召回通常包括以下内容:

① 在风险评估的基础上制定召回方案;

② 药品召回负责人发出模拟召回通知；

③ 各有关部门或人员对收到模拟召回通知的时间进行确认；

④ 向客户发出模拟通知；

⑤ 相关入库和发运记录的整理反馈；

⑥ 对外新闻稿的起草；

⑦ 拟召回产品生产过程调查和质量分析评估报告；

⑧ 模拟召回产品的赔偿方案的制定；

⑨ 全部拟召回产品信息的确认和反馈；

⑩ 完成模拟召回最终报告。

报告明确输出本次模拟是否体现了召回系统有效，如有效继续保持；如存在问题，需要后续跟踪纠正到位。

思维导图

第十三章　自检

第一节　原则

第三百零六条　企业的定期自检

【第三百零六条】 质量管理部门应当定期组织对企业进行自检，监控本规范的实施情况，评估企业是否符合本规范要求，并提出必要的纠正和预防措施。

【条文释义】

1. 什么是"自检"？

答：自检，即企业对药品生产实施 GMP 情况的自我检查、评估是否符合药品 GMP 的一项重要的质量活动，通常也称为"内部审核"或"内部审计"。自检的实质是通过自检，发现企业执行 GMP 时存在缺陷项目，并通过实施纠正和预防措施来进一步提高 GMP 执行的持续性、符合性和有效性。

2. 定期自检多久一次为宜？

答：企业应根据其质量体系各要素运行的有效性和符合性的具体情况，基于风险分析和评估情况，确定自检频次。通常每隔 6 个月或更短/更长的周期对企业进行自检，但每年应至少进行一次全面自检，两次自检的时间间隔不得超过一年。如遭遇严重质量事故或投诉、重大的法规环境变化、企业生产质量管理条件变化、经营条件变化等特殊情况，应及时启动自检程序。

第二节　自检

第三百零七条　企业自检的计划

【第三百零七条】 自检应当有计划，对机构与人员、厂房与设施、设备、物料与产品、确认与验证、文件管理、生产管理、质量控制与质量保证、委托生产与委托检验、产品发运与召回等项目定期进行检查。

【条文释义】

自检计划应当如何制定？

答：常规的 GMP 自检应当按照预先编制的年度自检计划开展。年度自检计划可在上一年度 12 月底、本年度 1 月底或其他规定时间制定，对全年进行自检的次数、内容、方式和时间进行规划，并覆盖 GMP 所有相关的部门和区域。对于企业实施 GMP 初期、历次自检缺陷项目较多或较严重的部门、风险较大的区域可适当增加自检频次。

年度自检计划通常有集中式自检和滚动式（或分散式）自检两种类型，一般由企业质量部门负责人或自检管理部门依照企业的自检管理程序制定。集中式自检，是企业集中一段时间完成一次自检，每次自检都针对 GMP 质量要素及相关部门。该方式有利于统一调配资源，系统性、连续性强。难点在于集中召集、占用较多人员时间，相对适合规模不太大的企业，示例如表 13-1。

表 13-1　某企业××年度自检计划（集中式）

质量要素	1月	2月	3月	4月	5月	6月	7月	8月	9月	10月	11月	12月
机构与人员				●						●		
厂房与设施				●						●		
设备				●						●		
物料与产品				●						●		
确认与验证				●						●		
文件管理				●						●		
生产管理				●						●		
质量控制与质量保证				●						●		
委托生产与委托检验				●						●		
产品发运与召回				●						●		

滚动式自检，是在一个自检周期内，针对企业执行 GMP 所涉及的各有关部门或质量要素、区域，按照一定的顺序有计划地实施自检。这种自检时间跨度长，每次自检时间短且灵活，可对重要的质量活动和部门安排多频次的检查，检查有一定的深度和质量，比较适用于规模较大的企业，以及设有专门 GMP 自检机构或专职的情况，示例如表 13-2。

表 13-2　某企业××年度自检计划（滚动式）

质量要素	1月	2月	3月	4月	5月	6月	7月	8月	9月	10月	11月	12月
机构与人员	●						●					
厂房与设施		●						●				
设备		●						●				
物料与产品		●						●				
确认与验证				●						●		
文件管理	●						●					
生产管理			●		●				●		●	
质量控制与质量保证				●		●				●		●
委托生产与委托检验					●						●	
产品发运与召回						●						●

第三百零八条　自检的方式

【第三百零八条】　应当由企业指定人员进行独立、系统、全面的自检，也可由外部人员或专家进行独立的质量审计。

【条文释义】

1. 对企业组建的自检小组有什么要求？

答：企业应安排经过资格确认或得到相应授权的人员组成自检小组，自检小组组长一般由质量负责人或质量保证部门负责人担任，也可由获得相应资质或授权的其他人员担任。

（1）**自检小组组长的任职条件**

① 经过相应培训，并经企业负责人授权的人员；

② 具备较强的沟通能力，一定的管理、组织、协调能力，能有效处理自检中出现的各类问题的能力；

③ 具有相应的专业能力和专业知识；

④ 具有对企业执行 GMP 的符合性、有效性作出判断的能力。

（2）**自检小组组长的主要职责**

① 负责组建自检小组；

② 获取实现自检目的所需的背景资料；

③ 负责制定自检日程计划，分配自检任务；

④ 指导编制自检检查表，检查自检准备情况；

⑤ 主持现场检查，对自检过程有效性实时控制；

⑥ 与受检查部门领导沟通；

⑦ 组织编写自检不符合报告及自检报告；

⑧ 组织跟踪自检。

（3）**自检小组成员的任职条件**　自检小组成员应是经过培训考核合格，并经相应授权的人员；必要时，可吸收特殊领域业务专家（如软件工程师、微生物专家、计量专家等）参与自检。

（4）**自检小组成员的主要职责**

① 服从自检小组长的领导，支持自检小组长开展工作；

② 在自检小组长指导下分工编制自检工作文件；

③ 完成分工范围内的现场自检任务，做好自检记录；

④ 收集、分析有关自检证据，进行组内交流；

⑤ 编写缺陷项，参与编制自检报告；

⑥ 参加纠正和预防措施制定的确认；

⑦ 管理有关的各种文件、记录。

2. 邀请外部人员或专家进行独立质量审计有何注意事项？

答：聘请外部人员或专家进行独立的质量审计，应通过书面协议明确权利与义务，并对其专业资质和能力进行审核确认；外部人员或专家进行的质量审计，应有相应记录、报告和结论。

第三百零九条　自检的记录及内容

【第三百零九条】　自检应当有记录。自检完成后应当有自检报告，内容至少包括自检过程中观察到的所有情况、评价的结论以及提出纠正和预防措施的建议。自检情况应当报告企业高层管理人员。

【条文释义】

1. 怎么制定企业的自检记录?

答: 企业应根据实际情况, 以 GMP 规范、相关法律法规、相关标准和企业质量管理体系文件等相关要求为准则, 将检查内容以部门或质量要素为单元进行划分, 制定检查明细表。检查明细表一般包括被检查部门(要素)、检查时间、检查项目、检查内容、检查方法、过程记录、自检员签名等内容, 示例见表 13-3。

表 13-3 某企业自检记录表

被检查部门(要素): 设备管理部门 检查时间: ××年××月××日

检查项目	检查内容	检查方法	过程记录
设备管理	(1)向设备管理人员了解设备管理实施情况	面谈	
	(2)检查相关文件规定是否规范: ➤ 是否制定了设备的设计、选型、安装、改造和维护等方面的管理规程? ➤ 是否制定了设备使用、清洁、维护和维修的操作规程?内容是否规范、全面、有可操作性?操作记录是否清晰、准确、及时?记录保存是否完整? ➤ 是否建立了设备档案,且为每台设备制定了唯一编号? ➤ 设备投入使用前,是否经过确认?确认报告是否完整、规范?改造或重大维修后是否经过再确认? ➤ 生产所用模具从采购开始,历经验收、保管、维护、发放及报废的全生命周期中,是否制定了与之相对应的操作规程,并各环节都留存了相应记录? ➤ 设备有无变更管理?是否保留变更记录? ➤ 计量器具是否有定期校准管理规定、台账计划、操作规程、校准记录和原始数据或检定证书? ➤ ……	面谈 抽样 查阅文件和记录	
	(3)现场查看和确认设备管理活动: ➤ 生产设备是否有明显的状态标识?与设备连接的主要固定管道是否标明管内物料名称、流向? ➤ 主要生产和检验设备是否有明确的操作规程? ➤ 生产设备是否在确认的参数范围内使用? ➤ 药品生产或检验的设备和仪器是否有使用日志?内容是否规范? ➤ 是否按照详细规定的操作规程清洁生产设备? ➤ 已清洁的生产设备是否在清洁、干燥的条件下存放? ➤ 生产用模具是否专人专柜保管?保管条件是否满足安全、清洁、避免混淆的要求? ➤ 计量器具是否定期校准?有没有明显的合格标识?是否标明校准有效期? ➤ ……	面谈 抽样 现场观察	

自检人员(签名): 日期:

自检过程记录需要体现具体的情况的描述和文件的清单等，否则不方便跟踪 CAPA 的制定合理性和实施效果。

2. 企业的自检报告要注意什么？

答：自检报告是自检小组自检结果的正式的总结性文件，自检小组组长对自检报告的编制、准确性、完整性负责，企业自检完成后应及时形成自检报告。

自检报告通常应包括：自检报告编号、自检的目的和范围、自检日期、自检人员组成、自检依据、缺陷项目描述、整改措施、执行人、纠正措施完成日期、自检综述及结论、自检小组组长签字和日期等。特别要注意，企业自检报告应能准确而清楚地描述所有的观察项以及缺陷，这是企业在将来理解缺陷背景、追踪整改完成情况和回顾的基础。

若企业采用集中式自检计划，每次自检完成后，自检报告由自检组长在现场自检结束后，应对整个企业的生产质量规范符合程度进行评价。若企业自检计划采用滚动式方式，可按照程序文件的要求和滚动式计划安排，应规定在适当的周期结束时，编制每阶段自检报告，待整个自检计划完成后，自检组长应将各次自检报告情况进行汇总，完成整个企业的自检报告。

第十四章 附则

第三百一十条 药品生产质量管理的基本要求

【第三百一十条】 本规范为药品生产质量管理的基本要求。对无菌药品、生物制品、血液制品等药品或生产质量管理活动的特殊要求，由国家药品监督管理局以附录方式另行制定。

【条文释义】

哪些属于血液制品、生物制品、无菌药品?

答：血液制品是指各种人血浆蛋白制品，包括人血白蛋白、人胎盘血白蛋白、静脉注射用人免疫球蛋白、肌注人免疫球蛋白、组胺人免疫球蛋白、特异性免疫球蛋白、免疫球蛋白（乙型肝炎、狂犬病、破伤风免疫球蛋白）、人凝血因子Ⅷ、人凝血酶原复合物、人纤维蛋白原、抗人淋巴细胞免疫球蛋白等。血液制品的原料是血浆。人血浆中有 92%~93% 是水，仅有 7%~8% 是蛋白质，血液制品就是从这部分蛋白质中分离提纯制成的。

生物制品是指应用普通的或以基因工程、细胞工程、蛋白质工程、发酵工程等生物技术获得的微生物、细胞及各种动物和人源的组织和液体等生物材料制备的，用于人类疾病预防、治疗和诊断的药品。生物制品不同于一般医用药品，它是通过刺激机体免疫系统，产生免疫物质（如抗体）才发挥其功效，在人体内出现体液免疫、细胞免疫或细胞介导免疫。

无菌药品是指法定药品标准中列有无菌检查项目的制剂和原料药，一般包括注射剂、无菌原料药及滴眼剂等。从严格意义上讲，无菌药品应不含任何活的微生物，但由于目前检验手段的局限性，绝对无菌的概念不能适用于对整批产品的无菌性评价，因此目前所使用的"无菌"概念，是概率意义上的"无菌"。

第三百一十一条 经过验证的替代方法的采用

【第三百一十一条】 企业可以采用经过验证的替代方法，达到本规范的要求。

第三百一十二条 规范的术语

【第三百一十二条】 本规范下列术语（按汉语拼音排序）的含义是：

（一）包装

待包装产品变成成品所需的所有操作步骤，包括分装、贴签等。但无菌生产工艺中产品的无菌灌装，以及最终灭菌产品的灌装等不视为包装。

（二）包装材料

药品包装所用的材料，包括与药品直接接触的包装材料和容器、印刷包装材料，但不包括发运用的外包装材料。

（三）操作规程

经批准用来指导设备操作、维护与清洁、验证、环境控制、取样和检验等药品生产活动的通用性文件，也称标准操作规程。

（四）产品

包括药品的中间产品、待包装产品和成品。

【条文释义】

药品的中间产品、待包装产品和成品的区别？

答：中间品是指在生产过程中已完成部分加工步骤但尚需进一步加工才能成为最终成品的产品。例如，在制药过程中，压片前的产品可被视为中间品，而压好后的片剂在包装之前则被称为待包装产品。待包装产品是指已经完成生产过程但尚未进行内、外包装的产品，它们通常具有明确的批号，以便在包装后能够区分不同的成品批次。而成品则是经过完整生产流程并已内、外包装，准备上市销售的产品。在 GMP 的监管下，中间品、待包装产品和成品的生产、质量控制和储存都有严格的标准和要求，以确保产品的质量、安全性和有效性。

（五）产品生命周期

产品从最初的研发、上市直至退市的所有阶段。

（六）成品

已完成所有生产操作步骤和最终包装的产品。

（七）重新加工

将某一生产工序生产的不符合质量标准的一批中间产品或待包装产品的一部分或全部，采用不同的生产工艺进行再加工，以符合预定的质量标准。

（八）待包装产品

尚未进行包装但已完成所有其他加工工序的产品。

（九）待验

指原辅料、包装材料、中间产品、待包装产品或成品，采用物理手段或其他有效方式将其隔离或区分，在允许用于投料生产或上市销售之前贮存、等待作出放行决定的状态。

（十）发放

指生产过程中物料、中间产品、待包装产品、文件、生产用模具等在企业内部流转的一系列操作。

（十一）复验期

原辅料、包装材料贮存一定时间后，为确保其仍适用于预定用途，由企业确定的需重新检验的日期。

（十二）发运

指企业将产品发送到经销商或用户的一系列操作，包括配货、运输等。

（十三）返工

将某一生产工序生产的不符合质量标准的一批中间产品或待包装产品、成品的一部分或全部返回到之前的工序，采用相同的生产工艺进行再加工，以符合预定的质量标准。

（十四）放行

对一批物料或产品进行质量评价，作出批准使用或投放市场或其他决定的操作。

（十五）高层管理人员

在企业内部最高层指挥和控制企业、具有调动资源的权力和职责的人员。

（十六）工艺规程

为生产特定数量的成品而制定的一个或一套文件，包括生产处方、生产操作要求和包装操作要求，规定原辅料和包装材料的数量、工艺参数和条件、加工说明（包括中间控制）、注意事项等内容。

（十七）供应商

指物料、设备、仪器、试剂、服务等的提供方，如生产商、经销商等。

（十八）回收

在某一特定的生产阶段，将以前生产的一批或数批符合相应质量要求的产品的一部分或全部，加入另一批次中的操作。

（十九）计算机化系统

用于报告或自动控制的集成系统，包括数据输入、电子处理和信息输出。

（二十）交叉污染

不同原料、辅料及产品之间发生的相互污染。

（二十一）校准

在规定条件下，确定测量、记录、控制仪器或系统的示值（尤指称量）或实物量具所代表的量值，与对应的参照标准量值之间关系的一系列活动。

（二十二）阶段性生产方式

指在共用生产区内，在一段时间内集中生产某一产品，再对相应的共用生产区、设施、设备、工器具等进行彻底清洁，更换生产另一种产品的方式。

（二十三）洁净区

需要对环境中尘粒及微生物数量进行控制的房间（区域），其建筑结构、装备及其使用应当能够减少该区域内污染物的引入、产生和滞留。

（二十四）警戒限度

系统的关键参数超出正常范围，但未达到纠偏限度，需要引起警觉，可能需要采取纠正措施的限度标准。

（二十五）纠偏限度

系统的关键参数超出可接受标准，需要进行调查并采取纠正措施的限度标准。

（二十六）检验结果超标

检验结果超出法定标准及企业制定标准的所有情形。

【条文释义】

法定标准有哪些？企业制定标准的定义如何？

答：（1）**国家药品标准**　国家药品标准主要由国务院药品监督管理部门颁布的《中华人民共和国药典》和药品标准构成。《中华人民共和国药典》是国家药品标准的重要组成部分，它规定了药品的质量指标、检验方法以及生产工艺等的技术要求。除了药典外，国家药品标准还包括药品注册标准。这是针对特定药品制定的质量标准，确保药品的安全性和有效性。

（2）**其他法定药品标准**　除了国家药品标准外，还存在一些其他法定的药品标准，这些标准也在一定程度上规范了药品的质量和市场行为。局颁药品标准包括所有未收入药典的，由国家药品监督管理部门批准颁布的药品标准及药品卫生标准等。这些标准对于未纳入药典的药品起到了重要的补充作用。省级药品标准，如由省级药品监督管理部门制定，报国家药品监督管理部门备案的《国家中药饮片炮制规范》等。这些标准在地方层面对药品质量进行了细化和规范。

企业标准是在企业范围内为需要协调、统一的技术要求、管理要求和工作要求所制定的文件，是企业组织生产、经营活动的依据。国家鼓励企业自行制定严于国家标准或者行业标准的企业标准。企业标准由企业制定，由企业法定代表人或法定代表人授权的主管领导批准、发布。

（二十七）批

经一个或若干加工过程生产的、具有预期均一质量和特性的一定数量的原辅料、包装材料或成品。为完成某些生产操作步骤，可能有必要将一批产品分成若干亚批，最终合并成为一个均一的批。在连续生产情况下，批必须与生产中具有预期均一特性的确定数量的产品相对应，批量可以是固定数量或固定时间段内生产的产品量。

例如：口服或外用的固体、半固体制剂在成型或分装前使用同一台混合设备一次混合所生产的均质产品为一批；口服或外用的液体制剂以灌装（封）前经最后混合的药液所生产的均质产品为一批。

（二十八）批号

用于识别一个特定批的具有唯一性的数字和（或）字母的组合。

【条文释义】

药品批号的定义规则是什么？

答：国药准字+1位字母+8位数字。试生产药品批准文号格式：国药试字+1位字母+8位数字。所谓"1位字母"，即常见的H、Z、B、S、T、F、J，它们代表的意义依次为：化学药品、中药、通过国家药品监督管理局整顿的保健药品、生物制品、体外化学诊断试剂、药用辅料、进口分包装药品。"8位数字"中第1、2位为原批准文号的来源代码，其中"10"代表原卫生部批准的药品，"19""20"代表2002年1月1日以前国家药品监督管理局批准的药品，其他使用各省行政区划代码前两位，代表原各省级卫生行政部门批准的药品（比如"13"代表河北省）。"8位数字"中的第3、4位为换发批准文号之年的公元年号的后两位数字，但来源于原卫生部和国家药品监督管理局的批准文号仍使用原文号中年号的后两位数字。"8位数字"中的第5至8位为顺序号。

（二十九）批记录

用于记述每批药品生产、质量检验和放行审核的所有文件和记录，可追溯所有与成品质量有关的历史信息。

（三十）气锁间

设置于两个或数个房间之间（如不同洁净度级别的房间之间）的具有两扇或多扇门的隔离空间。设置气锁间的目的是在人员或物料出入时，对气流进行控制。气锁间有人员气锁间和物料气锁间。

（三十一）企业

在本规范中如无特别说明，企业特指药品生产企业。

（三十二）确认

证明厂房、设施、设备能正确运行并可达到预期结果的一系列活动。

（三十三）退货

将药品退还给企业的活动。

（三十四）文件

本规范所指的文件包括质量标准、工艺规程、操作规程、记录、报告等。

（三十五）物料

指原料、辅料和包装材料等。

例如：化学药品制剂的原料是指原料药；生物制品的原料是指原材料；中药制剂的原料是指中药材、中药饮片和外购中药提取物；原料药的原料是指用于原料药生产的除包装材料以外的其他物料。

（三十六）物料平衡

产品或物料实际产量或实际用量及收集到的损耗之和与理论产量或理论用量之间的比较，并考虑可允许的偏差范围。

（三十七）污染

在生产、取样、包装或重新包装、贮存或运输等操作过程中，原辅料、中间产品、待包装产品、成品受到具有化学或微生物特性的杂质或异物的不利影响。

（三十八）验证

证明任何操作规程（或方法）、生产工艺或系统能够达到预期结果的一系列活动。

（三十九）印刷包装材料

指具有特定式样和印刷内容的包装材料，如印字铝箔、标签、说明书、纸盒等。

（四十）原辅料

除包装材料之外，药品生产中使用的任何物料。

（四十一）中间产品

指完成部分加工步骤的产品，尚需进一步加工方可成为待包装产品。

（四十二）中间控制

也称过程控制，指为确保产品符合有关标准，生产中对工艺过程加以监控，以便在必要时进行调节而做的各项检查。可将对环境或设备控制视作中间控制的一部分。

第三百一十三条　实施时间

【第三百一十三条】　本规范自 2011 年 3 月 1 日起施行。按照《中华人民共和国药品管理法》第九条规定，具体实施办法和实施步骤由国家食品药品监督管理局规定。

第二部分
药品生产质量管理检查规范

第十五章　检查相关法规理解

【检查要点】

1. 什么是"药品检查"?

答:药品检查是药品监督管理部门对药品生产、经营、使用环节相关单位遵守法律法规、执行相关质量管理规范和药品标准等情况进行检查的行为。检查时,对质量有疑问的药品,应及时撤柜,集中存放,存放处应与合格药品有效隔离,同时报告质量管理人员进行确认和处理,并做相关记录;对确有质量问题的药品应立即停止销售,报告质量管理人员,进行记录并将药品放入不合格区;药品检查记录应由质量管理人员负责,记录项目应至少包括检查时间、药品名称、批号、规格、生产企业、问题情况、确认结果、处理意见、确认人员等。记录应保存5年。

2. "药品检查"的职责范围是什么?

答:国家药监局主管全国药品检查管理工作,监督指导省、自治区、直辖市药品监督管理部门(以下简称省级药品监督管理部门)开展药品生产、经营现场检查。国家药品监督管理局食品药品审核查验中心负责承担疫苗、血液制品巡查,分析评估检查发现的风险、作出检查结论并提出处置建议,负责各省、自治区、直辖市药品检查机构质量管理体系的指导和评估,以及承办国家药监局交办的其他事项。

省级药品监督管理部门负责组织对本行政区域内药品上市许可持有人、药品生产企业、药品批发企业、药品零售连锁总部、药品网络交易第三方平台等进行相关检查;指导市县级药品监督管理部门开展药品零售企业、使用单位的检查,组织查处区域内的重大违法违规行为。

市县级药品监督管理部门负责开展对本行政区域内药品零售企业、使用单位的检查,配合国家和省级药品监督管理部门组织的检查。

3. "药品检查"的分类是什么?

答:根据检查性质和目的,药品检查分为许可检查、常规检查、有因检查、其他检查。

① 许可检查:药品监督管理部门在开展药品生产经营许可申请审查过程中,对申请人是否具备从事药品生产经营活动条件开展的检查。

② 常规检查:根据药品监督管理部门制定的年度检查计划,对药品上市许可持有人、药品生产企业、药品经营企业、药品使用单位遵守有关法律、法规、规章,执行相关质量管理规范及有关标准情况开展的监督检查。

③ 有因检查:对药品上市许可持有人、药品生产企业、药品经营企业、药品使用单位可能存在的具体问题或者投诉举报等开展的针对性检查。

④ 其他检查:除许可检查、常规检查、有因检查外的检查。

4. "药品生产检查"的主要规范是什么?

答:① 《药品管理法》第四十三条规定:"从事药品生产活动,应当遵守药品生产质量管理规范,建立健全药品生产质量管理体系,保证药品生产全过程持续符合法定要求。"

② 《药品生产监督管理办法》规定:细化生产许可、监督检查、风险管理等要求,明确药品上市许可持有人(MAH)和生产企业的责任。

5. "药品生产检查"的基本流程是什么?

答:① 选派检查员:派出检查单位负责组建检查组实施检查。检查组一般由2名以上检查员组成,检查员应当具备与被检查品种相应的专业知识、培训经历或者从业经验。检查组实行组长负责制。

必要时可以选派相关领域专家参加检查工作。

② 制定检查方案：派出检查单位在实施检查前，应当根据检查任务制定检查方案。制定方案时应当结合被检查单位既往接受检查情况、生产企业的生产场地情况、剂型品种特点及生产工艺等情况，经营企业的经营范围、经营规模、经营方式等情况，明确检查事项、时间和方式等。必要时，参加检查的检查员应当参与检查方案的制定。检查员应当提前熟悉检查资料等内容。

③ 召开首次会议：现场检查开始时，检查组应当召开首次会议，确认检查范围，告知检查纪律、廉政纪律、注意事项以及被检查单位享有陈述申辩的权利和应履行的义务。采取不预先告知检查方式的除外。

④ 实施检查工作：检查组应当严格按照检查方案实施检查，被检查单位在检查过程中应当及时提供检查所需的相关资料，检查员应当如实做好检查记录。检查方案如需变更的，应当报经派出检查单位同意。检查期间发现被检查单位存在检查任务以外问题的，应当结合该问题对药品整体质量安全风险情况进行综合评估。

⑤ 末次会议反馈情况：现场检查结束后，检查组应当对现场检查情况进行分析汇总，客观、公平、公正地对检查中发现的缺陷进行分级，并召开末次会议，向被检查单位通报现场检查情况。

6. "药品生产检查"的缺陷分类是什么？

答：缺陷分为严重缺陷、主要缺陷和一般缺陷，其风险等级依次降低。

① 严重缺陷：严重缺陷是指药品生产企业在生产过程中存在与GMP要求严重偏离的情况，可能导致产品质量问题或对患者健康造成危害。例如，生产假药、劣药，伪造数据或篡改记录等行为均属于严重缺陷。严重缺陷通常需要立即采取纠正措施，否则可能对药品安全性和有效性造成直接威胁。

② 主要缺陷：主要缺陷是指药品生产过程中存在较大偏离GMP要求的情况，可能对产品质量产生一定影响，但尚未达到严重程度。例如，设备未按要求校准、质量控制体系存在明显缺陷等。这些缺陷需要在规定时间内完成整改，否则可能影响药品的合规性。

③ 一般缺陷：一般缺陷是指药品生产过程中存在的轻微偏离GMP要求的情况，通常不会对药品的安全性和有效性产生直接影响，但需要记录并定期审查，以确保质量管理体系持续改进。

对药品生产企业的检查，依据《药品生产现场检查风险评定指导原则》确定缺陷的风险等级。药品生产企业重复出现前次检查发现缺陷的，风险等级可以升级。

7. "药品生产检查"的现场结论有哪些？

答：药品生产企业现场检查结论的评定标准如下。

① 未发现缺陷或者缺陷质量安全风险轻微、质量管理体系比较健全的，检查结论为符合要求。

② 发现缺陷有一定质量安全风险，但质量管理体系基本健全，检查结论为待整改后评定。包含但不限于以下情形：

a. 与《药品生产质量管理规范》（GMP）要求有偏离，可能给产品质量带来一定风险；

b. 发现主要缺陷或者多项关联一般缺陷，经综合分析表明质量管理体系中某一系统不完善。

③ 发现缺陷为严重质量安全风险，质量体系不能有效运行，检查结论为不符合要求。包含但不限于以下情形：

a. 对使用者造成危害或者存在健康风险；

b. 与GMP要求有严重偏离，给产品质量带来严重风险；

c. 编造生产、检验记录，药品生产过程控制、质量控制的记录和数据不真实；

d. 发现严重缺陷或者多项关联主要缺陷，经综合分析表明质量管理体系中某一系统不能有效运行。

8. "药品生产检查"的缺陷整改报告内容有哪些？

答：整改报告应当至少包含缺陷描述、缺陷调查分析、风险评估、风险控制、整改审核、整改效果评价等内容，针对缺陷成因及风险评估情况，逐项描述风险控制措施及实施结果。

（1）缺陷描述

① 详细列出缺陷：对检查报告中指出的每项缺陷进行准确详细的描述，包括发生的时间、地点，以及数据、具体情节、相关人员等。例如，缺陷可能涉及质量控制、文件管理、设备使用、人员培训等方面的问题。

② 提供证明材料：附上不合格项目情况表复印件、现场照片等证明材料，以证实缺陷的存在。

（2）缺陷调查分析

① 深入查找原因：对每项缺陷进行逐条原因分析，不仅停留在表面现象，还要深入查找缺陷发生的根本原因。例如，可能涉及生产工艺不合理、设备维护不当、人员操作失误或管理制度缺失等问题。

② 分析多个方面：包括软件（如文件制定、管理措施执行、质量管理部门监督等）、硬件（如厂房设计、设备选型、日常维护等）、人员（如人员配备、培训考核等）等多个方面。

（3）风险评估

① 评估风险程度：基于缺陷的原因分析，综合评估缺陷对药品质量的潜在影响，以及可能引发的舆情风险等。

② 确定风险等级：根据风险的可能性和严重性，将风险划分为不同等级，以便采取相应的风险控制措施。

（4）风险控制　针对缺陷采取相应的风险控制措施，以防止问题再次发生。例如，改进生产工艺、加强设备维护、重新培训人员或修订管理制度等。

（5）整改审核　对整改措施的实施情况进行审核，确保整改措施落实到位。例如，通过现场复查或文件审核等方式验证整改效果。

（6）整改效果评价

① 评估整改效果：在整改措施实施后，对整改效果进行评估，确保缺陷得到有效消除。

② 提供证明材料：附上整改前后的对比照片、检验报告等证明材料，以证实整改效果。

9. 哪些情况下需要开展"药品 GMP 符合性检查"？

答：① 首次申请药品生产许可证的，按照 GMP 有关内容开展现场检查。

② 申请药品生产许可证重新发放的，结合企业遵守药品管理法律法规，GMP 和质量体系运行情况，根据风险管理原则进行审查，必要时可以开展 GMP 符合性检查。

③ 原址或者异地新建、改建、扩建车间或者生产线的，应当开展 GMP 符合性检查。

④ 持有人变更或药品品种特定情形（如未通过 GMP 检查的品种）需主动申请 GMP 符合性检查。

⑤ 申请药品上市的，按照《药品生产监督管理办法》第五十二条的规定，根据需要开展上市前的 GMP 符合性检查。

第十六章　检查常见问题

【检查要点】

1. 洁净区内人员的不规范操作有哪些?

答：① 操作人员在 B 级洁净区内聚集聊天；

② 双手抱胸、快速行走、大幅度动作；

③ 从地板上捡起物品；

④ 身体上半身或全手臂侵入 A 级区域上方操作、倚靠在生产设备或墙壁上、手指直接接触控制面板；

⑤ 用手直接拧门把手开关门；

⑥ 操作后及进行关键操作前未进行手部消毒；

⑦ 跪爬进入传递箱传递物品；

⑧ 开关门操作中洁净服接触到 A 级区隔离门内表面；

⑨ 洁净区人员将手机带入洁净区；

⑩ 进入洁净生产区的人员化妆和佩戴饰物；

⑪ 在质量控制洁净区内操作人员存在蹲坐及躺卧在地面等各类不规范行为。

2. 采用隔离器的新厂房，需要在就地清洗（SIP）和/或就地灭菌（CIP）过程中进行环境监测吗?

答：应当在所有关键阶段，包括设备准备阶段，进行洁净室、洁净空气设备和人员的日常监测。

对于 A 级区，应当在关键操作的整个过程包括设备准备的阶段，进行微粒监测；未发生正常的生产操作时（例如，消毒后、开始生产前、批生产完成后、停产后），也应当对洁净室和相关的未使用的房间进行活性微粒的监测，以发现潜在的可能影响洁净室的控制状态的污染事件。风险评估应当根据污染控制策略（CCS）来判定需要做什么；SIP 或 CIP 可认为是设备的准备，这一点非常明确，因此，应当包含在日常的环境监测中。

3. 化药类儿童口服液，能否与中药口服液共线?

答：中药产品与化学药品共用同一生产设施和设备的，要重点考虑化学药品对中药产品产生污染的可能性，以及中药产品对化学药品性状（如颜色）的影响。在进行风险评估时应特别考虑以下因素。

① 对含有毒性药材或饮片的品种，应根据毒性的大小、炮制工艺特点等进行分析和控制。毒性药材（如《医疗用毒性药品管理办法》规定的品种）的加工、炮制应当使用专用设施和设备，并与其他饮片生产区严格分开，生产的废弃物应当经过处理并符合要求。处方中含有某些毒性较大饮片的中药注射剂，建议使用专用生产设备，提取溶剂回收利用不建议用于其他产品或用途，根据评估确定回收利用的次数；含有某些毒性较大饮片的口服制剂，建议尽可能使用专用设备，如不能专用的要采取阶段性生产等方式降低交叉污染风险，提取溶剂回收利用不建议用于其他产品或用途，应当经评估确定回收利用的次数。

② 含有大量挥发性成分的中药产品要重点考虑处理工艺对产品中挥发性成分的影响，同时考虑挥发性成分脂溶特性，评估清洁溶剂的适用性。

③ 部分不含毒性成分的中药产品组分复杂，当可检测指标性成分含量较低、检测方法灵敏度低、无法直接检测残留物的限度时，可以选择其他具有代表性的参数进行测试，制定相应的限度标准，并对检验方法进行确认和验证。

④ 清洁方法应根据中药产品清洁难易程度，选取合适的清洁方法，目视干净作为清洁的一项基本的可接受标准。

4. 环境监测表面取样必须用棉签擦拭取样吗？

答：表面微生物的检测方法必须考虑取样的准确性和代表性：①取样位置的选择是否合理，比如高风险区域是否重点监测；②取样时间是否合理，比如生产结束后还是清洁后，会影响结果；③人员操作是否规范，比如无菌技术是否到位，避免污染。基本的监测方法有接触碟法、擦拭法以及表面冲洗法，取样的准确性受收集和处理样品的过程影响。各种取样方法均有优缺点，至于具体采用何种取样法，应根据企业的实际情况综合评估确定。

棉签擦拭并非环境监测表面取样的唯一选择，例如，FDA 更倾向于采用直接擦拭法进行取样，这种方法在清洁验证中尤为常见。此外，环境监测表面取样方法的选择应根据具体的应用场景和需求来决定。企业可根据表面特性、微生物类型及验证结果，灵活选用合成纤维拭子法、接触碟法或表面冲洗法。核心在于通过科学验证确保取样方法的准确性与合规性，而非拘泥于特定材质或形式。

5. 大容量注射剂热穿透试验容器内部冷热点如何确认？

答：热穿透确认是证明预期的能量已经传递到材料（比如液体）或负荷内的元件的表面。热穿透温度探测器应位于液体容器的冷点位置或最难灭菌的多孔/硬元件的最慢加热位置。在热穿透试验中，容器内的冷点是灭菌过程中灌封液体容器中最低 F_0（灭菌效果指标）的部位，代表该区域是否能达到预期的灭菌效果。在液体物品灭菌程序开发时，采用冷点建立灭菌程序的方法是一个比较保守的方法。

确认方法：通过在灭菌设备内布置温度探头，记录整个灭菌过程中的温度变化，计算 F_0 值，以验证灭菌程序的性能。对于大容量注射剂，冷点通常位于产品的几何中心和纵轴的底部，此冷点需要确认。

第十七章 GMP 检查重点

【检查要点】

1. 组织机构检查重点有哪些?

答:(1) **查看企业组织机构图**

① 检查企业是否有清晰、完整的组织机构图,是否明确各部门的设置、职责范围及相互关系。

② 查看各个部门设置是否合理,与企业规模、经营管理方式、质量目标、职责分配、人员素质是否相适应,隶属关系是否明确。

③ 是否涵盖了与药品生产质量管理相关的所有部门,如生产、质量控制、质量保证、物料管理、设备管理等。

④ 查看组织机构图是否与企业实际运作情况相符,是否存在机构虚设或职能重叠、缺失的情况。

⑤ 核实各部门的职责是否明确、清晰,是否以文件形式进行规定,部门职责是否符合药品 GMP 要求及企业生产经营实际。

⑥ 检查各部门之间的职责是否存在交叉不清或相互推诿的情况,是否有明确的协调机制来处理部门间的工作衔接问题。

(2) **查看质量管理部门设置**

① 查看质量管理部门是否独立设置并制定部门职责,关注是否有独立履行质量保证和质量控制的职责。

② 查看质量管理部门是否能对与药品质量有关的其他部门按照《药品生产质量管理规范》进行监督和制约。

③ 查看质量管理部门各个具体岗位是否均有其相应的岗位职责,设置的职责是否与生产管理职责有交叉。可现场询问考察具体岗位人员的职责范围。

2. 人员资质检查重点有哪些?

答:(1) **关键人员资质**

① 检查企业的企业负责人、生产管理负责人、质量管理负责人、质量受权人等关键人员是否具有相应的专业背景,如药学、医学、生物学等相关专业,是否具有本科及以上学历(或中级以上专业技术职称或执业药师资格)。

② 查看关键人员是否具有相应的工作经验,例如生产管理负责人是否具有至少 3 年从事药品生产和质量管理的实践经验,其中至少有一年的药品生产管理经验,接受过与所生产产品相关的专业知识培训;质量管理负责人是否具有至少 5 年从事药品质量管理的实践经验,其中至少一年的药品质量管理经验,接受过与所生产产品相关的专业知识培训,以确保其具备履行职责的能力。

(2) **专业技术人员资质**

① 对于质量控制、质量保证、生产技术等专业技术岗位人员,检查其是否具有相关专业学历或经过专业培训,是否具备相应的专业知识和技能。

② 查看从事特殊岗位工作的人员,如计量员、检验员、设备维修工等,是否具有相应的资质证书或上岗证书。

3. 人员培训检查要点有哪些?

答:(1) **培训计划**

① 检查企业是否制定了年度培训计划,培训计划是否涵盖了所有员工,是否根据不同岗位的职责

和需求制定了相应的培训内容，包括药品 GMP 法规、岗位操作技能、质量意识、卫生知识等。

② 查看培训计划是否有经生产管理负责人或质量管理负责人审核或批准，是否具有合理性和可行性，是否考虑了企业的生产经营计划和员工的工作安排，是否有明确的培训时间、培训方式和培训师资。

（2）培训记录

① 核实企业是否建立了完整的培训记录，培训记录是否包括培训时间、培训内容、培训方式、培训师资、参加培训人员名单、考核成绩等信息。

② 检查培训记录是否真实、准确、完整，是否按培训记录保存期限进行保存，是否有员工的签到记录和考核试卷等佐证材料，是否对培训效果进行了评估和反馈，对考核不合格的员工是否进行了追踪培训及考核。

4. 人员健康与卫生要点有哪些？

答：（1）健康管理

① 查看企业是否建立了员工健康管理制度，是否定期组织员工进行健康检查，体检项目是否符合药品生产的要求，是否包括传染病、皮肤病等可能影响药品质量的疾病检查。

② 检查企业是否建立了员工健康档案，健康档案是否记录了员工的体检结果、健康状况、患病情况等信息，是否对患有影响药品质量疾病的员工进行了妥善处理，如调离直接接触药品的岗位。

（2）卫生管理

① 检查企业是否制定了人员卫生方面的管理规程及操作规程，包括环境卫生、厂房卫生、工艺卫生、人员卫生等；卫生操作规程是否包括：健康检查与身体检查报告、卫生习惯、工作着装与防护要求、洗手更衣、卫生要求与洁净作业、工作区人员（部门、岗位和数量）限制等内容；是否对员工的个人卫生、工作服穿戴、洗手消毒等方面作出了明确规定，是否要求员工定期洗澡、理发、剪指甲等，保持个人清洁卫生。

② 查看生产车间、实验室等工作场所是否配备了必要的卫生设施，如洗手池、消毒设备、更衣室等，卫生设施是否符合卫生要求并正常运行，员工是否遵守卫生管理制度及保持工作场所的清洁卫生。不同洁净级别区域是否有相应的人员卫生操作规程，需现场查看其操作情况。

5. 厂房选址与布局检查要点有哪些？

答：（1）选址

① 检查厂房是否建在交通便利、环境整洁、无严重污染源的区域，是否远离铁路、码头、机场、交通要道以及散发大量粉尘和有害气体的工厂、仓库等。

② 核实厂房所处的环境是否能够满足药品生产对空气净化、卫生等的要求，周边的自然环境和基础设施是否有利于药品生产的正常进行。

（2）厂区布局

① 查看厂区总体布局是否合理，厂区是否有裸露地面，是否有明确的生产区、仓储区、质量控制区、辅助区等功能区域划分，各功能区域之间是否相互独立又便于联系，是否避免了交叉污染和混淆的可能。

② 检查厂区内的人流、物流通道是否分开设置，是否避免了人流与物流的交叉，物料运输路线是否顺畅，是否符合药品生产工艺流程的要求。

6. 厂房设计与建设检查有哪些要点？

答：（1）厂房设计

① 核实厂房的设计是否符合药品生产的要求，是否根据药品的生产工艺、生产规模、生产操作要求等进行了合理设计，如洁净生产区的设计是否满足相应的洁净度级别要求；非洁净生产区的设计是否能够满足生产操作和物料储存等需要。

② 查看厂房的设计是否考虑了防止昆虫、老鼠等进入的设施，如防虫网、防鼠板等；是否有合理

的排水系统，以防止积水和渗漏。

（2）厂房建设

① 检查厂房的建筑结构是否坚固、耐用，是否符合国家相关建筑规范和标准，厂房的地面、墙面、天花板等是否平整、光洁、无裂缝，是否易于清洁和消毒。

② 核实厂房的门窗是否密封良好，是否能够有效防止外界空气、灰尘等进入厂房，厂房的照明、通风、空调等设施是否安装合理，是否能够正常运行，是否满足生产环境的要求。

③ 查看洁净生产区的洁净度级别是否符合药品生产工艺的要求，是否根据药品的特性、生产操作要求等确定了相应的洁净度级别，如无菌药品的灌装区是否达到了 A 级或 B 级背景下的 A 级洁净度要求，非无菌药品的生产区是否达到了相应的 D 级或 C 级洁净度要求。

④ 检查洁净生产区的洁净度级别是否经过了验证，是否有相应的验证报告，验证结果是否符合要求，是否定期对洁净度级别进行监测和评估。

（3）仓储设施

① 仓库分类与分区：查看企业是否根据药品的特性、储存要求等设置了不同类型的仓库，如原材料库、成品库、包装材料库、阴凉库、冷库等；不同类型的仓库是否分开设置，是否有明确的标识。检查仓储区各类物料和产品是否按照品种、规格、生产批次、质量状态等有序存放，仓库内部是否进行了合理的分区，如待验区、合格品区、不合格品区、退货区等；各区域是否有明显的标识，是否能够防止不同状态的物料和产品混淆和交叉污染。

② 仓储条件：核实仓库的温度、湿度、通风等储存条件是否符合药品储存要求和安全贮存的要求，是否根据药品的储存条件配备了相应的设施设备，如空调、除湿机、温湿度监测仪等；温湿度监测数据是否完整、准确，是否能够实时监控和记录温湿度变化情况；检查仓库的货架、托盘等仓储设备是否完好、整洁，是否能够满足物料和产品的储存和搬运要求；仓库的照明是否充足，是否便于物料和产品的搬运和盘点。

7. 共线风险评估检查要点有哪些？

答：（1）产品评估

① 检查是否对拟共线生产的药品进行了全面的评估，包括药品的活性成分、药理作用、毒性、致敏性等特性，分析不同药品之间可能存在的相互影响。

② 查看是否考虑了药品的临床使用剂量、用药人群等因素，评估共线生产对特殊人群（如孕妇、儿童等）可能产生的风险。

（2）工艺评估

① 核实是否对共线生产涉及的生产工艺进行了详细分析，包括生产步骤、操作条件、设备使用情况等，确定工艺过程中可能产生交叉污染的环节。

② 检查是否评估了清洁难度和清洁效果，对于难以清洁的设备和部位，是否有针对性的清洁措施和验证计划。

（3）清洁验证

① 查看是否针对共线生产的设备和生产线制定了专门的清洁验证方案，方案是否涵盖了清洁方法、清洁程序、清洁设备、清洁剂的选择等内容。

② 检查清洁验证是否采用了科学合理的方法，如采用化学分析方法检测残留量、微生物检测方法评估微生物污染情况等，验证过程是否符合相关标准和规范。

③ 核实是否根据药品的特性、生产工艺和安全性要求，确定了合理的残留限度标准，残留限度的设定是否能够确保共线生产的药品质量不受影响。

④ 查看是否考虑了不同药品之间的最小日治疗剂量、毒性等因素，按照最严格的标准确定残留限度，对于高活性、高毒性药品，残留限度是否更为严格。

（4）生产管理

① 检查企业是否制定了合理的共线生产计划，避免不同品种、不同批次药品之间的交叉污染和混淆，生产计划是否考虑了清洁周期、设备维护等因素。

② 查看是否对共线生产的药品进行了分类管理，根据药品的风险程度，合理安排生产顺序，如先生产低风险药品，后生产高风险药品，或对高风险药品进行专门的生产安排。

（5）设施设备

① 检查共线生产设备是否具有适当的专用性设计，例如是否有防止物料残留和交叉污染的特殊结构，如密闭式料斗、自清洁管道等。

② 对于易产生交叉污染的设备部件，如混合机的搅拌桨、压片机的冲模等，是否易于拆卸、清洁和更换。

③ 查看生产区域是否有有效的物理隔离措施，如设置隔离墙、隔离罩等，以防止不同药品在生产过程中的相互污染。

④ 检查通风系统是否能够有效控制气流方向和压差，避免不同生产区域之间的空气交叉污染，如采用单向流系统或设置合理的气锁间。

8. 设备检查有哪些要点?

答：（1）设计与选型

① 适用性：检查设备是否与所生产药品的工艺要求、生产规模相匹配，设备能否满足产量需求，且生产效果符合质量标准。

② 材质：核实与药品直接接触的设备材质是否平整、光洁、无毒、耐腐蚀、不与药品发生化学反应或吸附药品，如反应釜的材质应符合药品生产的卫生要求，避免对药品质量产生影响；必要时，检查是否做了材质相容性试验。

③ 易清洁性：查看设备结构是否简洁，有无不易清洁的死角、缝隙，如混合设备的内部结构应便于拆卸清洗，防止物料残留。

④ 合规性：确认设备的设计与制造是否符合药品生产质量管理规范及相关法规要求，是否具备必要的认证和资质文件。

（2）安装与调试

① 安装环境：检查设备安装位置是否符合生产布局要求，是否有足够的空间便于操作、维护和清洁、消毒及灭菌、维护，且周围环境清洁，温湿度、通风等条件是否符合设备运行要求。

② 安装规范：核实设备安装是否按照说明书及相关标准进行，如设备的水平度、垂直度是否符合要求，连接部位是否紧密、无泄漏。

③ 公用系统连接：查看设备与水、电、气等公用系统的连接是否正确、稳定，有无跑、冒、滴、漏现象。

④ 调试与确认：检查设备安装后是否进行了调试和确认，包括空载调试、负载调试等，有完整的调试记录和报告，确认设备运行正常，各项性能指标符合要求。

（3）运行与维护

① 操作规程：查看是否制定了详细、可操作的设备操作规程，内容包括操作步骤、注意事项、安全要求等，操作人员是否熟悉并严格执行操作规程。

② 运行记录：检查设备运行过程中是否有完整的运行记录，包括开机时间、关机时间、运行参数、故障记录等运行参数是否在规定范围内。

③ 维护保养计划：核实是否制定了设备维护保养计划，计划是否涵盖设备的日常维护、定期保养、预防性维护等内容，维护保养周期是否合理。

④ 维护保养记录：查看设备维护保养记录是否齐全，包括维护保养时间、内容、人员、更换的零部件等信息，是否按照计划进行维护保养，设备出现故障后是否及时维修，维修记录是否完整。

（4）清洁与消毒

① 清洁规程：检查是否依据设备用途建立相应的清洁规程，规程是否明确清洁方法、清洁频次、清洁剂的选择和使用浓度、清洁效果的评价标准等内容。

② 清洁实施：查看设备是否按照清洁规程进行清洁，清洁后设备表面是否无可见残留物，设备内部是否清洁干净、无物料残留和微生物滋生，不能移动的设备是否有在线清洗的设施。

③ 消毒措施：对于需要消毒的设备，核实是否采取了有效的消毒措施，消毒方法是否正确，消毒剂的选择是否合适，消毒周期是否合理，是否有消毒记录。

④ 清洁消毒效果验证：检查是否对设备的清洁消毒效果进行了验证，验证方法是否科学合理，验证结果是否符合要求，是否有相应的验证报告。

（5）计量与校准

① 计量器具管理：查看设备上使用的计量器具，如压力表、温度计、天平、量筒等是否进行了统一管理，是否有计量器具清单，清单内容包括器具名称、型号、编号、量程、精度、校准周期等信息。

② 校准计划与记录：核实是否制定了计量器具校准计划，计划是否覆盖所有需要校准的计量器具，校准周期是否符合规定，是否按照计划进行校准，是否有完整的校准证书；检查是否保留了所有校准活动的原始记录，包括定期校准管理规定、台账、操作规程、校准记录和原始数据或检定证书；校准的量程范围是否涵盖了实际生产和检验的使用范围，查阅书面文档证实计量人员是否经过培训后开展校验工作。

③ 校准标识：检查计量器具是否有清晰的校准标识，标识上注明校准有效期、校准状态等信息，确保计量器具在有效期内使用，计量准确可靠。

（6）设备状态标识

① 运行状态标识：检查设备是否有明显的运行状态标识，如"运行中""停机""维修中"等，标识是否清晰、准确，便于操作人员和管理人员了解设备状态。

② 清洁状态标识：查看设备是否有清洁状态标识，如"已清洁""待清洁"，标识应能反映设备最后一次清洁的时间和清洁人员等信息。

③ 设备标识牌：核实设备是否有设备标识牌，标识牌上注明设备名称、型号、规格、生产厂家、设备编号、生产日期等基本信息，标识牌应固定在设备明显位置，字迹清晰、不易脱落。

9. 物料与产品检查有哪些要点？

答：（1）**物料管理**

① 供应商管理：检查企业是否建立了合格供应商名录，是否对供应商进行了资质审核和现场审计，是否定期对供应商进行评估和再评价，质量管理部门对物料供应商的评估至少应当包括供应商的资质证明文件、质量标准、检验报告、企业对物料样品的检验数据和报告。

② 采购合同：查看采购合同是否明确物料的质量标准、规格、数量、交货期等要求，是否包含质量保证协议，且协议在有效期内，以确保供应商提供的物料符合药品生产要求。

③ 验收制度：核实企业是否制定了物料验收管理制度，规定了验收的流程、方法、标准和职责。

④ 验收记录：检查是否有完整的物料验收记录，包括交货单和包装容器上所注物料名称、企业内部所用物料名称和（或）代码、规格（接收总量）、供应商和生产商（如不同）标识的批号、包装容器的数量、供应商和生产商（如不同）标识的名称、到货日期、验收日期、验收结果等信息，验收人员是否签字确认。

⑤ 取样与检验：查看物料是否按规定进行取样，取样方法是否科学、合理，样品是否具有代表性，是否送质量控制部门进行检验，检验项目和标准是否符合要求。

⑥ 储存条件：检查仓库的储存条件是否符合物料的要求，如温度、湿度、通风、避光等，是否配备了相应的温湿度监测设备和调控设施，温湿度记录是否完整。

⑦ 分区管理：核实物料是否按品种、规格、批号、状态等进行分区存放，是否有明显的标识，不

同状态的物料（如待验、合格、不合格）是否有有效的隔离措施。

⑧ 库存管理：查看是否建立了库存台账，记录物料的出入库情况，账物是否相符，是否定期进行盘点，对长期库存的物料是否进行了稳定性考察和质量评估。

⑨ 发放原则：检查物料发放是否遵循"先进先出""近效期先出"的原则，是否根据生产指令进行发放，发放记录是否完整，包括发放日期、物料名称、规格、批号、数量、领用部门、领用人等信息。

⑩ 状态标识：核实发放的物料状态标识是否清晰、准确，确保发放的物料为合格物料，对于不合格物料是否有严格的管控措施，防止误发。

（2）产品管理

① 放行审核：查看企业是否建立了产品放行审核制度，产品放行前是否经过质量控制部门对批生产记录、检验报告等进行审核，确认产品符合质量标准和生产工艺要求。

② 放行人员：核实产品放行人员是否具备相应的资质和授权，是否在放行记录上签字确认，放行记录是否完整，包括产品名称、规格、批号、生产日期、有效期、放行日期、放行人员等信息。

③ 储存条件：检查产品的储存条件是否符合注册申报或产品说明书的要求，是否对储存环境进行监控和记录，如冷藏、冷冻产品是否存放在规定的温度范围内。

④ 成品库存管理：查看成品库存台账是否记录准确，成品的码放是否符合要求，是否便于搬运和盘点，是否有防止产品混淆、污染和损坏的措施。

10. 确认与验证检查有哪些要点？

答：（1）**验证与确认的文件管理**

① 验证总计划：检查是否有全面的验证总计划，每一环节是否具体；验证是否遵循规范，内容是否涵盖已验证和需验证的厂房、设施、设备、检验仪器、生产工艺、操作线程、检验方法等方面，是否明确验证的范围、目标、时间表和责任人员。

② 验证方案：查看各验证项目是否有详细的验证方案，方案中是否明确验证的目的、依据、内容、方法、可接受标准、实施步骤以及记录要求等。

③ 验证报告：核实验证完成后是否及时撰写验证报告，报告是否对验证过程和结果进行全面总结，是否对验证数据进行分析和评价，是否得出明确的验证结论，相关人员是否签字批准。

（2）**厂房与设施的验证与确认**

① 设计确认（DQ）：审查厂房与设施的设计图纸和文件，确认设计是否符合药品生产的要求，是否考虑了工艺流程、洁净度级别、人流物流走向、防止交叉污染等因素。

② 安装确认（IQ）：安装确认方案应确认设计是否与实际安装相一致，安装确认方案是否在进行安装确认前批准，并由经过培训的人员执行安装确认。查看设备和设施安装过程的记录，确认安装是否符合设计要求和供应商的技术标准，设备的安装位置、连接方式、电气系统、管道系统等是否正确，是否有设备清单、安装记录、调试记录等。

③ 运行确认（OQ）：检查运行确认的测试记录，确认设备和设施在空载和负载条件下能否正常运行，各项参数是否稳定在规定范围内，如洁净室的温湿度、压差、风速等，空调系统、纯化水系统等是否运行正常，在所有运行确认完成后，是否由质量管理人员批准运行确认报告。

④ 性能确认（PQ）：审查性能确认的方案和报告，确认厂房与设施在模拟生产或实际生产条件下能否持续满足药品生产的质量要求，如洁净室的自净能力、消毒效果，工艺用水系统的水质是否符合标准。

（3）**设备的验证与确认**

① DQ：检查设备选型是否正确，是否符合生产工艺和质量要求，设备的技术参数、材质、结构等是否满足药品生产的特殊需求，如是否易于清洁、消毒，是否具有防止污染和交叉污染的措施。

② IQ：核实设备的安装是否符合要求，包括设备的就位、找平、固定，管道和电气连接是否正确，是否有设备操作手册、维护保养手册等技术文件，是否对设备进行了编号和标识。

③ OQ：查看设备运行确认的记录，包括设备的启动、运行、停止是否正常，各操作参数如温度、压力、转速、流量等是否稳定，设备的安全保护装置是否有效，设备运行时的噪声、振动等是否在允许范围内。

④ PQ：检查性能确认是否在规定的生产条件下进行，设备是否能够连续稳定地生产出符合质量标准的产品，产品的关键质量指标是否符合要求，是否对设备的性能进行了多批次、多周期的验证。

（4）工艺验证

① 工艺验证计划：审查是否制定了工艺验证计划，是否明确了验证的产品、工艺、批次、验证时间等内容，是否考虑了工艺的关键步骤和关键工艺参数。

② 前验证：对于新的生产工艺或重大工艺变更后的工艺，检查是否进行了前验证，是否通过设计合理的实验方案，对工艺的可行性、重现性和可靠性进行了充分验证，是否确定了工艺的最佳操作条件和关键工艺参数的范围。

③ 同步验证：若采用同步验证，查看是否在正常生产条件下进行，是否对多批次产品的生产过程和质量进行了监控和分析，验证数据是否能够证明工艺的稳定性和产品质量的一致性。

④ 回顾性验证：对于已生产过一定批次的成熟工艺，检查回顾性验证是否收集了足够的生产批次数据，是否对工艺的历史数据进行了统计分析，包括产品的质量数据、工艺参数的波动情况等，是否能够证明工艺处于受控状态。

⑤ 再验证：确认是否根据法规要求、工艺变更、设备维护等情况，定期或不定期地进行再验证，再验证的范围和方法是否合理，是否能够确保工艺持续符合质量要求。

（5）检验方法验证

① 方法验证方案：检查是否有详细的检验方法验证方案，是否明确了验证的目的、检验方法、验证项目、可接受标准等内容，验证项目是否包括准确度、精密度、专属性、检测限、定量限、线性、范围等。

② 验证实施：查看验证过程的记录，确认是否按照方案进行了各项验证实验，实验数据是否真实、准确、完整，是否对实验数据进行了统计分析和评价。

③ 方法确认：对于采用法定标准或已验证过的检验方法，检查是否进行了方法确认，确认该方法在本企业的适用性，是否有确认记录和报告。

④ 变更管理：检查当检验方法发生变更时，是否重新进行了验证或确认，变更的评估和审批程序是否符合规定。

（6）清洁验证

① 清洁验证方案：审查清洁验证方案是否针对不同的设备、产品和生产工艺制定，是否明确了清洁方法、清洁程序、清洁效果的评价指标和可接受标准，是否综合考虑了最难清洁的部位、残留物的性质和限度、设备使用情况、所使用的清洁剂和消毒剂、取样方法和位置以及相应的取样回收率、残留物检验方法的灵敏度等因素。

② 验证实施：查看清洁验证的实施记录，确认是否按照方案进行了清洁验证实验，是否对清洁后的设备表面和最终淋洗水等进行了取样和检测，检测项目是否包括微生物限度、活性成分残留、清洁剂残留等。

③ 清洁周期：检查是否通过验证确定了合理的清洁周期，是否考虑了设备的使用频率、产品的特性等因素，是否对清洁周期进行了定期评估和再验证。

11. 文件管理检查有哪些要点?

答：**（1）文件系统与制度**

① 文件管理制度：检查是否有完整的文件管理制度，明确文件的起草、审核、批准、发放、使用、保管、修订、作废等流程及责任部门和人员。

② 文件分类与编码：查看文件是否有合理的分类体系，如分为质量管理文件、生产管理文件、操

作规程、记录等；是否有清晰、唯一的编码系统，便于识别、归档和检索。

③ 文件版本管理：确认是否建立了文件版本控制机制，版本号的编制是否规范，文件修订后版本号是否正确更新，旧版本文件是否及时收回或标识作废。

（2）文件内容与质量

① 内容准确性：审查文件内容是否与药品生产质量管理的实际操作和要求相符，是否准确、清晰、无歧义，是否符合相关法律法规和 GMP 规范。

② 内容完整性：检查文件是否包含了必要的信息，如操作规程是否涵盖了操作步骤、注意事项、异常情况处理等；记录是否有足够的栏目用于填写相关数据和信息。

③ 可操作性：核实文件规定的流程和操作方法是否切实可行，是否考虑了实际生产过程中的各种情况，能否指导员工正确进行生产和质量管理活动。

④ 一致性：确认不同文件之间的内容是否相互协调、一致，不存在矛盾和冲突，如生产工艺规程与批生产记录、质量标准与检验操作规程之间的要求是否一致。

（3）文件起草、审核与批准

① 起草：查看文件起草是否由熟悉相关业务的人员进行，起草人是否具备相应的专业知识和实践经验，起草过程是否有记录。

② 审核：检查文件审核是否由不同部门的专业人员进行，审核人是否对文件的内容、格式、与其他文件的协调性等进行了全面审核，审核意见是否记录并得到处理。

③ 批准：确认文件批准人是否具有相应的权限，批准流程是否符合规定，批准日期是否准确记录。

（4）文件发放与使用

① 发放记录：检查是否有文件发放记录，记录是否包括文件名称、编号、版本号、发放部门、接收部门、发放日期、接收人等信息，发放范围是否合理。

② 受控文件：查看发放的文件是否为受控文件，是否有受控标识，受控文件的复制、借阅等是否有严格的审批程序。

③ 现场使用：到生产、质量等现场检查文件是否易于获取，员工是否使用现行有效的文件进行操作，文件是否保持清洁、完整，是否有破损、缺失等情况。

（5）文件保管与存档

① 保管条件：检查文件保管是否有专门的场所和设施，是否能够满足防潮、防虫、防火、防盗等要求，电子文件是否有备份和数据安全措施。

② 存档管理：查看文件是否按照分类和编码进行有序存档，是否有目录索引，便于查找和借阅，文件的存档期限是否符合规定，一般应至少保存至药品有效期后一年。

借阅记录：核实是否有文件借阅记录，记录是否包括借阅人、借阅文件名称、编号、借阅日期、归还日期等信息，借阅文件是否按时归还。

（6）文件修订与作废

① 修订程序：检查文件修订是否有合理的程序，是否基于法律法规变更、生产工艺改进、质量问题反馈等原因进行修订，修订过程是否经过起草、审核、批准等环节，是否有修订记录。

② 作废处理：查看文件作废是否有明确的标识和记录，作废文件是否及时从使用场所收回，防止误用，对有保存价值的作废文件是否进行了标识和单独存放。

③ 旧版文件处理：确认旧版文件的销毁或保存是否符合规定，销毁文件是否有记录，保存的旧版文件是否有明显标识，是否与现行文件分开存放。

12. 药品生产管理检查要点有哪些?

答：（1）**生产计划与调度**

① 生产指令与批记录：检查生产指令是否明确（如批号、生产日期、工艺参数），是否与注册工艺

一致；审批产品是否具有正式批准的批生产记录，批生产记录的内容是否覆盖生产和质量管理的全过程，确保批生产记录（BPR）完整、实时填写，且数据可追溯，检查是否规定了批生产记录的归档要求，检查作废留存的批生产记录是否具有明显标识，避免与正式使用的批生产记录发生混淆。

② 物料平衡与清场管理：检查工艺规程及批生产记录中是否规定了物料平衡计算方法和限度要求，核查物料使用量、产出量和损耗量的平衡，偏差需记录并调查；是否建立"清场管理规程"，不同产品、不同工序是否有不同的清场 SOP；清场有效期是否经验证确认，是否规定了超过有效期后再生产前必须重新清洁和清场；检查是否有清场记录，清场记录是否纳入批生产记录，清场后现场的清洁卫生是否符合要求，确认生产前后设备、环境、物料无残留或交叉污染风险，已清洁过的操作间、设备、容器具等是否都有清洁合格标志。

（2）生产过程控制

① 关键工艺参数（CPP）监控：确认关键步骤（如混合时间、灭菌温度、压片硬度）的参数实时监控，并确认有报警机制；检查工艺验证报告，确保参数范围与验证结果一致。

② 中间控制（IPC）：检查是否有文件对中间控制和环境监测进行了规定，并有记录以便于追溯，是否确定了明确的中间控制参数和监测频次，核查中间产品的质量检测（如含量、pH 值、微生物限度）是否按 SOP 执行；检查不合格中间品的处理流程（如返工、销毁）是否符合规定。

③ 环境控制：洁净区环境监测是否按照规定的程序进行，洁净区（如 C 级、D 级）的温湿度、压差、悬浮粒子等数据是否持续监测并记录；确认洁净服清洗、消毒程序有效，人员进出洁净区操作规范。

（3）记录与数据完整性

① 批记录管理：检查批记录是否包含所有操作步骤、参数、检验结果，且修改处需签名并注明原因；是否能够追溯批产品的完整历史，并妥善保存、便于查阅；用电子方法保存的批记录，应当采用磁带、缩微胶卷、纸质副本或其他方法进行备份，以确保记录的安全，且数据资料在保存期内便于查阅，确认电子记录系统（如 MES、LIMS）符合 21 CFR Part 11 或 NMPA 数据完整性要求。

② 审计追踪与备份：核查计算机化系统的审计追踪功能是否启用，关键数据修改是否可追溯；确认数据定期备份并存储在安全介质中，防止篡改或丢失。

13. 质量控制与质量保证检查要点有哪些?

答：（1）**质量控制实验室管理**

① 人员方面：检查实验室是否有足够数量的检验人员，质量控制负责人是否具备足够的管理实验室的资质和经验，熟悉法规和标准要求，可以管理同一企业的一个或多个实验室，有分析、调查异常检验结果的能力；检验人员是否至少具有相关专业中专或高中以上学历，并经过与所从事的检验操作相关的实践培训且考核合格后上岗，尤其是特殊检验项目人员。

② 设施与设备方面：检查实验室布局是否合理，如与生产区分开；生物检定等特殊实验室是否彼此分开，阳性对照室是否有保护措施，无菌等相关实验室共用空调系统时是否有防交叉污染措施，企业现有仪器设备是否满足物料、产品检验要求，不满足时委托检验是否合规，是否按批检验。

③ 文件与资料方面：检查是否具备药典等必要工具书及标准品或对照品等标准物质，标准品等来源是否合规，是否建立相关台账且账物相符；实验室是否有质量标准、取样等详细操作规程和记录，检验记录是否可追溯，是否对相关数据进行趋势分析，是否保存原始资料或记录。

（2）**物料和产品放行**

① 放行程序方面：检查企业是否建立了严格的物料和产品放行程序，检查物料、产品放行规程规定是否科学合理，是否明确规定了放行条件、审批流程和责任人；放行人员是否具备相应资质和权限，是否对物料和产品的检验报告、生产记录等进行了全面审核。

② 放行记录方面：查看物料和产品放行是否有完整记录，记录内容是否包括产品名称、批号、规格、数量、检验结果、放行日期、放行人员等信息；放行记录是否可追溯，能否与生产记录、检验记录

等相互印证。

（3）持续稳定性考察

① 检查企业是否制定了持续稳定性考察计划，计划是否涵盖了所有需要进行考察的产品品种和规格，是否明确了考察的时间、频次、项目等内容。

② 考察计划是否根据产品的特性和稳定性情况进行了合理制定，是否考虑了产品的储存条件、包装形式等因素。

③ 查看企业是否按照考察计划进行了持续稳定性考察，是否有相应的考察记录和报告。考察记录是否完整，包括每次考察的时间、样品数量、检验项目、检验结果等信息。

④ 对考察过程中出现的异常情况是否进行了调查和分析，是否采取了相应的措施。

（4）变更控制

① 检查企业是否根据 GMP 原则建立了适当的变更控制程序，程序是否明确了变更的分类、申请、评估、审批、实施和验证等流程。

② 变更控制程序是否涵盖了影响药品质量的所有变更，如工艺变更、设备变更、物料变更、质量标准变更等。

③ 查看企业实施的与药品生产和质量管理相关的变更是否经过质量负责人批准，是否按照变更控制程序进行了评估和验证，是否有相应的变更记录和报告。

④ 变更实施后是否对产品质量进行了跟踪和评估，确保变更对药品质量没有产生不利影响。

（5）偏差处理

① 检查企业是否建立了偏差处理程序，程序是否明确了偏差的定义、分类、报告、调查、评估和处理等流程。

② 偏差处理程序是否规定了偏差的上报时间、调查期限和处理措施等要求。

（6）偏差处理记录方面

① 查看企业对生产过程中出现的偏差是否进行了及时记录和报告，是否对偏差进行了深入调查和分析，找出了偏差产生的原因。

② 偏差处理措施是否有效，是否能够防止类似偏差再次发生，是否有偏差处理的跟踪和验证记录。

（7）纠正措施和预防措施

① 检查企业是否建立了纠正措施和预防措施（CAPA）管理程序，程序是否明确了 CAPA 的制定、实施、跟踪和验证等流程。

② CAPA 管理程序是否规定了如何对质量问题进行分析，确定根本原因，并制定相应的纠正和预防措施。

③ 查看企业是否针对质量问题制定并实施了有效的 CAPA，是否有 CAPA 的实施记录和报告。

④ 对 CAPA 的实施效果是否进行了跟踪和验证，是否能够通过数据和事实证明 CAPA 的有效性，是否能够持续改进产品质量和质量管理体系。

（8）供应商的评估和批准

① 检查企业是否建立了供应商评估和批准程序，程序是否明确了供应商的选择、评估、审计、批准和定期回顾等流程。

② 检查供应商管理程序是否规定了对供应商的资质要求、质量要求和审计内容等。

③ 查看企业是否对供应商进行了全面评估，评估内容是否包括供应商的资质证明、生产能力、质量保证体系、产品质量等方面。

④ 检查企业是否建立了供应商档案，档案内容是否完整，包括供应商的基本信息、评估报告、审计报告、质量协议等。

（9）产品质量回顾分析

① 检查企业是否制定了产品质量回顾分析计划，计划是否明确了回顾分析的产品范围、时间周期、内容和方法等。

② 回顾分析计划是否根据产品的生产情况、质量状况和市场反馈等因素进行了合理制定。

③ 查看企业是否按照回顾分析计划进行了产品质量回顾分析，是否有相应的回顾分析报告，回顾分析报告是否内容全面，包括产品质量指标的统计分析、变更情况、偏差情况、投诉情况等。

④ 通过回顾分析是否发现了产品质量存在的问题和潜在风险，是否采取了相应的改进措施和预防措施。

（10）投诉与不良反应报告

① 检查企业是否建立了投诉与不良反应报告管理程序，程序是否明确了投诉和不良反应的接收、记录、调查、处理和报告等流程。

② 程序是否规定了如何对投诉和不良反应进行分类、评估和跟踪，以及在何种情况下需要采取召回等措施。

③ 查看企业是否对收到的投诉和不良反应进行了及时记录和处理，是否对投诉和不良反应进行了调查和分析，找出了原因。

④ 处理措施是否有效，是否能够满足客户需求，是否有投诉和不良反应处理的跟踪和反馈记录。是否按照规定向监管部门报告了不良反应。

14. 药品委托生产与委托检验的检查要点有哪些?

答：**（1）企业委托生产合同**　检查企业委托生产合同是否明确规定了各方责任、委托生产或委托检验的内容及相关的技术事项；查看企业相关文件，是否按照合同中规定的委托生产或委托检验的内容及相关的技术事项对委托产品进行控制；检查委托方与受托方签订合同是否与委托项目相一致，检查合同是否在有效期内；是否提供效期内的委托生产批件或委托检验备案件，检查委托合同内容是否全面，如是否包含物料的验收、储存、取样、发放物料运输、中间产品控制等内容。

（2）委托方和受托方的资质与能力评估

① 委托方（持有人）资质要求。

A. 法定资质

持有药品注册证书，委托品种在生产范围内。

配备全职质量负责人、质量受权人（QP），其需具备药学相关专业背景及 3 年以上药品生产质量管理经验，能够独立履行产品放行职责，且不得兼职生产或采购职务。

B. 能力评估

a. 质量管理能力

是否建立覆盖委托生产的质量体系文件（如质量协议模板、供应商审计程序）。

能否有效监督受托方（如定期现场审计、批记录审核、偏差处理跟踪）。

b. 技术文件管理能力

是否向受托方提供完整的工艺规程、质量标准、检验方法及验证资料。

变更控制能力（如工艺变更是否及时通知受托方并备案）。

c. 评估方法

文件审查：检查持有人质量手册、年度质量回顾报告、委托生产管理制度。

现场抽查：随机抽取已放行批次，追溯其生产记录、检验数据及偏差处理记录。

② 受托方（生产企业）资质要求。

a. 法定资质

药品生产许可证覆盖委托品种剂型，通过 GMP 符合性检查且在有效期内。

生产场地、设备与仓储条件需满足委托品种工艺要求（如无菌制剂需 B 级洁净区）。

b. 能力评估

硬件：设备验证状态、产能充足性、共线生产清洁验证报告。

软件：是否建立与委托方质量协议对接的流程（如变更控制、偏差处理、数据共享），数据完整性管理（审计追踪、权限分级）、偏差/OOS 处理流程。

历史绩效：近 3 年抽检合格率、客户投诉率、监管缺陷整改记录。

模拟测试：检查受托方的工艺验证批次的完整数据包（如批记录、检验报告、稳定性数据），检查受托方相关人员是否熟悉受托产品的工艺及关键工艺、质量控制点。

（3）生产工艺和检验方法的转移与确认

① 转移方案的完整性。检查委托方是否提供完整的工艺规程、检验方法及验证报告，受托方需确认接收文件的版本与内容的一致性。例如，转移文件是否包含关键工艺参数（CPP）、关键质量属性（CQA）、检验方法操作步骤、接收标准等。

② 转移验证的执行。受托方需完成工艺验证（至少连续三批验证）和检验方法确认（如专属性、精密度、准确度等），确保与委托方标准一致。例如，需针对受托方设备差异调整参数（如灭菌时间、混合转速）。

③ 转移记录的可追溯性。检查转移过程中的偏差记录、变更说明及双方签字确认文件。

（4）质量协议的明确与执行　协议内容的合规性如下。

① 必须涵盖的条款。

双方责任划分：委托方负责技术转移与监督，受托方负责日常生产/检验。

变更控制流程：任何工艺/方法变更需双方书面批准，重大变更需备案。

数据管理要求：原始记录共享、电子数据备份。

争议解决机制：如质量问题责任判定规则。

② 协议执行的关键点。

检查委托方是否定期审核受托方执行情况（如每年至少一次现场审计）。

协议是否涵盖应急措施（如设备故障、物料短缺）。

协议是否明确受托方设备故障时的应急措施。

风险点：条款模糊导致责任推诿→明确争议解决机制。

（5）生产过程的监控与记录

① 实时监控措施。委托方应通过在线监测系统或驻场监督对关键工序（如无菌灌装、灭菌）进行实时监控。

检查重点：监控记录是否与批生产记录时间点匹配，是否存在人为修改痕迹。

② 记录的真实性与完整性。核对生产记录中的物料批号、设备日志、操作人员签名是否一致。例如灭菌温度曲线记录需与设备自动打印数据完全一致，禁止手工誊抄。

（6）产品检验的合规性与准确性

① 检验合规性。

a. 方法确认

受托方实验室需完成方法学验证，与注册标准一致。

b. 数据完整性

原始数据（色谱图、称量记录）禁止无痕修改，审计追踪功能需开启。

数据删除需经质量部门批准并备注原因。

② OOS/OOT 管理。超规/超常结果需调查根本原因，记录 CAPA 措施及闭环追踪。

常见问题：检验仪器差异未验证→补充受托方与委托方仪器比对报告。

15. 产品发运与召回检查要点有哪些?

答:(1)发运记录方面

① 记录完整性:检查是否针对每批产品都有发运记录,内容是否涵盖产品名称、规格、批号、数量、收货单位和地址、联系方式、发货日期、运输方式等必要信息。

② 可追溯性:抽查具体批次,核对发运记录和出库记录,确保以批为单位,具有良好的可追溯性,负责药品召回的人员应能迅速查阅到药品发运记录。

③ 保存期限:查看发运记录是否至少保存至药品有效期后一年,检查相关管理规程规定是否与要求一致,并抽查具体品种批次能查到的最早发运记录,核实是否如实执行。

(2)零头包装合箱方面

① 规程一致性:检查相关管理规程文件规定是否与药品发运的零头包装只限两个批号为一个合箱的要求一致。

② 合箱记录:检查是否建立合箱记录,查看合箱记录是否完整,合箱外是否标明全部批号,箱号与合箱批号对应性是否准确,以确保追溯性。

(3)产品召回检查方面

① 规程制定与更新:检查企业是否建立召回管理规程,是否对其进行定期审核与更新。

② 专人负责:查看是否有管理规程对召回工作专人负责等内容作相应规定,是否建立召回工作小组,明确人员职责及资源调配责任,如召回负责人不是质量受权人,其产品召回过程以及处理情况是否通报质量受权人。

③ 启动与实施:检查企业若实际发生召回,相应的召回计划、记录、报告、评估等是否符合随时启动并迅速实施的要求,企业是否定期评价药品召回系列活动的有效性,检查是否保证市场出现质量问题的药品具有可追溯性。

④ 报告药监部门:检查相应管理规程中是否有涉及产品质量安全问题召回的相关特殊规定,企业若发生类似召回,是否按照程序要求进行产品召回、评估、处理、上报等;一级召回是否在 1 日内、二级召回是否在 3 日内、三级召回是否在 7 日内向药监部门报告。

⑤ 记录与报告内容:检查召回记录内容是否体现召回的过程,召回报告是否对单批产品库存数、发出数、召回数等进行平衡计算,如存在差错,是否进行调查和分析,是否采取相应的控制措施。

⑥ 标识与贮存:检查是否有管理规程对召回产品的标识和单独、妥善贮存作相应规定,查看相应的召回记录,核实是否按照要求对召回产品进行储存,是否存在混淆风险。

⑦ 处理:检查是否建立了退回和召回产品的处理管理规程,需要做销毁处理的,是否具有受质量管理部门监督的销毁记录。

参考文献

[1] 国家食品药品监督管理局药品认证管理中心. 欧盟药品 GMP 指南[M]. 北京：中国医药科技出版社，2008.

[2] 中华人民共和国卫生部. 药品生产质量管理规范（2010 年修订）（卫生部令第 79 号）.

[3] 中华人民共和国卫生部. 药品不良反应报告和监测管理办法（2010 年）（中华人民共和国卫生部令第 81 号）.

[4] 李钧，李志宁. 药品质量风险管理[M]. 北京：中国医药科技出版社，2011.

[5] 丛骆骆. 药品生产质量管理规范（2010 年修订）检查指南[M]. 北京：中国商业出版社，2012.

[6] 美国 ICH 指导委员会，ICH 研究小组. 2011 药品注册的国际技术要求 2009—2011[M]. 北京：中国医药科技出版社，2012.

[7] 国家食品药品监督管理局人事司，国家食品药品监督管理局高级研修学院. 药品不良反应监测与监管[M]. 北京：中国医药科技出版社，2013.

[8] 国家药典委员会. 国家食品药品监督管理局国家药品标准[M]. 北京：中国医药科技出版社，2014.

[9] 国家食品药品监督管理总局. 药品经营质量管理规范[M]. 北京：中国医药科技出版社，2015.

[10] 赵子剑，罗正红，吴镁春，等. 食品与药品检验实验与指导[M]. 重庆：重庆大学出版社，2016.

[11] 顾振华. 食品药品安全监管工作指南[M]. 上海：上海科学技术出版社，2017.

[12] 国家药品监督管理局. 关于药品上市许可持有人直接报告不良反应事宜的公告（2018 年）（国家药品监督管理局令第 66 号）.

[13] 国家药品监督管理局. 个例药品不良反应收集和报告指导原则（2018 年）（国家药品监督管理局令第 131 号）.

[14] 杨世民，方宇，胡明，等. 药事管理学[M]. 6 版.北京：中国医药科技出版社，2019.

[15] 全国人民代表大会常务委员会. 中华人民共和国疫苗管理法（2019 年）（索引号：FGWJ-2020-1715）.

[16] 全国人民代表大会常务委员会. 中华人民共和国药品管理法（2019 年）（索引号：FGWJ-2020-1394）.

[17] 林新文. 药品生产质量管理规范检查概要[M]. 长沙：湖南科学技术出版社，2020.

[18] 杨悦. 美国药品监管科学研究[M]. 北京：中国医药科技出版社，2020.

[19] 国家市场监督管理总局. 药品注册管理办法（2020 年）（国家市场监督管理总局令第 27 号）.

[20] 国家药品监督管理局，国家卫生健康委员会.药物临床试验质量管理规范（2020 年 57 号）（索引号：FGWJ-2020-10001）.

[21] 国家市场监督管理总局. 药品生产监督管理办法（2020 年）（国家市场监督管理总局令第 28 号）.

[22] 国家市场监督管理总局. 生物制品批签发管理办法（2020 年）（国家市场监督管理总局令第 33 号）.

[23] 国家药品监督管理局. 药物警戒质量管理规范（2021 年）（国家药品监督管理局令第 65 号）（索引号：FGWJ-2021-10001）.

[24] 杨世民. 药事管理与法规[M]. 北京：高等教育出版社，2021.

[25] 国家药品监督管理局. 药品召回管理办法（2022 年）（国家药品监督管理局令第 92 号）.

[26] 国家药品监督管理局. 药品上市许可持有人落实药品质量安全主体责任监督管理规定（2022 年）（国家药品监督管理局令第 126 号）（索引号：FGWJ-2022-295）.

[27] 国家药品监督管理局. 药品年度报告管理规定（2022 年）（国家药品监督管理局令 16 号）（索引号：FGWJ-2022-140）.

[28] 国家市场监督管理总局. 药品经营和使用质量监督管理办法（2023 年）（国家市场监督管理总局令第 84 号）.

[29] 董旻. 药品注册行政受理管理研究[M]. 北京：中国医药科技出版社，2023.

[30] 国家药品监督管理总局. 中华人民共和国药品管理法实施条例（2024 年）（索引号：FGWJ-2024-167）.

[31] 国家药典委员会. 中华人民共和国药典 一部[M]. 北京：中国医药科技出版社，2025.

[32] 国家药典委员会. 中华人民共和国药典 二部[M]. 北京：中国医药科技出版社，2025.

[33] 国家药典委员会. 中华人民共和国药典 三部[M]. 北京：中国医药科技出版社，2025.

[34] 国家药典委员会. 中华人民共和国药典 四部[M]. 北京：中国医药科技出版社，2025.